图解团队管理

Illustrated Guide to
Team Management

傅雄雄
—— 著 ——

清华大学出版社
北京

图书在版编目（CIP）数据

图解团队管理 / 傅雄雄著. -- 北京 ：清华大学出版社，2025. 10.
ISBN 978-7-302-70210-8

Ⅰ . C936-64

中国国家版本馆 CIP 数据核字第 20253F8V63 号

责任编辑：顾　强
封面设计：方加青
版式设计：张　姿
责任校对：王荣静
责任印制：丛怀宇

出版发行：清华大学出版社
　　　　　网　　　址：https://www.tup.com.cn，https://www.wqxuetang.com
　　　　　地　　　址：北京清华大学学研大厦 A 座　邮　　编：100084
　　　　　社 总 机：010-83470000　　　　　邮　　购：010-62786544
　　　　　投稿与读者服务：010-62776969, c-service@tup.tsinghua.edu.cn
　　　　　质 量 反 馈：010-62772015, zhiliang@tup.tsinghua.edu.cn
印 装 者：三河市君旺印务有限公司
经　　销：全国新华书店
开　　本：210mm×145mm　印　张：10.5　字　　数：332 千字
版　　次：2025 年 10 月第 1 版　　　印　　次：2025 年 10 月第 1 次印刷
定　　价：79.00 元

产品编号：105835-01

团队管理思考和决策的利器——模型

享誉世界的现代管理学之父彼得·德鲁克认为，管理就是一种博雅技艺（liberal art）。管理之所以是一种"技艺"，是因为管理需要实行和应用。想要提高管理的效能和成果，作为知识工作者的管理者，需要不断地从各种人文科学和社会科学，包括心理学、哲学、经济学、历史学和伦理学中，从自然科学中，汲取知识与见解，努力提升自身的管理能力。新任管理者刚到管理岗位，往往不缺乏学习的动力，也明白站在巨人肩膀上的道理。只是在企业中学习管理，会遇到以下典型的学习问题和烦恼：

不好学
从他人身上学的烦恼

请教上级主管或资深管理者，能学到一些立竿见影的管理技巧。但前辈们往往时间宝贵，且因为汇报或协同关系，不方便请教所有问题，仅能在某些时间和场景适用。

不好记
从书本上学的烦恼

许多经典管理书依旧被奉为圭臬，但能够坚持读完者却寥寥无几。究其原因，全书以管理理论为主，用较长的篇幅和纯文字讲解理论知识，学习门槛比较高，实在不好记忆和吸收。

不好用
从课堂上学的烦恼

一定规模的企业会外采培训机构的管理课程，也有员工肯自掏腰包去外部学习。但很多内容不符合企业实际场景，课堂上学得热火朝天，下课后回到工作中"一用就废"。

成人的学习和学校的教育不一样，成人因为固有的经验和思维，并不容易被影响，且学习带有很强的目的性，需要能和实际工作场景相联系。所以，成人往往喜欢更快更轻松地学习，希望快速获取解决问题的方法和工具，进而直接应用到管理工作中。那新任管理者如何"好学、好记、好用"，更高效地掌握团队管理知识，并直击团队管理的底层逻辑呢？

在当今这个信息大爆炸的时代，新任管理者往往不是缺知识，而是不知道如何去甄选和提炼有用的管理知识。信息是碎片化的，知识很容易过时，但人类内在的思维框架和认知系统是经久不衰的，是思考和创新的本质。"会管理"的前提是"会思考"，管理者需要学会系统思考，关联地、整体地、动态地看待问题。模型（model）就是复杂动态系统中的一种以简驭繁的智慧，通常是用一种直观、易懂的思考方法，来解构内在管理思维，以应对外在复杂的挑战。模型更是可视化呈现决策因素的一种利器，能帮助管理者看清管理背后的底层逻辑。

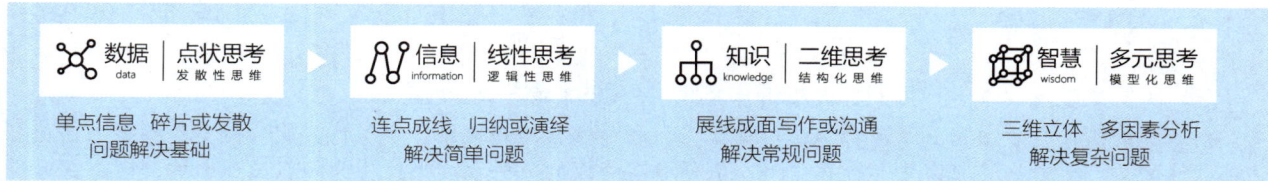

数据 data 点状思考 发散性思维	信息 information 线性思考 逻辑性思维	知识 knowledge 二维思考 结构化思维	智慧 wisdom 多元思考 模型化思维
单点信息 碎片或发散 问题解决基础	连点成线 归纳或演绎 解决简单问题	展线成面写作或沟通 解决常规问题	三维立体 多因素分析 解决复杂问题

　　模型是一种多元的思维方法。在人生和事业的决策上几乎不犯重大错误的投资大师查理·芒格，屡屡提到一个影响他生活、学习和决策的思维方法，这个思维方法建立在他称为"多元思维模型"的基础之上，被他当作一种基本的智慧。查理·芒格关于"多元思维模型"的解释为："长久以来，我坚信存在某个系统——几乎所有聪明人都能掌握的系统，它比绝大多数人用的系统管用。你需要的是在你的头脑里形成一种思维模型的复式框架。然后将你的实际经验和间接经验悬挂在这个强大的思维模型框架上。使用这种方法可以让你们将各种知识融会贯通，加深对现实的认知。"多元思维模型（据他估计，大概有100种）为他的管理和决策提供了一个背景或者框架，使他具有看清本质和目标的非凡洞察力。芒格给了我们一个很重要的启示：我们也可以帮助新任管理者在自己的认知框架里，系统增加相关的思维模型，进而像芒格一样将这些思维模型组成复式框架，来辅助团队管理思考和决策。

　　模型是一种简单易用的管理工具。正如弗里德里克·迈特兰德所说："简单是长期努力工作的结果，而不是起点。"思考过程是复杂的，解决方案却应该是简单的。德鲁克也指出，知识工作者并不生产"实物"，他生产的是构想、信息和观念，知识工作者的产出必须与其他人的产出结合在一起，才能产生成果。换句话说，如果愿以贡献为目标，就必须使自己的"产品"，即自己的知识能为别人所用。本书不希望把知识学问变成故弄玄虚的手段，深奥不是初衷，真正的初心是希望通过模型的分析结构，把纷繁复杂的管理问题简化为更加清楚的基本要素，变成人人都看得懂、用得上的管理工具。

图解⁺
知：好学好记 ▶ 模型是对现实的一种抽象概括，是对真实世界中某些现象的简化表征。去掉了长篇大论，直击底层逻辑，展现核心结构和原则。采用通俗易懂的图解形式，精简信息，一图千字。图像思维也是大脑最重要的思维形式之一，能突破工作记忆的限制，让人一学就会，有助于深化记忆。

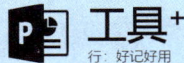

工具⁺
行：好记好用 ▶ 模型是一种管理逻辑，一种思考结构，或者一种决策框架，让人不至于漫无目的地摸索，迈出管理思考和决策的第一步，以此结合具体的管理场景灵活运用。本书还为模型配套了PPT模板，可以直接下载源文件，作为日常工作的应用工具，做到学以致用。

本书坚持"求真"的理念，内容主要依据众多学者的实证研究和科学理论，又遵循"务实"的原则，聚焦企业场景下团队管理的六大类高频动作，严选了93个好学、好记又好用的模型，设计了可以直接下载使用的68个管理应用工具（100页PPT），系统解析团队管理的认知框架，帮助管理者更好地深度思考和决策推演，提升管理效能。

如果你想快速了解团队管理的底层逻辑，扩宽团队问题的解决思路，成为一个更优秀的管理者，那么绝不能错过这本书！

本书的使用指南

本书第 1 章从管理者自身出发，阐述相关管理知识。管理者要做好管理角色转变和管理认知提升，并根据不同管理阶段的胜任要求，不断发展新能力。我们通常认为管理即"管人理事"，"管人"是指团队管理，"理事"则为业务管理。企业在实际工作中，是先通过业务管理确定组织战略和目标，梳理关键任务与流程体系，进而通过有效的组织和人才去承接业务，以实现战略目标。因此，第 2 章聚焦组织管理。组织是团队的顶层设计和骨架，却是很多新任管理者最容易忽略的因素。管团队首先要学会管组织，管理者不能再沿用个体工作的惯性，要做好组织设计和岗位分工，通过组织，上接业务战略，下接人才管理。

想打造可以支撑业务可持续发展的高效能团队，不管采用什么管理方法和体系，管理活动的最小做功单元肯定是"人才"，第 3 章到第 6 章内容就主要围绕人才的全生命周期管理。短期内做好选才和用才就能保障团队的基本运行，中长期发展需要关注育才和留才，形成管理效能和人才发展的正循环，不断地提升团队的组织能力。

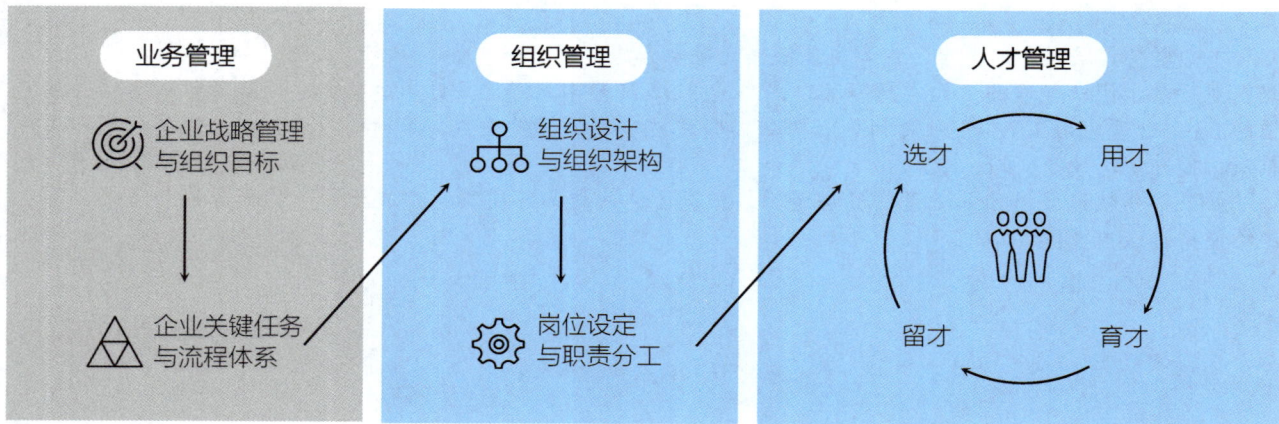

业务管理
- 企业战略管理与组织目标
- 企业关键任务与流程体系

组织管理
- 组织设计与组织架构
- 岗位设定与职责分工

人才管理
- 选才
- 用才
- 育才
- 留才

全书从企业实际管理场景出发，阐述团队管理的"三十六计"，严选 93 个经典理论和企业最佳实践浓缩而成的管理模型。书中会逐一解说各个模型的实证研究结论和使用技巧，并配套设计 PPT 版本的应用模板。不过模型的使用方法并不是单一死板的，管理有模式无定式，应根据问题背景和实际状况，配合本书和附赠的电子文件进行综合判断和灵活运用。

第1章 管理认知与角色转变	建立管理概念和对管理角色的正确认知，明确管理目标和发展方向。
第2章 组织设计与岗位分工	将个人视角转向团队视角，诊断团队的组织效能，优化组织设计和岗位分工。
第3章 选才·人才标准与招聘选拔	制定人才标准，搭建招聘体系，保障团队人才的数量和质量。
第4章 用才·人才任用与绩效提升	盘点人才状况，调整领导风格和用人策略，提升团队执行力和绩效产出。
第5章 育才·人才培养与学习成长	了解学习成长的科学原理和规律，通过四大关键路径，加速团队人才培养。
第6章 留才·人才激励与团队凝聚	打造高效协作的团队，激励人才、凝聚人心，实现团队与个人的可持续发展。

应用工具　　本书所有管理模型的应用工具都提供 PPT 模板，采用 16：9 通用比例，方便下载后直接使用。也可以采用大白板，邀请你的团队一起研讨共创。请扫一扫右侧二维码下载。

小循环1：
短期人才管理

大循环：形成管理效能和人才发展的正循环，持续不断地提升团队的组织能力

小循环2：中长期人才管理

CONTENTS | 目录

第 3 章　选才·人才标准与招聘选拔

第 4 章　用才·人才任用与绩效提升

第5章　育才·人才培养与学习成长

第6章　留才·人才激励与团队凝聚

第 **1** 章
PART

管理认知与角色转变

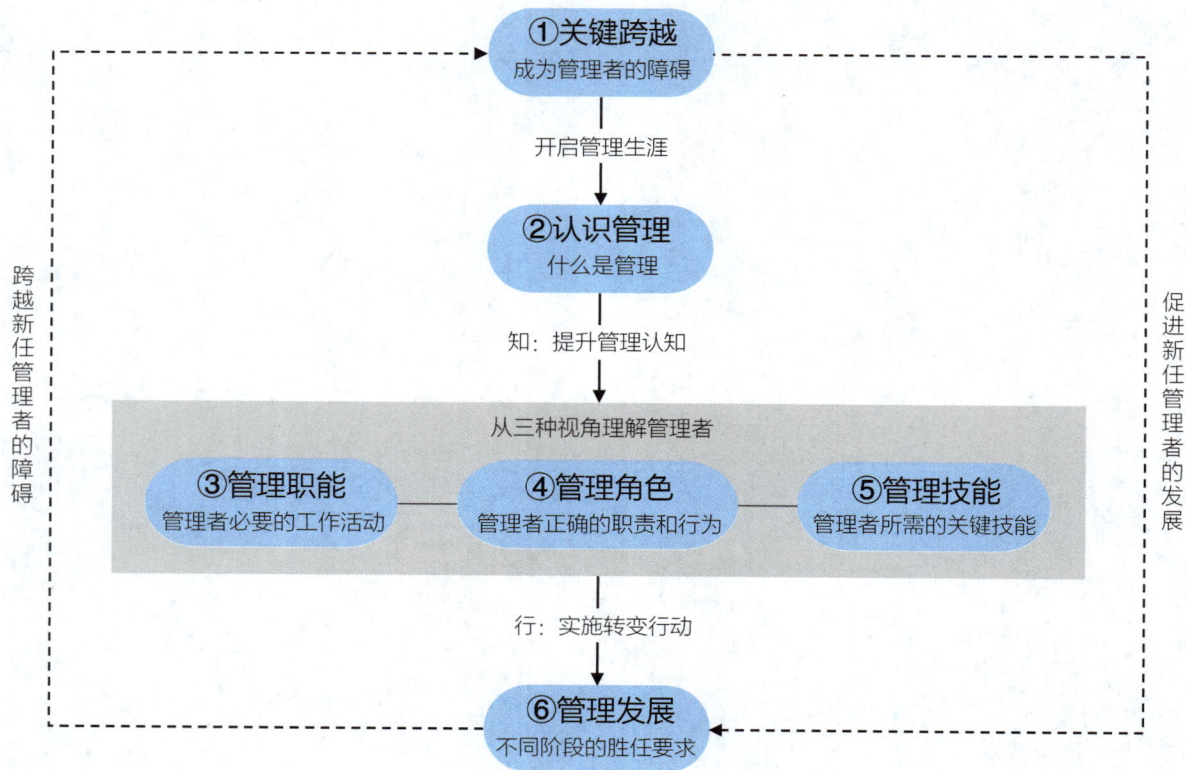

①关键跨越
成为管理者的障碍

开启管理生涯

②认识管理
什么是管理

知：提升管理认知

跨越新任管理者的障碍

促进新任管理者的发展

从三种视角理解管理者

③管理职能
管理者必要的工作活动

④管理角色
管理者正确的职责和行为

⑤管理技能
管理者所需的关键技能

行：实施转变行动

⑥管理发展
不同阶段的胜任要求

管 理 模 块	学 习 重 点	管 理 模 型
1.1　关键跨越	无论是管团队还是管业务，管理者都要先"管自己"。特别是新任管理者，从专业岗位走向管理岗位，要先扫清固有工作模式中常见的三大障碍	1.管理障碍模型
1.2　认识管理	"管理"至今仍未有公认和统一的概念，管理就像一棵不断成长的智慧树，至少包含三层基本内涵，贯穿管理者的整个管理生涯	2.管理智慧树模型
1.3　管理职能	对于管理的认知有三个经典视角，其中一个就是当今管理学界普遍接受的四项基本职能，这是管理者高效率和有效果地协调团队工作的保障	3.管理职能模型
1.4　管理角色	通过考察管理者在工作中所扮演的角色，深刻理解管理工作的本质。理解管理者的10种管理角色，有助于认清管理职责和价值	4.管理角色模型
1.5　管理技能	就像篮球运动员要会运球和投篮，管理者也需要一套专门的技能来完成管理工作。管理是否卓有成效，在很大程度上取决于三项关键管理技能	5.管理技能模型
1.6　管理发展	管理发展的每个阶段的工作复杂度都不一样，这就要求管理者至少要由内而外地从三个方面习得新的管理和领导方法。只有这样，管理者才能胜任各个阶段的管理岗位	6.领导梯队模型

1.1 关键跨越：成为管理者的障碍

1.产生背景

很多绩效出众的专业人才，被提拔为管理者后却未必能成功转型，甚至将近一半的人在正式踏入管理岗位后失败了。管理学家劳伦斯·彼得把这种普遍现象总结为"彼得原理"：员工在企业中会被不断晋升到他不能胜任的职位为止。新任管理者不能摆脱彼得原理的魔咒，往往是因为在思维理念和工作模式上，没能突破旧有的认知和惯性。

2.模型介绍

管理障碍模型揭示了对于管理者个人而言，需要完成的转变。管理者应至少成功跨越三个关键的管理障碍。

首先是关于"专业与管理"的障碍。大部分管理者之前是专业或业务能力出众的优秀员工，很容易沿用自己擅长的专业和执行力来解决问题，习惯自己上手或者事无巨细地指导员工，并从中得到自信和快乐。久而久之，管理者会变成团队的"大保姆"，员工反而无所事事，能力也得不到提升。但管理者的精力和时间有限，这种模式不仅难以

为继，还限制了团队战斗力的提升。于是，专业的优势反而成为管理的陷阱。

其次是关于"业务与团队"的障碍。很多管理者的岗位是经理，思维却是业务员。陷于业务而腾不出时间和精力去管理团队，忽略了主要工作对象已经从"事"变成了"人"，应该从单枪匹马、冲锋陷阵转型为排兵布阵、带队伍做事。无法发挥团队的有效性，管理者就会把自己变成"消防员"，四处为员工补位和救火，更抽不出精力和时间去培养团队。于是，进入了一个管不好业务和团队的恶性循环。

最后是关于"短期与长期"的障碍。新任管理者急于求成，只关注快速达成和短期收益，团队疲于奔命，没有新输入，实际上把团队变成一个消耗模式的"干电池"，不可持续发展。管理的成效大都不是立竿见影的，比自己做事的复杂度和模糊度更高，越有价值的事情越需要时间。管理者需要面向未来、深度思考，相较于拿下一个订单或解决一个问题，制定全年的目标和策略，培养整个团队的能力，建立一套系统机制等诸多成果，有着更深远的影响和更重大的意义。

01 | 管理障碍模型
跨越固有工作模式中的三个障碍

🛒 "大保姆"模式
只追求专业和执行力，
亲力亲为、大包大揽

专业VS管理

业务VS团队

🔥 "消防员"模式
单枪匹马、冲锋陷阵，
为员工补位、四处救火

跨越1

注意不要让专业的优势
成为管理的陷阱

跨越2

从关注"事"到关注"人"
通过管团队来管业务

短期VS长期

🔋 "干电池"模式　只关注快速达成和短期收益，团队缺乏新输入和可持续发展

跨越3

面向未来、深度思考，追求长期有价值的事情

适用场景：管理转型思考　管理工作梳理　管理理念转变

3.应用模板

① 不该办事项清单 (<30%)	标签
拿下一个大客户的订单	业务
钻研技术细节和研究专业课题	专业
埋头专注本岗位工作和细节	短期
自己上马追平绩效的差距	专业
主导工作异常问题的解决	业务
不断地接任务和加班加点完成任务	短期
……	

② 转换	该办事项清单 (>70%)
团队	训练下属的客户管理技巧
管理	明确团队目标和工作任务要求
长期	与协同部门加强沟通和建立关系
管理	与下属达成共识和制订绩效提升计划
团队	带领团队复盘和建立管理机制
长期	分解公司业务策略和优化分工
	……

4.使用方法

美国国际政治专家伊恩·布雷默在著作《J 曲线：懂得为什么国家会兴亡》中阐述了一个规律：当一个国家走上一条正确的发展道路时，在刚开始阶段，反而会走一段下坡路，比如出现经济变得更差、社会秩序混乱等现象。但如果坚持走下去，一旦突破瓶颈，就开始往好的方向发展，并随着时间的延长，效果越来越好，整个过程的走势就像一条"J 形曲线"。因此，他把这个规律叫作"J 曲线效应"或者"滞后效应"。

团队管理能力发展亦是如此，有的新任管理者在尝试新的工作模式时，前期感觉不好或者非常困难，就改回原有的习惯。任何改变通常不会马上看到效果，而是要经历一个"先抑后扬"的过程，万事开头往往是整个过程的最低点，也是最艰难的时期。这需要新任管理者刻意练习，从最简单的梳理工作任务清单开始。

步骤①——梳理"不该办事项清单"（not to do list）： 基于现有工作内容，识别出专业类、业务类和短期类工作事项并打上标签，例如拿下客户、研究技术、修改报告等以往非常习惯和擅长的事情，关注这类工作的实际占比。

步骤②——转换成"该办事项清单"（to do list）： 过去

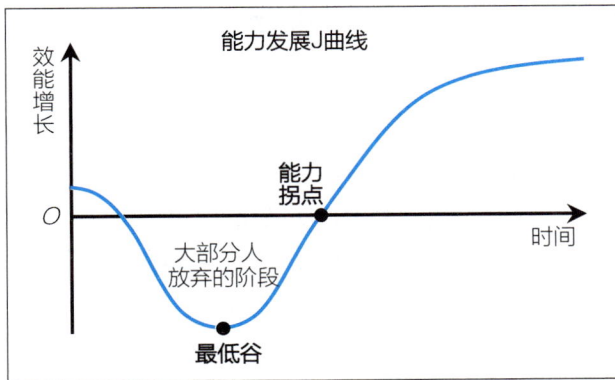

能力发展J曲线

的习惯有强大的惯性，会阻碍新能力的培养与发展。应该基于管理者角色，思考如何将其转换成关于管理、团队和长期工作相关的待办事项，例如辅导下属去做事、培养团队能力、建立管理机制、规划未来计划等影响团队有效性和长期有价值的事情。

付诸行动，使自己的行为贴近团队管理者应有的表现，不做那些以前非常擅长的事，避免继续走"老路"。至少按月检查和调整自己的工作清单比重，逐步调整至 70% 以上的时间和精力放在该办事项上，不断地拓宽"新路"。

1.2 认识管理：什么是管理

1.产生背景

什么是管理？关于管理的概念，古今中外诸多学者，提出各种管理的定义，但至今仍未得到公认和统一的答案。因为管理就像一棵庞大的智慧树，仁者见仁、智者见智。管理至少要包含三层基本内涵。

2.模型介绍

首先，管理具有管理学理论基础，科学是管理智慧树的树干，叫作"法"。科学的管理方法是管理的基础，是管理的规律性、稳定性和可预测性的体现。每个新任管理者无须从零摸索，可以系统学习管理知识和原理，掌握团队管理的科学方法论，来指导、规范自己的管理行为，提高管理效能。

其次，管理又源于管理实践和经验总结，是管理智慧树的树冠，叫作"术"。彼得·德鲁克说过，管理是一种实践，其本质不在于知而在于行，其验证不在于逻辑，最终检验管理的是企业的绩效。实际工作中的管理活动是复杂

的，管理者要具有对管理理论和方法加以灵活运用的经验、技巧和诀窍，其高度灵活性接近于艺术。

最后，管理智慧树的树根是管理哲学，叫作"道"，这是核心的管理思想。英国著名哲学家霍金森说过，"倘若哲学家不能成为管理者，那么管理者必须成为哲学家"。哲学是关于事物本质及其规律的概括的论断，来源于经验又超出经验。管理哲学是管理原则和基本理念，属于更高层次的理论体系和价值追求，对管理工作起着指导作用。

总之，管理是集"道、法、术"于一身，由哲学、科学和艺术构成的。管理有模式，新任管理者要少走弯路，学习科学的管理方法。但管理无定式，也要大胆实践和试错，创造自己的管理艺术。本书在很多管理应用工具中，也基于实际团队管理场景做了调整和优化，不必照搬原理论研究的一切。要在理论学习和实践中，塑造和凝聚自己的管理思想，正如《易经》上的话："道不易，法简易，术常易。"

02 | 管理智慧树模型
理解管理的"道、法、术"三层内涵

术

艺术
智慧树树冠

法

科学
智慧树树干

道

哲学
智慧树树根

术常易
管理实践
管理技巧与成果

法简易
管理方法
管理理论与知识

道不易
管理思想
管理原则与理念

适用场景：管理技巧总结　管理思想领悟　管理知识梳理

3.应用模板

①	**术**（管理实践）	定期复盘管理问题和实践案例： • 近期组织调整和分工优化结果 • 年中绩效考核和反馈沟通情况 ……
②	**法**（管理方法）	不断更新管理知识和科学方法： • 管理学、组织行为学等管理理论学习 • MTP（管理培训计划）、MBA（工商管理硕士）、领导力等管理培训课程 ……
③	**道**（管理思想）	定期反思自己的管理原则和工作观： • 团队管理为了什么？ • 管理岗位对你意味着什么？ • 好的管理或者所谓有价值的管理，是什么？

4.使用方法

种树最好的时间，一个是十年前，另一个是现在。从踏上管理岗位开始，管理者就应该栽培自己的管理智慧树，定期检核当前管理智慧树的状态，有意识地在管理生涯中不断锤炼管理能力，让自己的管理智慧树茁壮成长。

步骤①　——术：创造自己的管理艺术。 每个企业都会有相应的组织管理动作，新任管理者要把握每一次管理实践的机会，即便遇到管理问题也不怕，关键是要定期复盘，从实践中累积经验，总结管理技巧。

步骤②　——法：学习科学的管理方法。 实践出真知，但只靠自己摸索是低效的。管理者要通过阅读书籍、专业培训、管理交流等多元化的方式，不断更新管理知识和科学方法，提升自身的管理理论修养。

步骤③　——道：反思自己的管理哲学。 模糊度最高的是内在的管理思想，这甚至是一个贯穿整个管理生涯的问题。持续反思自己的工作观和价值观，树立坚定的管理原则，需要管理者自发的深层感悟和心志锤炼。

回到什么是管理的问题，尽管它有无数的定义，但还是要聚焦一个具体概念。组织行为学的权威、美国著名的管理学教授斯蒂芬·P.罗宾斯在他经典的《管理学》教材

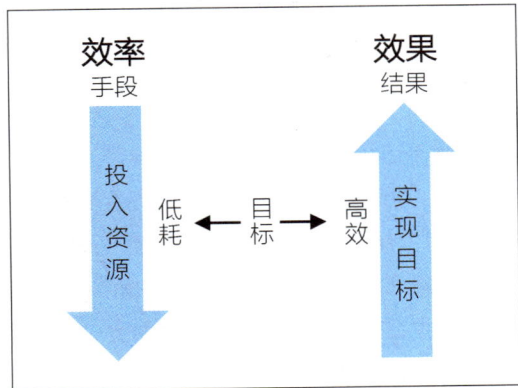

中，给管理下了一个精辟的定义：管理指的是协调和监管他人的工作活动，从而使他们有效率、有效果地完成工作。效率是以尽可能少的投入获得尽可能多的产出，通常指的是"正确地做事"，即不浪费资源。效果通常指"做正确的事"，即所从事的工作活动有助于组织达到其目标。成功的管理往往是效率和效果的最优化，而糟糕的管理通常低效率又低效果。

1.3 管理职能：管理者必要的工作活动

1.产生背景

德国哲学家莱布尼茨说"世界上没有两片完全相同的树叶"，世界上也没有两位管理者的工作是完全相同的。但在描述管理者做什么这个课题时，前人还是开发了三种经典的方法，来帮助我们理解管理：职能、角色、技能。

早在20世纪初，管理理论之父亨利·法约尔就首次提出管理的五项基本职能：计划、组织、指挥、协调和控制。后来也有六种说、七种说等。当今管理学界普遍接受的观点是，管理具有计划、组织、领导和控制四项基本职能，这是管理者得以高效率和有效果地协调他人工作的基本保障。

2.模型介绍

计划（planning）：每一个组织（organization）都有目标，这个目标通常由管理者带领团队达成。计划是管理者的首要职能，应由管理者来定义组织的目标，确定企业战略和业务策略，开发相关计划，也就是"决定要做的事情和目标"。

组织（organizing）：管理者要设计和安排必要的人员去执行计划，决定完成什么任务、由谁来完成任务、谁向谁汇报等权责利分配和工作协调，也就是"安排合适的人去做事情"。精细的结构也是组织三大特征之一，创建合理高效的组织结构是实现组织目标的管理保证。

领导（leading）：组织是由人员组成的，而有人的地方就有江湖，就需要管理者履行领导职能，进行管理沟通和冲突协调、激励员工和引导团队合作、处理各类员工问题，也就是"让做事情的人愿意做且会做"。

控制（controlling）：计划总是赶不上变化，所以管理者需要监控事情是否在按计划顺利执行，评估人员的工作绩效是否符合预期，如果发现实际与目标不一致，要及时纠正，也就是"确保按要求做且达成目标"。

03 | 管理职能模型
厘清管理的四大基本职能

定义目标
制定战略
开发计划

计划
planning
决定要做的
事情和目标

组织
organizing
安排合适的人
去做事情

做什么
怎么做
谁去做

组织
目标

监控
评估
纠正

控制
controlling
确保按要求做
且达成目标

领导
leading
让做事情的人
愿意做且会做

雇佣
培养
激励

适用场景：管理职责认知　管理工作梳理　管理重点聚焦

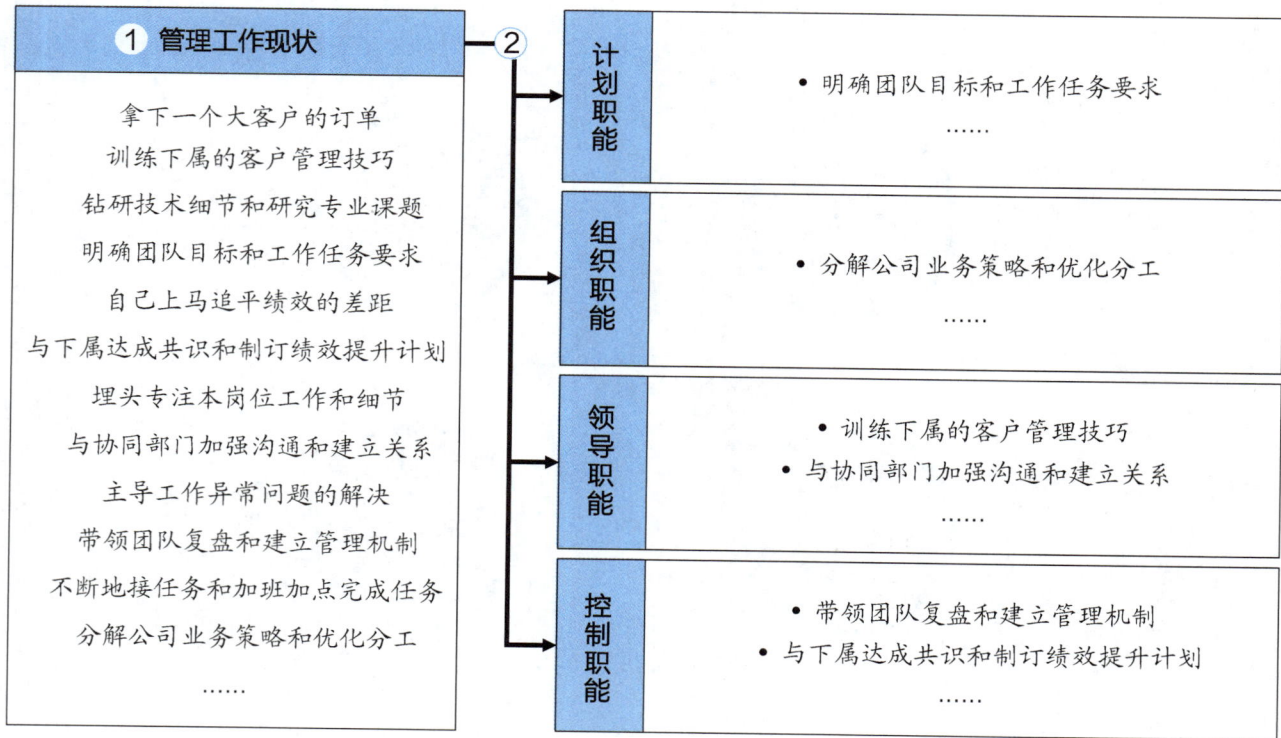

3.应用模板

① 管理工作现状	②

拿下一个大客户的订单
训练下属的客户管理技巧
钻研技术细节和研究专业课题
明确团队目标和工作任务要求
自己上马追平绩效的差距
与下属达成共识和制订绩效提升计划
埋头专注本岗位工作和细节
与协同部门加强沟通和建立关系
主导工作异常问题的解决
带领团队复盘和建立管理机制
不断地接任务和加班加点完成任务
分解公司业务策略和优化分工
......

计划职能
- 明确团队目标和工作任务要求
......

组织职能
- 分解公司业务策略和优化分工
......

领导职能
- 训练下属的客户管理技巧
- 与协同部门加强沟通和建立关系
......

控制职能
- 带领团队复盘和建立管理机制
- 与下属达成共识和制订绩效提升计划
......

4.使用方法

管理职能被普遍用来描述管理者做什么，它提供了一个通用的标准，来帮助新任管理者聚焦要事，以审视管理岗位现有的转型情况。

步骤①——梳理管理工作现状： 在运用管理障碍模型时，如果你无法有效区分不该办事项和该办事项，那么可以先不分类，直接梳理出现在所有的工作任务，了解自己时间的耗用情况。

步骤②——对比和反思管理职能： 以管理四种职能作为标的，对自己的工作任务清单进行归类和分析，我们就可以快速识别和调整管理的工作重点。

为什么了解时间安排和工作重点如此重要？关于管理者的工作讨论，通常也是从计划开始的，但实际上经常是纸上谈兵，很难真正实现。因为时间是最特殊的、无可替代的和不可或缺的资源，管理者的时间经常不能为自己所控制，管理大师彼得·德鲁克认为，管理者卓有成效的五项要素中，掌握自己的时间和要事优先是两个非常重要的工作习惯。

特别是在团队管理方面，时间分配尤为重要。德鲁克指出，管理者如果以为他与下属讨论一项计划或是一项工作表现，只需15分钟就够了，那他一定是在自欺欺人。要想与他人做有效的沟通，总得花上足够的时间。如果想影响别人，那么至少需要一个小时。如果想和别人建立良好的人际关系，那么就需要更多的时间。

显而易见，时间花在哪里，成效就在哪里。这是许多新任管理者容易忽略的。把事情做对体现效率，而做对事情才见成效，所以，时间分配和工作理念转型也是重中之重，本章从不同视角帮助新任管理者加深对管理的理解。

1.4 管理角色：管理者正确的职责和行为

1.产生背景

加拿大著名管理学家亨利·明茨伯格的第一本著作《管理工作的本质》曾遭到15家出版社的拒绝，但是现在这本书已是管理领域的经典。他在书中提出一项新的研究结论，认为只有通过考察管理者在工作中所扮演的角色，才能理解管理工作的本质。管理角色（managerial roles）即管理者被期望的特定行为表现（包含内在的想法、具体的做法）。

2.模型介绍

明茨伯格揭示了管理工作中最重要的三大类型10种管理角色，这有助于新任管理者认清管理职责并做出正确的行为。

类　　型	角　　色	职　　责
人际关系角色 （interpersonal roles）	首脑 （figurehead）	也称代表人物，履行法律性和社会性的例行义务，例如接待重要访客、签署文件等
	领导者 （leader）	负责对员工的雇用、培训、激励和惩戒等领导职责，例如命令下属、人事任命等
	联络人 （liaison）	内部成员和外部利益相关者的关系建立和联络，例如跨部门协调、建立外部联盟等
信息传递角色 （informational roles）	监听者 （monitor）	寻求和获取各种内外部的信息，了解组织和环境的变化，例如私人谈话、分析报告等
	传播者 （disseminator）	将从外部和内部获取的信息，传递给组织的其他成员，例如会议沟通、邮件通知等
	发言人 （spokesperson）	把信息传递给组织之外的代表人，例如新闻发布会、公司股东会等
决策制定角色 （declsional boles）	企业家 （entrepreneur）	寻求和利用组织和环境中的机会，持续改进组织绩效，例如开发新产品、制定战略等
	危机处理者 （disturbance handler）	当组织面临冲突或意外的混乱时，负责采取纠正行动，例如重大投诉、员工事故等
	资源分配者 （resource allocator）	决定组织的人力、财务、信息等各种资源分配，例如项目人力支持、预算审批等
	谈判者 （negotiator）	各种重大或非正式化谈判中的组织代表，例如与供应商谈价、与工会集体协商等

04 | 管理角色模型
了解管理者在工作中扮演的不同角色

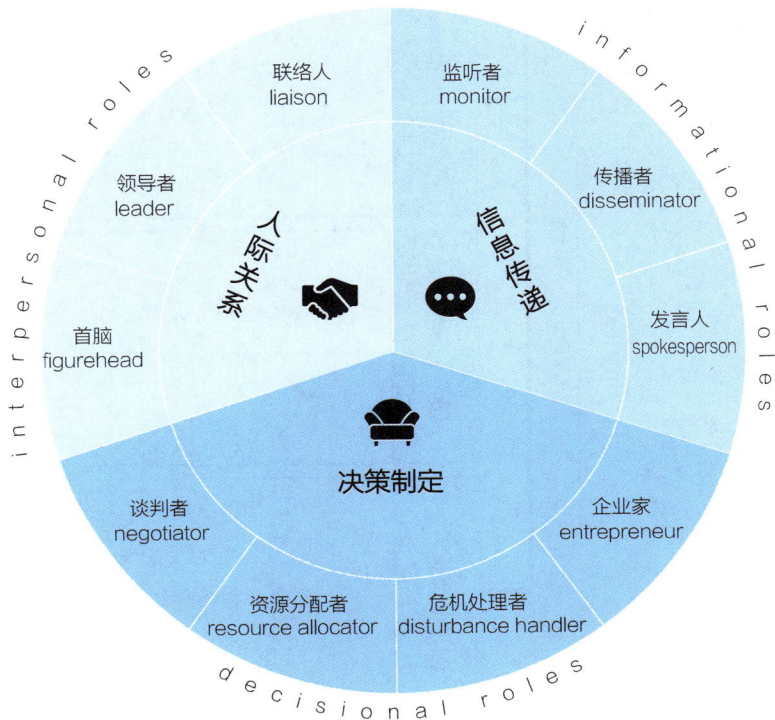

适用场景：管理工作归类　管理理念转变　管理角色转变

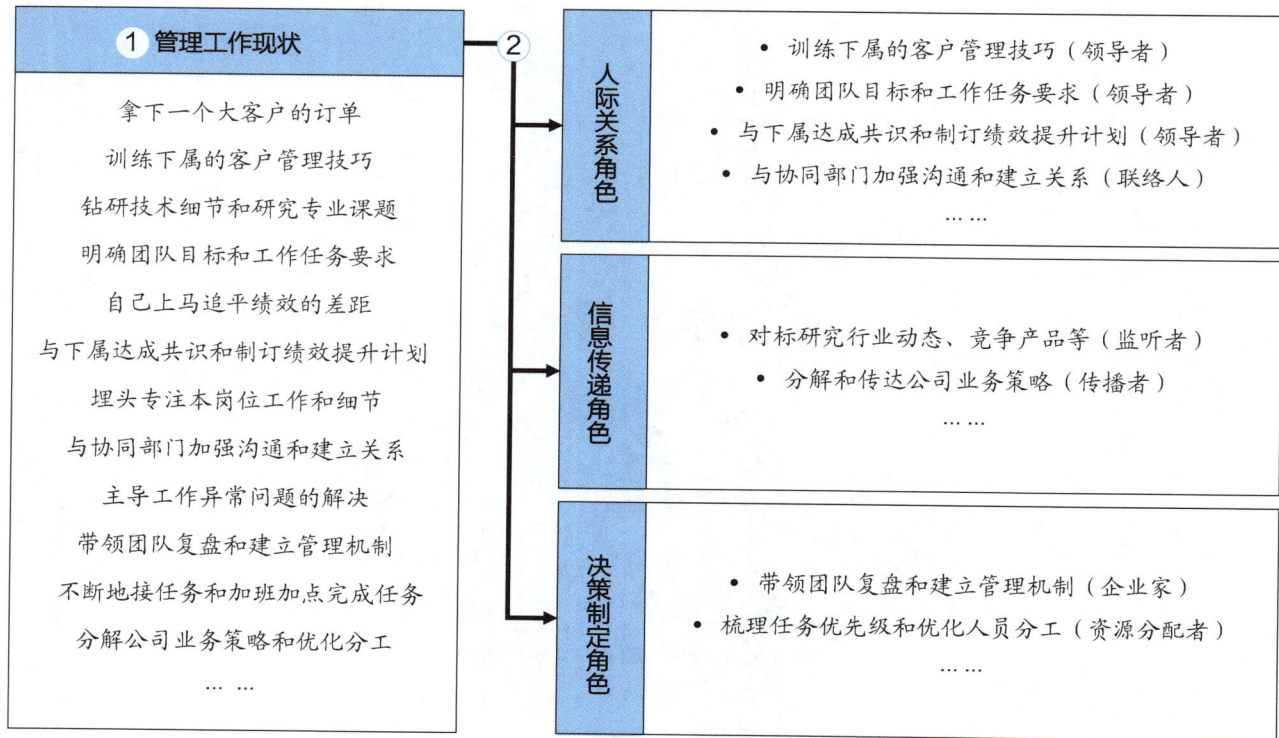

3.应用模板

① 管理工作现状	②

① 管理工作现状

拿下一个大客户的订单

训练下属的客户管理技巧

钻研技术细节和研究专业课题

明确团队目标和工作任务要求

自己上马追平绩效的差距

与下属达成共识和制订绩效提升计划

埋头专注本岗位工作和细节

与协同部门加强沟通和建立关系

主导工作异常问题的解决

带领团队复盘和建立管理机制

不断地接任务和加班加点完成任务

分解公司业务策略和优化分工

……

人际关系角色

- 训练下属的客户管理技巧（领导者）
- 明确团队目标和工作任务要求（领导者）
- 与下属达成共识和制订绩效提升计划（领导者）
- 与协同部门加强沟通和建立关系（联络人）

……

信息传递角色

- 对标研究行业动态、竞争产品等（监听者）
- 分解和传达公司业务策略（传播者）

……

决策制定角色

- 带领团队复盘和建立管理机制（企业家）
- 梳理任务优先级和优化人员分工（资源分配者）

……

4.使用方法

管理者在组织中有很多角色，虽然在一般的管理工作描述中并没有明确指出，但管理者必须理解所有角色，了解如何扮演好这些角色。大量的后续研究在不同的组织中和不同的管理层次上，都验证了明茨伯格管理角色分类的有效性。不过研究也表明，管理者角色的强调重点，会随着组织的层次不同而有所变化。例如首脑、联络人、发言人、谈判者等角色更多表现在高层管理者身上，而对于基层管理者，则是领导者角色更为重要。

步骤①——梳理管理工作现状：盘点所有的工作任务，梳理当前的实际职责和工作行为。

步骤②——分析和领悟管理角色：分析工作任务清单，领悟自己在任务中扮演的管理角色，进而与员工角色进行对比思考。明确作为管理者理应实施的正确行动或行为。

另外，在不同规模的企业中，管理者角色的重要性存在一些区别。大企业管理者的工作是结构性的（为专才），最重要的工作面向内部，例如作为资源分配者，决定不同BG(business group，业务群) 或 BU(business unit，业务单元)获得多少人力和预算；小企业管理者的工作更灵活（为通才 ），有时还有对外工作，例如作为发言人，与客户会面、寻求融资机会等。

管理职能和管理角色都可以说明管理者的工作，管理职能似乎是更好的方法，因为更简单明确，更方便实际操作和指导工作。但管理角色方法提供了另一个视角的深刻洞见，特别是对新任管理者的工作理念转变，具有很大的帮助。

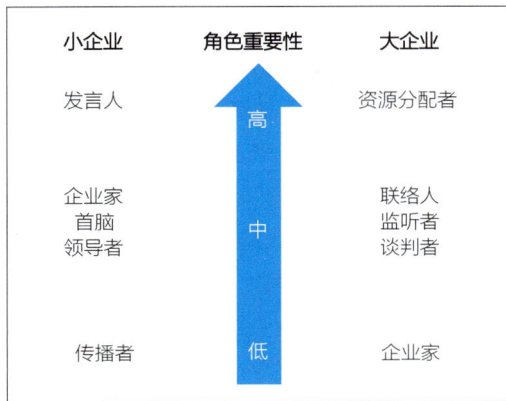

1.5 管理技能：管理者所需的关键技能

1.产生背景

1955 年，美国著名管理学家罗伯特·卡茨在《哈佛商业评论》中发表了《高效管理者的技能》一文，为我们对管理者工作的理解提供了另一个视角。罗伯特·卡茨发表研究成果时，正值管理者的特质论盛行，人们普遍认为具有某些特定的性格特质（trait）的人最适合担任管理者，企业界的关注重点在于如何寻找到这种人。

而罗伯特·卡茨认为，真正应当关心的问题是这个人究竟能做成什么事情，他展示出哪些技能。"技能"（skill）指的是一种能力，可以后天培养，并不一定要与生俱来；这种能力要在实际行动中展现，并不仅仅蕴藏于潜能之中。因此，管理是否卓有成效，在很大程度上取决于管理人员是否真正具备了三种关键的管理技能。

2.模型介绍

技术技能（technical skills）：完成工作所需的特定领域的知识、专长与技巧。有着优秀技术技能的员工往往被提拔为管理者。管理者不一定成为某个专业领域的专家，但必须有所了解。

人际技能（interpersonal skills）：管理者与其他个体或群体进行良好沟通与合作的能力。管理者要通过其他人员来达成组织目标，所以需要和其他人有效沟通，甚至激励他人，处理和协调好团队内外的人际关系。

概念技能（conceptual skills）：管理者面对全局，面对复杂的情况，进行思考和概念化的抽象思维能力。概念技能对高层管理者而言是极为重要的技能，它实质上是一种系统思考、战略制定及执行的能力。

三种技能在不同管理层次中的要求不同，技术技能由基层向高层的重要性逐渐递减，概念技能则相反。人际技能在不同管理层次中的区分度，没有显著差异，一个成功的管理者，一定具有良好的人际关系。

05 | 管理技能模型
掌握三种关键的管理技能

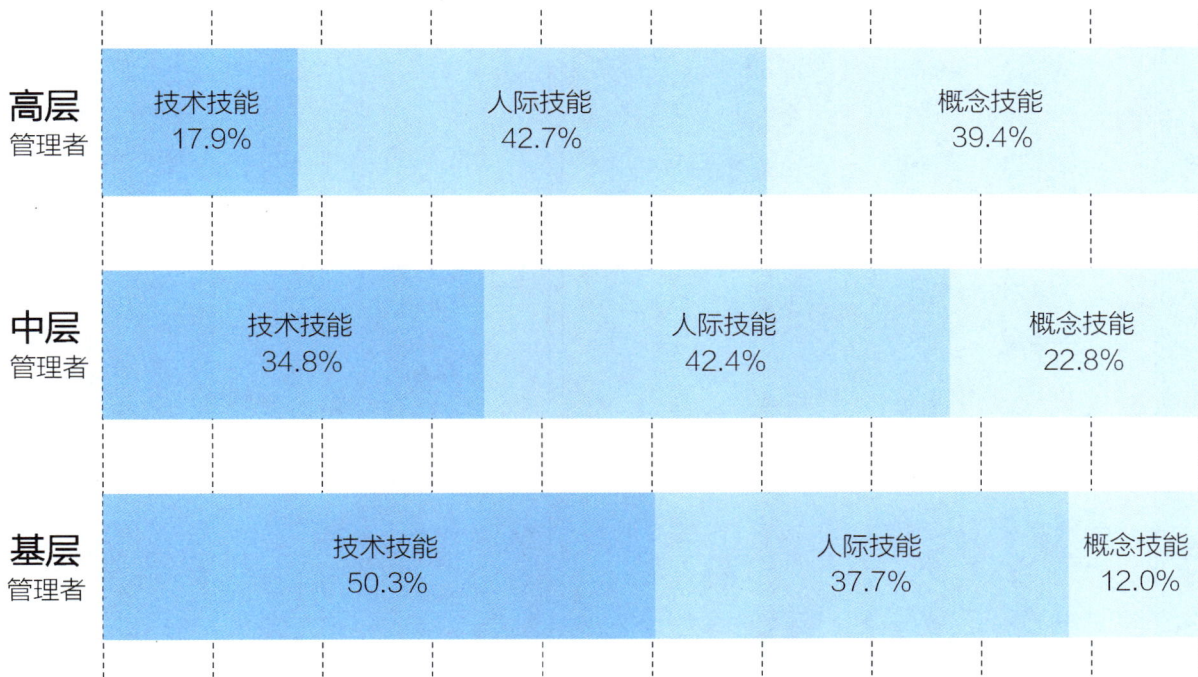

高层 管理者	技术技能 17.9%	人际技能 42.7%	概念技能 39.4%
中层 管理者	技术技能 34.8%	人际技能 42.4%	概念技能 22.8%
基层 管理者	技术技能 50.3%	人际技能 37.7%	概念技能 12.0%

适用场景：管理技能提升　管理技巧总结　管理提升计划

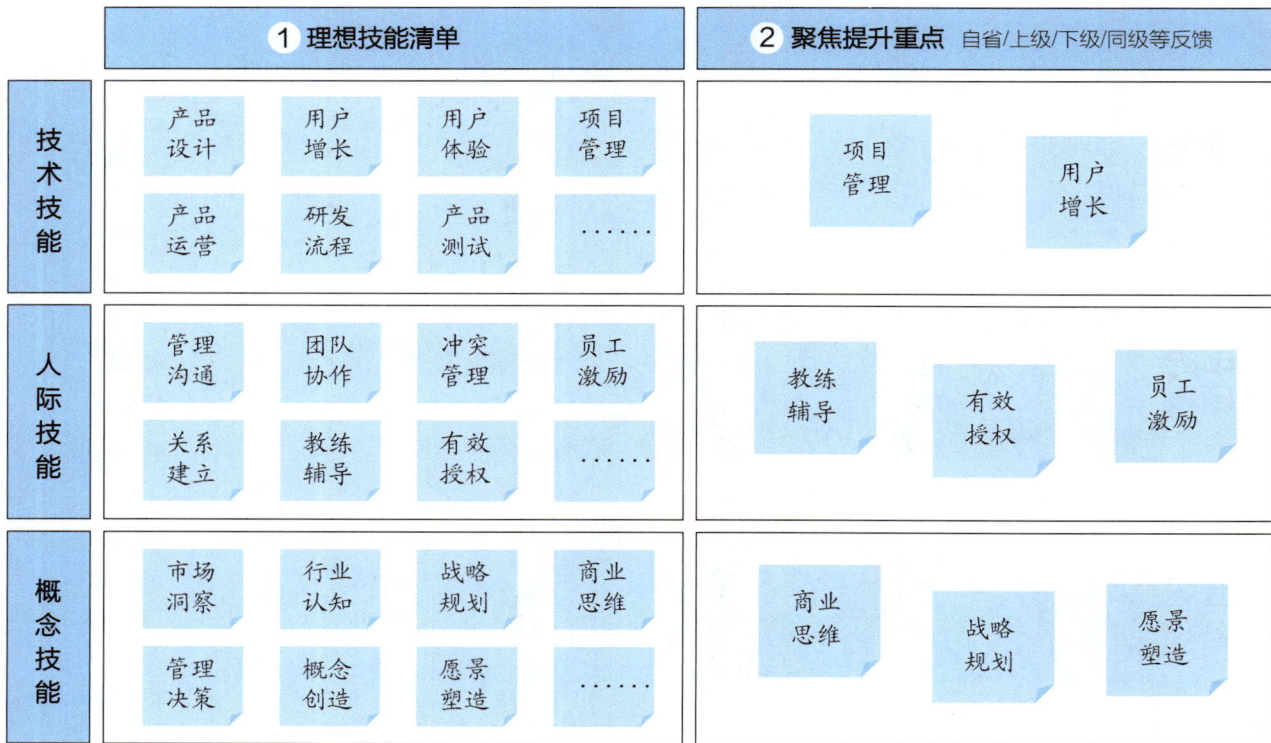

3.应用模板

① 理想技能清单	② 聚焦提升重点 自省/上级/下级/同级等反馈
技术技能 产品设计 / 用户增长 / 用户体验 / 项目管理 / 产品运营 / 研发流程 / 产品测试 / ……	项目管理 / 用户增长
人际技能 管理沟通 / 团队协作 / 冲突管理 / 员工激励 / 关系建立 / 教练辅导 / 有效授权 / ……	教练辅导 / 有效授权 / 员工激励
概念技能 市场洞察 / 行业认知 / 战略规划 / 商业思维 / 管理决策 / 概念创造 / 愿景塑造 / ……	商业思维 / 战略规划 / 愿景塑造

4.使用方法

罗伯特·卡茨的研究明确了管理者在执行管理职能时所需的技能，为新任管理者的技能提升指明了方向。管理技能就像专业技能，都是展现在外部的，可以观察、评估和训练。新任管理者应该梳理一份管理技能清单，并制订自己的提升计划。

步骤①——制定理想技能清单： 三大关键技能如果进一步细化，则会有许多具体技能。如何去定义可操作的理想管理技能呢？可以综合进行管理理论、组织导向和个人需求评估。首先，不同专业的理论研究，提供了很多通用的技能参考，特别是技术技能，主流的专业学科已经非常系统；其次，每个公司都有自己的特色文化或管理能力要求，了解老板和上级主管对自己管理能力的要求是十分必要的；最后，管理作为自己一生的课题，也应该结合自身特点和需求。

步骤②——聚焦未来提升重点： 理想的管理技能清单能为我们提供方向，澄清管理技能的具体内容。每一个技能的提升，都需要花费大量时间学习和实践，才能有所成效，因此不能过于发散，需要以季度、半年度或者年度为周期，聚焦1~3个重点提升的管理技能。聚焦的依据并不

局限于自我思考，可以接受来自上级、同级或其他协同方的反馈，甚至与自己的下属们讨论。有些公司还会为管理者进行360度评价，这些都可以作为管理技能训练计划制定的依据。

世上不存在完美的管理者，有高峰必有低谷，管理者要用人之长，也要用己之长。我们不需要执着于掌握所有的管理技能，警惕作为个人贡献者时的专业优势模式的惯性，要根据个人特点和实际应用需求聚焦。管理能力的发展是一个螺旋式上升的过程，会面临一些具体的管理难题，需通过学习特定的管理技能来解决，然后又通过管理难题的解决提升管理技能，如此循环往复，不断地成长。

1.6 管理发展：不同阶段的胜任要求

1.产生背景

我们听到过不同公司不同的领导称呼，例如主管、经理、总监、总经理、总裁等，以至于常常会疑惑，管理层级如何科学分层，每一层管理能力要求又有什么不同。著名管理咨询大师拉姆·查兰（Ram Charan）的著作《领导梯队：全面打造领导力驱动型公司》被誉为"领导力开发的圣经"，为我们提供了一套行之有效的领导梯队建设模式和开发指南。

领导人才成长有 5 个典型角色，这是领导梯队的基石。每家企业情况不同，大部分企业有 3~5 个组织层级，即便是中小企业也有 3 个层级。可以根据企业的实际情况，兼顾目前与未来的需求，灵活调整。这 5 个角色及其变体和组合，几乎涵盖了绝大多数企业 95% 的领导岗位。每一个层级都代表领导者的工作复杂度和领导力要求上的重要变化，只有完全符合领导角色的要求，管理者才能胜任自己的岗位，才能解除彼得原理和帕金森定律的诅咒。

2.模型介绍

每个阶段都要求管理者习得一种新的管理和领导方法，同时抛弃原有的方法。这主要表现在以下三个方面：

领导技能（skill）：培养胜任新职务所需的新能力。即"需要哪些新的管理技能？"

时间管理（time application）：新的时间分配结构，决定如何工作。即"时间应当重点花在哪里？"

工作理念（work values）：更新工作理念和价值观，让工作更聚焦。即"什么事情才是最重要的？"

本书的新任管理者主要是指从第一阶段到第二阶段的一线经理，很多新任管理者无法转型成功，就是因为还保留着第一阶段（管理自我）的工作理念，或者并不具备一线经理所需的领导技能或时间管理能力。这是一个看似非常容易又自然的领导力阶段，实则"万事开头难"，所有卓越的管理者和失败的管理者都是从这个阶段开启管理生涯的。

06 | 领导梯队模型
明确不同管理阶段的领导力发展重点

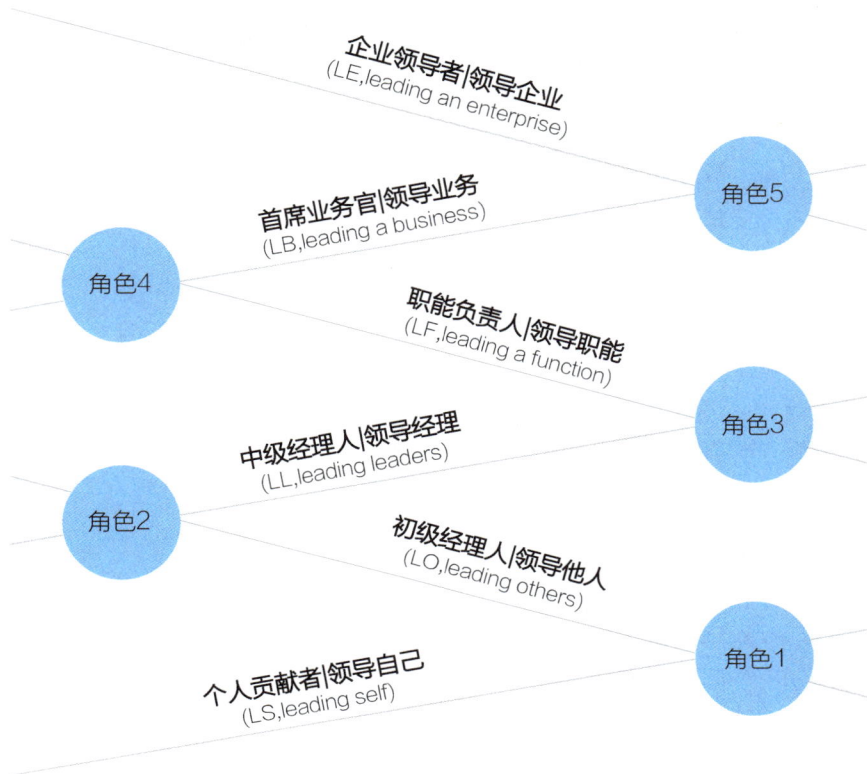

企业领导者|领导企业
(LE,leading an enterprise)

首席业务官|领导业务
(LB,leading a business)

角色5

角色4

职能负责人|领导职能
(LF,leading a function)

中级经理人|领导经理
(LL,leading leaders)

角色3

角色2

初级经理人|领导他人
(LO,leading others)

个人贡献者|领导自己
(LS,leading self)

角色1

管理转型

◆ 领导技能
skill

需要哪些新的管理技能?

培养胜任新职务所需要的新能力

◎ 时间分配
time application

时间应当重点花在哪里?

新的时间分配结构,决定如何工作

♡ 工作理念
work values

什么事情才是最重要的?

更新工作理念和价值观,让工作更聚焦

适用场景:工作理念转变 管理角色定位 领导梯队建设

3.应用模板

	个人贡献者 领导自己	① 初级经理人 领导他人	② 管理转型 重点行动
领导技能	• 技术或专业能力、能与团队合作 • 同事关系融洽、能合作交付成果 • 能使用公司工具、遵照公司流程及相关要求	• 安排工作　　• 绩效管理 • 识人用人　　• 沟通协同 • 授权员工　　• 团队建设 • 辅导帮助　　• 营造良好氛围，提升团队安全感 • 给予反馈	• 界定和布置工作 包括与上司、员工沟通，明确需要他们做什么，以及工作计划、组织架构、人员选拔和工作授权 • 提高下属的胜任能力 通过监督、指导、反馈、获取资源、解决问题和交流沟通，提高下属的胜任能力，从而高效开展工作
时间分配	• 遵守纪律，不迟到，不早退 • 做好自身的时间管理，按时交付结果	• 制订年度规划（含团队预算及重点项目） • 投入团队管理及下属培养 • 做好领导工作	
工作理念	• 通过自身的持续精进提高工作成果 • 交付高质量的专业工作 • 遵守组织价值观	• 通过员工完成工作 • 通过下属及团队取得成功 • 改变自我认知，以领导者的标准要求自己	• 建立人际关系 与下属、上司和相关部门（甚至包含供应商和客户）坦率交流，与其建立相互信任和合作的关系

4. 使用方法

前面我们说到新任管理者的困境，面对无法跨越的三大管理障碍，领导梯队模型就给了我们解决问题的框架。

步骤①——对比和了解新岗位的要求：新任管理者要对比与个人贡献者的岗位要求，清楚地了解两者在领导技能、时间管理能力和工作理念上的差异。

首先，领导技能应该学习工作计划、知人善任、分配工作、激励员工、教练辅导和绩效评估。

其次，不能把所有的时间都用来"干活"或"救火"，必须从自己做事转变为带队伍做事，把更多时间分配到团队管理上。

最后，最大的挑战来自工作理念的转变，必须停止只考虑自己，把精力放到关注他人和团队上，相信通过他人完成任务才是自己取得成功的关键，学会帮助他人高效工作和提升整个团队的能力。

步骤②——通过行动完成管理转型：拉姆·查兰将这个阶段的管理转型重点概括为以下三个方面：

·界定和布置工作：包括与上司、员工沟通，明确需要他们做什么，以及工作计划、组织架构、人员选拔和工作授权。

·提高下属的胜任能力：通过监督、指导、反馈、获取资源、解决问题和交流沟通，提高下属的胜任能力，从而高效开展工作。

·建立人际关系：与下属、上司和相关部门（甚至包含供应商和客户）坦率交流，与其建立相互信任和合作的关系。

新任管理者首先需要实践并完善领导技能。如果明确意识到工作理念转变对胜任管理岗位至关重要，新的领导技能又对目标实现和获得组织认可有帮助，那就更容易接受新的工作理念。

此外，还需要有意识地打破惯性思维，与老办法说再见，因为在上个阶段行之有效的方式方法，放到新的领导角色中往往会适得其反，可谓汝之蜜糖，彼之砒霜。

第 **2** 章
PART

组织设计与岗位分工

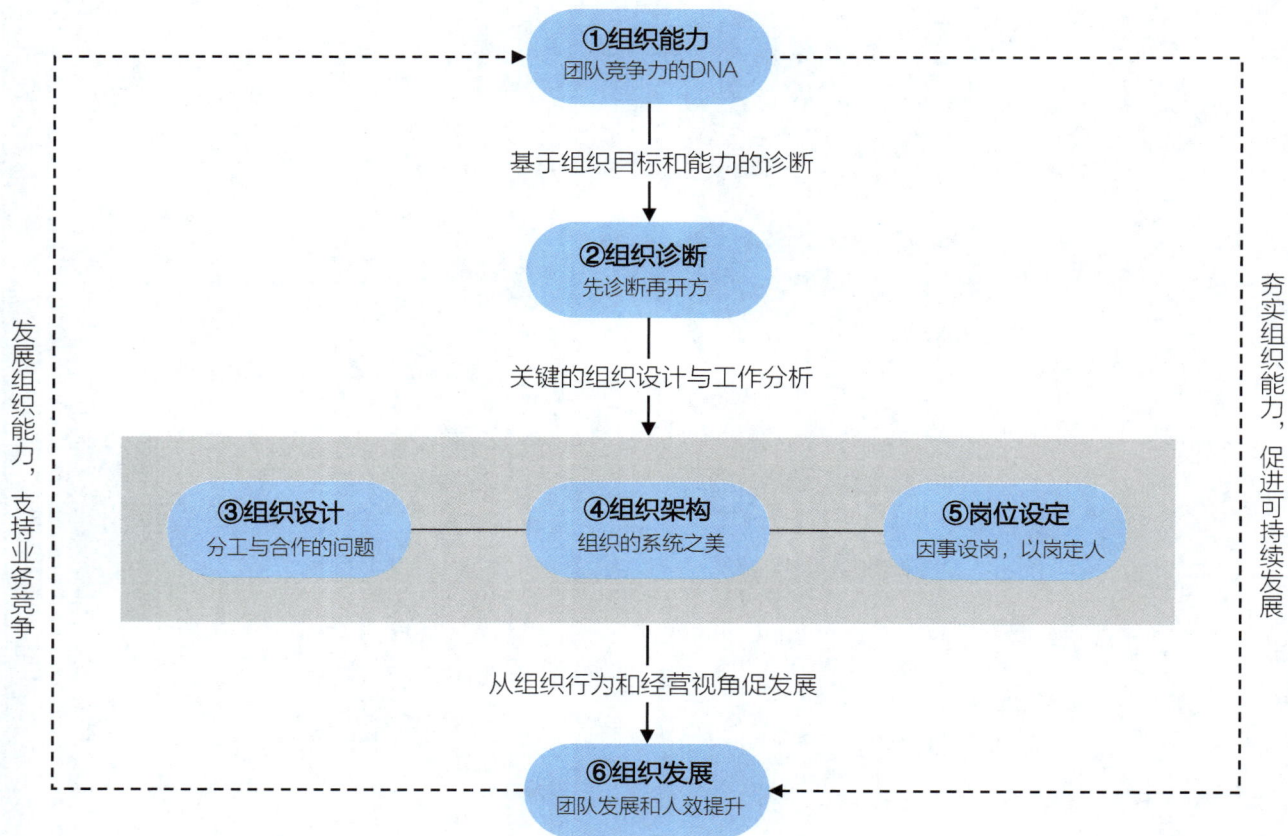

①组织能力
团队竞争力的DNA

基于组织目标和能力的诊断

②组织诊断
先诊断再开方

关键的组织设计与工作分析

③组织设计
分工与合作的问题

④组织架构
组织的系统之美

⑤岗位设定
因事设岗，以岗定人

从组织行为和经营视角促发展

⑥组织发展
团队发展和人效提升

发展组织能力，支持业务竞争

夯实组织能力，促进可持续发展

管 理 模 块	学 习 重 点	管 理 模 型
2.1 组织能力	一个团队所发挥的整体战斗力不是个人能力"1+1"的简单叠加，应该是在某些方面能够明显超越竞争对手、为客户创造价值的组织能力	7.组织能力杨三角模型
2.2 组织诊断	简单来说，组织诊断就是确定组织"是什么"和"应该是什么"之间的差距。我们可以借助尤里奇的组织诊断模型或韦斯伯德的六个盒子模型来进行组织诊断	8.组织诊断模型 9.六个盒子模型
2.3 组织设计	古典管理学派的学者最早确定了组织设计的基本概念，并研究出经久不衰的组织设计原则，该原则至今仍然能够指导现代管理者设计出合理高效的组织	10.组织六要素模型
2.4 组织架构	组织架构的核心在于理清团队如何分工和整合的问题。一个好的组织架构应该是高效简洁的、优美的，常用的有五种分工逻辑和三种架构类型	11.组织架构模型
2.5 岗位设定	岗位设定也是组织设计工作的关键产出，要坚持"因事设岗"的精简效能原则，而后"以岗定人"，形成"组织—岗位—人才"的组织设计链路	12.岗位三定模型 13. RASCI责任分配模型
2.6 组织发展	组织需要不断改进、变革，以适应环境变化和战略需求，所以管理者要关注团队的有效性与健康度，运用行为科学理论和技术来促进组织发展	14.组织行为模型 15.团队发展阶段模型 16.组织人效模型

2.1 组织能力：团队竞争力的DNA

1.产生背景

团队能力不只是专业能力，或者是个人能力的简单叠加，应该是"组织能力"。说到组织能力，就不得不提到杨国安的杨三角理论。他认为，组织能力是一个团队（不管是10人、100人或10万人）所发挥的整体战斗力，是一个团队竞争力的DNA，是一个团队在某些方面能够明显超越竞争对手、为客户创造价值的能力。在创新变革时代，企业想要持续成功，战略和组织能力必须两者兼备。他还强调，这是动态的战略规划和动态的组织能力，相较按以往多年固定的业务模式和流程执行，现在的企业要更敏捷，可以根据客户需求不断创新，不断总结和学习。

2.模型介绍

打造组织能力需要三大支柱的支持，这三大支柱俗称"杨三角"，分别是员工治理、员工能力和员工思维。

员工治理：即"容不容许"员工的问题，重点在于是否提供有效的管理支持和资源（权责、流程和信息），容许员工充分地发挥所长、执行组织战略。员工治理应回答：为了支撑业务快速发展，团队需要什么样的组织架构和模式？如何让流程有利于内外部的协作？如何建立支持战略／策略的信息系统和沟通渠道？

员工能力：即员工"会不会"的问题，员工有没有具备相应的知识、技能和素质。员工能力应回答：为了打造相应的组织能力，团队需要什么样的人才结构与人才能力？存在的人才储备差距要怎么补齐？如何进行人才的选、用、育、留？

员工思维：即员工"愿不愿意"的问题，员工每天最关心、重视和追求的事情是否与团队目标一致。员工思维应回答：为了让业务走得更远，团队需要什么样的使命、愿景和文化特质？鼓励和倡导什么价值观和行为？如何激励和提高员工的意愿度？

相比麦肯锡7S组织模型等组织能力模型，杨三角模型更简单易懂好操作，有助于系统思考组织能力的打造方式。它的三个支柱都要平衡，都要匹配，而且应紧密围绕所要打造的组织能力来聚焦，通过制度、流程、体系等各类工具来持续建设。

07 | 组织能力杨三角模型
打造超越竞争对手、为客户创造价值的能力

持续成功=战略　洞察外部趋势，把握团队有限资源，不断专注寻找高获利、高成长空间　× 组织能力　以客户为导向，能够不断创新、敏捷调整，不断地总结和学习

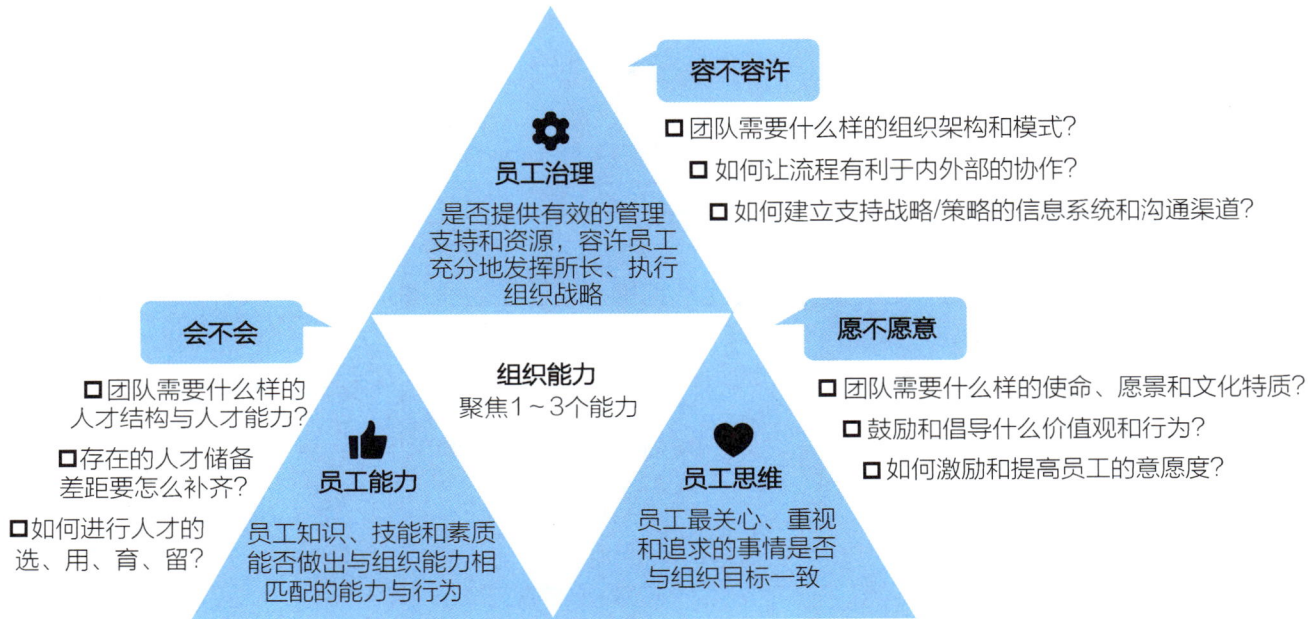

容不容许

员工治理
是否提供有效的管理支持和资源，容许员工充分地发挥所长、执行组织战略

☐ 团队需要什么样的组织架构和模式？
☐ 如何让流程有利于内外部的协作？
☐ 如何建立支持战略/策略的信息系统和沟通渠道？

组织能力
聚焦1～3个能力

会不会

☐ 团队需要什么样的人才结构与人才能力？
☐ 存在的人才储备差距要怎么补齐？
☐ 如何进行人才的选、用、育、留？

员工能力
员工知识、技能和素质能否做出与组织能力相匹配的能力与行为

愿不愿意

☐ 团队需要什么样的使命、愿景和文化特质？
☐ 鼓励和倡导什么价值观和行为？
☐ 如何激励和提高员工的意愿度？

员工思维
员工最关心、重视和追求的事情是否与组织目标一致

适用场景：组织能力打造　组织诊断咨询　竞争力提升

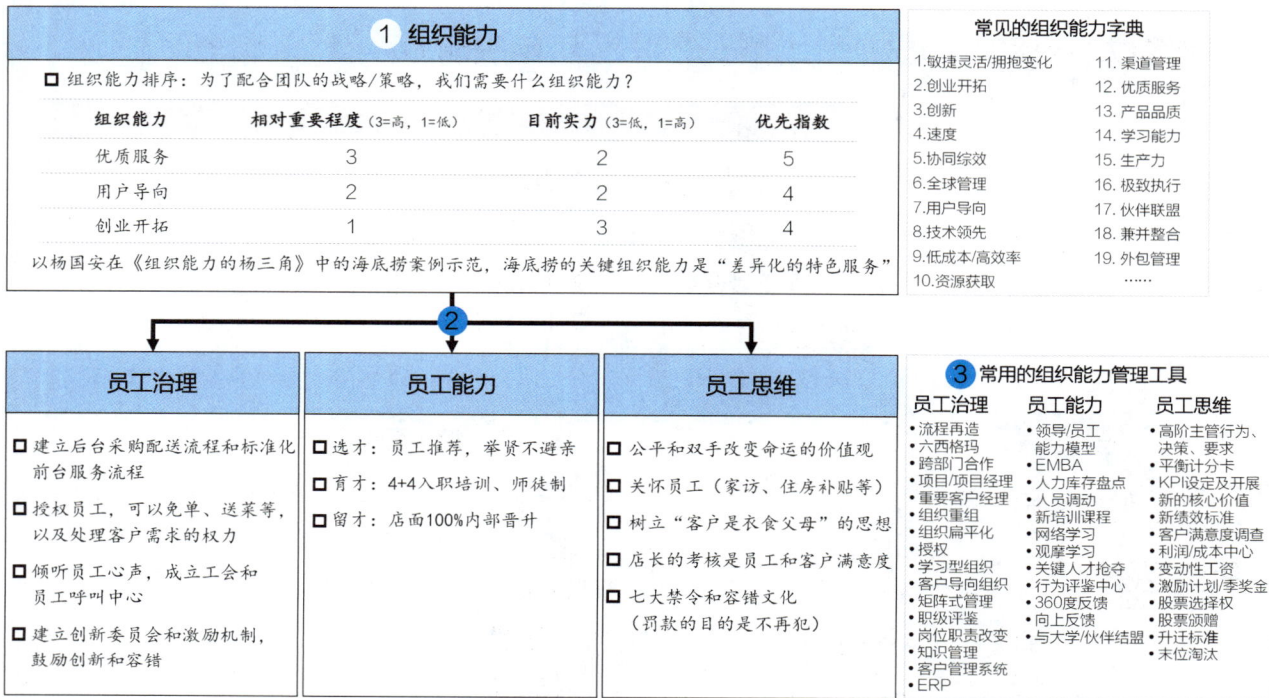

3.应用模板

① 组织能力

☐ 组织能力排序：为了配合团队的战略/策略，我们需要什么组织能力？

组织能力	相对重要程度（3=高，1=低）	目前实力（3=低，1=高）	优先指数
优质服务	3	2	5
用户导向	2	2	4
创业开拓	1	3	4

以杨国安在《组织能力的杨三角》中的海底捞案例示范，海底捞的关键组织能力是"差异化的特色服务"

常见的组织能力字典

1.敏捷灵活/拥抱变化　　11.渠道管理
2.创业开拓　　　　　　　12.优质服务
3.创新　　　　　　　　　13.产品品质
4.速度　　　　　　　　　14.学习能力
5.协同综效　　　　　　　15.生产力
6.全球管理　　　　　　　16.极致执行
7.用户导向　　　　　　　17.伙伴联盟
8.技术领先　　　　　　　18.兼并整合
9.低成本/高效率　　　　 19.外包管理
10.资源获取　　　　　　　……

②

员工治理

☐ 建立后台采购配送流程和标准化前台服务流程

☐ 授权员工，可以免单、送菜等，以及处理客户需求的权力

☐ 倾听员工心声，成立工会和员工呼叫中心

☐ 建立创新委员会和激励机制，鼓励创新和容错

员工能力

☐ 选才：员工推荐，举贤不避亲

☐ 育才：4+4入职培训、师徒制

☐ 留才：店面100%内部晋升

员工思维

☐ 公平和双手改变命运的价值观

☐ 关怀员工（家访、住房补贴等）

☐ 树立"客户是衣食父母"的思想

☐ 店长的考核是员工和客户满意度

☐ 七大禁令和容错文化（罚款的目的是不再犯）

③ 常用的组织能力管理工具

员工治理
- 流程再造
- 六西格玛
- 跨部门合作
- 项目/项目经理
- 重要客户经理
- 组织重组
- 组织扁平化
- 授权
- 学习型组织
- 客户导向组织
- 矩阵式管理
- 职级评鉴
- 岗位职责改变
- 知识管理
- 客户管理系统
- ERP

员工能力
- 领导/员工能力模型
- EMBA
- 人力库存盘点
- 人员调动
- 新培训课程
- 网络学习
- 观摩学习
- 关键人才抢夺
- 行为评鉴中心
- 360度反馈
- 向上反馈
- 与大学/伙伴结盟

员工思维
- 高阶主管行为、决策、要求
- 平衡计分卡
- KPI设定及开展
- 新的核心价值
- 新绩效标准
- 客户满意度调查
- 利润/成本中心
- 变动性工资
- 激励计划/季奖金
- 股票选择权
- 股票颁赠
- 升迁标准
- 末位淘汰

4. 使用方法

组织能力有两个基本应用场景。一个场景是团队快速成长，甚至需要管理者新搭建团队，体系缺乏或混乱，存在团队定位不知道是什么，招人没标准，晋升和激励机制不知道怎么建立等问题，需要打造组织能力，用新的体系支撑团队发展。另一个场景是企业环境和战略变化，或者是管理者去接手新团队，解决新的业务问题，组织能力也需要再造。这两种情形下，管理者都需要重新思考团队的组织和人才管理，进行打造组织能力"三部曲"：

步骤①——组织能力的确认：它跟企业战略规划和团队策略制定息息相关，要了解外在的重要趋势，利用团队有限的资源，专注于高获利、高成长空间。管理者要思考和执行好这些战略方向和团队策略，确认哪两三个组织能力是最关键的。杨国安给了"组织能力字典"和"组织能力排序"两个工具，可以帮助管理者进行思考或团队共创研讨。

步骤②——组织能力的打造：需要分解到员工治理、员工能力、员工思维，回答前面讲到的三支柱的关键管理问题，聚焦组织能力建设的重点。注意要符合平衡和匹配原则，三个支柱必须一样强，还要与所需组织能力协调一致。

步骤③——组织能力的诊断和开方：首先，分析团队组织能力的现状，诊断团队在三支柱中的差距。然后，开方，挑选和设计有针对性的管理工具。例如，在员工能力方面，分析诊断出团队的差距是缺乏 AI 人才，你挑选了人才引进这个工具，但这还不够。要继续设计人才标准、招聘渠道、面试流程等，逐层推进，直至落地拿到结果。杨国安还介绍了常用的组织能力管理工具，列举清单供大家参考和借鉴（许多工具都可以在三支柱里交叉使用）。

组织能力杨三角模型给管理者思考团队能力提供了一个科学的宏观分析和系统思考框架，帮助厘清组织的顶层设计和能力规划。在此框架下的具体管理举措和工具，可以结合后续的章节，活学活用。

2.2 组织诊断：先诊断再开方

1.产生背景

前面我们说到，构建组织能力需要"先诊断，再开方"。组织诊断简单来说，就是确定组织"是什么"与"应该是什么"之间的差距。那要如何进行科学的组织诊断呢？被誉为"现代人力资源管理之父"的戴维·尤里奇提出了一个包括四个步骤的组织诊断框架，这个诊断框架简单易用，适用大组织，也能灵活应用到小团队。

2.模型介绍

定义组织模型：组织模型说明了构成组织的各个系统和要素，组织诊断要基于某个组织模型而进行。描述组织运作的模型有很多，例如杨国安的杨三角模型、麦肯锡的7S组织模型、杰伊·加尔布雷斯的星形组织模型等。使用哪种架构并不是最重要的，最重要的是架构是否被清晰地描述。不要把组织单纯等于架构，而要考虑组织的多重系统。

建立评估流程：将组织模型转为可实操的评估工具，架构里的要素便成了调研的问题，通过这些问题可以分析

每个要素能够在多大程度上帮助组织实现战略意图。调研分析的资料可以从员工、上下游合作伙伴/客户、同行竞争者或外部最佳实践等多个方面比较，收集感知型定性资料和实证型定量资料，进行综合分析和评估。

引领管理改进：从调研分析到管理改进，将数据分析转化为具体行动。针对组织的每一个要素对标学习内外部的最佳实践，结合组织实际情况，提出可选的改进行动方案。接下来，行动方案还需要聚焦，避免精力分散，得不偿失。

设定优先顺序：首先，通过影响力和可执行性两个基本维度评估最重要的行动，纵向维度的影响力主要考虑为客户创造价值度、战略匹配度和整体工作整合度，横向维度的可执行性主要考虑合理时间内实现和资源可支持程度。然后，根据设定的优先级顺序，绘制组织能力规划表。横向时间轴一般为 1~2 年，纵向每个阶梯代表规定时间内要执行的优先级行动，越高阶的往往复杂度也越高。值得注意的是，大多数组织 2 年能完成的行动一般不会超过 5 项。

08 | 组织诊断模型
实施组织诊断的通用框架

▲ 步骤1：定义组织模型 ——组织系统要素

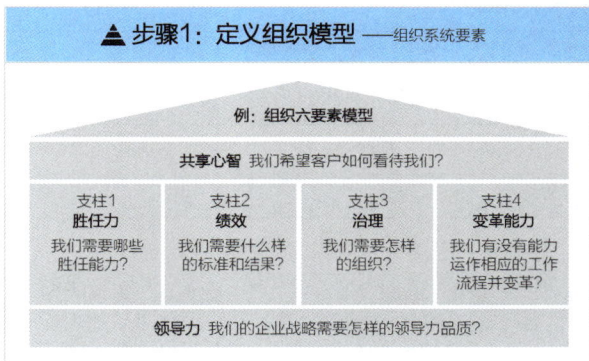

例：组织六要素模型

共享心智 我们希望客户如何看待我们？

| 支柱1 **胜任力** 我们需要哪些胜任能力？ | 支柱2 **绩效** 我们需要什么样的标准和结果？ | 支柱3 **治理** 我们需要怎样的组织？ | 支柱4 **变革能力** 我们有没有能力运作相应的工作流程并变革？ |

领导力 我们的企业战略需要怎样的领导力品质？

📋 步骤2：建立评估流程 ——调研分析现状

要素	问题	评分
共享心智	我们在多大程度上拥有正确的共享心智（文化）？	1~10分
胜任力	为了实现未来目标，我们在多大程度上具备了所需的胜任力（知识、技能和能力）？	1~10分
绩效	为了实现未来目标，我们在多大程度上拥有正确的绩效管理体系（衡量指标、奖惩）？	1~10分
治理	为了实现未来目标，我们在多大程度上拥有正确的组织结构、沟通机制和制度政策？	1~10分
变革能力	为了实现未来目标，我们在多大程度上具备改进工作流程、变革和学习的能力？	1~10分
领导力	为了实现未来目标，我们在多大程度上具备所需的领导力？	1~10分

⚙ 步骤4：设定优先顺序 ——ROI最高行动

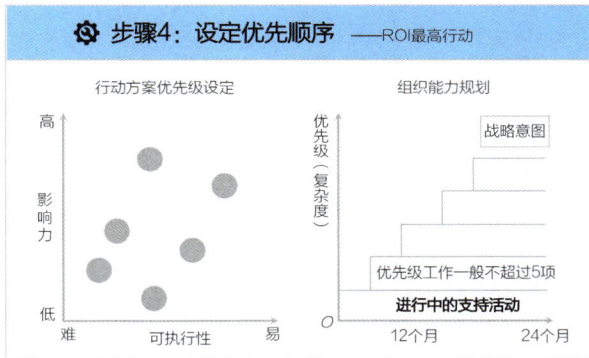

行动方案优先级设定

影响力（高/低） 可执行性（难/易）

组织能力规划

优先级（复杂度）

战略意图

优先级工作一般不超过5项

进行中的支持活动

12个月　　24个月

⛏ 步骤3：引领管理改进 ——对标最佳实践

要素	改进行动/最佳实践
共享心智	共识认知、文化价值观……
胜任力	人员配置、学习发展（培养）……
绩效	绩效设定、绩效衡量、绩效报酬……
治理	组织设计、沟通、授权、管理政策……
变革能力	流程再造、管理变革、提升学习能力……
领导力	个人信誉、打造组织能力、真正的变革领导者……

适用场景：组织诊断　团队评估　管理改进

3.应用模板

1　**战略意图** 我们希望达成什么目标？			
战略（意图、计划、聚焦点、驱动力）、客户（细分市场、价值创造）、财务（衡量指标、投资回报）、外部环境（法规、经济）、核心能力（技术）……			
组织能力 我们需要哪些组织能力？			
低成本、技术领先、品质领先、客户服务领先、创新……			
2　**要素1：共享心智** 我们希望客户如何看待我们？			
3　四个组织流程的自发思考：工作流、决策/权限流、沟通/信息流、人力资源流			
要素2：胜任力 我们需要哪些胜任能力？	**要素3：绩效** 我们需要什么样的标准和结果？	**要素4：治理** 我们需要怎样的组织？	**要素5：变革能力** 我们有没有能力运作相应的工作流程并变革？
胜任力诊断与提升： • 人员配置 —引入 —晋升 —流出 • 学习发展（培养） —从胜任力到结果 —从个人到团队 —从有界限到无界限 —从"中看"到"适用" —从例外管理到流程	**建立绩效管理体系：** • 我们想达成什么目标？ • 我们该如何衡量绩效？ —行为+结果 —个人+团队 • 我们如何根据绩效给予报酬？ —经济性报酬 —非经济性报酬	**组织设计：** • 关注流程而不是层级 • 消除界限（纵向、横向、外部） **沟通：** • 借助媒介传递消息 • 建立沟通计划 • 让员工参与（授权） • 管理政策（安全、健康、用工）	**流程再造：** • 识别流程 • 选择最佳流程 • 简化流程 **管理变革：** • 梳理变革所需的能力 **提升学习能力：** • 创造有影响力的观点 • 提炼有影响力的观点
要素6：领导力 我们的企业战略需要怎样的领导力品质？			
个人信誉、打造组织能力、真正的变革领导者、中层经理作为领导者……			

4. 使用方法

戴维·尤里奇在《人力资源转型：为组织创造价值和达成成果》中用基于纳德勒、加尔布雷斯和麦肯锡的研究而形成的结构做了案例示范：

步骤①——澄清战略意图与组织能力： 战略意图与组织能力是组织诊断的方向标。首先要清晰描述战略意图，从战略、客户、财务、外部环境和核心能力等多个方面，明确战略目标。然后搞清楚为了支撑战略的实现，需要聚焦哪些必须具备的组织能力，即能使组织以独特方式为客户创造价值的核心能力。

步骤②——设计组织诊断的结构： 将这个组织模型的六个要素作为组织诊断的结构，定义组织如何运作，并识别有效保障企业战略的组织条件。上方的共享心智代表组织共有的认知和文化，是凝聚组织的黏合剂；中间的是支撑组织能力的四个关键支柱，胜任力支柱代表员工及团队所需的知识、技能和能力，绩效支柱代表评价、奖励等绩效管理体系，治理支柱代表组织的汇报关系、决策流程、政策制度及沟通体系，变革能力支柱代表组织如何进行流程改进、管理变革和学习成长；下方的领导力作为底座，代表组织是如何形成、如何沟通以及如何致力于可持续发展的，是组织发展管理工作的基础；需要对全部支柱都投入足够关注和行动，才能确保组织的稳固和发展。

步骤③——探讨管理改进的行动计划： 根据此诊断结构和逻辑，在既定的业务优先级与预期的能力条件下，评估组织各要素实现战略目标所需的管理改进。调研分析要转化为具体行动，管理者可以与上级、HR 等关键相关方，一起了解关键问题和组织诊断数据，探讨管理改进的行动方案，并判断优先级顺序，最后按顺序共同推行方案。

企业的任何层级团队都可以进行组织诊断，大到企业或某个内部业务单元，小到部门或某个职能团队；可以根据组织诊断框架和结构化问题评估现有的团队，从而将战略转化为实际行动计划。

2.2 组织诊断：先诊断再开方

1.产生背景

六个盒子模型是一个更简单实用的组织诊断工具，是马文·韦斯伯德于1976年开发的组织管理咨询工具，2007年由阿里巴巴公司引进后，逐渐在国内流行起来。六个盒子就像组织雷达，帮助我们了解组织的运转，深入挖掘业务和团队的现状与问题。

2.模型介绍

业务怎么样？重点评估"使命／目标""组织／结构""流程／关系"三个盒子，分析业务问题和解决方法：

盒子 1 使命／目标：聚焦"我们为谁创造什么价值"这一关键问题，首先诊断"明确组织为谁创造价值"，这个"谁"决定了团队"正确的使命和清晰的目标"。这个盒子是组织的起点，预示着组织清楚自己的客户和定位。

盒子 2 组织／结构：聚焦"我们是如何分工的"这一关键问题，就是前面组织设计的分工内容，一是"什么样的组织能支撑使命／目标达成"，二是"组织的分工、权责和边界是什么"。这个盒子展示了业务如何进行分配，从而取得最佳结果。

盒子 3 流程／关系：聚焦"我们是如何协作的"这一关键问题，可以从"组织中的各部分如何一起合作"和"工作的流程、关系和氛围是什么"，诊断组织的整合和协调机制是否顺畅。这个盒子预示组织协同高效，让业务工作平稳进行。

团队怎么样？重点评估"激励／奖励""支持／工具""管理／领导"三个盒子，促进团队发展，进而达成业务目标：

盒子 4 激励／奖励：聚焦"我们如何激发员工动力"这一关键问题，首先明确"激励和奖励的内容和形式"，然后分析"激发了员工的什么行为和感受"。这个盒子与组织氛围息息相关，影响着团队士气和员工的工作热情。

盒子 5 支持／工具：聚焦"我们需要什么资源和帮助"这一关键问题，重点诊断"需要什么资源和协调机制"和"提供什么软件和硬件支持"。这个盒子与组织氛围息息相关。这个盒子状态良好，可以促进团队更好地协作和推进工作。

盒子 6 管理／领导：聚焦"领导团队如何平衡和促进其他盒子"这一关键问题，这个盒子主要关注核心管理层的状态，诊断"如何统筹与调控其他盒子"，明确"管理和领导应达到怎样的水平"才能更好地促进其他盒子的发展。

09 | 六个盒子模型

不管业务和组织架构怎么变，"六个盒子"跑一遍

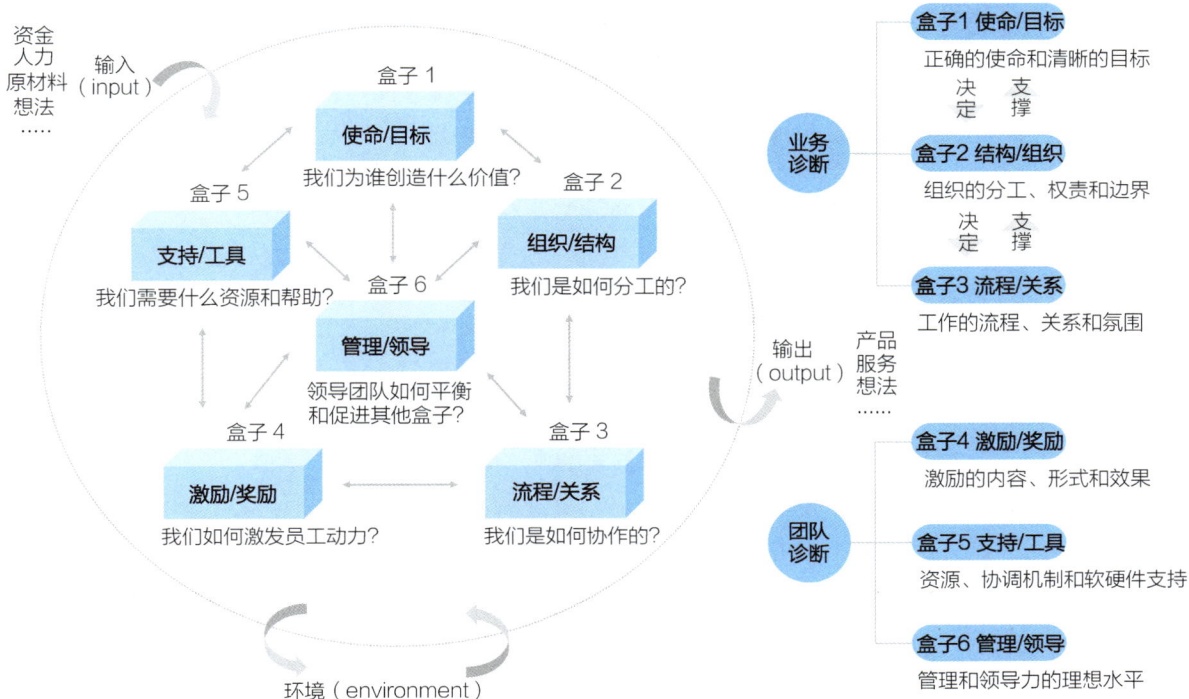

资金
人力
原材料
想法
……

输入
（input）

盒子 1
使命/目标
我们为谁创造什么价值?

盒子 5
支持/工具
我们需要什么资源和帮助?

盒子 6
管理/领导
领导团队如何平衡
和促进其他盒子?

盒子 2
组织/结构
我们是如何分工的?

盒子 4
激励/奖励
我们如何激发员工动力?

盒子 3
流程/关系
我们是如何协作的?

输出
（output）

产品
服务
想法
……

环境（environment）

业务诊断

盒子1 **使命/目标**
正确的使命和清晰的目标
决定   支撑

盒子2 **结构/组织**
组织的分工、权责和边界
决定   支撑

盒子3 **流程/关系**
工作的流程、关系和氛围

团队诊断

盒子4 **激励/奖励**
激励的内容、形式和效果

盒子5 **支持/工具**
资源、协调机制和软硬件支持

盒子6 **管理/领导**
管理和领导力的理想水平

适用场景：业务诊断 团队诊断 管理改进

3.应用模板

盒 子	① 诊断依据	② 子项	问 题	③ 我们说了什么（正式）	我们做了什么（非正式）	我们需要什么
盒子1 使命/目标	使命和目标是否清晰、明确？ 组织内部对使命和目标的一致性如何？ 使命和目标是否令人感到兴奋？	使命驱动	你是否清楚企业的产品和服务给客户带来的价值？			
		战略清晰	你是否清楚团队的业务方向和工作目标？			
		目标明确	团队的目标是否让你感到兴奋？			
盒子2 组织/结构	组织和结构是否清晰、明确？ 组织运转的效能如何？	组织结构	你是否清楚自己的职责和权限？			
		职责分工	团队是否出现过由职责边界不清导致的冲突？			
		团队效能	这个月的团队工作进展是否令你满意？			
盒子3 流程/关系	流程和关系是否清晰、明确？ 大家的合作是否愉快？	流程顺畅	企业的业务流程是否清晰、顺畅？			
		协同合作	你是否清楚自己的工作对相关业务的影响？			
		团队氛围	在业务讨论中，团队成员是否坦诚沟通？			
盒子4 激励/奖励	激励和奖励是否清晰、明确？ 激励和奖励是否激发了员工的正向行为？	文化导向	你是否清楚企业的做事标准和做人标准？			
		激励有效	组织激励和认可能否激励你努力工作？			
		公平公正	组织的薪酬、福利和晋升渠道是否对每位员工公平？			
盒子5 支持/工具	工具和支持是否帮助业务成功？ 工具和支持在执行的过程中是否有效？	资源充足	你有没有因为资源不足而导致工作延误？			
		组织保障	你的工作是否得到其他部门的支持与帮助？			
		制度流程	企业的制度和流程是否对业务有支持作用？			
盒子6 管理/领导	管理者和HRBP(人力资源业务合作伙伴)是否获得其他"盒子"的反馈？ 管理者和HRBP的调节手段是否有效？	领导才能	管理者中是否有让你欣赏和佩服的人？			
		管理支持	你的工作是否得到主管的有效支持和帮助？			
		反馈渠道	你是否曾向管理者反馈问题或提出建议？			

4. 使用方法

了解完六个盒子的主要诊断内容，接下来要明确诊断依据，借鉴戴维·尤里奇的组织诊断框架进行落地：

步骤①——明确诊断依据： 衡量六个盒子的核心标准，是实际过程中的判断依据。"使命/目标"盒子注意诊断使命/目标的明确性和一致性；"组织/结构"盒子注意诊断组织/结构与现阶段目标的关联性和实际运转的有效性；"流程/关系"盒子可以从三个层次（个人与个人、团队与团队、个人与工作）和三个维度（依赖程度、关系质量、冲突管理）诊断；"激励/奖励"盒子可以从 What（组织期待什么）、Who（谁该被奖励）和 How（激励手段和效果）三个层面进行诊断；"支持/工具"盒子注意衡量工具和支持的实际效果；"管理/领导"盒子关键要看是否具有自下而上的反馈机制。

步骤②——建立评估流程： 将模型转化为评估工具。有两种方法。一种是量化调研，可以参考本书附带的组织诊断问卷（OQD）进行评分，但如戴维·尤里奇所强调的，在组织诊断过程中，公司因为发现的组织问题而引发的讨论远比分数本身来得重要。另一种是根据需求设计调研问题。可以采用问卷调查、一对一沟通、团队工作坊等多种形式，与组织里的人互动，了解大家的想法和感受。人们通常根据感知来采取行动，这部分资料往往也反映了团队的很多事实。

步骤③——引领管理改进和设定优先顺序： 根据戴维·尤里奇的组织诊断步骤，将调研分析进一步转化为管理改进，并设定行动的优先级顺序。值得注意的是，六个盒子模型还强调了正式和非正式系统，正式系统简单说组织官方"说了什么"，是落到纸面上的说明，这是很多"专家"咨询诊断的目标。非正式系统则说明人们"实际上是怎么做的"，这些非正式行为往往对组织绩效的影响巨大。在最后的问题诊断和方案决策时，不要忽略非正式系统的信息。

六个盒子的内容高度关联、缺一不可，使用时不能只关注部分而忽略整体。同时，要注意六个盒子以外的其他因素。

2.3 组织设计：分工与合作的问题

1.产生背景

前面我们说到，组织有三大基本特征：第一，基于共同的目标；第二，实现目标要靠组织的人；第三，通过组织架构来规范行为和高效协同。管理者的组织职能是创建精细的组织架构，管团队其实首先要管组织，通过组织结构系统地解决人员的分工与合作问题。亨利·法约尔、马克斯·韦伯等古典管理学派代表确定了组织设计（organization design）的基本概念，组织设计是对组织的架构和活动的构建、变革和再设计。

2.模型介绍

时代变迁，社会发展，科技进步，近一个世纪过去了，但古典管理学派研究出的结构原则依旧令人惊叹，仍然能够指导现代管理者设计出合理高效的组织。可将其精华归纳总结成组织设计的六个基本要素。

特性	关键问题	设计内容	要　点
复杂性	把工作分解成相互独立的岗位时，应细化到什么程度？	工作专门化（work specialization）	工作专门化即劳动分工，实质是把工作拆解成若干的标准化任务。20世纪的福特公司利用流水线制造汽车发家致富，就是一个典型案例，至今团队任务分工的核心原则仍是相同的。分工不宜过细，否则员工只关注局部工作，忘记团队目标，反而降低了效率
	对工作进行分组归类的基础和逻辑是什么？	部门划分（departmentalization）	部门划分是指工作要进行分组归类，以便统一协调。团队分类可能有小组、工作室等不同的称呼，但其本质相同。尽管不同团队有各自分类特色，但常用的划分逻辑有五种：职能、产品、流程、地区或客户
	员工个人和团队向谁汇报工作？	指挥链（chain of command）	指挥链即权力从组织高层向基层传递的路径，关乎员工的权责。"权"即职权（authority），是组织授予职位固有的权力，同时会承担相应的责任，即职责（responsibility）。职责与职权必须相对称，要坚持权责利相统一的原则
	一名管理者可以有效率、有成效地领导多少员工？	管理幅度（span of control）	管理幅度即管理者能有效指挥下属的具体人数，它没有绝对定论。管理幅度窄（管理学家厄威克提出通常不超过6人），有利于密切监控下属和提供支持，但会增加管理层级和成本。近些年提倡扁平化管理，让管理幅度变宽，提高决策速度和灵活性，以提升组织效率，例如京东公司基本管理幅度是8～15人，根据人员素质和岗位性质调整
规范性	工作标准化的程度、员工行为受规章制度和流程的影响程度是什么？	正规化（formalization）	正规化是指工作的标准化程度，越正规化，员工的自主性越小，越能确保工作产出的一致性，比较符合科层制组织的需求。尽管一定的正规化有助于控制协调和效率提升，但也损害了团队的灵活性，对于要求创新或人际互动的任务，过度正规化起不到作用
集权性	决策权应该放在哪一级？	集权与分权（generalization&decentralization）	集权即将决策权主要放在组织上层，分权则是给下层管理者更多提供意见和决策权。两者需要相互结合，集权过度会使管理效率低下，分权过度又会造成管理失控

10 组织六要素模型
设计合理高效的组织

把工作分解成相互独立的岗位时，应细化到什么程度？

各尽其才，分工协作

对工作进行分组归类的基础和逻辑是什么？

职能/产品/流程/地区/客户

决策权应该放在哪一级？

分权化，赋能员工

员工个人和团队向谁汇报工作？

权责利统一的原则

工作标准化的程度、员工行为受规章制度和流程的影响程度？

灵活，创新/客户导向

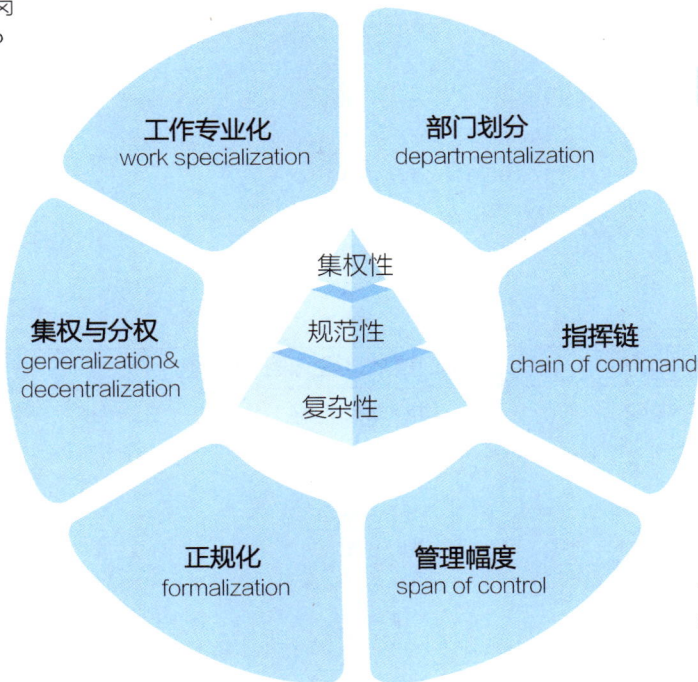

一名管理者可以有效率、有成效地领导多少员工？

减少层级，适当宽幅

工作专业化
work specialization

部门划分
departmentalization

集权与分权
generalization&
decentralization

指挥链
chain of command

正规化
formalization

管理幅度
span of control

集权性
规范性
复杂性

适用场景：组织设计原则　组织构成要素　组织分工逻辑

3.应用模板

① 行业技术对组织设计的影响					
组织结构特征	**单件小批**(如船舶制造)	**大批量**(如电器制造)	**连续加工**(如炼油制造)	**提供产品**(如制造厂)	**提供产品和服务**(如零售店)	**提供服务**(如咨询公司)
工作专门化	制造和装配小批量产品 工人技能水平高 满足特定客户需求	生产标准化的零部件 工人技能水平低 流程和技术很规范	利用机器自动控制加工 工人技能水平高 工作结果预期性高	任务界限严格 技术职员专业化低	任务界限一般 技术职员专业化中等	任务界限不严格 技术职员专业化高
指挥链	管理者/总人数比例低 口头沟通程度高 书面沟通程度低	管理者/总人数比例中 口头沟通程度高 书面沟通程度高	管理者/总人数比例高 口头沟通程度高 书面沟通程度低	重点: 技术	重点: 技术和人际关系	重点: 人际关系
管理幅度	管理的层级:3 高层的宽幅:4 基层的宽幅:23	管理的层级:4 高层的宽幅:7 基层的宽幅:48	管理的层级:6 高层的宽幅:10 基层的宽幅:15	/	/	/
集权程度	低	高	低	高	中等	低
正规化	低	高	低	高	中等	低

② 部门技术对组织设计的影响				
组织结构特征	**例行性技术**	**技艺性技术**	**工程性技术**	**非例行性技术**
部门划分	工作多样低、可分解性高, 如销售、客服、审计等	工作多样性低、可分解性低, 如贸易、艺术表演、烹饪等	工作多样性高、可分解性高, 如工程、会计、法务等	工作多样性高、可分解性低, 如新品研发、战略规划等
工作专门化	稍需专业训练和经验	需要工作经验	需要正规专业教育	需要正规专业教育和工作经验
指挥链	目标:数量和效率 控制:规章、预算、报表 沟通:纵向的、书面的	目标:质量 控制:训练、会议 沟通:横向的、口头的	目标:可靠性和效率 控制:报表、会议 沟通:书面的、口头的	目标:质量 控制:明确权责目标、会议 沟通:横向的、口头的
管理幅度	宽	适中偏宽	适中	窄
集权程度	高	适中	适中	低
正规化	高	适中	适中	低

4. 使用方法

组织设计六要素是经久不衰的原则，但实际上适用所有情况的"理想"的组织设计是不存在的，组织设计会受到外部环境、战略、技术、组织规模、发展阶段、人员素质等诸多因素的影响。由于本书主要面向新任管理者，往往所在团队承担的职能和专业技术是第一影响因素，所以重点探讨技术对组织设计的影响和相关研究成果。

步骤①——行业技术对组织设计的影响：英国工业社会家琼·伍德沃德对机械化程度不一的制造业做过研究，得出技术的复杂性越高，管理层级和管理者占比越高，工人技能水平和管理幅度也逐步提高的结论。

阿斯顿小组对工作流程一体化（设备自动化程度、操作流程刚性和衡量准确程度）进行了研究，指出制造业工作流程一体化高于服务业，但企业的官僚化特征也随之增加；技术对结构只有一定的影响。

步骤②——部门技术对组织设计的影响：美国管理学家查尔斯·佩罗把注意力从生产技术转向知识技术，使用任务的多样性和工作活动的可分解性两个指标作为技术划分依据，进行了相关研究，指出采用不同技术的团队的组织架构存在本质差异，例行性技术适合高度正规化和集权化的结构，技艺性技术相对而言需要分权化，工程型技术应适当分散决策权、以低正规化来保持组织的灵活性，非例行性技术则需要分权化和低程度的正规化。

当今互联网技术的兴起和普及，让管理和决策的手段与方法都发生了革命性变化，大大推动了组织设计新理念的产生，例如组织结构的扁平化、分权／授权和赋能员工、提高管理宽幅、控制正规化以提升组织灵活性等。

通常在开展新业务、战略目标发生变化或组织运行出现问题等场景下，团队需要及时进行组织调整。管理者应该用权变的理念来思考和设计组织，让组织不断适应外部环境变化和企业发展的需求。

2.4 组织架构：组织的系统之美

组织设计的基本产出有组织结构图和岗位说明书，组织架构的核心是理清团队如何分工和整合的问题。一个好的组织架构应该是高效简洁的，是优美的系统。不同组织的分工虽然都有自己的特色，但对于分工的底层逻辑，常用的只有五种：

（1）**基于职能的逻辑**：按照功能或职能划分，将同样工种、专业和技能的人聚在一起，专业的人做专业的事。

（2）**基于产品的逻辑**：按照产品、服务或业务线划分，更好地为产品或服务负责，得到更好的业务结果。

（3）**基于流程的逻辑**：按照技术、工作或客户的流程划分，更方便上下游协作和事项推进，让工作开展得更顺畅。

（4）**基于地区的逻辑**：按照地理位置和物理区域划分，满足不同国家或地区的客户群体分布或政策法规需求。

（5）**基于客户的逻辑**：按照客户类型划分，可以更有效地解决不同客户群体的特定问题和需求，提升服务质量。

实际应用中可能根据一种或多种的划分逻辑，产出各种各样的组织架构，但最常见的架构类型只有三类：

（1）**职能型结构**（functional structure）：这是企业最常见的组织结构形态，对人员进行高度的专业化分工，可以产生规模经济性。但也容易造成"部门墙"，忽视整体的最佳利益。随着业务和团队规模变大，管理复杂度和成本慢慢超出职能型结构所允许的限度。当前，还用职能型结构且有效驾驭的大规模企业，唯有比较独特的苹果公司。

（2）**事业部型结构**（divisional structure）：多数大企业会选择按业务分类，采用"集中决策，分散经营"原则，根据不同的产品种类和市场形态，分别建立各种集生产、销售于一体，自负盈亏的事业部。其主要优点就是强调业务结果，其缺点也比较明显，会重复配置职能和资源，总部管控成本高，组织效率下降。

（3）**矩阵型结构**（matrix structure）：现代很多大集团的业务规模，都已经庞大到需要分类到事业群，往往采用双重指挥链的矩阵型结构。将分散于各个事业部的财务、人力资源等职能收归总部，成立专业职能组织，为各业务组织服务，提高资源利用率和专业管理水平，同时有利于战略方向、管理思想和企业文化在各事业部的统一。当然，这也会增加管理协作和沟通协调难度，对管理者领导力建设提出了更高的要求。

11 | 组织架构模型
解决团队分工和合作的问题

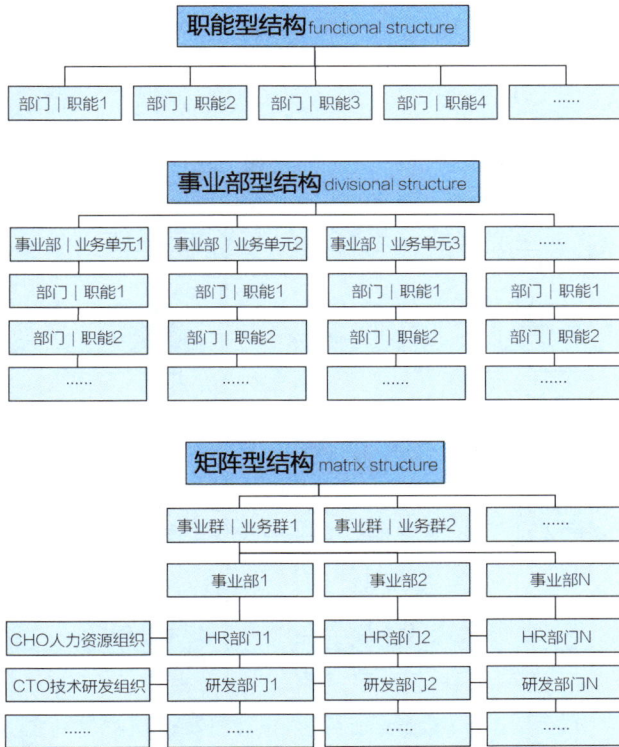

基于职能的逻辑

| 研发 | 制造 | 销售 | 财务 | …… |

基于产品的逻辑

| 男鞋 | 女鞋 | 服饰 | 配件 | …… |

基于流程的逻辑

| 产品设计 | 前端开发 | 后端开发 | 质量检测 | …… |

基于地区的逻辑

| 华东区 | 华南区 | 华北区 | 华中区 | …… |

基于客户的逻辑

| 零售 | 批发 | 企业 | 政府 | …… |

职能型结构 functional structure

| 部门 | 职能1 | 部门 | 职能2 | 部门 | 职能3 | 部门 | 职能4 | …… |

事业部型结构 divisional structure

事业部	业务单元1	事业部	业务单元2	事业部	业务单元3	……
部门	职能1	部门	职能1	部门	职能1	部门	职能1
部门	职能2	部门	职能2	部门	职能2	部门	职能2
……	……	……	……

矩阵型结构 matrix structure

事业群	业务群1	事业群	业务群2	……
事业部1	事业部2	事业部N
CHO人力资源组织	HR部门1	HR部门2	HR部门N
CTO技术研发组织	研发部门1	研发部门2	研发部门N
……	……	……

适用场景：组织架构设计　组织分工逻辑　组织整合协调

3.应用模板

```
                        组织 ①
                      管理者姓名
                        ②
        组织1            组织1            组织1
       管理者姓名        管理者姓名        管理者姓名

    专业岗 ③       组织2 ③       组织2 ③       专业岗
    员工姓名        管理者姓名     管理者姓名        员工姓名

    专业岗          专业岗          专业岗          专业岗
    员工姓名         员工姓名         员工姓名         员工姓名

    专业岗          专业岗          专业岗          专业岗
    员工姓名         员工姓名         员工姓名         员工姓名

    专业岗          专业岗          专业岗          专业岗
    员工姓名         员工姓名         员工姓名         员工姓名

    专业岗          专业岗          专业岗          专业岗
    员工姓名         员工姓名         员工姓名         员工姓名

    专业岗          专业岗          专业岗          专业岗
    员工姓名         员工姓名         员工姓名         员工姓名
```

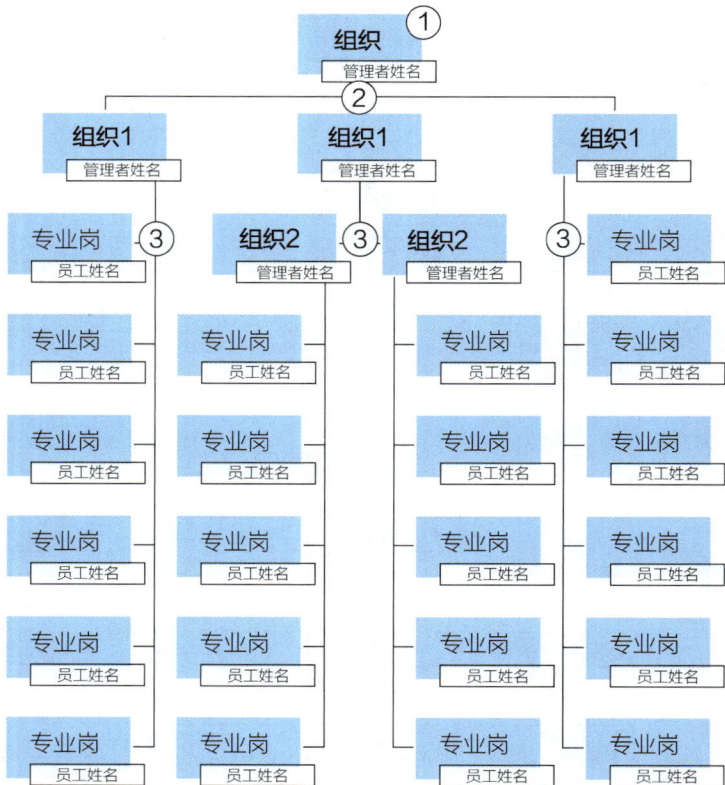

① 组织定位和职能设计

团队的内外部客户是谁？

团队为客户创造什么价值？

团队的关键使命和职能是什么？

② 横向组织架构设计

团队的整体分工逻辑是什么？

下级组织的目标和职责是否清晰独立？

下级组织间的协作是否高效顺畅？

③ 纵向组织架构设计

管理层次是否过多？

管理幅度是否过窄或过宽？

向下兼岗是否过多或过深？

4. 使用方法

解决组织的分工问题后，还要重点关注整合问题。整合是要协调各项任务，进行控制和沟通，以便实现最终目标。造成组织整合和协调不良的因素有组织架构、组织运行和人际关系，组织架构问题通过管理层级、汇报关系等结构性方式协调，组织运行问题通过工作标准化、规章制度建立等制度性方式协调，人际关系问题通过文化和价值观建设、跨团队联谊等人际性方式协调。管理者可以围绕分工和整合两条主线，按下表所示步骤进行组织架构设计和问题检核。

没有十全十美的组织架构，应综合平衡以匹配业务发展和经营需求，例如规范业务适合拆分、灵活业务需要闭环；同构组织可合并，异构组织要独立。管理者还需要综合判断和结合其他管理工具，统合综效地提升组织架构的效用。

设计内容	关键思考	常见问题	可能的原因
步骤① **组织定位和职能设计** 明确团队在企业的组织定位，以及所承担的关键职能	团队的内外部客户是谁？团队为客户创造什么价值？团队的关键使命和职能是什么？	看不清：经常讨论团队的目标和工作的价值，或关键职能无法支撑目标的达成	（1）没有找准团队在上级组织里的位置和关键客户 （2）业务发展阶段不同或客户的需求发生变化
		看不懂：团队名称不能直观体现职责，或者经常被其他人询问团队职责	（1）团队名称过于潦草或复杂，不利于理解 （2）团队工作内容比较杂，没有聚焦关键目标和职能
步骤② **横向组织架构设计** 将大团队的目标和职能进行分解，形成适宜的横向分工框架	团队的整体分工逻辑是什么？下级组织的目标和职责是否清晰独立？下级组织间的协作是否高效顺畅？	孤岛：与其他平级的组织之间没有协同，互相不理解，对整体目标达成没有起到促进作用	（1）组织设置时没有按照常用的五种逻辑进行合理划分 （2）因人设岗，将相关性低的不同工作交给同一个人负责
		山头林立：设置了过多的下级组织，每个组织的职责又都比较单一	（1）思维过于发散，求全求大，专业分工过于细碎 （2）团队策略判断失误，不是重点的职能被过于强化
步骤③ **纵向组织架构设计** 确定团队适宜的管理层次、管理幅度和汇报关系，提高管理效率和执行产出	管理层次是否过多？管理幅度是否过窄或过宽？向下兼岗是否过多或过深？	串糖葫芦：仅有1个下级组织，人们都在这个组织 孤军奋战：下级组织就1个管理者或1个员工	（1）管理层次过多，上下级组织职责重合 （2）管理幅度过窄（少于4人），组织拆分不合理
		兼岗过多：管理者向下兼岗两个以上 兼岗过深：管理者向下兼岗两级组织	（1）招聘进度过慢，内部人才储备不足或岗位设置不合理 （2）过于关注细节，对更高层面的战略和组织问题思考不足

2.5 岗位设定：因事设岗，以岗定人

1.产生背景

除了组织架构图，岗位说明书也是组织设计工作的关键产出。组织的分工最终分解到每一个岗位，岗位设置要坚持"因事设岗"的精简效能原则，而后"以岗定人"，形成"组织—岗位—人才"的组织设计链路。从理论上来说，编制岗位说明书，需要经过科学专业的职位与工作分析，这是一项复杂的系统工程。标准的岗位说明书包含工作标识、工作概要、工作职责、工作关系等描述，以及知识、技能、经验等任职资格（这部分将在第 3 章详解）。

2.模型介绍

现代企业的岗位和工作内容变化节奏比较快，大多数公司不会投入太多人力和资源搞这种大工程，业务管理者也不需要与 HR 一样精通过于专业的职位与工作分析，只需要关注岗位设定的"三定"：

定使命： 首先，要回答岗位存在的作用和意义。贡献的核心价值，是定使命而不是定具体目标。使命需要有一定

的高度和价值感。因为当今诸多知识型岗位，需要给予员工自主追求和创造的空间。正如彼得·德鲁克在《卓有成效的管理者》里指出的，知识工作者的工作动力，取决于他是否具有有效性及他在工作中能否有所成就。如果他的工作缺少有效性，那么他对做好工作和作出贡献的热情很快就会消退，他将成为朝九晚五在办公室消磨时间的人。

定职责： 其次，为了成功实现使命，需要去完成一些工作任务，这些任务集合就是岗位的职责。管理者要从整体视角去检核，团队关键使命和职能是否落实到各岗位，职责各岗位间是否有重叠冲突或协作不畅。

定绩效： 最后要评价岗位的工作产出和成果，明确所要达到的数量和质量的客观要求和标准，设置岗位的具体目标和关键绩效指标。绩效标准可以有定性和定量之分，必须遵循 SMART 原则，即具体的（specific）、可衡量的（measurable）、可实现的（attainable）、相关的（relevant）、有期限的（time-bound）。

12 | 岗位三定模型
明晰使命、职责和绩效

岗位的关键使命是什么？

存在的作用和意义是什么？

职责能否有效支持使命达成？

职责是否描述清晰可理解？

为组织/客户贡献什么价值？

各岗位职责是否协作顺畅？

定使命
mission

定职责
position responsibility

定绩效
performance indicator

S 具体的 specific
M 可衡量的 measurable
A 可实现的 attainable
R 相关的 relevant
T 有期限的 time-bound

适用场景：职责分工　岗位设计　权责设定

3.应用模板

岗位	① 使命	② 职责	③ 绩效
销售部招聘专员岗	挖掘和引进市场上的优秀人才，与业务员一起打造战斗力最强的销售铁军！	制订年度招聘策略和计划，满足销售业务年度招聘需求	年度招聘达成率>95%（40%）
		邀约和安排候选人面试，确保初面人数足够支持招聘转化	月度初面人数>4倍岗位数（10%）
		……	……
		团队文化与核心价值观的考核	价值观考核（20%）

－不同层级岗位职责描述常用动词表

层级	管理职责	业务职责
决策层	主持、制定、策划、筹办、指导、监督、督办、协调、委派、授权、指挥、考核、控制、交办	审核、审批、批准、签署、签发、核转
管理层	组织、拟定、提交、制定、支持、督促、部署、布置、提出	编制、开展、考察、分析、综合、研究、处理、解决、推广
执行层	策划、设计、提出、参与、协助、代理、配合、确保、保证、争取、推动、促进、执行、贯彻	编制、收集、整理、调查、统计、记录、维护、遵守、维修、办理、呈报、接待、保管、核算、登记、送达、操作、巡视、检查、做好、保持

－美世咨询公司推荐的岗位职责描述动词表－

项　目	常用动词
制度、方案与计划	编制、制订、拟定、起草、审定、审核、审查、转呈、转交、提交、呈报、转达、备案、存档、提出
信息与资料	调查、研究、整理、分析、归纳、总结、提供、汇报、反馈、转达、通知、发布、维护
工作行为	主持、组织、指导、安排、协调、指示、监督、管理、分配、控制、牵头负责、审核、审定、签发、批准、评估
思考行为	研究、分析、评估、发展、建议、倡议、参与、推荐、计划
直接行动	组织、实行、执行、指导、带领、控制、监督、采用、生产、参加、阐明、解释、提供、协助
上级行为	许可、批准、定义、确定、指导、确立、规划、监督、决定
下级行为	检查、核对、收集、获得、提交、制作
管理行为	达到、评估、控制、协调、确保、鉴定、保持、监督
专家行为	分析、协助、促使、联络、建议、推荐、支持、评估、评价
其他行为	维持、接待、建立、开发、准备、处理、执行、接待、安排、监控、汇报、计划、经营、确认、合作、协作、主持、获得、核对、检查、联络、设计、带领、指导、评价、评估、测试、建造、修改、执笔、起草、拟定、收集、引导、传递、翻译、组织、控制、操作、保证、预防、解决、推荐、介绍、支付、计算、修订、承担、支持、谈判、商议、面谈、拒绝、否决、监视、预测、比较、删除、运用

4. 使用方法

岗位设定不需要费时费力做很多文书工作，但至少要用表格罗列和盘点团队各岗位的设定要点。这样不仅可以检核团队分工的信效度，还可以梳理清楚上级对下级的基本期望和要求，在招聘需求提报、新员工试用期考核、在岗辅导、绩效考核等各个员工管理场景，帮助管理者思考决策和内部沟通。

步骤①——定使命：提炼出富有想象力、令人难忘、激动人心的使命并不是一件简单的事情，需要管理者反复思考和斟酌。通常可以直接使用大团队使命，或者通过调研该小组内外部客户的需求和期望，进一步汇总和提炼出适合的使命。最重要的是，要和团队成员不断沟通和达成共识，让大家发自内心地认可该使命。

步骤②——定职责：职责设定纵向重点思考如何实现使命和承接团队目标，横向思考如何与上下游和关键相关方高效协作。聚焦 8 条核心的岗位职责即可，不需要描述很多临时性或事务性工作，如果发现不重要事务非常多，反而要思考这个岗位设置的合理性。描述职责的格式一般采用 "动词 + 名词宾语 + 进一步描述任务的词语" 的形式，需要使用大量动词撰写相关内容，可以参考编制岗位职责时常用的动词表。

步骤③——定绩效：绩效设定要结合公司目标、团队合作要求和岗位职责，界定工作的成果，以及工作过程中的高绩效行为。员工是行为导向，高绩效行为更能确保工作成果产出。在用绩效考核业绩的同时，不要忽略团队文化与核心价值观。价值观也需要考核，因为价值观能有效影响员工思维，但该考核占比不宜过大。

人与人之间的工作效率差异极大，管团队不能靠员工即兴发挥或管理者命令，正确的岗位设定能让员工把注意力放在正确的事情上。这也是有效管理沟通的基础，帮助上下级就管理问题达成共识。

2.5 岗位设定：因事设岗，以岗定人

1.产生背景

单个岗位设定比较细致，那如何全景式审阅团队所有岗位分工，特别是团队的工作流程和关键任务，是否都合理地分解到各个岗位上。在项目管理或组织改造时，通常会建立一个二维表格的责任分配矩阵（responsibility assignment matrix，RAM）。该矩阵包含所有项目成员、项目活动，以及两者的对应关系，确保每个项目都有人负责。RASCI 模型是 RAM 的一个应用工具，由 RACI 模型演变而来，可以全面地检核团队分工情况。

2.模型介绍

谁负责（R=responsible）：即明确任务执行负责人。R 负责具体操控项目和解决问题。R 是实际工作的第一负责人，所以最好只有一个 R，不然容易导致责任分散。但任务可能有多人参与，其分工程度由 A 决定。

谁批准（A=accountable）：即明确负有管理责任的人。只有经 A 同意或签署之后，项目才能进行。A 具有决策权，每一个任务必须只有一个 A，才能对任务负全责。

谁协助（S=supportive）：即明确协助完成任务的人。S 可以有多个，是分配给 R 的人力资源，支持 R 执行具体工作。

咨询谁（C=consulted）：即明确需要征求意见的人。C 可能是管理者或专家等拥有完成项目所需的信息或能力的人员。在最后做决定或采取行动前必须咨询 C，需采用双向沟通模式。C 需为 A 提供充分必要的意见。

告知谁（I=informed）：即明确需要同步信息的人。I 可能是拥有特权、应及时被通知结果或参与后续计划的人员。在确定方案或行动后必须告知 I，但采用单向沟通模式，不必咨询和征求 I 的意见。

在一项流程或任务中，原则上只有 R 和 A 角色是必须存在的，同时思考是否需要 S、C 和 I 角色，否则很容易导致人力不足、流程不畅或者信息断点，最终导致任务无法完成。

13 | RASCI责任分配模型[1]
负责、协助、批准、咨询和告知

活动分解	**R** 谁负责 responsible	**A** 谁批准 accountable	**S** 谁协助 supportive	**C** 咨询谁 consulted	**I** 告知谁 informed
流程/任务1	李新哲	叶勇	林姗姗、李新皓		王鹏飞、张龙斌
流程/任务2	林姗姗	周延锋	李雪莹	傅芳芳	叶勇、陈志文
流程/任务3	李新哲	叶勇	傅芳芳	林姗姗、李雪莹	陈正浩、李阳
流程/任务4	李阳	张龙斌	蒋孟颖、陈正浩	李化	李新哲
流程/任务5	李雪莹	周延锋		林姗姗	傅芳芳
角色说明	负责执行任务的角色，最好只有一个R负责	负有管理责任的角色，必须只有一个A负全责	协助完成任务的角色，可以有多个S协助R	需要征询意见的角色，行动前需与C进行双向沟通	需要同步信息的角色，行动后单向告知I

3.应用模板

团队职能	② 李新哲	林姗姗	傅芳芳	李阳	陈正浩	李雪莹	岗位/人员N
① 关键职责1	R	S	R	S	A	C	I
关键职责2	R		A	S	C	C	I
关键职责3		A	A	S	C	C	C
关键职责4	R		A	S		S	
关键职责5	R		A	S	S	S	C	I

4. 使用方法

RASCI 模型可以用来定义工作内容与分配人员职责，按照以下步骤构建二维的责任分配矩阵：

步骤①——Y 轴 | 做什么：根据团队关键使命和职能，分析关键流程和职责，视需要再细分成各项任务和行动。

步骤②——X 轴 | 谁来做：存在两种逻辑，一种是以 RASCI 角色为主线，理念是对事不对人，明确活动和责任后，去找相关负责人；另一种是以岗位 / 人员为主线，识别流程和各项活动中的所有角色，来检核活动分工情况。

步骤③——交点 | 分工检核：首先，需要辨识每一个流程或活动的角色分工，填写到 RASCI 表的方格单元里。然后，从横向和纵向两个角度分析和检核团队分工，确保所有工作分工与各岗位相匹配。

横向分析的常见情况

项目	问题和思考
没有R	分工漏洞，谁最合适去做这项任务
R太多	责任分摊，谁为此承担执行责任
没有A	无人管控，R和A可以是同一个人
太多A	责任分摊，只能有一个，谁来负全责
没有S	人员精简，R可以单独完成任务吗
太多S	人员冗余，任务量/难度有那么大吗
空白太多	人力不足，是不是任务太多不聚焦
C和I太多	信息泛滥，减少哪些人来节省精力

纵向分析的常见情况

项目	问题和思考
R太多	分工偏好，简单地思考"能者多劳"：这个人的任务是不是太多了？这些任务可以分摊给其他人吗？
A太多	要结合团队规模思考：组织是否过于集权？决策流程是否过于低效？
没有R和A或只有S	总是做协助，岗位价值和成长受限：这个人的能力如何巩固和提高？如何调整岗位，以让员工承担更多责任和得到锻炼？
没有空白项	角色过多，主责不清晰：真的需要参与那么多任务吗？C和I角色可以先去掉吗？

2.6 组织发展：团队发展和人效提升

1.产生背景

通过直觉或本能来解读一个人的言行举止，并不一定正确，而通过心理学专业等系统研究，进行科学论证，可以提高精准度。组织行为也不是随机发生的，存在规律，研究组织行为规律的学科被称为组织行为学，它探讨个体、群体以及结构对组织内部行为的影响。其实，职场和企业里的许多问题和挑战，都跟组织行为学的研究相关。虽然组织行为领域的知识体系庞大复杂，不是一朝一夕可以学成的，但在成为管理者之初，有必要先认识这门学科。组织行为学权威斯蒂芬·P.罗宾斯教授的模型可以帮助管理者建立对组织行为的认知框架，建立用系统研究完善直觉的循证管理意识，未来主动地积累组织行为学方面的知识，并用这些知识使决策更精准，团队运作更有效。

2.模型介绍

罗宾斯的模型中，通过三个变量和三个层次的分析水平（个体、群体和组织）来理解组织行为：

输入： 决定了接下来组织发生什么，包含组织中的多元化、人格与价值观、群体结构与角色、团队责任、组织结构、组织文化等变量。这些输入变量导致过程，过程导致输出，输出进而影响输入。这些变量在心理学、社会学、人类学等领域有大量的实证研究和理论体系，管理者不需要从零开始摸索，可以直接学习现成的研究成果。

过程： 指个体、群体和组织参与的活动，也是管理者实施管理职能的关键部分。个体层面主要包括情绪与心境、动机、知觉与决策。群体行为方面，主要包括沟通、领导、权力与政治、冲突与谈判。组织系统的重点是人力资源管理和变革实践。特别是在影响群体行为和改善组织系统方面，是管理者可以充分做功的地方。

输出： 展示了组织行为学的主要结果，通常是需要解释或预测的关键变量。态度与压力、任务绩效、公民行为、退缩行为等属于个体层面的结果，可以明显从员工身上观察到。个体的表现与群体的运作状况紧密相关，群体凝聚力和群体功效就是群体行为的因变量。组织系统上要分析整体生产率，也要关注组织生存和可持续发展的问题。

14 | 组织行为模型
用系统研究完善直觉

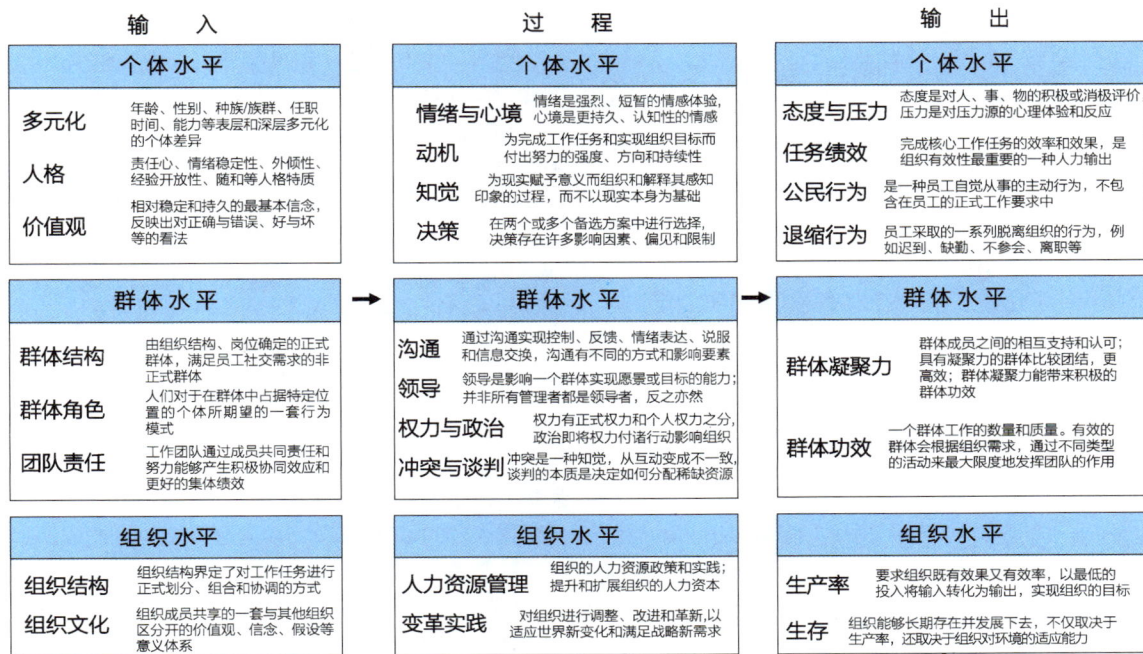

输　入	过　程	输　出

个 体 水 平 | 个 体 水 平 | 个 体 水 平

个体水平（输入）

多元化　年龄、性别、种族/族群、任职时间、能力等表层和深层多元化的个体差异

人格　责任心、情绪稳定性、外倾性、经验开放性、随和等人格特质

价值观　相对稳定和持久的最基本信念，反映出对正确与错误、好与坏等的看法

个体水平（过程）

情绪与心境　情绪是强烈、短暂的情感体验，心境是更持久、认知性的情感

动机　为完成工作任务和实现组织目标而付出努力的强度、方向和持续性

知觉　为现实赋予意义和解释其感知印象的过程，而不以现实本身为基础

决策　在两个或多个备选方案中进行选择，决策存在许多影响因素、偏见和限制

个体水平（输出）

态度与压力　态度是对人、事、物的积极或消极评价，压力是对压力源的心理体验和反应

任务绩效　完成核心工作任务的效率和效果，是组织有效性最重要的一种人力产出

公民行为　是一种员工自觉从事的主动行为，不包含在员工的正式工作要求中

退缩行为　员工采取的一系列脱离组织的行为，例如迟到、缺勤、不参会、离职等

群 体 水 平 | 群 体 水 平 | 群 体 水 平

群体水平（输入）

群体结构　由组织结构、岗位确定的正式群体，满足员工社交需求的非正式群体

群体角色　人们对于在群体中占据特定位置的个体所期望的一套行为模式

团队责任　工作团队通过成员共同责任和努力能够产生积极协同效应和更好的集体绩效

群体水平（过程）

沟通　通过沟通实现控制、反馈、情绪表达、说服和信息交换，沟通有不同的方式和影响要素

领导　领导是影响一个群体实现愿景或目标的能力；并非所有管理者都是领导者，反之亦然

权力与政治　权力有正式权力和个人权力之分，政治即将权力付诸行动影响组织

冲突与谈判　冲突是一种知觉，从互动变成不一致，谈判的本质是决定如何分配稀缺资源

群体水平（输出）

群体凝聚力　群体成员之间的相互支持和认可；具有凝聚力的群体比较团结，更高效；群体凝聚力能带来积极的群体功效

群体功效　一个群体工作的数量和质量。有效的群体会根据组织需求，通过不同类型的活动来最大限度地发挥团队的作用

组 织 水 平 | 组 织 水 平 | 组 织 水 平

组织水平（输入）

组织结构　组织结构界定了对工作任务进行正式划分、组合和协调的方式

组织文化　组织成员共享的一套与其他社区区分开的价值观、信念、假设等意义体系

组织水平（过程）

人力资源管理　组织的人力资源政策和实践；提升和扩展组织的人力资本

变革实践　对组织进行调整、改进和革新，以适应世界新变化和满足战略新需求

组织水平（输出）

生产率　要求组织既有效果又有效率，以最低的投入将输入转化为输出，实现组织的目标

生存　组织能够长期存在并发展下去，不仅取决于生产率，还取决于组织对环境的适应能力

适用场景：员工行为识别　组织行为洞察　组织管理思考

2.6 组织发展：团队发展和人效提升

1.产生背景

如同个人寻求进步，组织也需要不断改进、变革，以适应环境变化和战略需求。组织发展（派生称谓如组织改进、组织效能等）已经成为一个日趋成熟的企业组织管理研究领域，旨在提升组织有效性与健康状况，通过运用行为科学理论和技术，有计划地实施组织干预的系统工程。团队发展一直是组织发展的关注重点，这就不得不提美国心理学家布鲁斯·塔克曼的团队发展阶段模型。1965年，他发表了一篇论文《小型团队的发展序列》，把团队发展分成了四个阶段，1977年又加入第五阶段。这篇短短的论文是开先河之作，对后来的组织发展理论产生了深远的影响。

2.模型介绍

形成阶段：团队成员新加入团队，既兴奋和期待，又茫然和困惑。彼此不熟悉，自身角色和职责不清晰。管理者宜采用指令型领导风格，任务方面要明确团队目标和任务，做好职责分工；关系方面要主动交流和消除成员的疑虑，让成员共同参与工作计划的探讨，加速融入和加深成员间的了解，建立起互信的工作关系。

震荡阶段：团队开始面对现实和挑战，常常出现内部竞争和人际冲突。成员之间观点不一致，工作开展比较混乱，表露出对团队的不满和挫败感。管理者此时宜采用教练型风格，多辅导并给予支持。首先要安抚人心，认识和处理各种冲突和矛盾，引导成员包容差异和达成共识；同时建立规则和工作标准，营造良好的合作氛围。

规范阶段：团队经过磨合期，流程、方法、工具等都已经建立。成员们重拾信心，互相信任和帮助，工作可以聚焦共同的目标，协同推进任务，解决问题。在这个阶段，管理者可以减少指挥，采用参与型领导风格，培育坦诚和信任的文化和氛围，组织团队共创和集体反思，鼓励成员多提建议、积极参与，并制定一定的奖惩措施。

执行阶段：团队逐步表现出高绩效，进入成熟期。成员士气空前高涨，互相依赖，工作产出也比较稳定。团队不需要监督也能运转自如，管理者可以采用授权型领导风格。但团队也可能骄傲自满，管理者要注意巩固成果，关注新事物，推动创新突破。同时要帮助成员制订成长计划，注意优秀人才的留存，实现个人与团队的共同发展。

休整阶段：团队也有生命周期，这个阶段甚至被称为"哀痛期"。项目团队一般在项目目标达成后，会解散重组。如果是常规团队，随着业务下滑而发展受限，团队甚至人才流失殆尽，必须实时进行变革和组织调整。

15 | 团队发展阶段模型
洞悉团队不同阶段的发展规律

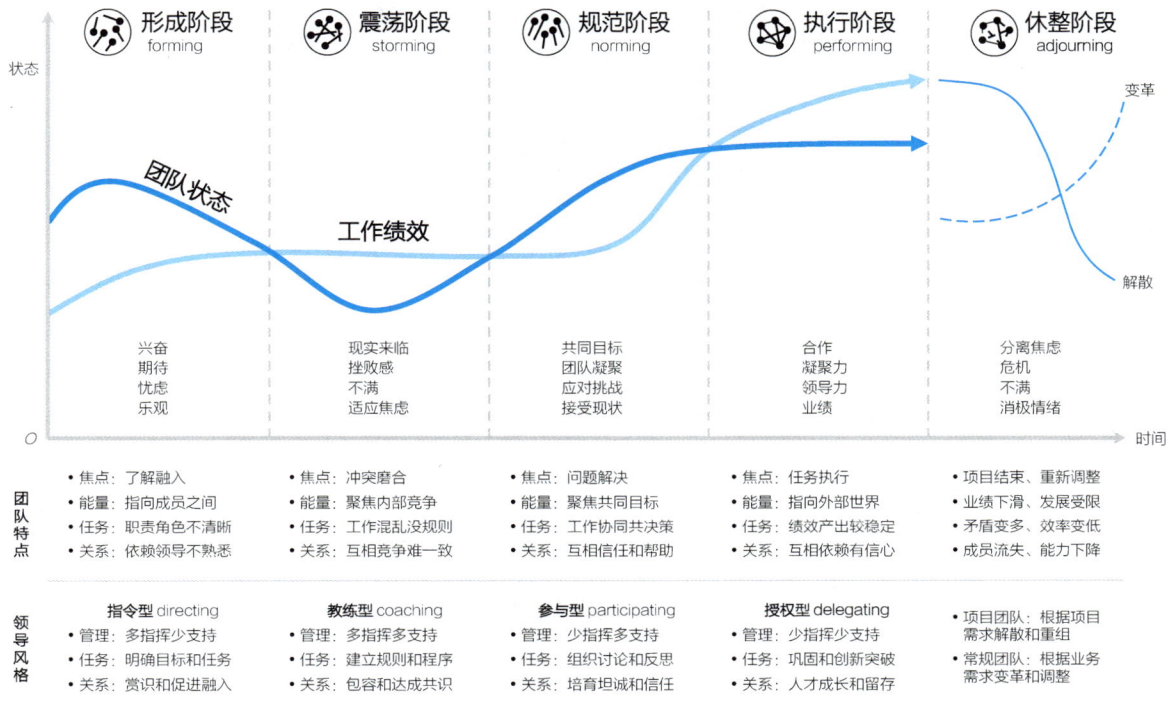

	形成阶段 forming	震荡阶段 storming	规范阶段 norming	执行阶段 performing	休整阶段 adjourning

状态

团队状态

工作绩效

变革

解散

O ————— 时间

兴奋	现实来临	共同目标	合作	分离焦虑
期待	挫败感	团队凝聚	凝聚力	危机
忧虑	不满	应对挑战	领导力	不满
乐观	适应焦虑	接受现状	业绩	消极情绪

团队特点

• 焦点：了解融入	• 焦点：冲突磨合	• 焦点：问题解决	• 焦点：任务执行	• 项目结束、重新调整
• 能量：指向成员之间	• 能量：聚焦内部竞争	• 能量：聚焦共同目标	• 能量：指向外部世界	• 业绩下滑、发展受限
• 任务：职责角色不清晰	• 任务：工作混乱没规则	• 任务：工作协同共决策	• 任务：绩效产出较稳定	• 矛盾变多、效率变低
• 关系：依赖领导不熟悉	• 关系：互相竞争难一致	• 关系：互相信任和帮助	• 关系：互相依赖有信心	• 成员流失、能力下降

领导风格

指令型 directing	**教练型** coaching	**参与型** participating	**授权型** delegating	
• 管理：多指挥少支持	• 管理：多指挥多支持	• 管理：少指挥多支持	• 管理：少指挥少支持	• 项目团队：根据项目需求解散和重组
• 任务：明确目标和任务	• 任务：建立规则和程序	• 任务：组织讨论和反思	• 任务：巩固和创新突破	• 常规团队：根据业务需求变革和调整
• 关系：赏识和促进融入	• 关系：包容和达成共识	• 关系：培育坦诚和信任	• 关系：人才成长和留存	

适用场景：团队任务管理　团队关系管理　团队发展建设

3.应用模板

① 团队所处的发展阶段 形成阶段/震荡阶段/规范阶段/执行阶段/休整阶段	
团队状态的表现	**工作绩效的表现**
识别团队在人和关系上的关键行为/现象	识别团队在事和任务上的关键行为/现象
② 可采取的管理举措范例	
形成阶段 • 了解自身和成员的特质、能力和优劣势，相互尊重和配合 • 分析团队角色，将职责分工与成员特质相匹配，以扬长避短 • 为成员创造良好的沟通平台，促进相互了解和融入	• 了解团队面对的挑战和存在价值，制定团队发展的策略 • 设定团队在各项任务中的目标，明确各成员的职责 • 界定下一级主管权限和组员的汇报关系
震荡阶段 • 开展团队的深入对话和沟通，让各方充分表达意见 • 引导团队开放思路，努力寻求创造性的解决方案 • 组织集体会议讨论，互相聆听和共识最终决策	• 把控全局，建立工作规范和标准 • 培养团队倾听和冲突管理的技能 • 营造良好的团队沟通与合作氛围
规范阶段 • 促进团队交流，让成员们乐于分享信息和真实感受 • 发现不足时，主动向团队成员寻求反馈和建议 • 以身作则，培育坦诚和信任的文化和氛围	• 组织团队共创，制订目标、行动计划和问题解决方案 • 建立团队复盘机制，总结经验教训和不断改进 • 鼓励成员们多提建议、积极参与，并配套一定的奖惩措施
执行阶段 • 注重优秀人才的留存，制订个人发展计划 • 做好授权和激励，让成员共同承担更多的领导职责	• 巩固已有成果，并给团队设置更有挑战性的目标 • 关注团队的动态，实时更新工作方法和流程
休整阶段 • 思考团队何去何从（整顿/休整/解散） • 进行组织变革以激发组织活力	• 分析环境新变化和业务新需求，重新制定目标和发展策略 • 重新变革工作流程和管理制度，消除积弊
管理行动计划	

目标	行动计划	截止时间	衡量标准

4. 使用方法

布鲁斯·塔克曼认为，团队发展的每个阶段都有自己的规律，团队状态和工作绩效的水平存在很大差异。要打造一个高协作高绩效的团队，不仅要分析团队所处的发展阶段及其特点，还要根据发展规律和实际情况对症下药，采用恰当的领导方式和管理举措，降低团队内耗和发展成本，提高团队凝聚力和工作绩效。

步骤①——分析团队发展阶段及关键特征： 如果是自己从零开始搭建的团队，管理者一般比较容易判断自己团队的发展阶段。如果是接手一个原有团队，要先了解团队历史和现状，可以和前任管理者、上级主管、团队上下游协同团队交流，并且主动与团队内的绩效优秀者、影响力大的成员沟通。

分析团队的状态，识别团队在"人"方面的关键行为或现象，厘清成员之间的关系。同时，诊断工作绩效，识别团队在"事"方面的关键行为或现象，检核团队的任务达成情况。综合了解团队状态和工作绩效后，结合组织目标思考管理行动计划。

步骤②——思考恰当的管理举措并制订行动计划： 基于团队状态和工作绩效的关键行为识别，重点思考在关系和任务两大方面应该采取的管理举措。在必要时，可以组织成员一起探讨团队发展的相关问题，共同制定发展策略和解决关键问题。管理者与下属恰当的集体讨论和决策，不仅可以营造良好的团队沟通氛围，产出更多的创新性解决方案，还能显著提高方案执行效果。

最终要以季度或半年度为周期，聚焦 2~4 条关键行动计划，设置团队改进目标、具体行动和衡量标准。行动计划的负责人不拘泥于管理者自身，对于某些事宜，成员更加擅长处理，且让成员参与进来，对于团队的成长更有帮助。特别是在管理宽幅、组织效能、人才发展等瓶颈期时，管理者应该大胆授权团队核心成员，共同承担部分领导职责。

2.6 组织发展：团队发展和人效提升

1.产生背景

新任管理者会遇见"彼得定律"，组织发展也有"帕金森定律"，团队发展会不断膨胀和熵增，组织效率会越来越低。但公司有经营和财务要求，如何衡量团队人效，保持团队的健康和可持续发展，是管理者不可回避的难题。人效管理的两种定义：一种是人力资源的有效性（HR effectiveness），如今的企业高管所关注的人效是另一种，即人力资源效能（HR efficiency），具体是指能将经营贡献与人力单位相联系，有效反映人力的投入产出比。穆胜的人力资源效能（即人效）模型可以帮助我们理解人力资源经营价值链的基本逻辑，厘清人力指标与业务指标、财务指标的关联性。

2.模型介绍

企业好比一个装有组织能力的黑箱，一边投入资源，另一边产出绩效。由于组织能力很难测量，所以可以通过人力资源效能来验证。穆胜提出了"人力资源经营价值链"，该价值链具体分为三个维度：

效能层：为了真正实现"战略性人力资源管理"，将业务战略的复杂要求阐释为人力资源效能的要求，这是人力资源管理推动经营的"支点"。典型的指标包括劳动生产率、人工成本投入产出比、人均营业收入、人均毛利等。

队伍层：队伍是持续输出效能的保障。"人才"进入"组织"，在团队管理下，相互之间有机搭配，产出战斗力。衡量人力资源队伍的指标有传统的人员数量、人员质量、人员结构等，也有流动率、储备率、沉积率、敬业度等。

职能层：这个层面就是选人、用人、育人、留人了，队伍状态是由人力资源管理职能运作决定的。

人力资源效能的投入主要用人工成本和人员编制两个口径来衡量，人力资源的产出主要用业务指标和财务指标来衡量，按照"产出 / 投入"的方式导出若干人效指标。例如，在财务指标中选择"营业收入"除以"人工成本"，就得出"人工成本投入产出比"的指标。再如，在财务指标中选择"利润"除以"人工成本"，就得出"人工成本报酬率"的指标。

最后可以利用这个"人力资源效能矩阵"进行决策，具体有三个关键决策点：一是人工成本结构，代表了人力资源结构选择；二是产品收益结构，代表了业务战略选择；三是人力资源效能输出，代表了人力资源战略选择。三者之间有强烈的互动关系，共同构筑了一个人力资源战略的完整逻辑。

16 组织人效模型
从经营视角提升团队效能

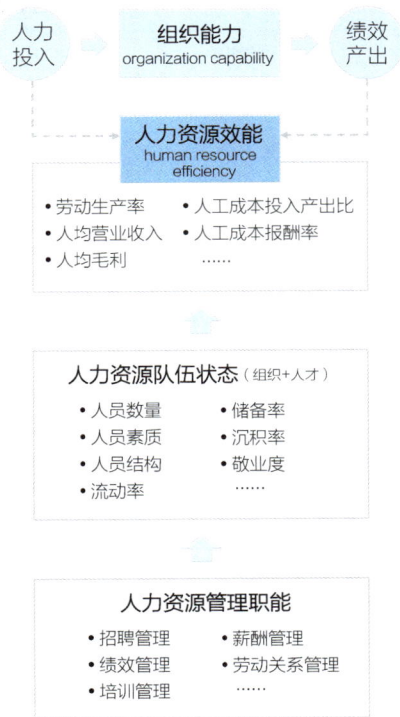

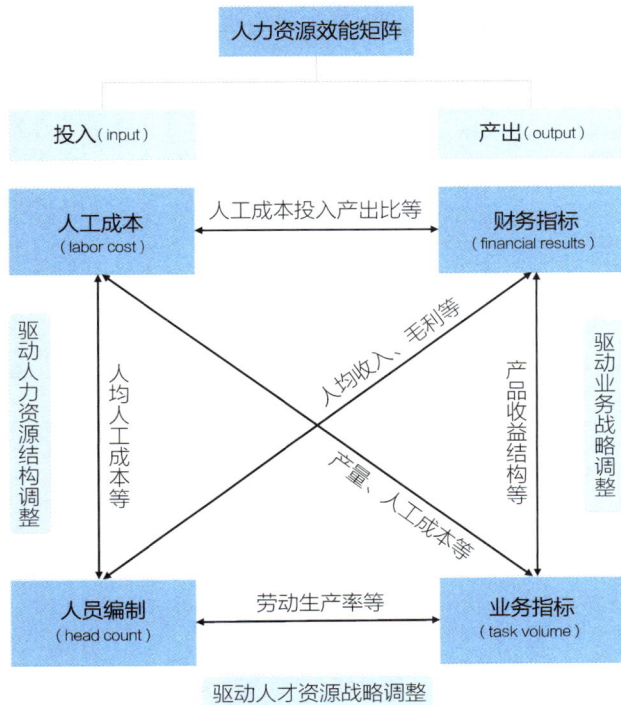

人力投入 → **组织能力** organization capability → **绩效产出**

人力资源效能
human resource efficiency

- 劳动生产率
- 人工成本投入产出比
- 人均营业收入
- 人工成本报酬率
- 人均毛利
- ……

人力资源队伍状态（组织+人才）

- 人员数量
- 储备率
- 人员素质
- 沉积率
- 人员结构
- 敬业度
- 流动率
- ……

人力资源管理职能

- 招聘管理
- 薪酬管理
- 绩效管理
- 劳动关系管理
- 培训管理

人力资源效能矩阵

投入（input）　　　　　**产出（output）**

人工成本（labor cost） ←人工成本投入产出比等→ **财务指标**（financial results）

驱动人力资源结构调整

驱动业务战略调整

人均人工成本等

人均收入、毛利等

产品收益结构等

产量、人工成本等

人员编制（head count） ←劳动生产率等→ **业务指标**（task volume）

驱动人才资源战略调整

适用场景：人力资源效能　团队人效管理　人力成本管理

3.应用模板

① 人效	指标类型	指标定义	指标举例	② 人效管理应用
效益类 （关注财务结果）	人均类	人效方程中分母采用人数	人均销售额（总销售额/员工人数）、人均产值（总产值/员工人数）、人均利润（净利润/员工人数）等	
	元均类	人效方程中分母采用人力成本	元均销售额（总销售额/总人力成本）、元均产值（总产值/总人力成本）、元均利润（总净利润/总人力成本）等	
	时均类	人效方程中分母采用工时	时均销售额（总销售额/总工时）、时均产值（总产值/总工时）、时均利润（总净利润/总工时）等	
效率类 （关注业务效率）	单位效率	某单位内的生产和服务的直接结果	制造业的单位时间产能（UPH）、单位时间订单量（TCPH）、餐饮业的翻台率、饮品行业的出杯量等。分母还可以采用面积、客户、货品采用坪效、客效、货效等	
	标准工时	单位时间内的结果产出	方便面行业常用的千包工时，手机行业常用的千片工时，以及新能源汽车行业常用的单车工时（HPV）等	
	综合效率	既考虑产出，也考虑时间，还考虑质量	比如，整体劳动力效能（OLE）将时间利用率、生产效率、质量合格率相乘，全面综合评估劳动力对生产绩效的贡献情况	
效因类 （关注劳动个体）	时间类	劳动者在生产过程中投入的时间因子	比如缺勤率（1.5%被认为是健康的缺勤率，超过1.5%可能是由更严重的原因导致）、有效工时利用率等	
	动力类	反映劳动者的情绪价值和投入状态	比如，典型的劳动者敬业度，敬业度越高，说明劳动者对组织的忠诚度越高，投入度越高，效能肯定也越高	
	成本类	关注人的成本属性，即投入在人力资本身上的成本	人事费用率（薪酬福利总额/总运营成本）、人员费用率（薪酬福利总额/总销售额或总产值）等	

4. 使用方法

要从纷繁复杂的人效指标中选出最适合团队的指标，不是一件容易的事情，需要深刻理解经营逻辑、业务逻辑和人力管理逻辑。人效指标选用没有绝对的标准，不同的人效管理目的，需要的人效指标不一样。

步骤①——理解人效的衡量指标： 盖雅工场的《企业人效管理白皮书》中，将人效指标拆分为三类：

效益类： 关注直接的财务结果，以利润或营收或有价值的产出等形式最直接反映人效高低的指标。根据计算分母差异，分为人均、元均和时均三类指标，从耗费的人力、人力转化的成本到耗费的工时，维度越来越细。

效率类： 效益类指标只包含投入和结果，受制于众多因素。效率类指标更关注过程，通过业务效率形式来反映人效水平。由于计算逻辑差异，常见的有单位效率、标准工时及综合效率三类指标。

效因类： 效因类指标关注劳动个体，反映人力资源行为在效能上的价值，构成人效提升的关键因子和驱动因素。把劳动者当作客体，从组织配置出发有三个控制降本类因子：数量、结构、成本。把劳动者当作主体，从个体出发有三个赋能增效类因子：时间、技能、动能。

在实际应用时，上述各个人效指标从形式上还可以分为绝对值、占比值，对比和趋势分析等不同类型。

步骤②——人效管理应用： 并非都需要建立全体系的人效指标，当下常见的企业人效管理有四种不同的模式和重点。

人效管理模式	人效管理的重点	对于指标的依赖
人效工程	短期内快速提升人效	不需要指标，重点聚焦人效中三个外在因子：数量、成本和结构
人效评价	了解企业的人效水平	建立效益类指标，进行对标即可
人效改善	通过人效指标，识别人效痛点和改善点，通过分析和诊断，找到改善方法	依赖人效指标体系和人效指标全流程管理，关键是聚焦于业务的效率类指标
人效持续改进	秉持持续改进理念，从全面路径出发，不断迭代	建立全体系人效指标，但核心聚焦到人效中的三个内在因子：时间、技能和动能

PART

第**3**章

选才 **人才标准与招聘选拔**

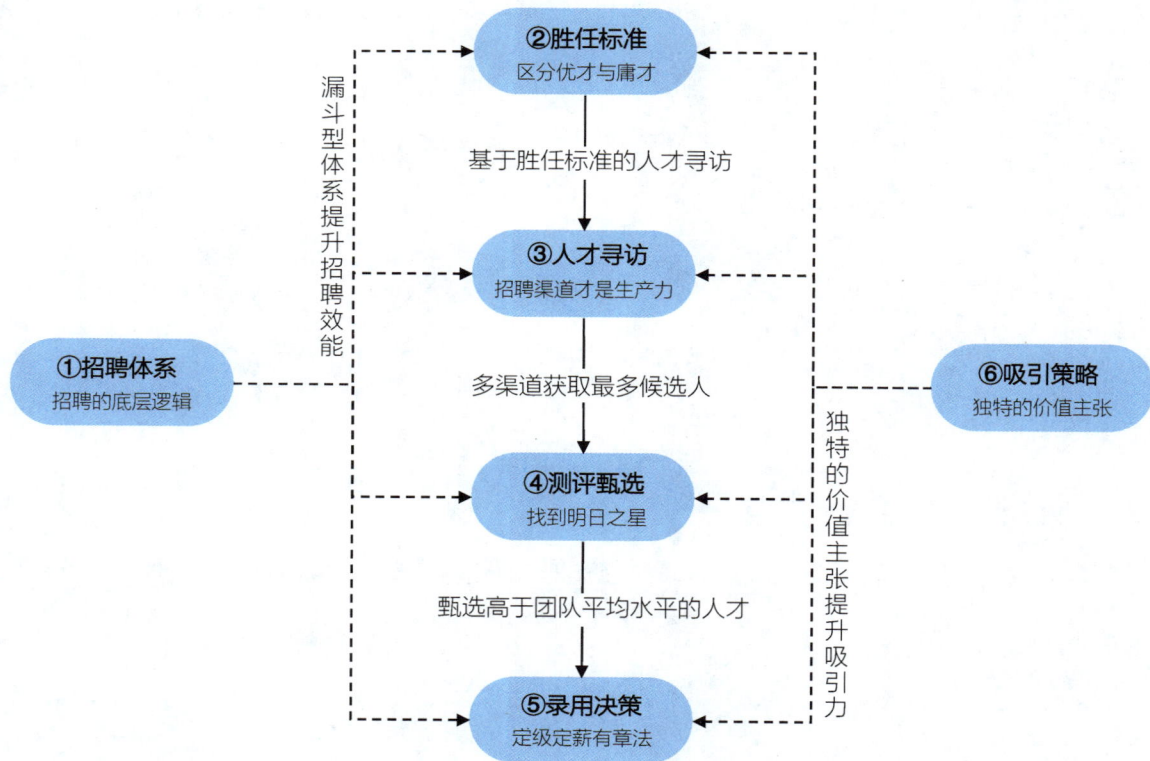

②胜任标准
区分优才与庸才

漏斗型体系提升招聘效能

基于胜任标准的人才寻访

③人才寻访
招聘渠道才是生产力

①招聘体系
招聘的底层逻辑

多渠道获取最多候选人

⑥吸引策略
独特的价值主张

④测评甄选
找到明日之星

独特的价值主张提升吸引力

甄选高于团队平均水平的人才

⑤录用决策
定级定薪有章法

管 理 模 块	学 习 重 点	管 理 模 型
3.1 招聘体系	纵观国内外成功的招聘方法，其底层逻辑都可以归纳为漏斗型招聘体系。在选才的整个价值链条中，有五大核心招聘管控点是管理者需要注意的	17.招聘漏斗模型
3.2 胜任标准	思考如何以岗定人。基于组织设计和岗位设定，明确人才的胜任标准。传统的智力、知识、技能等因素，无法预示工作绩效的高低和个人职业生涯的成就，胜任力才是区分优才与庸才的标准	18.人才素质冰山模型 19.胜任力模型
3.3 人才寻访	思考如何获取简历。招聘渠道是招聘漏斗的进水口，简历的数量多少和质量高低直接决定了招聘的成败。管理者有必要了解招聘渠道，并亲自寻访人才	20.招聘渠道模型
3.4 测评甄选	思考如何科学面试。了解人才测评和甄选的科学工具，特别是日常高频使用的面试，要重点掌握经典的行为面试法，以提高面试的信效度	21.人才测评模型 22.STAR行为面试模型
3.5 录用决策	思考如何定级定薪。一般会有HR给予录用offer的专业建议，但管理者需要了解职级和薪酬体系的基本概念和逻辑，才能判断offer的合理性	23.职级与薪酬管理模型
3.6 吸引策略	思考如何吸引人才。优秀人才的竞争历来激烈，如果不能提供独特和高于竞争对手的价值，人才选择的唯一标准就只剩薪酬	24.价值主张画布模型

3.1 招聘体系：招聘的底层逻辑

1.产生背景

《从优秀到卓越》作者吉姆·柯林斯曾指出，"商界人士最重要的决定不是如何做事，而是如何聘人"。很多管理者误认为招聘是人力资源部的工作，诚然具体招聘事务不需要管理者担心，但选才是团队大厦的重要根基，管理者必须扣好团队的第一粒扣子，了解人才招聘的底层逻辑和机制，做好选才关键节点的管控，降低聘错人的成本。人力资源管理领域中经典的招聘漏斗模型，很好地展示了选才的整个价值链条，将其拆解成五大核心管控点（也是招聘数据管理的重要节点），形成漏斗型招聘体系，从而将外部候选人层层过滤和筛选，最终吸纳成企业自身的员工。

2.模型介绍

胜任标准：思考如何以岗定人。基于组织设计和岗位设定，明确人才标准和胜任力模型。胜任力模型可以应用在各项人力资源管理工作中，在招聘方面，需要先输出招聘 JD（job description，岗位描述），明确招聘方向和标准。

人才寻访：思考如何获取简历。招聘渠道是招聘漏斗的进水口，简历的数量和质量直接决定了招聘的成败。有必要了解主要的招聘渠道，有些渠道管理者比 HR 更好做功。此节点重点监控总简历数、有效简历数和简历通过率。

测评甄选：思考如何科学面试。人才测评和甄选的工具五花八门，管理者只需要做一定了解，主要在招聘关键岗位人才时使用。日常最高频的方法肯定是面试，但也要掌握其他科学面试方法来提高信效度。面试要根据岗位的重要性和能力要求来设定，关注效率和效果最优化。此节点重点监控面试人数、面试到场率、通过人数和面试通过率。

录用决策：思考如何定级定薪。一定规模的企业，一般都会有专业的招聘和薪酬 HR 给予职级、薪酬等录用 offer 建议，但管理者需要了解职级和薪酬体系的基本概念和逻辑，才能判断 offer 的合理性。此节点关注 offer 有效性，重点监控录用人数、offer 接受数和 offer 接受率，分析 offer 失败的原因，优化人才吸引策略。

吸引策略：思考如何吸引/保温。优秀人才的竞争历来激烈，特别是在薪酬水平和平台规模有限的情况下，更要树立差异化的独特值主张。即便候选人接受了 offer，也要进行"保温"，确保其平稳入职。要关注入职人数和入职报到率。

17 招聘漏斗模型
活用招聘漏斗提升招聘效率

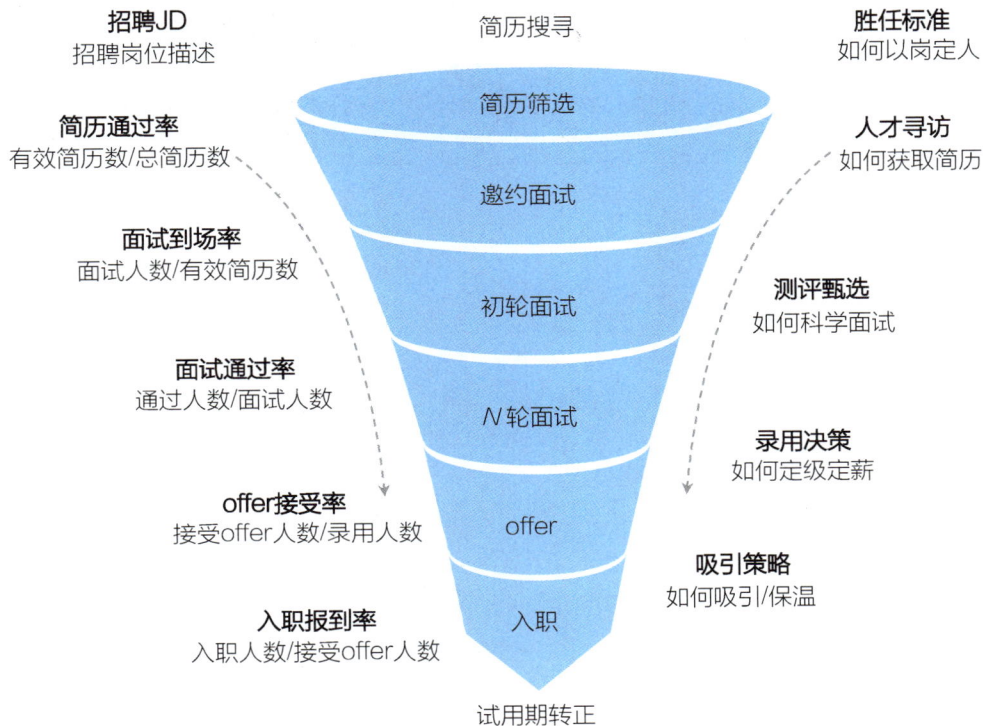

招聘JD
招聘岗位描述

简历通过率
有效简历数/总简历数

面试到场率
面试人数/有效简历数

面试通过率
通过人数/面试人数

offer接受率
接受offer人数/录用人数

入职报到率
入职人数/接受offer人数

简历搜寻

简历筛选

邀约面试

初轮面试

N轮面试

offer

入职

试用期转正

胜任标准
如何以岗定人

人才寻访
如何获取简历

测评甄选
如何科学面试

录用决策
如何定级定薪

吸引策略
如何吸引/保温

适用场景：招聘数据管理　招聘体系搭建　招聘进度管控

3.应用模板

关键节点		② 人才寻访			③ 测评甄选				④ 录用决策&吸引策略				① 招聘结果分析		
招聘岗位	需求人数（A）	总简历数（B）	有效简历数（C）	简历通过率（C/B）	面试人数（D）	面试到场率（D/C）	面试通过人数（E）	面试通过率（E/D）	offer接受人数（F）	offer接受率（F/E）	入职人数（G）	入职报到率（G/F）	招聘达成率（G/A）	招聘历时天数	试用期转正数
岗位1	2	50	40	80.0%	30	75.0%	10	33.3%	5	50%	2	40%	100%	48	1
岗位2	1	10	10	100.0%	8	80.0%	1	12.5%	1	100%	1	100%	100%	36	1
岗位3	2	30	29	96.7%	25	86.2%	5	20.0%	2	40%	1	50%	50%	92	0
岗位4	1	18	12	66.7%	10	83.3%	2	20.0%	1	50%	1	100%	100%	40	0
岗位5	3	53	36	67.9%	28	77.8%	3	10.7%	3	100%	3	100%	100%	162	3
平均	1.8	32.2	25.4	82.3%	20.2	80.5%	4.2	19.3%	2.4	68%	1.6	78%	90%	75.6	1

4. 使用方法

用人部门是招聘结果的第一责任人，直接影响到团队运转和业务成败，管理者不能"等、靠、要"，应该深入招聘管理工作，主动管控人才录用过程中的重要节点。评估和改善人才招聘体系，关键要有招聘数据作为决策依据。

步骤①——招聘结果分析：要以终为始，先基于招聘需求，分析招聘达成率。如果未达成招聘结果，倒推招聘过程找原因和改进。如果招聘数量达成，还要从效率和效果评估质量。效率方面，从招聘发起到候选人入职历时天数，与团队或公司平均招聘周期作比较，优化招聘流程，以提高时效性，还能提高招聘计划的时间预估精准度。效果方面，需要拉长周期，将候选人入职后的试用期考察，是否试用期内离职、是否通过转正考核等，作为验证招聘效果的重要指标。

步骤②——人才寻访（招聘渠道）分析：分析简历的数量和质量是否满足招聘需求。如果总简历数明显不足，要细分各招聘渠道简历供应情况，优化相应的招聘渠道。如果有效简历数不足，要先检核简历通过率是否过低，供应的简历质量是否不达标，招聘需求和标准是否界定清楚。

步骤③——测评甄选分析：首先，要关注面试到场率。现今视频面试普及，面试到场的成本降低，如果低于平均水平，可能是面试邀约的吸引力不足。其次，关注每一轮面试的通过率和面评结果，确保面试的有效性，同时要提高候选人的面试体验，面试过程中的吸引策略也十分重要，影响了候选人对 offer 的接受率。

步骤④——录用决策 & 吸引策略：如果 offer 接受率较低，明显是吸引力不够，应在尽量不打乱薪酬结构的前提下，优化录用方案。同时吸引策略对 offer 接受率和入职报到率有很大影响，管理者要与 HR 积极行动，吸引和维系心仪的人才。

管理者可以根据实际需求，搭建基本的招聘指标框架，结合日常招聘数据进行观测，分析招聘进度。

3.2 胜任标准：区分优才与庸才

1.产生背景

1973 年，哈佛大学教授戴维·麦克利兰发表了具有标志性意义的文章《测试胜任力而非智力》，首次提出了胜任力（competency，也有人翻译成胜任素质、能力素质等）。麦克利兰发现，传统的智力、知识、技能等因素，无法预示工作绩效的高低和个人职业生涯的成就，胜任力才是区分优才与庸才的标准，并对能够区分在特定工作岗位和组织环境中绩效水平的个人特征做了深入研究。后续许多学者进行了扩展研究，莱尔·M.斯潘塞和塞尼·M.斯潘塞从特征的角度提出了素质冰山模型，查德·博亚特兹提出了洋葱模型、哈维提出了 KSAO 模型等。现在流行的冰山模型很多是扩展融合的版本，管理者也应该了解这个底层理论，进而思考自己团队优秀人才的标准。

2.模型介绍

冰山露出水面的部分是容易观察与测量的外在表现和表层特征，属于基准性素质，可以通过针对性的培训习得。

知识：对某个领域的信息储备和认知了解，例如计算机知识、管理知识、财务知识、人力资源管理知识等。

技能：能运用知识完成某项工作任务的技术方法或实操方式，例如计算机编程技能、外语翻译技能等。

冰山隐藏在水下的部分是深层次的内隐特质，是取得优异绩效的关键因素，属于鉴别性素质，不容易被模仿和培养。

角色定位：对特定职业或职务期待的行为要求和思想理念，例如管理者、专家、变革者、执行者等。

价值观：对人事物的是非、重要性、必要性等的评价原则，例如合作意识、客户满意度、全局观等。

自我认知：对自己的身心状态、人际关系、社会角色等的认识和看法，例如自信心、乐观精神等。

动机：自然而持续稳定的需求、想法和偏好，驱动、引导和决定个人行动，例如成就导向、尊重需求等。

特质：内在持久的、一致的心理品质和人格特征（性格和气质），例如坚忍、思维敏捷、责任心等。

18 人才素质冰山模型
在冰山之下鉴别人才

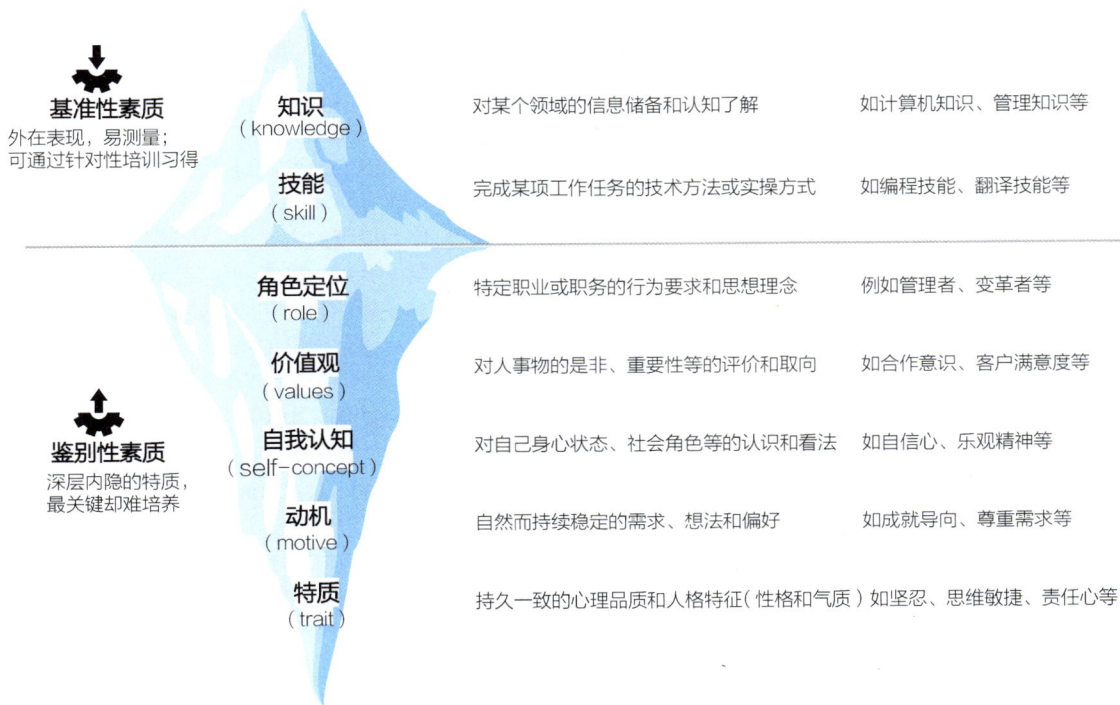

基准性素质
外在表现，易测量；
可通过针对性培训习得

知识
（knowledge）
对某个领域的信息储备和认知了解
如计算机知识、管理知识等

技能
（skill）
完成某项工作任务的技术方法或实操方式
如编程技能、翻译技能等

角色定位
（role）
特定职业或职务的行为要求和思想理念
例如管理者、变革者等

价值观
（values）
对人事物的是非、重要性等的评价和取向
如合作意识、客户满意度等

鉴别性素质
深层内隐的特质，
最关键却难培养

自我认知
（self-concept）
对自己身心状态、社会角色等的认识和看法
如自信心、乐观精神等

动机
（motive）
自然而持续稳定的需求、想法和偏好
如成就导向、尊重需求等

特质
（trait）
持久一致的心理品质和人格特征（性格和气质）
如坚忍、思维敏捷、责任心等

适用场景：能力素质认知 绩效要素鉴别 人才标准界定

3.2 胜任标准：区分优才与庸才

1.产生背景

1993 年，麦克利兰的学生莱尔·斯潘塞首次对胜任力模型给出了一个较完整的定义，后续尽管学术界对胜任力的界定不尽相同，但都有两个基本特征：第一，能够区分高绩效者与一般绩效者，对工作绩效有深远影响；第二，是可以被测评的、稳定的行为特征。简单理解，胜任力模型是指由完全能够担任某项工作所需能力和素质组成的一种标准。能力更侧重于思维、技能、行为层面，如专业能力、管理能力等，素质更侧重于态度、价值观、动机层面，如品德、价值观等。

2.模型介绍

尽管胜任力模型千千万，但最经典莫过于麦克伯和罗明格两大流派。麦克伯公司是麦克利兰在1963 年创立，后被合益（Hey）公司收购了。合益公司就是以岗位价值评估模型"海氏因素法"而闻名的公司，这个公司采用行为事件访谈（BEI）的定锚技术，认为胜任力包含 21 种素质，每种素质又分成 4~6 个等级，风格上更接近心理学。提出业内知名的学习敏锐度模型的罗明格公司也在胜任力模型领域深耕多年，和智睿公司（DDI）作为代表，采用模组化建模技术，其胜任力词典更贴近企业语言，包含 8 种类型、26 个群组、67 个素质，风格上更接近管理学。两大流派各有千秋，很难说哪一家更好。有意思的是，罗明格流派虽说更接地气，但麦克伯流派在我国企业应用更广泛，或许与华为等大厂都引进该方法有关。更有趣的是，罗明格公司在 2006 年时被光辉国际（Korn Ferry）公司收购，合益公司在2015 年时也被光辉国际收购。至此，这两大胜任力模型流派的代表都被纳入光辉国际旗下，成为"一家人"。

构建胜任力模型的方法也是千千万，但底层逻辑只有归纳法和演绎法两种。麦克利兰采用归纳法进行建模，甄别高绩效者与一般绩效者在工作中的不同行为表现，挖掘并归纳出实现高绩效所需的核心素质，通常方法包括工作情境分析、行为事件访谈、焦点小组访谈、问卷调研、模型编码、数据统计分析等，比较适合专业技术型岗位。演绎法是基于逻辑推理，从企业核心价值观和战略目标等未来发展需求，推导出岗位人才所需要的关键素质，通常方法包括战略文化演绎分析、高管访谈、头脑风暴、专家小组讨论、对标分析等，比较适合管理型岗位。曾双喜在《胜任力：识别关键人才、打造高绩效团队》一书中，以此按照效率和效果两个维度，划分为传统、经典、敏捷和共创四种建模法。

19 | 胜任力模型
胜任力是人才标准的核心

胜任力模型 = 能力 + 素质

能够卓越　担任工作　所需能力 / 素质　组成的框架和标准　　通用力 / 专业力 / 领导力等　　价值观 / 品德 / 态度等

	效率低	效率高
效果好	**经典建模法** 以归纳法为主，并与演绎法相结合	**共创建模法** 以演绎法为主，兼有归纳法
效果差	**传统建模法** 只采用归纳法	**敏捷建模法** 只采用演绎法

方法	传统建模法	经典建模法	共创建模法	敏捷建模法
建模时间	>3个月	>3个月	3~4周	0.5~2周
建模技术	行为事件访谈 行为编码 数据统计	行为事件访谈 行为编码 工作/数据分析 战略演绎	少量访谈 建模工作坊 能力素质词典	简单访谈 小组研讨 能力素质词典
适用情境	专业技术岗位	多序列、多层级	关键岗位、层级	某一次评价或盘点工作的评价模型
模型特色	较难有团队特色	有一定团队特色	非常有团队特色	有一定企业特色
员工参与 与认可度	低	中等	高 团队参与共创	低 管理者主导
战略 支撑性	低	中等	强	一般
成果 落地性	不确定	不确定	强	一般

适用场景：人才标准界定　岗位胜任素质　能力要素定义

3.应用模板

① 模型框架 ② 指标名称		指标定义	二级指标（如需要）	③ 关键行为描述
管理团队	建立成功团队	采取恰当的方法和灵活的人际互动风格，协助建立一个高凝聚力的团队，促进团队目标的达成	指明团队方向	• 指明团队目的和重要性（如团队有明确的纲领或使命宣言） • 引导团队设定明确且可衡量的团队目标
			发展组织架构	• 阐明团队成员的角色与职责 • 确保团队内必要的领导、审核或支持能到位
			促进目标达成	• 提出适当的流程或建议，以协助团队达成目标或执行职能 • 提供必要的资源或帮助，协助团队克服障碍、达成目标
	⋯⋯	⋯⋯	⋯⋯	⋯⋯
管理业务	⋯⋯	⋯⋯	⋯⋯	⋯⋯
⋯⋯	⋯⋯	⋯⋯	⋯⋯	⋯⋯

项目	简单定义式	关键行为式	行为分级式	KSAO式
模型框架	必选	必选	必选	必选
指标名称	必选	必选	必选	必选，分为K（知识）、S（技能）、A（才能）和O（个性）四个指标类别
指标定义	必选	必选	必选	必选
行为描述	无	不分等级，3～5个平级的行为描述	分3～5个行为等级	每个指标分3～4个行为等级
管理精细度	低	中等	高	较高
应用范围	外部招聘、企业文化	外部招聘、人才培养、绩效管理等		全方位应用

4. 使用方法

完整的胜任力模型呈现应该包含模型框架、指标名称、指标定义和行为描述，按照模型各要素的完整与复杂程度，大致可以分为简单定义式、关键行为式、行为分级式和KSAO 式。如管理者自己操作，推荐简单定义式和关键行为式。

步骤①——设计模型框架：模型框架是对人才核心标准的结构化表达，就是对胜任力模型的指标进行归纳分类，或者先以框架进行演绎和分解指标。例如，把基层管理岗的胜任力模型设计成管理团队、管理业务和管理自己的框架。一个好的模型框架应该体现成为绩优者的方向和重点，最好富有特色、令人难忘，有利于团队宣传和践行。

步骤②——分解指标和定义：指标是指核心的能力和素质，每一类指标或行为数量都遵循"7±2 组块"的原则，尽量保持一级指标即可，实在过多只能设置二级指标，但要相应减少关键行为数量。指标名称应该通俗易懂、结构统一，如都是动宾结构或主谓结构。指标定义要精准地表达内涵，简洁明了无歧义，要与名称、维度相互呼应，保持一致。

步骤③——描述关键行为：一般对外招聘或定义企业

人才特色时，无须呈现关键行为。对内管理时，则要细化到具体行为，才能更好地指导员工日常的执行。根据团队管理的实际需求，基于指标不分等级地描述 3~5 个平级的关键行为，或者分 3~5 个行为等级。有些企业也会采用描述正面和负面的行为，避免陷入过度精确化的误区。

大公司一般有统一序列和职级的胜任力模型，小公司即便体系不完善也有岗位设置，管理者不需要像 HR 或外部咨询专家一样深究专业，无须过于纠结，应追求实用性和快速迭代，宜采用敏捷建模法或共创建模法，大胆推导演绎或与团队成员研讨共创，定义或细化团队所需人才的关键标准。最关键的是，要借鉴胜任力模型的核心管理思维，让团队管理"选人有标准、用人有依据、育人有方向、留人有目标"，让员工"发展有指引、行为有导向"。

3.3　人才寻访：招聘渠道才是生产力

1.产生背景

招聘渠道才是生产力，候选人越多，在录用时可做的选择就越多，才最有可能招揽到最心仪的人才。虽然渠道会有 HR 来具体维护，但管理者也应该了解招聘渠道，基于招聘岗位需求，协同发展投入产出比最高的渠道。

2.模型介绍

招聘渠道	细分维度	常 用 方 式	渠 道 举 例	适用岗位	投入产出比
内部招聘（面向内部员工）	内部推荐	· 员工推荐：奖励员工推荐熟人和行业精英来公司应聘	· 员工内推码、内推专属简历推荐通道	所有岗位	★★★★★
	内部选拔	· 上级岗位：公司内部公开竞聘、个人的晋升提拔等 · 同级岗位：组织安排的内部轮岗、个人主动内部应聘等	· 内部竞聘公告、内部活水系统	所有岗位	★★★★☆
社会招聘（面向社会人士）	招聘网站（也适合校招）	· 综合类：各行业岗位比较全的综合招聘网站 · 垂直类：以行业、人群或工作垂类细分的招聘网站 · 其他类：地方性、企业官方等招聘网站	· 综合类：智联招聘、前程无忧、BOSS直聘等 · 垂直类：拉勾网（互联网）、58同城招聘（蓝领）、斗米网（兼职）等 · 其他：海峡人才网（福州地区）等	所有岗位	★★★★★
	内部猎头	· 行业挖角：绘制竞争对手或相关企业的人才地图，主动挖掘人才	· 人力资源部招聘团队	所有岗位	★★★★☆
	社交媒体	· 职场社交：以职场人士在线社交切入的招聘服务 · 专业社群：集聚程序员、设计师等专业人才的论坛社区	· 职场社交：领英、脉脉等 · 专业社群：知乎、CSDN、站酷网等	专业岗位	★★★☆☆
	其他渠道	· 现场招聘会：人才市场或政府组织的线下招聘渠道 · 传统媒体：报刊、电视、广播等较为早期的招聘渠道	· 现在已经逐渐没落，一般比较少用	所有岗位	★☆☆☆☆
校园招聘（面向学生）	招聘会	· 线下：每年一般固定秋季（9—12月）和春季（3—5月）校招 · 线上：短视频/直播新形式，适合量大、人群集中的校招	· 线下：企业专场、学校大型招聘会 · 线上：快手、抖音、视频号等直播	校招岗位（无须经验）	★★★★★
	校招网站	· 招聘网站、企业、学校官方会设置面向大学生的校招专区	· 应届生求职网、学校/外部校招专区等	校招岗位	★★★★☆
	实习	· 实习/见习：招揽学生到公司实习和考核留任	· 实习僧网、企业/学校官网等	实习岗位	★★★★☆
	校企合作	· 通过多种形式与大专、中专院校合作，建设雇主品牌和定向校招	· 量小：奖学金、赞助、比赛、科研等 · 量大：定向培养班、实习基地等	校招实习岗位	★★☆☆☆
招聘外包（第三方合作）	外部猎头	· 猎头网站：主打中高端岗位和人才的等以猎头为卖点的网站 · 猎头顾问：大大小小的提供猎头服务的公司	· 猎头网站：猎聘网、智联卓聘等 · 猎头公司：安德普翰、光辉国际等	中高端岗位	★★★★☆
	派遣/外包	· 人才派遣：第三方公司提供人才租赁/派遣/安置的用工形式 · 劳务外包：业务或职能工作发包给第三方公司的经营形式 · 职业中介：特别是蓝领招聘，通过中介招揽大量候选人	· 人才派遣：任仕达、万宝盛华、科锐等 · 劳务外包：安德普翰、中智、上海外服等（也可以将招聘流程外包）	基层岗位	★★★☆☆

20 | 招聘渠道模型
内外兼修的招聘渠道

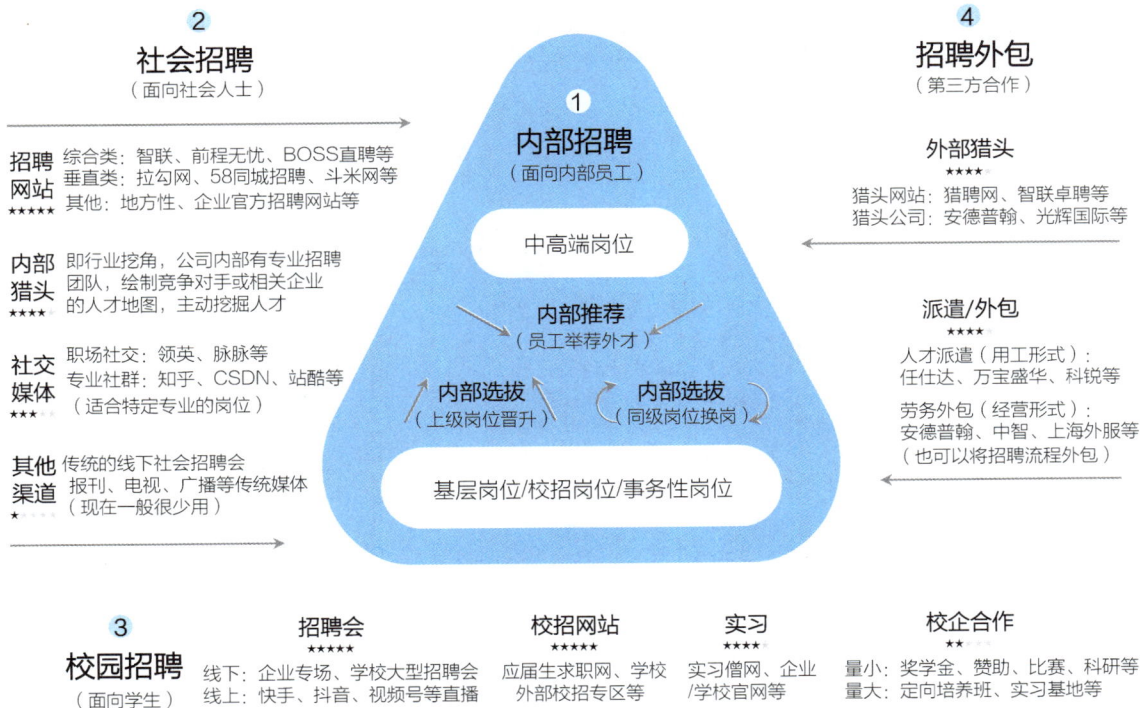

② 社会招聘
（面向社会人士）

招聘网站 ★★★★★
综合类：智联、前程无忧、BOSS直聘等
垂直类：拉勾网、58同城招聘、斗米网等
其他：地方性、企业官方招聘网站等

内部猎头 ★★★★
即行业挖角，公司内部有专业招聘团队，绘制竞争对手或相关企业的人才地图，主动挖掘人才

社交媒体 ★★★
职场社交：领英、脉脉等
专业社群：知乎、CSDN、站酷等
（适合特定专业的岗位）

其他渠道 ★
传统的线下社会招聘会
报刊、电视、广播等传统媒体
（现在一般很少用）

① 内部招聘
（面向内部员工）

中高端岗位

内部推荐
（员工举荐外才）

内部选拔
（上级岗位晋升）

内部选拔
（同级岗位换岗）

基层岗位/校招岗位/事务性岗位

④ 招聘外包
（第三方合作）

外部猎头 ★★★★
猎头网站：猎聘网、智联卓聘等
猎头公司：安德普翰、光辉国际等

派遣/外包 ★★★★
人才派遣（用工形式）：
任仕达、万宝盛华、科锐等
劳务外包（经营形式）：
安德普翰、中智、上海外服等
（也可以将招聘流程外包）

③ 校园招聘
（面向学生）

招聘会 ★★★★★
线下：企业专场、学校大型招聘会
线上：快手、抖音、视频号等直播

校招网站 ★★★★★
应届生求职网、学校外部校招专区等

实习 ★★★★
实习僧网、企业/学校官网等

校企合作 ★★
量小：奖学金、赞助、比赛、科研等
量大：定向培养班、实习基地等

适用场景：招聘需求分析　招聘渠道搭建　招聘人群识别

3.应用模板

① 岗位目的 why	② 岗位职责 what	③ 岗位要求 who
• 招聘前先进行"灵魂三问"： ——这个岗位招人要解决什么问题？ ——这个问题是招聘能解决的吗？ ——可以不招聘吗？ • 岗位的基本信息： ——岗位名称； ——岗位级别； ——招聘人数； ——工作地点； ……	以某互联网HR培训专家岗为例 • 业务成长伙伴：负责电子商务渠道业务团队的学习发展工作，推动业务胜任力提升和团队成长。 • 学习发展专家：诊断业务的培训需求，定制专业的学习解决方案，搭建起适配业务的培训体系。 • 人才项目管理：根据业务需求和培养目标，设计和实施新员工、渠道经理、销售运营、基层管理者等重点人群的培训学习项目。 • 培训资源开发：萃取业务和组织经验，开发培训课程和学习内容，有效支撑各类培训学习项目运行。 • 培训运营优化：改进培训制度和运营流程，确保培训计划的有序执行；定期评估培训效果，做好成本管控，有效提升团队学习的ROI（投资回报率）。	• 学历专业：本科及以上学历，人力资源管理、教育学、心理学等相关专业优先。 • 工作经验：8年以上相关经验，有互联网行业工作背景者优先。 • 专业技能：掌握培训管理、电子商务、渠道管理等知识，精通课程开发、教学方法、引导技术等技能。 • 能力要求：具备优秀的项目管理能力，擅长沟通和组织协调；具备快速学习的能力，适应性强；具备良好的问题解决能力和创新思维。 • 素质要求：具有积极主动的工作态度、强烈的责任心和团队合作精神，有良好的抗压性和自驱力。

4. 使用方法

不管选用什么渠道，管理者都要根据岗位设定和胜任标准，输出招聘 JD（ job description，岗位 / 职位描述 ）。

步骤①——思考岗位目的｜why：为什么要招聘该岗位？决定招聘前先进行"灵魂三问"：第一，这个岗位招人要解决什么问题？例如业务发展中的瓶颈问题、人员不够用的问题。第二，这个问题是招聘能解决的问题吗？例如可能不是人力不足的问题，而是团队协作效率的问题。第三，可以不招聘吗？例如反向思考不招人能解决问题，还能降低成本。

步骤②——描述岗位职责｜what：该岗位需要做什么事？根据前面岗位设定章节"定使命、定职责、定绩效"的内容，清晰定义该岗位的关键工作任务。建议列 5~8 条核心职责即可，不需要事无巨细或者罗列诸多事务性工作，例如"其他领导交代的事务"等非必要描述。最重要的是要突出该岗位的价值和亮点，既能让候选人明确岗位职责和自身履历的匹配性，又能吸引候选人投递简历和参加面试。

步骤③——明确岗位要求｜who：该岗位最适合什么样的人？根据岗位的胜任力模型，明确岗位的两类应聘要求。第一类，要设定"冰山露出水面的部分"的基本条件，一般包含学历、专业、工龄、经验等可衡量的"硬件"。第二类，则是"冰山隐藏于水下的部分"的能力和素质，一般包含专业 / 管理角色定位、工作能力、个人素质等需要测评考察的"软件"。值得注意的是，禁止出现性别、年龄、地域、民族、院校、健康等招聘歧视，例如只要男生、上海户籍优先等不合理条件。

不要小看一份小小的招聘 JD，这是业务管理者、招聘 HR、招聘合作方和求职者的主要媒介和甄选依据。一份优秀的招聘 JD 可以帮助各方精准把握招聘需求，提高沟通效率和招聘命中率。从团队管理角度而言，撰写招聘 JD 的过程，也是管理者对岗位设定和管理问题的二次思考，更好地管住团队人才的"入水口"。

3.4 测评甄选：找到明日之星

1.产生背景

当招聘渠道输送来足够的人才时，就要实施有效的测

评甄选。人才测评不等同于心理测验，大家熟知的面试也只是众多方法中的一种。管理者对人才甄选方法要有科学认知和思维拓展，实操方面重点掌握最常用的结构化面试。

2.模型介绍

测评技术	常见形式	操作要点	举例	信效度	投入产出比
履历分析（关注过去表现）	简历评审	基于工作分析和胜任力模型预设测评要素，并进行等级评分和加权计算。企业实际应用更多的是对比招聘岗位要求，评审和筛选出基本合适的简历	加权申请表、传记式问卷等	低	★★☆☆☆
笔试（关注"冰山露出水面的部分"）	知识考试	被广泛使用的经典知识测试和人才选拔工具。试卷要求一定的信效度，对专业要求很高，企业实际应用时，笔试通常作为参考结果或筛选基准线	校园招聘综合笔试（知识、心理测验等）	中到高	★★★★☆
心理测验（关注"冰山隐藏于水下的部分"）	能力测验	通常指一般认知能力或智商测验，特殊能力测评企业实际应用较少。可以测量思维能力，包括感知、记忆、推理、语言、数学等能力	比奈–西蒙量表、斯坦福–比奈智力量表、WAIS韦氏智力量表、SPM瑞文标准推理测验等	高	★★★★☆
	人格测验	对人格特质和个性的深度评估，分析与相关职业和团队风格的匹配程度。企业应用自陈式标量表较多，投射测验比较难以操作和应用	EPQ艾森克个性问卷、16PF卡特尔人格因素测验、MMPI明尼苏达人格问卷、NEO大五人格问卷等	低到中	★★☆☆☆
	职业测验	与职场话题更相关的人格测验，相对一般人格测试在企业应用中更广泛，关注性格和兴趣与职业的匹配程度，更适用于改善人际关系和团队合作	MBTI职业性格测验、霍兰德职业兴趣测试、GATB职业倾向测试、DISC个性测验、PDP特质测试等	低到中	★★★☆☆
	管理测验	商业领域应用和创新最多的，就是与团队管理和领导力相关的心理测验，各大管理咨询公司都有自己主打的产品，常用于领导力提升和继任者选拔	LEBQ领导授权行为量表、Q12员工敬业度调查、贝尔宾团队角色测评、OPQ管理潜质测评等	中	★★★☆☆
情景模拟（关注工作绩效）	工作样本	对岗位的实际工作场景和内容进行抽样和模拟测试，具体有很多表现形式。主要考验实际动手能力而非理论学习能力，可以采用操作或口头表达方式	程序员编程测试、飞行驾驶模拟、管理情景判断等	高	★★★★★
	评价中心	企业人才测评实践的集大成者，是一种精细化的高级别岗位的选拔方法组合。模拟是评价中心的核心本质，具体的方法和程序，可以根据实际情况组合	文件筐测试、无领导小组讨论、案例分析、演讲、角色扮演、管理游戏等（这些方法也能单独使用）	高	★★★★☆
面试（关注综合素质）	非结构化面试	面试几乎是测评甄选的代名词，简单易用，性价比高，是其他方法无法比拟的。但面试不等于聊天，没有任何规范的随意性面试，面试的效果会大打折扣	随意聊天、即兴提问、全凭面试官主观兴趣等	低	★★★☆☆
	结构化面试	对面试流程、考察重点、评价标准、考官构成等有统一明确的标准化规范。在实际应用中，对于不同岗位会适当放宽限制，采用"半结构化"的面试	STAR行为面试法、AOR情景面试法等	高	★★★★★
背景调查（关注真诚守信）	履历核查	背景调查是测评甄选的最后一道防火墙，在发出正式的录用offer前，通常要通过候选人的前主管、同事、HR等相关方核查履历的真实性	学信网学历验真、委托第三方背调公司等	中	★★★☆☆

21 | 人才测评模型
科学的人才测评技术

能力测验★★★★
比奈-西蒙量表、斯坦福-比奈智力量表、
WAIS韦氏智力量表、SPM瑞文标准推理测验等

人格测验★★
EPQ艾森克个性问卷、16PF卡特尔人格因素测验、
MMPI明尼苏达人格问卷、NEO大五人格问卷等

职业测验★★★
MBTI职业性格测验、霍兰德职业兴趣测试、GATB
职业倾向测试、DISC个性测验、PDP特质测试等

管理测验★★★
比奈-西蒙量表、斯坦福-比奈智力量表、
WAIS韦氏智力量表、SPM瑞文标准推理测验等

知识考试★★★★
校园招聘综合笔试
（知识、心理测验等）

简历评审★★
加权申请表、传记式问卷等

心理测验
（关注"冰山
隐藏于水下
的部分"）

**情景
模拟**
（关注工作
绩效）

笔试
（关注"冰山
露出水面的
部分"）

**履历
分析**
（关注过去
表现）

面试
（关注综合素质）

**背景
调查**
（关注真实
诚信）

★★★★★ 工作样本
程序员编程测试、飞行驾驶模拟、管理情景判断等

★★★★ 评价中心
文件筐测试、无领导小组讨论、案例分析、演讲、
角色扮演、管理游戏等（这些方法也能单独使用）

★ 非结构化面试
随意聊天、即兴提问

★★★★★ 结构化面试
STAR行为面试法、AOR情景面试法等

★★★ 履历核查
学信网学历验真、委托第三方背调公司等

适用场景：人才测评技术 优秀人才甄选 招聘面试方法

3.4 测评甄选：找到明日之星

1.产生背景

　　传统面试问题多数是"假想的"，候选人在面试中容易"伪装"自己，口才好、思维反应敏捷的应试者往往会占优势。针对传统面试的各种题型，应试者都有"套路"应对。为此界内采用两种面试方法：一种是情景性面试，创设一个实际情景，通过候选人的应对表现，评价其是否具有相关的实际工作能力；另一种是行为性面试，其核心思想是过去的行为是未来行为的最好预测指标，通过深挖候选人在过去的特定情景中，实际发生了的行为反应来测量其胜任力。

2.模型介绍

　　情景性面试某种意义上是"一半"的行为性面试，所以重点掌握最普遍的行为面试法。行为面试所问核心是候选人实际做了些什么、怎么做的、有什么结果，而不是知道什么（与工作相关的知识问题），或者将会做什么（情景性问题）。行为性问题注重能反映相关素质的行为事件，一个完整的行为事件必须囊括以下四个要素（STAR）。

　　情景（situation）：关于任务或问题的背景描述。例如，什么背景下发生，为什么有这个问题或任务。

　　目标/任务（target/task）：所需达成的目标和完成的任务。例如，要实现什么目标，当时具体的任务是什么。

　　行动（actions）：针对具体问题情景所采取的实际行动。例如，承担什么角色，实际上做出了什么行动。

　　结果（results）：行动的结果和相关方评价反馈。例如，行动的成效如何，别人对你的表现有什么意见。

　　实际面试中还会经常用到封闭式、开放式、理论性、引导性和评价性问题，所有的问题都无关好坏，关键是在恰当的时候提恰当的问题。例如，引导性问题"然后呢？"在追问更多信息时是非常有用的，但是在提问时用"你有什么项目可以证明自己的抗压能力？"就有很强的暗示性，让候选人知道考核项并自我举证。基本原则是：多问开放式问题，少问封闭式问题；多问行为性问题（实际），少问理论性问题（假设）；适时问引导性和评价性问题。

22 | STAR行为面试模型
过去可以预测未来

什么背景下发生？ **情景** **目标/任务** 什么目标和任务？
关于任务或问题的背景描述 SITUATION TARGET/ TASK 所需达成的目标和完成的任务

行动 **结果**
ACTIONS RESULTS
承担什么角色？做出了什么行动？ 行动的成效如何？
针对具体问题情景所采取的实际行动 行动的结果和相关方评价反馈
"行动（Action）是STAR的核心"

"过去的行为是未来行为的最好预测指标"

封闭式问题 (少问)
面对这种情况，你是
放弃了还是迎难而上？

理论性问题 (少问)
如果领导没有给资源，
你会怎么办？

评价性问题 (适时问)
你觉得自己与同事
的关系怎么样？

开放式问题 (多问)
请谈谈你过去6个月
在团队里的工作职责

引导性问题 (适时问)
你有什么项目可以
证明自己的抗压能力？

行为性问题 (多问)
你遇见这个问题和情况
当时实际做了什么？

适用场景：人才测评甄选 招聘面试方法 结构化面试

3.应用模板

① 考察框架	考察项	② 面试问题	③ S情景/T目标&任务	A行动	R结果
能力水平	项目管理	请分享你在过去6个月中负责过的最复杂的项目。			
	……	……			
发展潜力	持续成长	在上一次绩效考核中，你需要改进的方面有哪些？你是如何改进的？			
	……	……			
文化价值观	合作共赢	你在这个项目里是如何与他人分工和协作的？			
	……	……			

4. 使用方法

"面试官在前3分钟就下了结论，剩下的时间都是在验证自己的想法。"看似玩笑的一句话，揭示了面试过程中的偏见对面试结果的影响之大。优秀的面试官不会即兴发挥，而是提前做好面试设计，力求做出最精准的评价。

步骤①——界定考察框架和核心考察项：基于招聘需求和胜任标准，定义关键考察项目。考察框架可以采用自己公司的人才标准，一般至少从三个方面入手。第一，能力水平，侧重考察业务认知、专业技能、管理能力等现有综合能力。第二，发展潜力，侧重考察个性、主动性、成长性等影响长期发展的潜力，与自我认知、动机和特质的底层素质相关。第三，文化价值观，人才虽好，但也需要契合团队的价值观，文化适应性也是面试的一个重要考察项。

步骤②——设计关键的面试问题：即便大公司招聘一般会提供通用面试问题指南，但每个人的沟通表达风格也不一样，需要优化和设计符合自己习惯的面试问题。每个考察项至少设计3个面试问题，可以参考万能的行为提问公式："你"+"最"字场景+期望结果+事例。例如：请分享你2023年负责的最复杂的一个技术项目。

步骤③——评估和追问STAR行为事例：每个考察项至少需要2个STAR事例，才能看出行为的惯性。候选人提供的行为事例经常不完整，也可能是"假"行为事例，面试官需要快速识别，并采用追问技术，进一步挖掘自身所需要的信息。

类　型	关键词	追问技术	举　例
不完整的STAR	缺啥补啥	S和T可以合并追问，A是重点追问	你当时采取了什么举措，才取得这个结果？（缺乏A行动）
含糊的STAR	通常、一般、大概	信息模糊不清，不知道到底做了什么	能否举出一个具体发生过的实例来说明呢？
	我们、我们团队	角色模糊不清，将个人和团队混为一谈	你说"我们"，那么你做了什么？
主观的STAR	认为、觉得、应该	只是说一种信念、观点、想法	有在实际工作中运用这个观点的案例吗？
假设的STAR	计划、下一次、如果	只是一种假设，打算做却还未做的事情	你说"如果"，那实际有没有类似的经历呢？

3.5 录用决策：定级定薪有章法

1.产生背景

对面试通过的心仪的人才，要发放录用 offer，就到了管理者决策"定级定薪"的环节。定级就是指确定职级，从专业程度和能力上考量，例如网上听说的阿里 P8，P 代表岗位序列，8 代表岗位职级。通俗地理解，职级越高往往薪酬越高。一般公司会有 HR 提供 offer 的具体专业建议，管理者只需要理解职级和薪酬关系，以便更好地判断和决策。华为公司有一个关于岗位职级和薪酬结构的 16 字管理真言，它非常言简意赅地道出了岗位职级和薪酬管理的关键要点。

2.模型介绍

以岗定级：评估每个岗位的贡献价值，根据价值大小确定岗位的职级高低。华为采用的是"海氏三要素评估法"，这实质上是一种评分法，将知识技能水平、解决问题的能力和承担的责任抽象为岗位的共性因素，作为薪酬支付依据，三个要素之间的关系体现在：任职者投入"知识技能"进行岗位工作中的"问题解决"，产出表现为"应负责任"。

以级定薪：岗位职级一旦确定，经过与市场上同样评估的岗位对标，就可以确定出该岗位的合理薪资区间。现在大部分公司会设计与职级相关的宽带薪酬结构，管理者应在该区间内浮动设置岗位任职者的薪酬。

人岗匹配：评估任职者与岗位所要求的责任之间的匹配，以确定任职者的个人职级及符合度。人岗匹配的核心是需要绩效达到岗位要求，行为符合岗位职责，还要兼顾考察知识、技能、素质、经验等基本条件。

易岗易薪：一旦岗位变化，薪酬也随之变化，主要是晋升或降级。在华为，学历、工龄、社会职称等不作为薪酬的考量因素，主要关注职级和绩效，根据员工的岗位职级和绩效表现来调整薪酬。

不同公司不同的职级体系，会带来不同的管理效果。扁平化组织一般减少了组织层级，提升了内部沟通和管理效率，但每个职级之间的薪酬区间较大，不方便做人力成本管控。有些公司会拉长职级，更方便控制薪酬成本，也为员工提供了更多的晋升空间和激励次数。两种设置策略没有绝对好与坏之分，主要看发展阶段和实际需求。

23 | 职级与薪酬管理模型
华为公司薪酬管理16字真言

任职者投入"知识技能"进行岗位工作中的"问题解决"，产出表现为"应负责任"

知识技能	解决问题	应负责任
输入	过程	结果
• 专业技能 • 管理技能 • 人际技能	• 思维环境 • 思维难度	• 行动自由度 • 财务责任 • 职务影响

评估每个岗位的贡献价值，根据价值大小确定岗位的职级高低，华为采用的是"海氏三要素评估法"

以岗定级

以级定薪

经过与市场上同样评估的岗位对标，设计与职级相关的宽带薪酬结构，该岗位任职者薪酬要在该区间内浮动

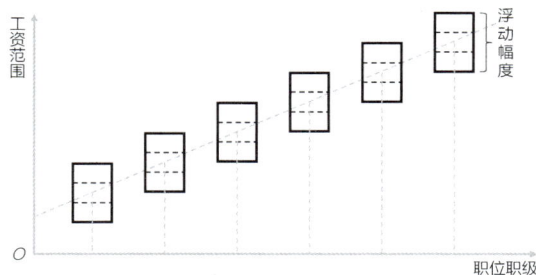

任职者需要绩效达到岗位要求，行为符合岗位职责，此外还要考察知识、技能、素质、经验等基本条件

人岗匹配

易岗易薪

一旦岗位变化，薪酬也随之变化，主要是晋升或降级，根据员工的岗位职级和绩效表现（而非资历）调整薪酬

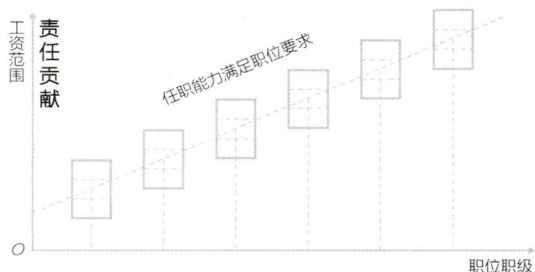

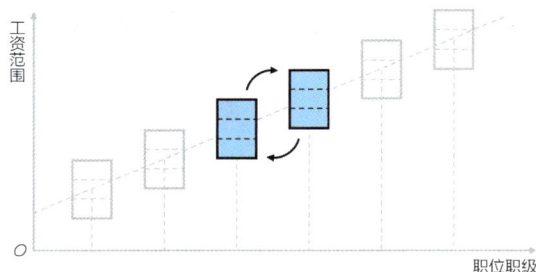

适用场景：录用方案决策　人才职级评定　薪酬方案设计

3.应用模板

① 职级	薪级	技术序列	营销序列	职能序列	管理序列
经营层	11				总经理
	10				副总经理
总监级	9	首席工程师	营销总监		总监
	8		营销副总监		副总监
经理级	7	资深工程师	高级营销经理		高级经理
	6		营销经理		经理
主管级	5	高级工程师	高级营销主管	资深专员	副经理
	4		营销主管		主管
专员级	3	工程师	高级营销专员	高级专员	
	2	助理工程师	营销专员	专员	
	1	操作员	营销助理	助理专员	

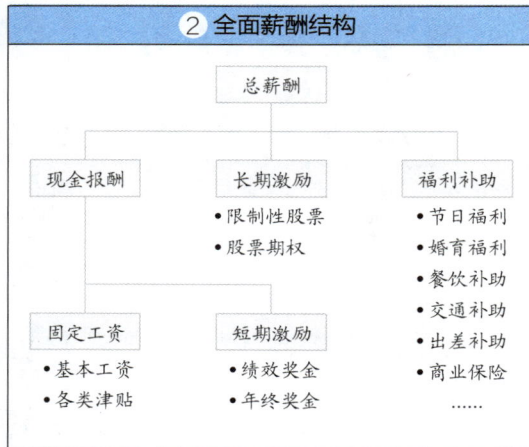

② 全面薪酬结构

```
                    总薪酬
                      |
      ┌───────────────┼───────────────┐
   现金报酬        长期激励          福利补助
      |           •限制性股票        •节日福利
      |           •股票期权          •婚育福利
      |                             •餐饮补助
 ┌────┴────┐                        •交通补助
固定工资   短期激励                   •出差补助
•基本工资  •绩效奖金                   •商业保险
•各类津贴  •年终奖金                    ……
```

③ 纬度	常见指标	指标计算	指标解读
外部竞争力	薪酬比率CR	offer薪酬÷市场平均薪酬×100%	卓越110%~120%，优良90%~110%，较差80%~90%
	薪酬涨幅	offer薪酬÷候选人现有薪酬×100%	没有绝对定论，通常涨幅20%~30%为优良，40%~50%为卓越
内部公平性	薪酬渗透率PR	（offer薪酬-内部薪酬最小值）÷（内部薪酬最大值-最小值）×100%	优秀>75%，良好50%~75%，一般25%~50%，较差<25%
特殊事项	offer签字费	一次性的入职奖金，不计入工资	补偿因跳槽导致奖金、股票等损失的吸引性费用
	竞争对手offer	竞争对手公司offer水平比较	非标准项，作为参考因素，按人才和成本实际情况评估

4. 使用方法

"定级定薪"的直接产出就是人才录用 offer，管理者需要关注三个基本点，评估 offer 的合理性和竞争力。

步骤①——厘清职级与薪级的对应关系：背后的职级和薪酬都有纵向和横向的对应关系，如市面上常见的有专员、主管、经理等级别，对应不同的薪级，可以在此薪酬区间内决策。在实际应用中，一般公司会有标准化的职级工资表，业务管理者根据岗位需求和候选人情况定级完，HR可以对应给出薪酬建议。

步骤②——看懂全面薪酬的具体结构：要想决策薪酬，还得看懂全面薪酬的内容和项目。不同公司的薪酬项目名称略有不同，但基本以薪酬性质和功能进行区分，包含现金报酬、长期激励和福利补助。现金报酬又分固定工资和以业绩为依据的短期浮动激励，长期激励是以股票为核心的长期激励计划，福利补助则是衣食住行、保险等相关企业福利。广义上还包括非货币性薪酬，如工作环境、职业发展机会等，我们在吸引策略章节详细探讨。

步骤③——评估 offer 合理性和竞争力：offer 最重要的目标是具备争夺人才的市场竞争力，可以看薪酬比率（compare-ratio，CR）和薪酬涨幅。CR 体现 offer 薪水与其他公司类似职位的市场中点的比较，理想区间为 80% ~ 120%。候选人个人薪酬的涨幅程度也是吸引人才的重要因素，关键招聘需求还得参考其他竞对的 offer。值得注意的是，管理者不得不考虑内部的公平性，薪酬渗透率（penetration rate，PR）体现了薪酬在对应职级内部薪酬中的相对位置。有时候，也会利用 offer 签字费吸引候选人，因为只是一次性奖金不计入固定工资，不会破坏内部薪酬平衡。

录用 offer 的决策没有绝对的标准，应考虑岗位需求、招聘难度、人力成本、候选人的预期、现金与股票的平衡等重要因素，进行综合判断和取舍。

3.6 吸引策略：独特的价值主张

1.产生背景

越优秀的人才往往越炙手可热，诚然高薪酬水平是人才会考虑的重要因素，但这种基本价值是由公司平台创造的，管理者往往无法改变。如果不能提供独特和高于竞争对手的价值，那么人才选择的唯一标准就只有薪酬。公司独特的员工价值主张（employees value proposition，EVP），是鲜明、差异化的雇主品牌 DNA，表明可以为员工带来何种利益和附加价值。例如，当年通用电气提供的薪酬并不是很高，但人才趋之若鹜，原因在于通用电气有行业内最好的学习发展机会，在通用电气工作几年后自己的市场价值会提升好几倍。

2.模型介绍

目标人才：价值主张的服务对象是谁？需要清晰地界定业务成功所需要的目标人才，而不是市面上所有的人才。这个需要内部进行讨论，应从战略、组织能力和核心价值观出发，聚焦合适自己团队需求的人才群体。

· **特征／需求**：澄清目标人才群体的主要特征和画像，特别是目标人才的关键愿望和需求。

· **痛点**：目标人才在选择雇主时有什么痛点，他们最不满意的地方有哪些，例如复杂的人际关系和官僚作风。

· **收益**：目标人才选择雇主时最看重什么收益，他们最期望和赞赏的是哪些方面，例如学习和发展机会。

价值主张：价值主张与核心价值观不同，价值观是自上而下的，有自内而外的排斥力；价值主张是自下而上的，有自外而内的吸引力。所以，要站在候选人和员工角度，明确为什么选择到我们公司工作而不是到其他公司；我们公司能满足他的什么需求，带给他哪些独特的体验和不同的价值。

· **痛点缓释**：针对痛点应该给目标人才提供什么保障，避免哪些不良印象或风险点，例如简单的关系、开放的沟通。

· **利益创造**：应该给目标人才创造什么利益和极具吸引力的工作体验，例如系统的培养体系和职业发展机会。

· **资源／优势**：这些方案和举措是理想状态，最终得结合公司资源和自身优势，聚焦差异化、可操作的最优方案。

24 价值主张画布模型
差异化的人才吸引策略

价值主张
(value proposition)

候选人/员工为什么选择到
这家公司工作而不是到其他公司?
这家公司能满足他的什么需求,
带给他哪些独特的体验和不同的价值?

目标人才
(ralent profile)

价值主张的服务对象是谁?
影响团队成功与否的目标人才是谁?
并不是面向市面上所有的人才,
需要明确界定需要什么样的目标人才

利益创造
(cain creators)

• 应该给目标人才创造什么利益?

• 有什么极具吸引力的工作体验?

资源/优势
(resources/advantages)

• 公司有什么资源支持?

• 自身有什么重要优势?

痛点缓释
(pain relievers)

• 应该给目标人才提供什么保障?

• 应避免哪些不良印象或风险点?

收益
(gains)

• 目标人才选择雇主时最看重什么收益?

• 目标人才最期望和赞赏的是哪些方面?

特征/需求
(features/needs)

• 目标人才的
主要特征和画像

• 目标人才的
关键需求和愿望

痛点
(pains)

• 目标人才选择雇主时有什么痛点?

• 目标人才最不满意的地方有哪些?

适用场景:人才吸引策略　雇主品牌建设　员工价值主张

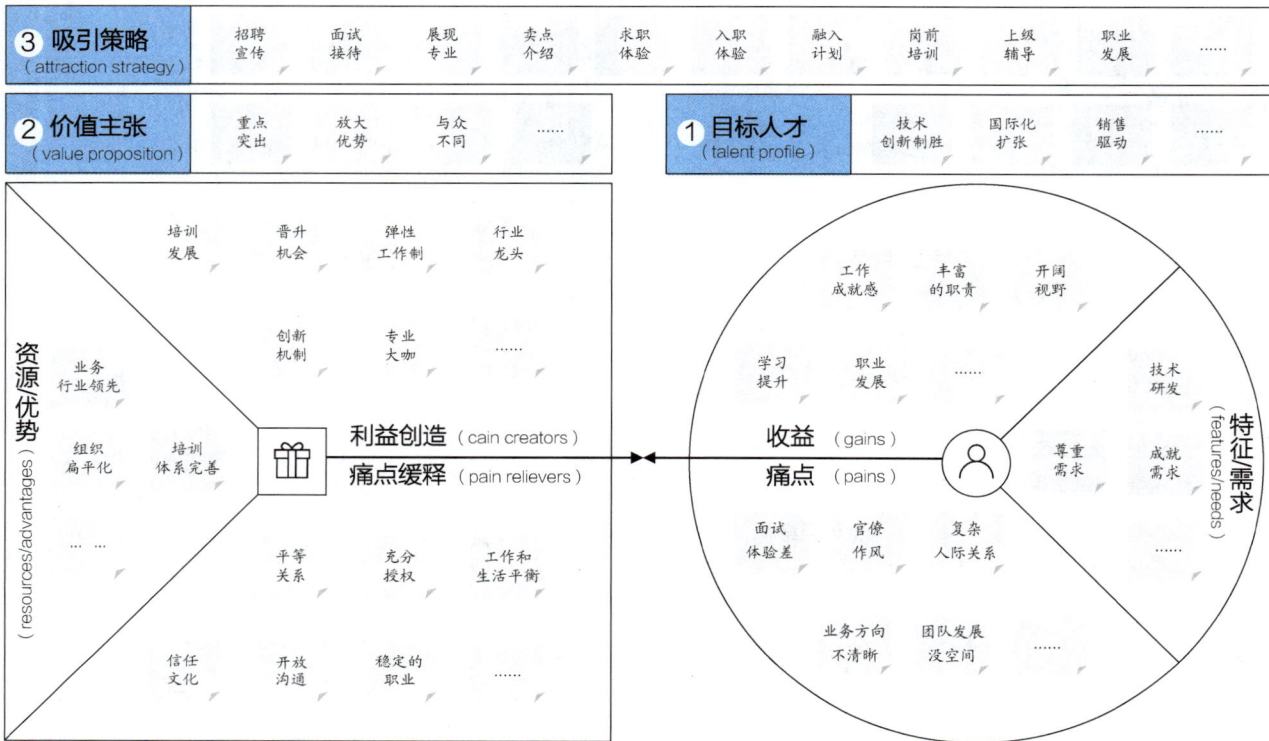

3.应用模板

③ 吸引策略 (attraction strategy)

| 招聘 宣传 | 面试 接待 | 展现 专业 | 卖点 介绍 | 求职 体验 | 入职 体验 | 融入 计划 | 岗前 培训 | 上级 辅导 | 职业 发展 | …… |

② 价值主张 (value proposition)

| 重点 突出 | 放大 优势 | 与众 不同 | …… |

① 目标人才 (talent profile)

| 技术 创新制胜 | 国际化 扩张 | 销售 驱动 |

资源优势 (resources/advantages)

培训 发展　　晋升 机会　　弹性 工作制　　行业 龙头

业务 行业领先

创新 机制　　专业 大咖　　……

组织 扁平化　　培训 体系完善

🎁 **利益创造** (cain creators)
痛点缓释 (pain relievers)

……

平等 关系　　充分 授权　　工作和 生活平衡

信任 文化　　开放 沟通　　稳定的 职业　　……

特征需求 (features/needs)

工作 成就感　　丰富 的职责　　开阔 视野

学习 提升　　职业 发展　　……

技术 研发

收益 (gains)
痛点 (pains)

尊重 需求　　成就 需求

面试 体验差　　官僚 作风　　复杂 人际关系

……

业务方向 不清晰　　团队发展 没空间　　……

4. 使用方法

价值主张的服务对象是现有员工和外部潜在人才，需要管理者和员工共同参与，可以遵循以下步骤进行团队共创：

步骤①——界定和分析目标人才：清晰界定目标人才是一切的起点，如果你的团队以技术创新制胜，那么目标人才就是技术领域的专家。明确目标人群后，还要通过问卷调查、访谈、头脑风暴等多种方法，对现有员工和外部人才进行内外调研和沟通，具体问题设计可以参考本书附赠的定义员工价值主张的 34 个问题清单。在了解目标人才群体的特征和关键需求后，重点分析目标人才的痛点和最期待的收益，这里面蕴含着人才吸引的机会点。

步骤②——设计和提炼价值主张：先从目标人才痛点出发，设计痛点缓释的保障方案，例如对人才的尊重，保障面试体验，这部分是吸引策略的下限。再针对目标人才期待的收益，设计创造收益的方案，例如培训学习和职业发展机会，这部分是吸引策略的上限。这两部分要结合自身的资源和优势，经过头脑风暴提炼出几项既对目标人才重要又能发挥优势的独特价值。最后从中排序和综合选择两三项最优的价值主张，把它们组织成一个生动易懂、与众不同的价值主张，甚至一句口号就可以精准表达，让求职者一看就感觉这个公司就是自己苦苦寻找的最佳雇主。例如谷歌"做有用的酷事儿"、麦肯锡"为著名机构提供智慧的精英俱乐部"、微软"文化，机会，影响力"。

步骤③——制定吸引策略和行动计划：独特价值主张不是贴在墙上的口号，最关键的是要落实价值主张，制定具体的吸引策略，融入管理体系和日常工作中。例如，价值主张是为目标人才提供学习成长和职业发展机会，便要完善培训体系、设置上级授权和锻炼实践的机制、优化晋升通道等，具体可以参考本书附赠的一些价值主张和配套的人力资源工具。如果聚焦人才招聘环节，要从发布招聘广告开始，直到入职转正，确保每一个关键环节的体验和价值主张沟通融入。

PART

4

第 章

用
才 **人才任用与绩效提升**

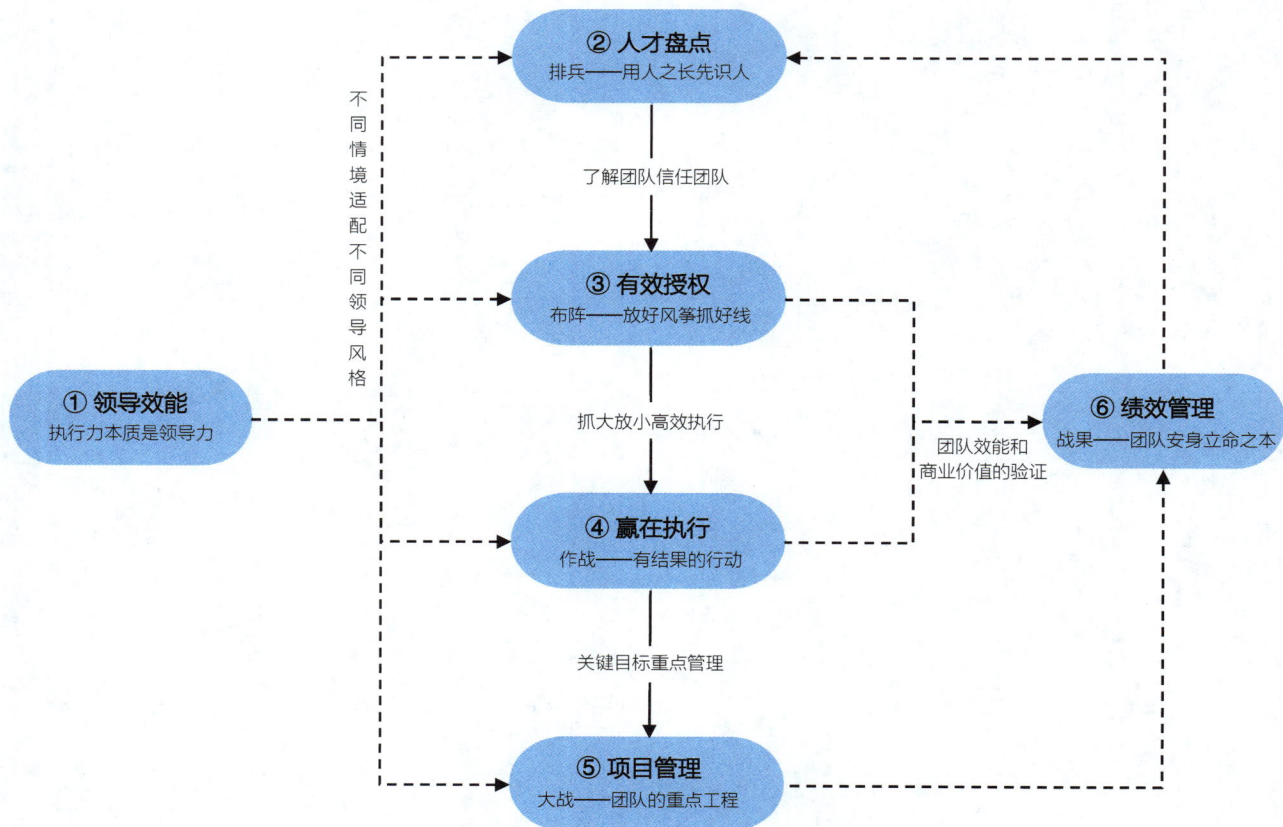

② 人才盘点
排兵——用人之长先识人

了解团队信任团队

③ 有效授权
布阵——放好风筝抓好线

抓大放小高效执行

① 领导效能
执行力本质是领导力

不同情境适配不同领导风格

④ 赢在执行
作战——有结果的行动

关键目标重点管理

⑥ 绩效管理
战果——团队安身立命之本

团队效能和
商业价值的验证

⑤ 项目管理
大战——团队的重点工程

管 理 模 块	学 习 重 点	管 理 模 型
4.1 领导效能	领导是四大管理职能之一，团队执行力是领导效能的关键体现。高效的管理者能够灵活转变风格，好比职业高尔夫选手会根据赛况灵活挑选和组合合适的球杆，并优雅地挥杆	25.管理与领导模型 26.领导力框架模型 27.情境领导模型
4.2 人才盘点	如果说管理者用才是排兵布阵，那作战前需要知道自己手上有什么兵。综合评估所有人的绩效、能力和潜力，制定最优的用人策略和发展计划	28.人才盘点九宫格模型
4.3 有效授权	管理者要有效授权团队以拿到结果，这个道理似乎众人皆知，但真正实施授权远非易事。授权是管理者决策职能的重要内容，授权艺术的内涵和奥妙在于两个核心问题：要做什么？让谁做，并怎么做到最好？	29.授权的因果模型 30.因事授权四宫格模型 31.视能授权四分图模型
4.4 赢在执行	执行是目标与结果的桥梁，是战略实施中不可或缺的一环。这是一项系统工程，需要各级管理者培养团队将战略与决策转化为实施结果的能力	32.执行力的概念模型 33.高效执行四原则模型 34.时间管理矩阵模型 35.PDCA循环模型
4.5 项目管理	如今项目管理广泛应用于各行各业，项目管理是企业管理战略目标和重点工程的主要方式。管理者应该了解项目管理体系，掌握范围管理、进度管理、相关方管理等重点知识，有效扩大团队的关键产出	36.项目管理过程模型 37.项目管理知识模型 38.WBS工作分解结构模型 49.PDM紧前关系模型 40.CPM关键路径模型 41.权力利益方格模型
4.6 绩效管理	真正的绩效管理不是"一次性绩效评价"，而是由管理者驱动并贯穿全程的业务管理活动。管理者需要正确区分和认知KPI（关键绩效指标）、BSC（平衡计分卡）、OKR（目标与关键成果）等相关工具，利用科学的绩效工具和管理系统，承接组织愿景，支持组织目标的达成	42.绩效管理系统模型 43.绩效管理工具模型 44. SMART目标管理模型 45. KPI关键绩效指标模型 46. BSC平衡计分卡模型 47. OKR目标与关键成果模型

4.1 领导效能：执行力本质是领导力

1.产生背景

前面我们说到，领导是四大管理职能之一，领导侧重人际关系和组织发展方面的问题，处理变化、激励和影响。每一位管理者都应该培养自己的领导力，那么什么是领导力呢？关于领导力的文章和书就有1400多万，领导力的定义如此之多，以至于领导力学者拉尔夫·M.斯托格迪尔感叹道："有多少人试图定义领导力，基本上就有多少种领导力的定义"。本书采用斯蒂芬·P.罗宾斯的定义：缔造愿景，影响群体，实现愿景目标的能力。

2.模型介绍

根据著名领导力专家约翰·科特的看法，管理者必须同时知道如何领导和管理，否则组织将面临衰亡的危险。

·管理产生秩序、一致性和可预测性，而领导引起变革和对新的产品、市场、竞争者、顾客与工作程序的适应性。

·管理侧重于具体工作的组织实施，领导侧重于组织的发展。

·领导是率领并引导人们朝一定方向前进，管理是负责某项工作并使其顺利进行。

·管理者的工作是计划与预算、组织及配置人员、控制并解决问题，其目的是建立秩序；领导者的工作是确定方向、整合资源、激励和鼓舞员工，其目的是产生变革。

·领导是面向未来的，管理是面向现在的。

有许多人极力宣扬领导如何重要和激励人心，管理似乎是平庸的官僚主义。但亨利·明茨伯格强烈反对夸大领导和管理的区别，他说道"被一个不懂领导的人来管理，你会怎么样？那会让人很沮丧。那么为什么你会让一个不懂管理的人来领导你？那是一份严重的分离"。所以领导补充了管理，但不能替代管理；过强的管理与过弱的领导或过强的领导与过弱的管理都不好。有效的领导者要进行管理，有效的管理者也要实施领导，两者缺一不可。总之，战略无好坏，领导无对错，管理无定式，以结果论成败，以成败论英雄。

25 管理与领导模型
管理与领导两手抓

管理
（ manage ）

处理复杂性
为未来设立目标，
并建立详细的步骤、分配资源，以实现目标

偏向演绎
在复杂的事物中找到顺序，创造有序性，
确定和落实能实现目标的步骤和细节，
目的是更有效率

组织与人员配置
建立组织架构和岗位，制订计划与预算，
分配合适的人去执行任务，以实现计划

通过控制和解决问题来实现计划
通过正式或非正式途径监控过程和结果，
纠正偏差和解决问题，确保计划完成

领导
（ lead ）

处理变化
设立方向和战略，
以实现未来愿景所需的变革

偏向归纳
通过收集数据、分析资料来找到模式或规律，
从而创造方向、愿景和策略，
目的是做出好的改变

沟通协调与合作
与众多个体沟通，创造一种联盟，
使相关人员理解并认同愿景规划和战略

通过鼓舞和激励来实现愿景
通过满足人的成就感、归属感和尊重需求，
激发人的潜能，引领人们朝正确的方向前进

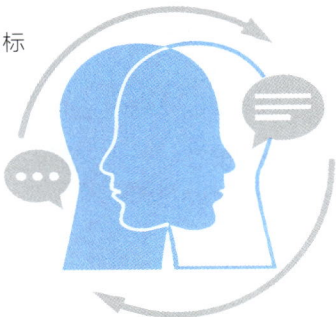

管理者应该成为领导者
但并不一定都能成为领导者

适用场景：管理重点　领导职能　领导力理解

4.1 领导效能：执行力本质是领导力

1.产生背景

19世纪末，关于领导力的大量理论已经形成，有些学者尝试将其整合为一个综合性的框架，主要关注领导效能的主要变量，框架的基础假设可以用简单却含义深刻的公式来表示：$L = f(\ l,\ gm,\ s\ )$。这个公式的含义是，领导过程是领导者（l）、团队成员（gm）以及其他情境变量（s）共同作用的动态函数。换句话说，领导不仅是以抽象的方式存在的，还涉及一系列的领导者、被领导者和多种外界的环境力量。

2.模型介绍

斯蒂芬·P. 罗宾斯教授提出的领导力模型，展示了这种情境性。理解领导力的最好方式是检验其重要变量，这些变量才决定了领导力是否有效。

· **领导力有效性**：在既定的环境中获得期望的结果，例如生产率、质量和满意度，取决于模型中的四个变量。

· **领导者特质**：领导者的内在品质，例如自信和解决问题的能力，能够帮助管理者在不同的情境中进行有效领导。

· **领导者行为风格**：领导者从事的与有效性相关的活动。领导风格是描绘领导者特征的一种相对稳定的行为模式。

· **团队成员特质**：指那些可能影响领导力有效性的成员特质，例如聪明的、被激励的成员往往可以出色地执行任务。

· **内外部环境**：不管是内部环境还是外部环境，外在因素也随时在影响领导力的有效性。

领导力是一个变动过程，领导力框架里相互联系的四组箭线反映了四个变量之间相互影响的关系，其中最显著的联系是领导者特质对领导者行为风格的影响，假如领导者是外向的、热情的和体贴的，自然倾向于以员工为导向的领导风格。另一个联系是团队成员特质也会影响领导者行为风格，假如员工是有能力并能自我驱动的，领导者可能就选择高度授权的领导方式。最后一个联系是，内外部环境在一定程度上影响或调节领导者特质，假如在一个鼓励创新的组织环境中，领导者更可能倾向于突破常规和承担风险。

26 领导力框架模型
理解领导力的框架

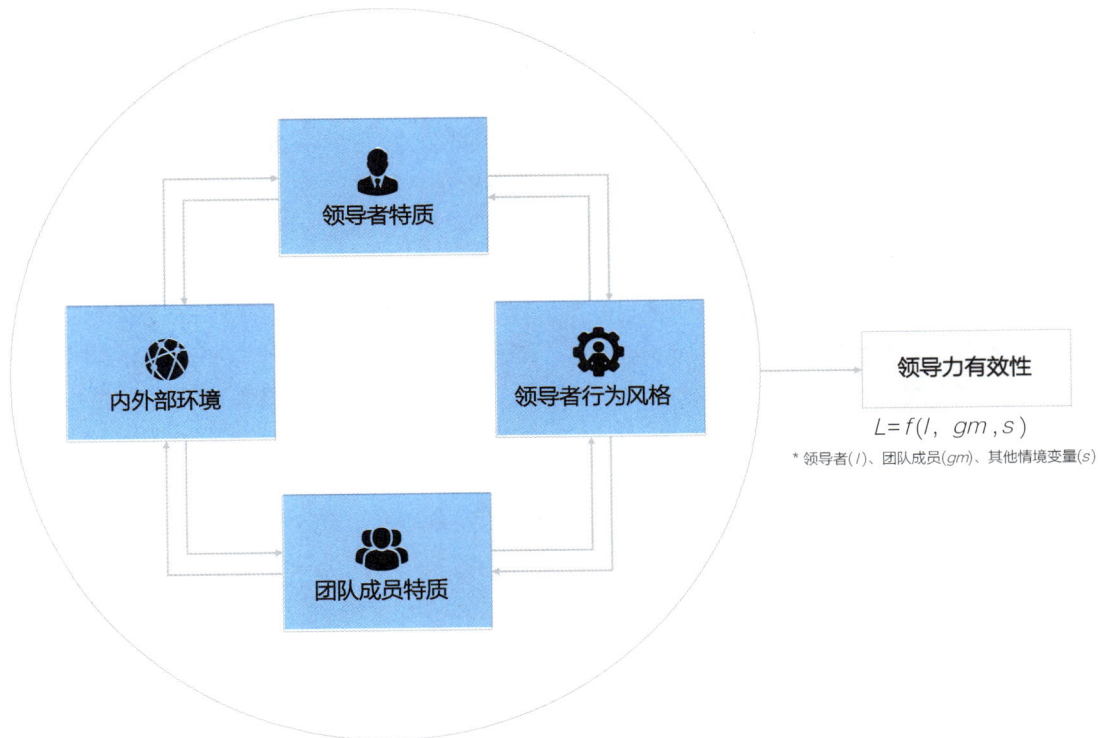

领导力有效性

$$L=f(l,\ gm,s)$$

* 领导者(l)、团队成员(gm)、其他情境变量(s)

适用场景：领导效能变量　领导力有效性　领导力理解

4.1 领导效能：执行力本质是领导力

1.产生背景

根据情境调节变量解释领导效能的理论也被称为领导权变理论，其中行为学家保罗·赫塞与肯·布兰查德聚焦下属成熟度（readiness）的情境变量，提出的情境领导理论（situational leadership theory，STL）受到了强烈追捧，比较适合企业的团队管理应用。不管领导者做了什么，团队的效率都取决于下属的行为。领导者应该根据下属的成长情况采用不同的领导风格，进而根据不同侧重和不同量级的任务行为和关系行为影响下属，使下属达到工作目标。

2.模型介绍

STL 也运用了任务行为和关系行为两个领导维度，并设定了高、低两种水平，组合到一起构成四种特定的领导风格。

·S1 指导型：高任务、低关系水平，领导者设定工作职责，告知详细明确的任务，并进行密切的监督。

·S2 教练型：高任务、高关系水平，领导者要同时表现

出指导型和支持型行为，解释决策并给予澄清的机会。

·S3 参与型：低任务、高关系水平，领导者与下属共同进行决策制定，领导者的主要职能是促进和沟通。

·S4 授权型：低任务、低关系水平，领导者很少提供指导或支持，将决策和执行职责交给下属。

该模型最后组成的部分是下属的成熟度，也称绩效准备度，指完成特定任务的能力和意愿的程度，分为四个水平。

·R1：没有能力也不愿意为事情负责，下属处于没有能力或者缺乏自信的状态，绩效准备度低。

·R2：没有能力但有意愿完成必要的工作任务，下属有积极性但缺乏适当的技能，绩效准备度中等。

·R3：有能力却不愿意做领导者让做的事情，下属是有能力的，但不愿意或处于不安的状态，绩效准备度中等。

·R4：既有能力又有意愿完成工作任务，下属有能力、有意愿并有信心，绩效准备度高。

本质上，STL 将领导者 - 下属关系看作父母与孩子的关系，当孩子变得更成熟、更有能力后，父母就应该放手。领导者也是一样的，随着下属成熟度的提升，要降低对他们工作行为的控制，更应该减少关系型行为。

27 情境领导模型
掌握不同情境下的管理策略

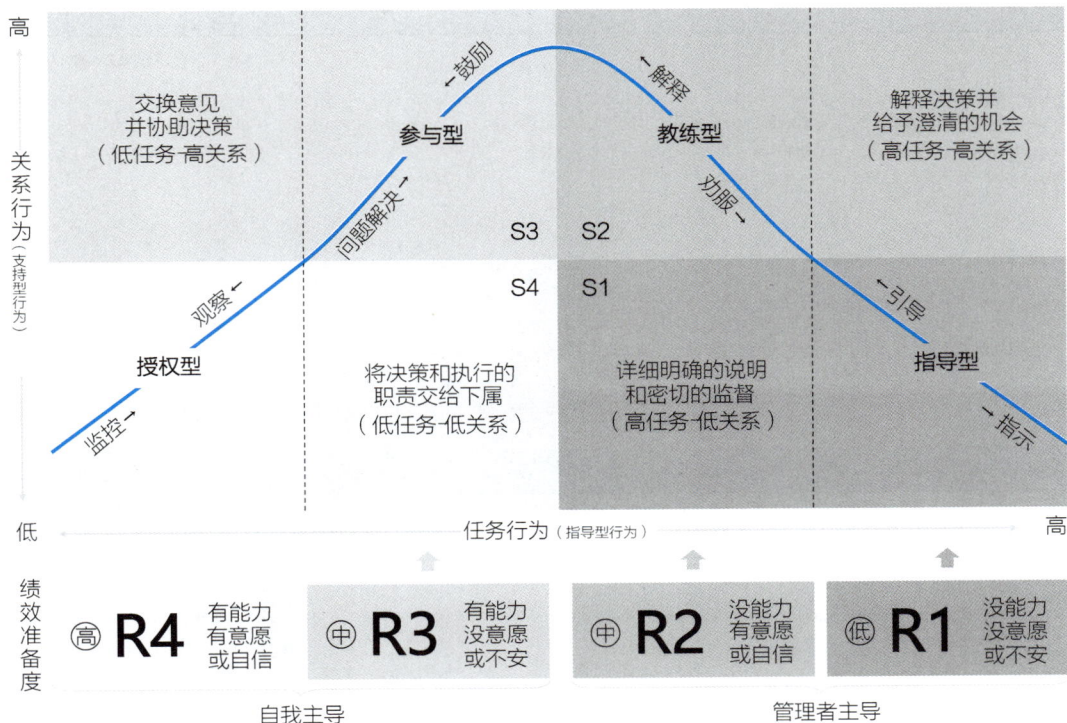

高

关系行为（支持型行为）

交换意见
并协助决策
（低任务·高关系）

参与型

鼓励

解释

教练型

解释决策并
给予澄清的机会
（高任务·高关系）

问题解决

S3　S2

S4　S1

劝服

观察

授权型

监控

将决策和执行的
职责交给下属
（低任务·低关系）

详细明确的说明
和密切的监督
（高任务·低关系）

引导

指导型

指示

低　　　　　　任务行为（指导型行为）　　　　　　高

绩效准备度

⊖ **R4** 有能力
有意愿
或自信

⊕ **R3** 有能力
没意愿
或不安

⊕ **R2** 没能力
有意愿
或自信

⊖ **R1** 没能力
没意愿
或不安

自我主导　　　　　　　　　　　　　管理者主导

适用场景：领导风格调整　管理情境　员工成熟度

3.应用模板

❶ 绩效准备度	R4 高	R3 中		R2 中		R1 低
绩效表现		绩效水平可接受，表现稳定			绩效水平不可接受，表现不稳定	
评估指标	• 持续的高水平表现 • 可以自觉独立工作 • 负责任且乐在其中 • 保持沟通和信息同步 ……	• 第一次独立工作 • 掌握相关知识和技能 • 绩效出现下滑 ……	• 缺乏信心和经验 • 需要反馈和鼓励 • 工作感到不愉快 ……	• 渴望、兴奋、专注、热情 • 积极响应，乐于接受建议 • 表现出一定的能力 • 对新工作没经验 ……	• 工作表现不够水准 • 因工作而恐慌 • 不清楚方向 • 拖延或完不成工作 ……	• 对工作有疑问 • 逃避或推卸责任 • 有防卫心理或者 感觉不舒服 ……
员工状态	有能力、有意愿并自信	有能力、没意愿	有能力、不安的	没能力、有意愿/自信	没能力、没意愿	没能力、不安的
团队成员	李阳、周延锋	叶勇	林姗姗、李新哲	傅芳芳、李雪莹	陈志文	张龙斌
行为观察	• 主动承担并提出建议 • 知识丰富，并乐于分享 • 准时或提前完成工作 • 让领导随时知道工作进度 ……	• 透露着犹豫或抵触 • 感觉身负的责任过重 • 认为工作量太大 • 希望可以寻求增援 ……	• 怀疑自己的能力 • 有时候比较不自信 • 更专注于未发生的问题 • 希望领导全程参与工作 ……	• 寻求和愿意接受工作 • 语速快、问题回答肤浅 • 快速行动，只想完成任务 • 对工作的细节缺乏考虑 ……	• 防备心强、好辩论 • 抱怨或拖延工作 • 工作完成度仅在及格线上 • 有比较强的挫败感 ……	• 身体语言透露不舒服 • 迷茫，不清楚方向 • 对结果充满了恐惧 • 很害怕失败或风险 ……
❷ 领导风格	S4 授权型	S3 参与型		S2 教练型		S1 指导型
无效策略	遗弃、推卸、退缩、避免	安抚、施舍、安慰、屈尊		操纵、说教、辩解、强势		批评、苛求、贬低、专横
有效策略	授权、观察、监督、跟踪	鼓励、参与、问题解决、协助		推销、解释、澄清、劝说		告知、引导、明示、指导
管理举措	• 倾听新信息和动态观察 • 鼓励自主权，给予自由 • 提供必要的支持和资源 • 主动与下属加强沟通	• 共同承担决策的责任 • 分享思想，交流信息 • 用工作意义增强动机 • 专注于工作结果	• 邀请下属参与决策 • 共同决定下一步行动 • 给予鼓励和支持 • 讨论忧虑的原因	• 讨论细节，鼓励提问 • 解释"为什么"类问题 • 强调"如何"去做 • 核对下属对工作的理解	• 直接陈述具体说明 • 考虑不执行的后果 • 肯定小小的进步 • 维持情绪的平衡	• 提供适量的工作信息 • 减少对出错的担心 • 一步步地进行帮助 • 千万不要压制下属

4. 使用方法

情境理论的本质在于领导者的行为要与下属的能力和意愿相适应。要成为卓越的领导者，就必须了解下属的需要并随其变化来调整自身的领导行为。在某种意义上，团队的执行力是管理者的领导力体现。

步骤①——评估下属的绩效准备度： 首先要判断出下属完成任务的能力和意愿。可以从两个方面综合评判。第一，基于明确的岗位责任和工作，结合绩效结果或行为指标，考核员工的绩效表现，评估出能力的高低。例如，某下属绩效水平可接受，表现稳定，该下属应该处在 R4 或 R3。第二，基于对员工日常工作行为表现的考察，进一步了解员工当前的状态和意愿，例如该下属工作有意愿和自信心，两者结合可以定位该下属应该处在"有能力、有意愿并自信"的 R4 级别，作为调整领导风格的依据。

步骤②——调整自身的领导风格： 对于低绩效准备度的下属（R1），给予指导型领导（S1）；对于中等绩效准备度的下属（R2、R3），分别提供教练型（S2）和参与型领导（S3）；而对于高成熟度的下属（R4），放心地给予授权型领导（S4）。四种领导风格需要避免错误的领导行为，选择有效的领导策略，制定具体的管理举措。例如 S1 指导型领导风格，无效策略是"批评、苛求、贬低、专横"，正确的策略应该是"告知、引导、明示、指导"，然后基于此策略原则，进一步细化具体举措。

情境领导模型被广泛应用于许多企业的组织发展和领导力培训课程之中，因为它直观易懂，同时经受住了实践的考验，被视为高效领导者的可信模型。它强调了领导行为模式的可变性，领导者可以弥补下属能力和意愿上的不足，提高团队的执行力和业绩产出。当然，世界上没有完美的理论，情境领导理论作为二元领导也存在各种缺陷，但不妨碍它帮助新任管理者意识到下属的重要性，以及提升对团队管理的理解。

4.2 人才盘点：排兵——用人之长先识人

1.产生背景

亚马逊创始人杰夫·贝佐斯曾说：成功的关键不在于"怎么做""做什么"，而在于"谁来做"。人才盘点的概念最早由美国通用电气提出和践行，后来逐步成为风靡全球的人力资源项目，特别是在互联网大厂。广义的人才盘点指组织与人才盘点，包含组织诊断，这里聚焦人才管理，旨在提升管理者对人才"选、用、育、留"的能力。

不同公司的具体流程和操作细节不一样，但核心盘点工具都是人才地图。如果说，管理者用才核心是排兵布阵，那作战前需要先知道自己手上有什么兵。人才地图的本质是一个 $N \times N$ 分析矩阵，是一种人才管理的思维框架，能够标注人才所处位置，直观呈现人才分布状况，并且能够确定人才使用和发展策略。市面上使用的盘点矩阵多达 15 种，小到四宫格，大到二十八宫格，本书附件严选了不同公司的人才盘点案例，可供读者参考。

2.模型介绍

应用最广泛的当属人才九宫格，其纵坐标是绩效，以考核短期绩效为主，横坐标是潜力，考察中长期发展潜能，以此交叉形成九个格子，分别代表不同特点的九类人才。

①未胜任者（低绩效，低潜力）：未达到当前岗位的绩效标准，工作能力和发展潜力的问题都比较突出。

②绩效不佳（低绩效，中潜力）：之前履历证明有一定潜力，由于专业能力问题导致绩效差，也可能是尚未适应。

③待发展者（低绩效，高潜力）：可能是到岗时间不够长，尚未适应或者动机不足，上下级对工作预期不一致。

④基本胜任（中绩效，低潜力）：基本胜任岗位，但能力短板突出或潜力有限，可承担的职能有限、后劲不足。

⑤中坚力量（中绩效，中潜力）：已达到当前岗位的绩效标准，并有一定发展潜能，是可依靠的团队骨干。

⑥明日之星（中绩效，高潜力）：绩效表现不算突出，但发展潜能比较高，可能是由于人岗不匹配或动机不足。

⑦稳定贡献（高绩效，低潜力）：当前绩效产出较稳定，但潜力不足限制了长期发展，属于团队中的"老黄牛"。

⑧绩效之星（高绩效，中潜力）：绩效表现十分优异，具备一定的发展潜能，需要进一步培养和发展。

⑨超级明星（高绩效，高潜力）：名列前茅的核心人才，如果不安排新挑战和发展机会，可能会倦怠或离职。

28 人才盘点九宫格模型
九宫格是一种思维方式

稳定贡献 ⑦
key contributor
当前岗位的绩效产出比较稳定
但潜力不足限制了长期发展
属于团队中的"老黄牛"

绩效之星 ⑧
high performer
当前岗位的绩效表现十分优异
同时具备一定的发展潜能
需要进一步培养和发展

超级明星 ⑨
high potential
展现出优异的绩效和高发展潜能
如果不安排新挑战和发展机会
也有可能会倦怠或离职

基本胜任 ④
capable performer
基本达到岗位的胜任要求
但能力短板突出或潜力有限
可承担的职能有限、后劲不足

中坚力量 ⑤
valued performer
已经达到当前岗位的绩效标准
并且具备一定的发展潜能
是可依靠的团队骨干

明日之星 ⑥
rising leader
绩效表现一般，不算突出
但中长期的发展潜能比较高
可能是由于人岗不匹配或动机不足

未胜任者 ①
under performer
未达到当前岗位的绩效标准
能力和潜力的问题都比较突出
须大力进行绩效改进和能力提升

绩效不佳 ②
on the learning curve
之前的履历证明有一定的潜力
由于专业能力问题导致绩效差
也可能是新人尚未适应

待发展者 ③
derailing leader
可能是到岗的时间不够长
尚未适应或者动机不足
上下级对工作预期不一致

高绩效　中绩效　低绩效

低潜力　中潜力　高潜力

适用场景：组织人才盘点　人才管理策略　人才发展建议

3.应用模板

	人才类型	⑦ 稳定贡献		⑧ 绩效之星（⑧+⑥<10%）		⑨ 超级明星 <5%	
高绩效 20%	典型人群	技术专家、有"资源"的人		勤勤恳恳的熟手、有争议的牛人		智商情商高的业务骨干、继任者	
	团队人员	楚悦鸣、梁佳禾、南宫相宇		李阳、周丹、傅芳芳		林姗姗、李新哲	
	用人策略	踏实工作：导师角色、合理激励、重点保留		培训发展：给予历练、重点激励、个性化保留		重点培养：考虑提拔、激励倾斜、个性化保留	
中绩效 70%	人才类型	④ 基本胜任		⑤ 中坚力量		⑥ 明日之星（⑥+⑧<10%）	
	典型人群	划水摸鱼混日子、安于现状的员工		人数最多，团队的大部分骨干人群		有潜力的业务骨干、有业绩的年轻人	
	团队人员	苏文姬、吴青曲、秦武风、刘汉星		周延锋、叶勇、王鹏飞、陈志文		陈正浩、李雪莹	
	用人策略	聚焦绩效管理：设置挑战目标、提升胜任力		保持当前状态：设置挑战目标、重点保留		培养发展：设置挑战目标、个性化保留	
低绩效 10%	人才类型	① 未胜任者		② 绩效不佳		③ 待发展者	
	典型人群	问题员工		新人、想法多但执行力差的员工		新提拔员工、有个性的新人、躺平的老人	
	团队人员	张龙斌、傅鸿雪		蔡嘉明、朱元畅、唐飞		郑雁楚、柳如是	
	用人策略	"死马"当"活马"医：调岗、降级、准备接班人		改进+考察：分析原因、改进绩效、调岗		激活：沟通辅导、设置考察期、考虑调岗	

低潜力10%　　　　　　　中潜力70%　　　　　　　高潜力20%

4. 使用方法

　　了解各类人才及其特点后，更重要的是识别和编排队伍。管理者要回答两个基本问题：依据什么标准，评估团队人员的绩效和潜力？针对不同类型的人才，后续采取的用人策略和发展计划是什么？

　　步骤①：盘过去｜绩效和潜力的评价标准：绩效反映了人才的过去，过去的绩效表现是知识、经验、技能和能力等方面综合作用的结果，可以用来预测未来产生高绩效的可能性。一般聚焦过去一年的绩效数据进行盘点。潜力反映了人才的未来，预测了未来人才能够被提拔一个或多个层级的可能性，是由动机、成长性、价值观等冰山之下的素质决定的。

　　步骤②：盘未来｜后续的用人策略和发展计划：人才地图的结果不只是一堆带有数据的表格，要转化为清晰的用人策略和可操作的行动计划。不同公司采用的具体形式可能有所不同，但常用的人才管理和发展举措有以下五种类型。

类型	评价维度	评价释义	评价内容
绩效	工作结果	通常中高层管理者的绩效评价以工作结果为主	考核期内的工作成果和产出是否达到预期的计划和目标
	工作行为	基层员工要综合评价其工作态度及工作结果	考核期内的行为和态度是否符合文化价值观的要求
潜力	高潜因素	个体的潜力水平越高，越有机会胜任更高阶的岗位	自我学习力、多角度思考、人际敏感度和情感成熟度
	高潜驱动力	个体内在是否具备迎接挑战的意愿，以及意愿的强度	独立自主、积极性、成就、多样性、权力导向和灵活性

序号	类型	对应宫格	用人策略
1	问题员工	①未胜任者	跟当前的岗位要求差距太大，建议进行调岗、降职或准备接班人
2	需要关注	②绩效不佳、④基本胜任	跟当前的岗位要求有一定差距，建议采取绩效改进措施
3	在岗发展	③待发展者、⑤中坚力量、⑦稳定贡献	维持原岗位的发展，建议合理激励和保留，进一步发挥人才潜力
4	可提拔	⑧绩效之星、⑥明日之星（⑧+⑥<10%）	具备提拔的潜力，建议重点激励和个性化保留，给予更高的挑战
5	高潜力	⑨超级明星（<5%）	考虑提拔，建议激励倾斜和个性化保留，按继任者的标准进行培养

4.3 有效授权：布阵——放好风筝抓好线

1.产生背景

管理者的贡献来自判断力与影响力，而非个人投入的时间长短与埋头苦干的程度，需要通过团队拿结果，所以决策是管理者的重要职能之一。管理者允许其他人对领导者决策产生影响的各种决策程序叫授权，其他代指授权的词包括参与式领导、咨询、共同决策、权力分享、权力下放和民主管理。

2.模型介绍

关于授权的因果推论，美国著名领导学研究专家加里·尤克尔在其经典著作《组织领导学》里的授权因果模型，为我们直观展现了其中的底层逻辑。

决策程序： 管理学者从不受他人影响到受他人影响很大的维度，将决策程序分成四类：专断决策、咨询、共同决策、委派。在管理实践中，管理者的实际行为很少如此纯粹分明，大家通常将委派视为授权，即管理者将任务和责任委派给下属，同时授予对等的权力。它允许下属做出决策，有相当的自主权和行动权。但授权不等于分权或弃权，管理者不仅要放好风筝还要抓好线，仍有指挥和监督之权，下属则负有报告及完成任务的责任。

解释过程和情境变量： 决策程序对理解问题、综合解决问题和确认解决方案至关重要，同时学者对程序正义的研究发现，不管下属对最终决策的影响程度如何（选择权），如果制定决策之前有表达看法的机会（话语权），就会产生有益影响。同时，参与式决策程序不是在所有情境中都有效果，还要考虑评价决策的重要性、是否有具备相关知识或专长的人员、参与者合作的可能性、成员品质和价值等情境变量。

潜在好处： 这种决策有四种潜在好处，包括更高的决策质量、更好的决策接受度和执行、对决策过程的满意度、培养参与者的技能。更关键的是，合理授权让管理者在其位、谋其政，可以抓大放小。"大事"是指基本性的决策、正确的战略，即赫伯特·西蒙的非程序化的决策；"小事"则是指例行事务、令人眼花缭乱的战术、琐事和细节，这是领导者要授权给下属完成的事情。管理者的绩效表现是许多人群策群力的结果，管理者的才能在于知人善任，并赋予权力，实现统合综效。授权是管理者提高工作效率和团队效能的重要途径，也是使个人和团队快速成长的秘诀。

29 | 授权的因果模型
授权是一种决策

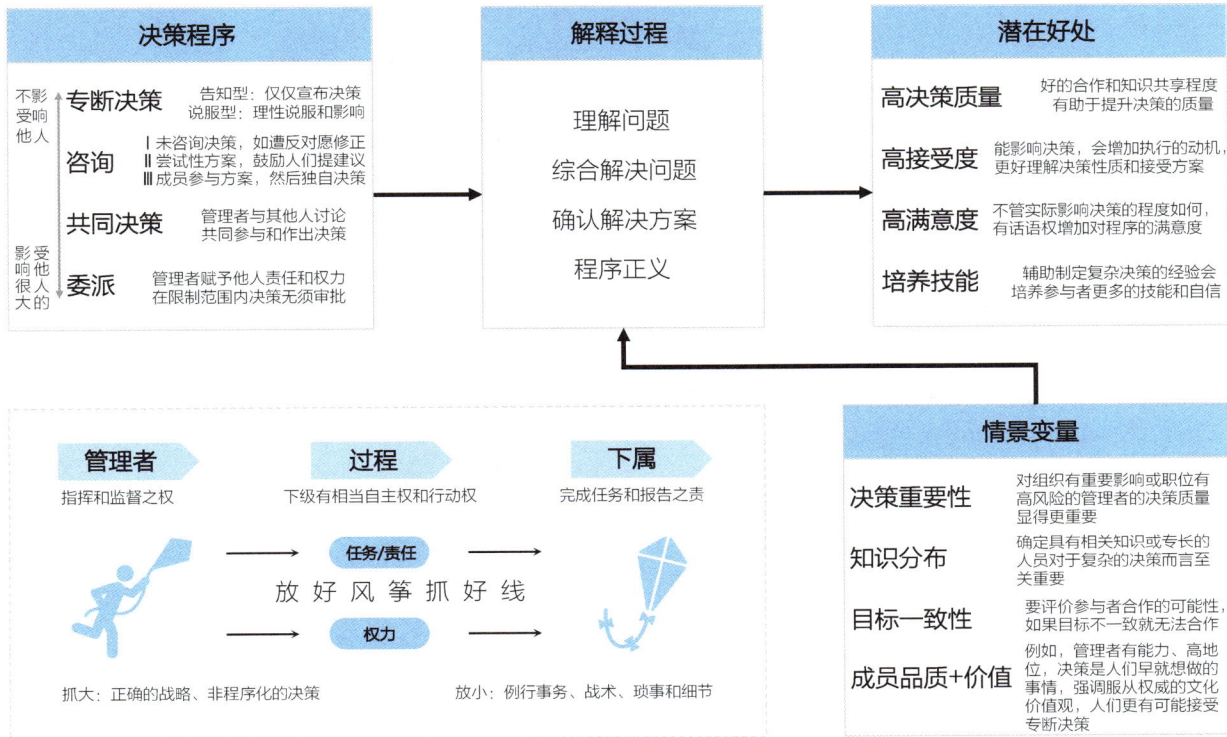

决策程序

不影响他人

专断决策　告知型：仅仅宣布决策
　　　　　　说服型：理性说服和影响

咨询　Ⅰ未咨询决策，如遭反对愿修正
　　　　Ⅱ尝试性方案，鼓励人们提建议
　　　　Ⅲ成员参与方案，然后独自决策

共同决策　管理者与其他人讨论
　　　　　　共同参与和作出决策

影响他人很大的

委派　管理者赋予他人责任和权力
　　　　在限制范围内决策无须审批

解释过程

理解问题

综合解决问题

确认解决方案

程序正义

潜在好处

高决策质量　好的合作和知识共享程度
　　　　　　有助于提升决策的质量

高接受度　能影响决策，会增加执行的动机，
　　　　　　更好理解决策性质和接受方案

高满意度　不管实际影响决策的程度如何，
　　　　　　有话语权增加对程序的满意度

培养技能　辅助制定复杂决策的经验会
　　　　　　培养参与者更多的技能和自信

情景变量

决策重要性　对组织有重要影响或职位有
　　　　　　　高风险的管理者的决策质量
　　　　　　　显得更重要

知识分布　确定具有相关知识或专长的
　　　　　　人员对于复杂的决策而言至
　　　　　　关重要

目标一致性　要评价参与者合作的可能性，
　　　　　　　如果目标不一致就无法合作

成员品质+价值　例如，管理者有能力、高地
　　　　　　　　　位，决策是人们早就想做的
　　　　　　　　　事情，强调服从权威的文化
　　　　　　　　　价值观，人们更有可能接受
　　　　　　　　　专断决策

管理者
指挥和监督之权

过程
下级有相当自主权和行动权

下属
完成任务和报告之责

任务/责任

放 好 风 筝 抓 好 线

权力

抓大：正确的战略、非程序化的决策　　　　放小：例行事务、战术、琐事和细节

适用场景：授权有效性　　参与式决策　　任务委派

119

4.3 有效授权：布阵——放好风筝抓好线

1.产生背景

忙碌不堪的管理者终于试着把琐事交给"助理"去完成，但如果是涉及重要的、感兴趣的或能彰显权力地位的重要任务，就又紧紧不放。纵使不甘心地将权力交给下属，也要死死盯住，不能让下属脱离自己的"视线范围"。这类授权假象恰恰是许多管理者的真实写照。虽说授权的好处显而易见，但真正实现授权绝非易事。工作要么自己做（自主），要么别人做（控制），面对授权，管理者无非有两个心理障碍：一个是不放心，觉得自己做最有安全感；另一个是不信任，对其他人缺乏信任感。要解决不安全感的障碍，就要采用因事授权的方法，将工作任务分类授权，进行有效的控制。

2.模型介绍

必须授权：常规性的运营事务和授权风险低又能释放管理精力的工作，授权给下属去做，几乎没有什么财务、商誉等风险。另外，需要用专业技术解决问题的工作，管理者万不可越俎代庖，专业的事要交给专业的人去做。

应该授权：此类工作看似有风险，但也属于常规范畴，下属经过培训完全能够胜任，此时应该立即授权下属去做。例如，刚到岗的新人经验或技能比较欠缺，管理者不放心，但实际上经过训练很快就可以上手；某些工作是管理者之前擅长或喜欢抓在手里不放的，应该辅导下属和传授经验，让下属更好地胜任。

可以授权：这类工作往往具有一定难度和挑战性，要求具备相当的经验和能力，甚至是探索性工作，管理者自己也没经历过。但相比不应授权的工作，其风险仍然在可承受范围内。所以这恰恰是培养下属和提升团队能力的好机会，管理者做好辅导和监督，可以大胆授权，这有利于激发下属的工作动机，发挥团队的创造性。

不应授权：关系到团队前途、命运、声誉，一旦失误将付出沉重代价的工作，或者除管理者本人外无法完成的工作，就不应授权。例如，组织战略、架构设计、规则制度等组织类工作，人员任免、绩效考核、下属培养等人事类工作，关乎财务预算、业务经营、政策制定等重大决策的工作，必须由管理者亲手为之。

30 | 因事授权四宫格模型
学会抓大放小

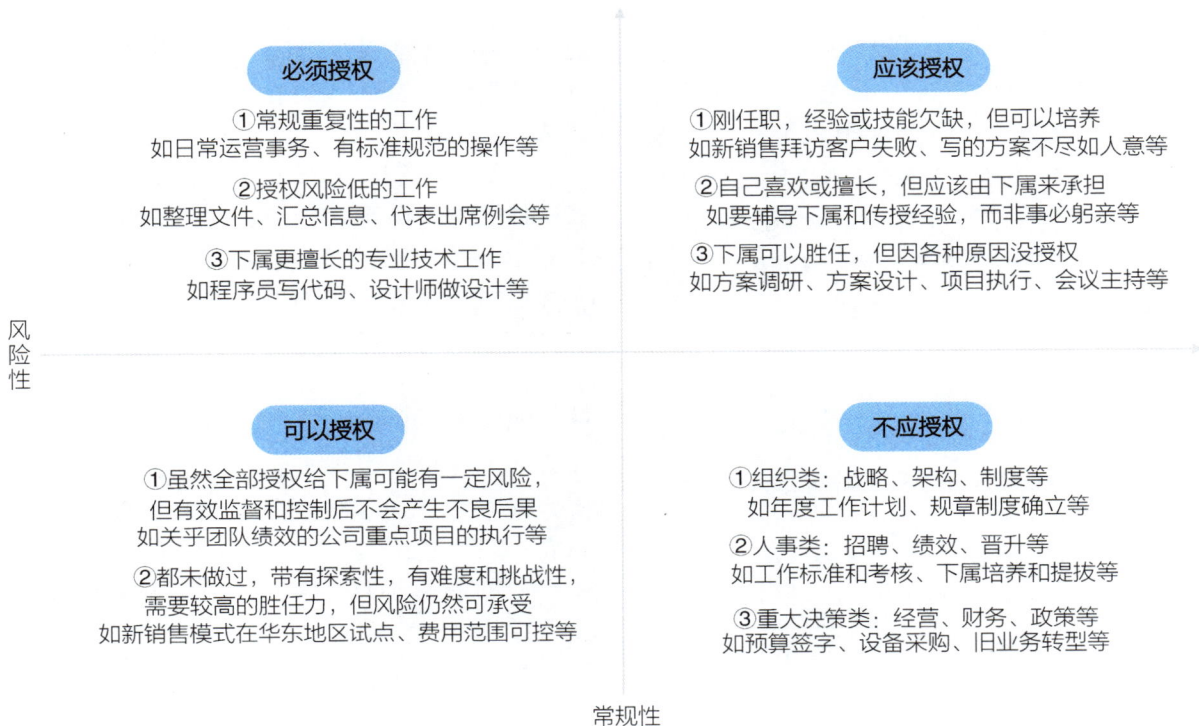

必须授权

①常规重复性的工作
如日常运营事务、有标准规范的操作等

②授权风险低的工作
如整理文件、汇总信息、代表出席例会等

③下属更擅长的专业技术工作
如程序员写代码、设计师做设计等

应该授权

①刚任职，经验或技能欠缺，但可以培养
如新销售拜访客户失败、写的方案不尽如人意等

②自己喜欢或擅长，但应该由下属来承担
如要辅导下属和传授经验，而非事必躬亲等

③下属可以胜任，但因各种原因没授权
如方案调研、方案设计、项目执行、会议主持等

风险性

常规性

可以授权

①虽然全部授权给下属可能有一定风险，
但有效监督和控制后不会产生不良后果
如关乎团队绩效的公司重点项目的执行等

②都未做过，带有探索性，有难度和挑战性，
需要较高的胜任力，但风险仍然可承受
如新销售模式在华东地区试点、费用范围可控等

不应授权

①组织类：战略、架构、制度等
如年度工作计划、规章制度确立等

②人事类：招聘、绩效、晋升等
如工作标准和考核、下属培养和提拔等

③重大决策类：经营、财务、政策等
如预算签字、设备采购、旧业务转型等

适用场景：授权任务选择　授权程度评估　授权有效性

4.3 有效授权：布阵——放好风筝抓好线

1.产生背景

　　不信任是授权失败的罪魁祸首，充分信任下属是每个管理者都应具备的授权理念。充分的信任要基于对下属的充分了解，并能针对不同下属的能力和情况，采用不同的授权方法。结合前面的领导情境理论，按照授权受制约的程度，常见的有充分授权、不充分授权、弹性授权和制约授权四种授权方法，从而匹配不同成熟度的员工。

2.模型介绍

　　充分授权：委派任务时赋予大部分的权力，管理者是协调角色，只需握住缰绳，别让其偏离轨道就行。下属自由充分地发挥主观能动性和创造性，自己拟定行动方案。充分授权不仅能最大限度地节省管理者的精力，而且能让下属获得较大的满足感和充分的价值体现。这种授权方法比较适合团队重点培养的核心人才；此类员工有较好的工作能力和较大的发展潜能。

　　不充分授权：最普遍使用的授权方法，委派任务时只赋予一定的权力，具体形式可因人、因事而异。例如，下属制定行动方案，管理者来决策；或下属行动前，要报告管理者；或采取行动后，将后果报告给管理者。这种方法适合具有相当经验和技能的员工，管理者此时是顾问角色，超越了具体指导阶段，可以委派重要的工作，并提供管理支持。

　　弹性授权：将充分授权和不充分授权混合使用，根据工作的内容将下属履行职责的过程划分为若干阶段，在不同的阶段采取不同的授权。这种方法适合有一定工作经验，但技能欠缺的员工。管理者这时扮演教练角色，要根据工作内容和条件的变化动态授权，可以授予一定的挑战性任务，把下属扶上马，言传身教，让其尽快成长起来。

　　制约授权：将任务和权力委派给几个下属，以形成下属之间相互制约地履行其职责的关系。适合缺乏工作经验或新加入的员工，可以分担风险，也适合那些性质重要、容易出现疏漏的工作。管理者这时是指导角色，要对下属的行为实时检查、详加指教，督促其尽快熟悉工作过程，确保工作成果。

　　管理者只有将因事授权和视能授权相结合，在实践中找到授权平衡点，才能实现人事相宜、效率与效果最优化。

31 | 视能授权四分图模型
授权第一定理：信任

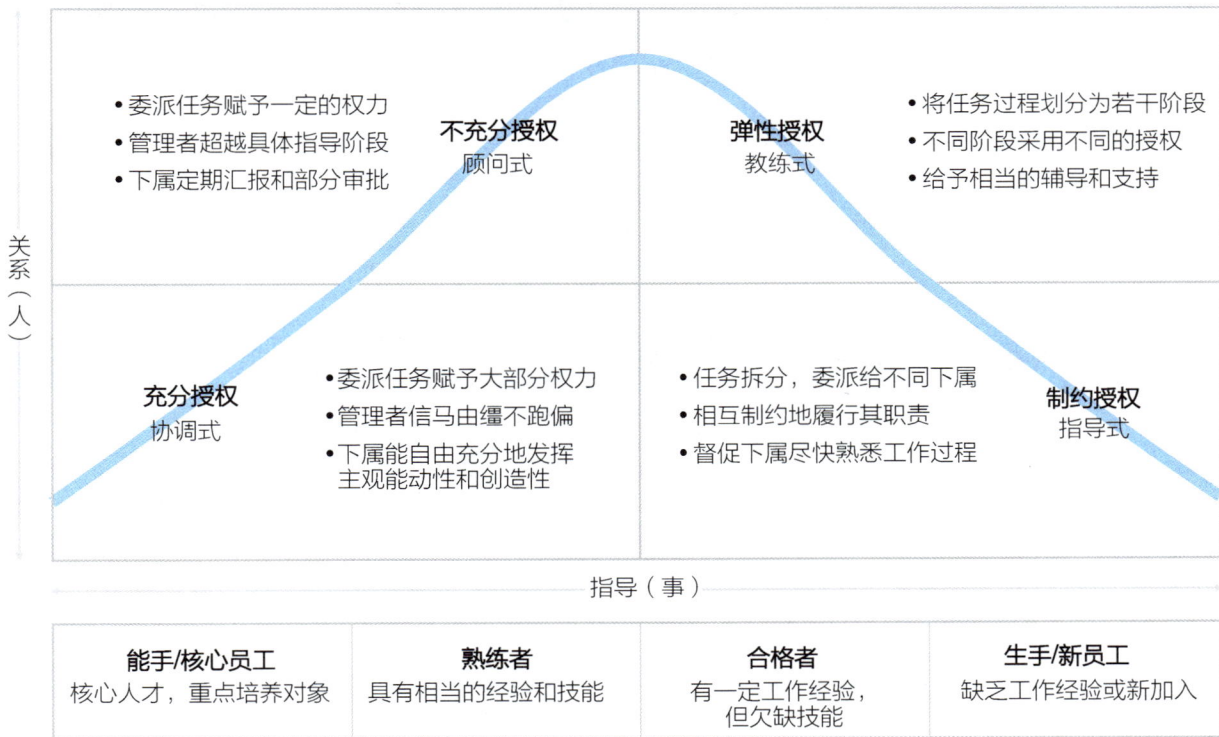

关系（人）

- 委派任务赋予一定的权力
- 管理者超越具体指导阶段
- 下属定期汇报和部分审批

不充分授权
顾问式

弹性授权
教练式

- 将任务过程划分为若干阶段
- 不同阶段采用不同的授权
- 给予相当的辅导和支持

充分授权
协调式

- 委派任务赋予大部分权力
- 管理者信马由缰不跑偏
- 下属能自由充分地发挥主观能动性和创造性

- 任务拆分，委派给不同下属
- 相互制约地履行其职责
- 督促下属尽快熟悉工作过程

制约授权
指导式

指导（事）

能手/核心员工	熟练者	合格者	生手/新员工
核心人才，重点培养对象	具有相当的经验和技能	有一定工作经验，但欠缺技能	缺乏工作经验或新加入

适用场景：任务委派人选 授权对象评估 授权有效性

3.应用模板

必须授权	被授权人	授权方法	应该授权	被授权人	授权方法
①常规重复性的工作	李雪莹	充分授权	①刚任职，经验或技能欠缺	叶勇	制约授权
②授权风险低的工作	陈正浩	弹性授权	②自己喜欢或擅长	周延锋	弹性授权
③专业技术工作	林姗姗	充分授权	③下属可以胜任	张龙斌	不充分授权
……	……	……	……	……	……

可以授权	被授权人	授权方法	不应授权		
①全部授权有一定风险	李新哲	不充分授权	①组织战略、架构设计、规则制度等组织类工作		
②有难度和挑战性	李阳	充分授权	②人员任免、绩效考核、下属培养等人事类工作		
③都未做过，带有探索性	傅芳芳	弹性授权	③关乎财务预算、业务经营、政策制定等重大决策的工作		
……	……	……	……	……	……

常规性

多样性

低风险　　　　　　　　　　　　　　　　高风险

4. 使用方法

彼得·德鲁克曾指出，一位卓有成效的管理者，必须善于集中精力，首先要有足够的勇气，要敢于决定真正该做和真正先做的工作。这是管理者唯一的希望，只有这样，管理者才能成为时间和任务的"主宰"，而不会成为它们的奴隶。管理者想要卓有成效，那授权就是迟早要面对的一个课题。授权，最简约的表达是"把可由别人做的事情交付给别人"。授权艺术的全部内涵和奥妙在于这些核心问题：要做什么？让谁做，并怎么做到最好？

步骤①——因事授权 | 要做什么： 有些管理者自诩记忆力很好，但心理学实验证明，人的时间感觉是最不可靠的。如果完全靠记忆，我们恐怕说不清楚自己的时间是怎样打发的。想要明确需要授权的内容，管理者必须花一些时间记录自己的时间都消耗在哪些工作上。然后有必要坐下来，系统梳理一份自己的工作清单，厘清哪些工作必须授权、哪些工作应该授权、哪些工作可以授权，而那些无法授权的工作，要投入更多时间去思考如何精进。

步骤②——视能授权 | 让谁做，并怎么做到最好： 接下来就要将一项项工作任务委派给合适的下属去完成，前面的人才盘点可以帮助我们了解每个下属的综合能力和发展潜能。为了让事情做到最好，还需要量其能，授其权，动态匹配四种授权方法，让人事相宜。授权过程实际上是提升管理者及下属能力的最好机会，区别不同员工的特点，将有限的精力用在辅导那些需要指导的人身上，而让那些能独立完成工作的人自由发挥，始终保持团队效能的最大化。

值得注意的是，授权本身就是一种参与式领导行为，即便管理者自己清楚授权方法，在任务委派时也要向下属征询建议和想法，保持双向沟通，给予充分的信任，形成参与式授权方案。授权方案需要确保下属了解工作性质与期望目标（why）、做好的标准与关键成果（what）、完成的期限与验收形式（when），以及职权限度和行动计划（how）。

4.4 赢在执行：作战——有结果的行动

1.产生背景

提出价值链理论的哈佛大学教授迈克尔·波特说过，"在企业运作中，其战略设计只有10%的价值，其余的全部都是执行的价值"，由此可见执行在企业中的价值。2002年，拉姆·查兰等人所著的《执行：如何完成任务的学问》一举夺下该年度亚马逊商业图书销量第一的宝座，执行力成为被企业津津乐道的热门话题。拉姆·查兰指出，执行是目标与结果的桥梁，是战略实施中不可或缺的一环，是各级管理者的主要工作，是企业文化的灵魂。

2.模型介绍

日常工作中容易将执行与其他概念混淆：执行不等于态度，态度是行动的前提和保障，但没有结果的态度依旧没用，态度只是必要不充分条件；执行不等于任务，任务是对程序和过程负责，结果是对价值和目标负责，完成任务不代表有结果；执行不等于职责，例如植树是结果，分解流程后各自职责只是挖坑、放树等，有结果意识的职责才是执行。团队执行力就是将战略与决策转化为实施结果的能力，它是一项系统工程，表现出来的就是整个团队的战斗力、竞争力和凝聚力。个人执行力是把团队的目标和决策变成行动，把行动变成结果，按时完成任务的能力。

那什么导致执行力不行呢？富兰克林柯维公司在源于全球的1500多个高效执行的实践中，发现了两个关键原因。

①仅仅发号施令并不管用：不论是战略，还是一个目标，抑或是改进的方向，管理策略都可以归结为两大类：第一类是发号施令（重大投资、增加雇员、改革工艺等），第二类则需要改变他人的行为习惯（改善用户体验、提高服务质量等）。发号施令只需要有足够的资金和权威，但能做的事情并不多。而更多执行策略需要改变很多人甚至整个团队成员根深蒂固的行为习惯，这件事显然不好办！

②真正的敌人——日常事务：目标不清晰、责任不明确、缺乏激情和合作等显而易见的问题都有应对措施，有关执行力的最根本问题其实近在眼前。日常事务通常占比很高又很紧急，而战略目标需要做一些全新的事情，两者不停地争夺时间、精力、关注度和其他资源，就会阻碍工作进展，员工只会延续自己原来从事日常工作的老路。

32 | 执行力的概念模型
目标与结果之间的桥梁

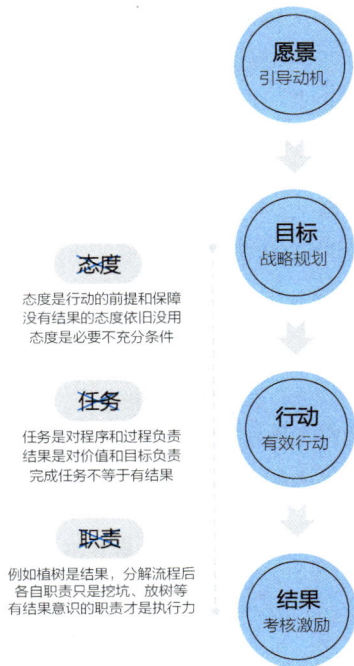

愿景
引导动机

目标
战略规划

行动
有效行动

结果
考核激励

态度
态度是行动的前提和保障
没有结果的态度依旧没用
态度是必要不充分条件

任务
任务是对程序和过程负责
结果是对价值和目标负责
完成任务不等于有结果

职责
例如植树是结果，分解流程后
各自职责只是挖坑、放树等
有结果意识的职责才是执行力

执行
目标与结果
之间的桥梁

执行力
获取结果
的行动力

是什么导致执行力不行？

① 仅仅发号施令并不管用

发号施令只需要有足够的资金和权威，但能做的事情并不多。
随之而来的最大挑战，就是需要改变人们根深蒂固的行为习惯。

▲ 发号施令	👥 改变行为习惯
重大投资	改善用户体验
增加雇员	提高服务质量
改革工艺	加快反应速度
战略收购	持续运作
广告投放	咨询式的销售方法
改变产品结构	减少预算超支

② 真正的敌人——日常事务

重要的目标需要做一些全新的事情，这些新事务往往会和原有的日常
事务发生冲突，由此产生的紧急事务可能会消耗大量的时间和精力

🌀 日常事务	◎ 战略目标
紧急	重要
逼迫你完成	你要去实现

适用场景：团队执行管理　执行力理解　执行力打造

4.4　赢在执行：作战——有结果的行动

1.产生背景

　　富兰克林柯维公司基于这些实践案例，进一步总结了高效执行四原则。这些原则之所以会起作用，就是因为它们是基于原理而非经验的。经验往往有很大的局限性，需要根据不同情境不断演化，但基本的原理是不会变的，其正确性也是不言而喻的。该公司的史蒂芬·柯维博士写过畅销多年的《高效能人士的七个习惯》，阐述了控制人们行为和效率的核心因素，以此产生高效能；而影响执行力的最核心因素就是专注、引领、激情和责任。

2.模型介绍

　　专注原则｜聚焦最重要目标：是指在必须要做的日常事务之外，缩减试图达成的额外目标的数量。理论基础在于：人体的生理构造决定了人天生只能一次做好一件事情。专注原则要求将战略规划由模糊的概念转化为一系列具体的目标。践行专注原则意味着要把最好的精力集中到一两个最重要的目标上，才更容易在纷杂的日常事务中控制完成目标的进度。

　　引领原则｜关注引领性指标：滞后性指标是为了达成最重要目标而进行的跟踪性指标；引领性指标是可以衡量团队必须做的、对于达成预定目标有着最重要作用的行为的指标。引领原则是一条有着杠杆作用的原则，定义了自己可控并能帮助团队达成重要目标的关键行为。激情原则和责任原则是用来帮助团队将精力投入于拉动引领性指标的。

　　激情原则｜坚持激励性积分表：这是一条激励士气的原则，引领性指标和滞后性指标全部转换为看得见、摸得着的量化的成绩，并确保每个人都能随时获知自己的成绩。人们的表现将会发生变化。一个简单而公开的、具有竞争性的量化记分表，不仅可以调动人们的激情，还可以展示成功完成目标的衡量标准。

　　责任原则｜建立规律问责制：建立对过去表现和未来行为计划的有规律的周期性问责机制。这基于责任理论：除非令每一个人都坚持负起责任，否则企业的目标总会在日常琐事中日渐瓦解。责任原则是执行力真正发生的环节，能锁定目标并将团队成员凝聚到一起开展行动，所以责任原则环绕着其他三项原则。

　　理解高效执行原则并非难事，真正的挑战在于，管理者要在日常琐事缠身的情况，寻找合适的方法来践行四原则。

33 | 高效执行四原则模型
在日常琐事中执行战略目标

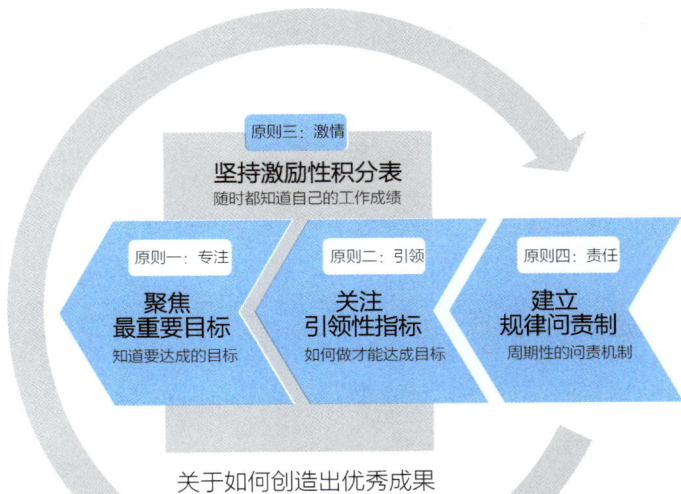

原则三：激情
坚持激励性积分表
随时都知道自己的工作成绩

原则一：专注	原则二：引领	原则四：责任
聚焦 最重要目标 知道要达成的目标	**关注 引领性指标** 如何做才能达成目标	**建立 规律问责制** 周期性的问责机制

关于如何创造出优秀成果

- **原则一和原则二**：优秀团队坚持让自己持续不断地肩负起实现引领性指标的责任，从而驱动最重要目标的达成。
- **原则三**：量化记分表位于圆环的中心位置，因为它为所有人展示了成功完成目标的衡量标准。
- **原则四**：规律问责制环绕着其他三个原则，因为它将所有原则结合到一起。环形的箭头代表了经常性、规律性的问责机制，这是在引领性指标的量化记分表上取得好成绩的必由之路。

传统思维	高效执行四原则
所有的目标都很重要，我们能够成功地同时处理并完成五个、十个乃至更多个目标，只要我们更加努力、更长时间地工作	许多目标是重要的，但其中只有一两个是我们必须达成的最重要目标。在任意时刻，最好的精力都应集中在上面。
紧盯滞后性指标，如季度财报、销售数量、损失等，在等待这些结果的时候无所事事	聚焦于引领性指标，是推动滞后性指标提升的关键，是衡量团队必须做的、对于达成预定目标有最重要作用的行为的指标。
记分表是给领导用的，教练型的记分表，是包括了上千个数据的复杂表格，里面有很多内容，但很少有人能够轻松看懂	记分表是供整个团队使用的。为了提高执行力，需要一个简单明了的图表，告诉大家应该做成什么样、现在做得如何。大家一眼就看出自己是超前还是落后了
问责是自上而下的。我们周期性地与领导开会，他告诉我们前阵子表现得如何，下一步重点要做什么	问责是全体参与的。我们做出计划，然后向领导负责，最重要的是，每个人都要负责到底，从而加快最重要目标的实现进程

适用场景：团队执行管理　执行力打造　高效执行原则

3.应用模板1

① 备选目标	当前状态（从 X）	预期状态（提升到 Y）	截止时间	② 影响力排序
提高销售额	300 万元	500 万元	下个季度	1（财务目标）
提升客户的满意度	68%	85%	2025年6月30日	2（质量目标）
……	……	……	……	……

③ 最终选定的最重要目标

1.在接下来两个季度内，将A类产品的客户保留度从63%提高到80%

2.到本财年结束时，将年度存货周转率从8提升到10

检核清单：你制定的最重要目标和滞后性指标，是否满足这些标准

☐ 你是否收集了足够多的自下而上和自上而下的情况？

☐ 团队最重要目标是否清晰，是否对整个组织的最重要目标有可预见的影响力，而不仅仅是作用于本团队？

☐ 团队最重要目标，是不是最能驱动组织整体目标的实现？

☐ 团队本身是否有足够的力量来完成目标，而不需要过度依赖其他团队？

☐ 这个最重要目标是否需要整个团队的共同努力，而不仅仅是几个领导的事情？

☐ 滞后性指标是否可以写成"到什么时间，把某指标从 X 提升到 Y "的形式？

☐ 最重要目标的表述是否还能更加简洁？它是否包含一个动词，并有明确的滞后性指标？

4. 使用方法1

首先利用最重要目标创建工具，为团队制定一个最重要目标，践行高效执行四原则的第一个原则（专注）。

步骤①——考虑各种可能： 不妨和团队成员、关键协同方来一场关于最重要目标的头脑风暴，集思广益，收集点子，不仅为了得出候选目标，也能尽可能多地搜集合理化建议。候选目标的清单越长、越有创意，最终的选择质量就会越高。还要为每一个候选目标，制定滞后性指标，可以采用"到什么时间，把某指标从 X 提升到 Y"的形式。

步骤②——按影响力排序： 从候选目标清单中，选择最有可能给组织整体目标带来最大影响的选项。通常有三类最重要目标：第一类是财务目标，如预期收益、利润率、投资表现、现金流、节省开支等；第二类是质量目标，如获得的功效、循环时间、生产率提高、客户满意度等；第三类是策略目标，服务于使命、获得竞争优势、把握机会、降低风险等。

步骤③——测试和最终选定最重要目标： 一旦确定了几个最有影响力的候选目标，就可以利用最重要目标的四个特点来对它们进行测试。应考虑：这个目标是否与组织的整体目标相一致？这个目标是否可衡量？谁拥有对目标的控制权，是我们团队还是其他团队？谁控制整个比赛，是领导者还是团队成员？

在经过充分考虑和测试之后，就可以最终选定对组织整体目标影响最大的团队最重要目标。定义一个最重要目标通常可以遵循以下五个原则：

· 以一个动词开头，例如提高效益、提高客户满意度；

· 以"到什么时间，把某指标从 X 提升到 Y"的形式定义滞后性指标，例如下一个季度，存货周转率从 5 提升到 8；

· 目标陈述要简洁明了，例如"今年 12 月前客户满意度从 40% 提升到 90%"，而不是"我们进一步深化和丰富客户关系"；

·聚焦于"做什么"，而非"怎么做"，没必要画蛇添足地在目标上附加了一大堆描述"怎么做"的话；

·确保最重要目标是可以达成的，简单点说，就是目标要"跳一跳，够得着"。

3.应用模板2

① 最重要的目标	备选的引领性指标	如何衡量	② 影响力排序
下季度餐厅每单平均成交额提高10%	鸡尾酒的购买量	流程新增建议每桌客人品尝特制鸡尾酒,确保每周90%以上桌数的客人愿意品尝	
本季度将货车运输开支削减12%	运输卡车的满载	保证每月90%以上的卡车满载	
……	……	……	……

③ 最终选定的引领性指标
1.将每周平均脱销货品种类限制在20种以下
2.每天完成两次额外的货架检查,并及时补货

检核清单:确保团队的引领性指标可以有效推动最重要目标的达成

☐ 你们是否从团队内外收集了足够多的候选指标?

☐ 选定的引领性指标是否对最重要目标具有预见性? 就是说,它们是不是你们团队所能做的、最能影响最重要目标结果的事情?

☐ 选定的引领性指标是否具有可控性? 就是说,你们团队是否具有足够的能力去推动这些指标?

☐ 选定的引领性指标是否完全可衡量? 就是说,你们能否从第一天开始就对团队在这些指标上的表现进行跟踪评测?

☐ 选定的引领性指标是否值得努力? 或者说,收集它们所消耗的资源会不会比得到的收益大? 这些指标会不会导致不可预测的后果?

☐ 是否每个选定的引领性指标都有一个核心动词?

☐ 是否每个选定的引领性指标都是数量指标,还是也包括一些质量指标?

4. 使用方法2

引领性指标是杰出执行力的秘诀，去跟踪那些对达成最重要目标拥有最强大杠杆作用的行为。

步骤①——考虑各种可能：还是展开一场头脑风暴，考虑各种引领性指标，数量越多越好。有助于思考和寻找引领性指标的问题：我们可以做哪些之前从来没有做过的事情，帮助我们达成最重要目标？我们团队的哪些力量，可以对最重要目标产生杠杆作用？我们有哪些局部优势？我们和最高水平还有哪些差距？哪些不足限制了我们最重要目标的达成？我们更应该坚持去做哪些事情？列出候选的引领性指标后，还需要研究衡量的标准，如果无法衡量就无法管理，例如"将每周脱销货品种类控制在 20 种以下"。

步骤②——按影响力排序：从备选清单中，寻找对团队最重要目标潜在影响力最大的引领性指标。引领性指标可以分为两类：第一类是阶段成果指标，即关于团队每周达成什么成果的指标，但有自由选择具体做法的空间，例如，"每周工地评估的安全系数达到 97%"；第二类是具有杠杆作用的重要行为指标，跟踪人员行为习惯的指标，例如"确保 95% 以上的人正确佩戴安全帽"。这两种指标本身并无优劣之分，需要做的是选择适合自己团队的指标类型。

步骤③——测试和最终选定最重要目标：根据六个标准，进一步测试选出的几个最具杠杆作用的备选指标：这个目标是否与组织的整体目标相一致？这个目标是否可衡量？谁拥有对目标的控制权，我们团队还是其他团队？谁控制整个比赛，是领导者还是团队成员？在最后确定引领性指标时，还要回答以下几个问题：

·我们可以跟踪每个人以及团队的表现吗？这个问题将会影响到记分表的设计和更新，以及如何让团队保持责任感。

·指标的数量标准是什么？换句话说，我们希望做多少 / 多久做一次 / 做多久？

·指标的质量标准是什么？换种说法，我们应该做到何种境界？

·指标的核心词汇是不是动词？简洁的动词可以将人的注意力集中在行动上。

·指标表述是否简洁？用尽可能少的语言来表达指标，去掉不必要的套话。

3.应用模板3

① 最重要的目标/滞后性指标	引领性指标	记 分 表	② 进展更新

截至今年年底，酒店来自团队活动的收入从200万元增长到300万元

在90%的团队业务中推广酒吧增值服务

90%

......　　　　......　　　　......　　　　......

典型的记分表

①趋势线　　　　②仪表盘　　　　③柱状图　　　　④现场图

80%

100%
80%
60%
40%
20%
0%

入住/退房快捷度		
9.1 实际	9.2 目标	8.7 平均

房间舒适/清洁度		
6.3 实际	9.5 目标	8.9 平均

检核清单： 逐项检验，确保团队的记分表是具有激励性的，并可以有效驱动团队成员高水平表现

☐ 团队是否深度投入到建立记分表的过程中？

☐ 记分表是否涵盖了团队最重要目标、滞后性指标和引领性指标？

☐ 记分表中是否对最重要目标和各项指标进行了全面的阐述？

☐ 是否每一个记分表都包含了实际工作结果和工作目标两部分内容？（我们现在处于什么状态？我们应该处于什么状态？）

☐ 是否可以从记分表中一眼看出每一项指标的完成度？

☐ 记分表是否被张贴在醒目的位置，使大家能经常看到它？

☐ 记分表是否易于更新？

☐ 记分表是否个性化？每一个团队都有自己独特的记分表形式

4. 使用方法3

已经利用原则一（专注）和原则二（引领）明确了清晰有效的比赛规则，就要利用原则三（激情）调动士气，才能发挥团队的最好水平。

步骤①——设计合适的记分表：激励性记分表需要能引导整个团队前进，全体成员的参与度越高，他们对这个记分表的责任感越强，对整个团队的归属感也就越强。需要选择合适的呈现方式，来持久清晰地跟踪所关心的指标。

· **趋势线**：采用数据标记的折线图的记分表方式，直观展现出"到什么时间，将某指标从 X 提升到 Y"的进度。

· **仪表盘**：采用环形图等仪表盘图表，就像汽车上的速度表，直观展示当下的指标情况，比较适合周期时间、处理速度、上市速度、回复时间等有关时限的指标。

· **柱状图**：比较好理解的图表形式，这种记分表对于比较团队之间的表现差别非常有用。

· **现场图**：用一些不同颜色的符号或指示灯，来表示当前的进度。例如，绿灯表示进展顺利，黄灯表示有落后的风险，红灯表示当前进度已经落后于原定计划。这类记分表对于展示引领性指标的当前状态非常有用。

· **个性化**：可以让团队成员个性化设计属于自己的记分表，让他们更重视所展示的成绩。

不管采用哪一种呈现方式，都需要考虑以下四个问题：记分表是否简单？记分表能否让大家随时看到？记分表里是否同时包含了引领性指标和滞后性指标？记分表能否让我们一眼看出输赢？

步骤②——实施和更新记分表：可以开始实施记分表，具体过程会因团队的规模和性质而有所不同。用电子看板、黑板、海报都可以，记分表媒介不重要，最重要的是符合设计标准。记分表每周至少要保持一次更新，如果长时间不更新，成员的关注度和最重要目标就会淹没在繁重的日常事务中，所以至少明确以下三个要点：谁应负责张贴和更新记分表、何时应该张贴记分表、何时应该更新记分表。

3.应用模板4

① 会议议程	最重要目标	记分表
1.回顾记分表：分享和吸取经验教训 2.上周进度：汇报工作计划完成情况 3.下周计划：明确障碍，制订新计划		

② 团队成员	任务	完成情况	③ 计划

检核清单Check：确保你们团队的最重要目标会议可以有效驱动团队成员高水平表现

☐ 你们的团队是否把最重要目标会议列入到日程表中？

☐ 你们的会议是否保持简洁、明快和热烈（20到30分钟）？

☐ 领导是否在制订和汇报工作计划上做出了榜样？

☐ 你们在会议中是否回顾最近的记分表？

☐ 你们是否分析记分表中每一项指标输赢的原因？

☐ 你们是否对成员取得的成绩进行表彰？

☐ 你们会对团队成员的工作计划进行无条件问责吗？

☐ 是否你们团队的每一个成员都会提前安排下一周的任务？

☐ 有成员面临困难和挑战时，团队成员间是否相互协助完成任务？例如，清除障碍，找到处理问题的合适方法？

☐ 你们是否能在繁杂的日常事务中，依然举行最重要目标会议？

4. 使用方法4

即使建立了一个清晰有效的计划，如果缺少贯穿始终的问责制，团队也很快就会陷入疲于应付各种紧急性事务的恶性循环中。原则四（责任）要求团队至少每周召开一次30分钟的最重要目标会议，与其他例会不同的是，它只有一个目的，那就是使团队的焦点从日常事务中转移到最重要目标上来。它有固定的会议模式，解决并且只解决三件事。

步骤①——回顾记分表：展示记分表现状，重申人员对结果的责任，表扬先进。让成员相互学习如何推动引领性指标的完成，一起讨论哪些工作有效、哪些工作效果不佳，以及如何调整。还要表彰出色地完成工作计划、有效推动各项指标前进的团队和个人，强化最重要目标的工作任务。

步骤②——对之前的计划问责：每个团队成员就自己上次会议承诺的工作计划，汇报关键任务的完成情况。面对未完成计划，管理者可以采用问责三步法：第一步，表示对他的理解，也表示并不忽视日常事务的态度；第二步，重申每个人的责任，表示他需要全力以赴为团队的最重要目标而努力奋斗；第三步，鼓舞士气，并要求他在下周完成两周的工作计划。

步骤③——制订新的计划：首先，要给予团队成员必要的帮助，如果有人遇到了困难，团队可以帮助排除障碍。然后，大家继续瞄准引领性指标制订自己下周的工作计划。高质量的工作计划应该紧扣这些关键要素："一两件事""最能影响目标""我""下一周""记分表指标"。下表展示了低质量与高质量工作计划的对比。

尽管看上去这种规律性的问责相当简单，但它足以在日常事务的纷扰中，使人们保持对最重要目标的聚焦。

低质量的工作计划	高质量的工作计划
我将去参加商务会议	参加商务会议，并在会议上联系至少3家以前没有在我们酒店举办过活动的客户
我将去做一些面试工作	对8个应聘人员进行面试，并录用其中最符合我们团队需求的人员
我将去联系一些老客户	向12个去年在我们酒店里举办过活动的老客户寄送纪念包，并内附一张手写的问候卡

4.4 赢在执行：作战——有结果的行动

1.产生背景

在执行管理时，我们常常用到两个经典工具。面对团队各种事务洪流，管理者可以利用时间管理矩阵进行分流管理。这个工具又称艾森豪威尔决策矩阵，最早由美国第34任总统德怀特·D.艾森豪威尔提出，他有句著名的戏言："重要的事通常不紧急，紧急的事通常不重要。"后经《高效能人士的七个习惯》作者史蒂芬·柯维进一步发展和完善。

2.模型介绍

时间管理理论已有四代。第一代理论着重利用便条与备忘录，在忙碌中调配时间与精力。第二代理论强调行事历与日程表，已注意到规划未来的重要性。第三代是目前正流行、讲求轻重缓急的观念，将有限的时间加以分配，争取获得最高的效率。第四代理论主张关键不在于时间与事务的安排，而在于个人管理，把重心放在维持产出与产能的平衡上。从本质上看，综合重要性和紧急性两个维度，对时间的使用方式不外乎以下四种。

第一象限｜重要紧急：例如突发的危机事件、紧急会议或截止日期临近的重要项目等事务，需要立即处理。这个象限充满危机或问题，最容易让人陷入忙碌和焦虑，如果过分注重，只会被牵着鼻子走，疲于奔命。

第二象限｜重要不紧急：例如制订长期计划、建立人际关系、学习新技能或预防性措施等事务，这类任务虽然不能立即产生明显的成果，但往往对长期目标和成长至关重要。高效能人士能够平衡产出和产能的关系，将第二象限的任务视为投资，为其留足时间和精力。完成这些活动能够提高个人的处事能力。

第三象限｜不重要不紧急：例如某些信件、某些电话、过度的娱乐等事务。这些事务不仅不会带来任何实质性的收益，还会消耗时间和精力，影响专注力和创造力。即便是闲暇时间，也应选择阅读、运动等有意义的活动。

第四象限｜紧急不重要：例如某些会议、某些报告、接待访客、公共活动等事务，这类任务往往是由于别人的要求或突发事件而产生的，虽然具有紧急性，但并不对长期目标产生实质性影响。我们需要学会拒绝或委派给他人，通过设定明确的界限和沟通方式来减少此类任务，避免被这些琐碎的事务牵绊。

34 | 时间管理矩阵模型
平衡产出和产能

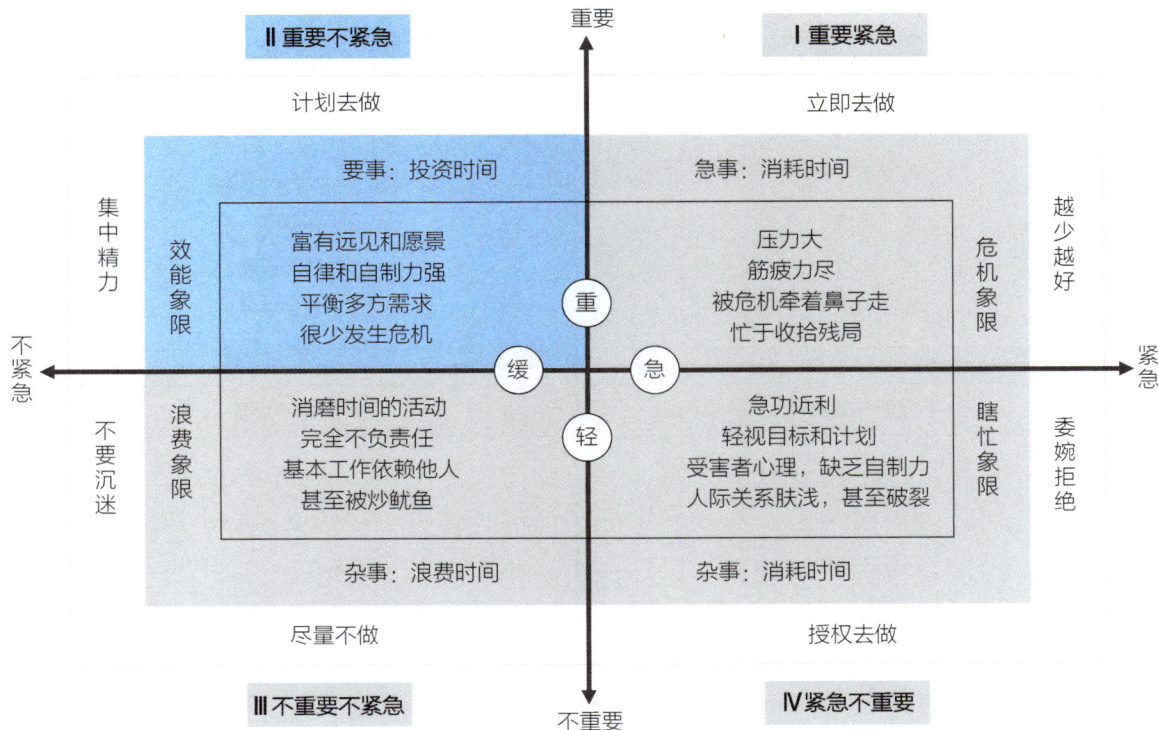

II 重要不紧急

计划去做

要事：投资时间

富有远见和愿景
自律和自制力强
平衡多方需求
很少发生危机

I 重要紧急

立即去做

急事：消耗时间

压力大
筋疲力尽
被危机牵着鼻子走
忙于收拾残局

重要

集中精力

效能象限

不紧急

浪费象限

消磨时间的活动
完全不负责任
基本工作依赖他人
甚至被炒鱿鱼

急功近利
轻视目标和计划
受害者心理，缺乏自制力
人际关系肤浅，甚至破裂

越少越好

危机象限

紧急

瞎忙象限

委婉拒绝

不要沉迷

杂事：浪费时间

尽量不做

杂事：消耗时间

授权去做

重
缓
急
轻

III 不重要不紧急

不重要

IV 紧急不重要

适用场景：时间管理　事务分类　重要性 / 紧急度评估

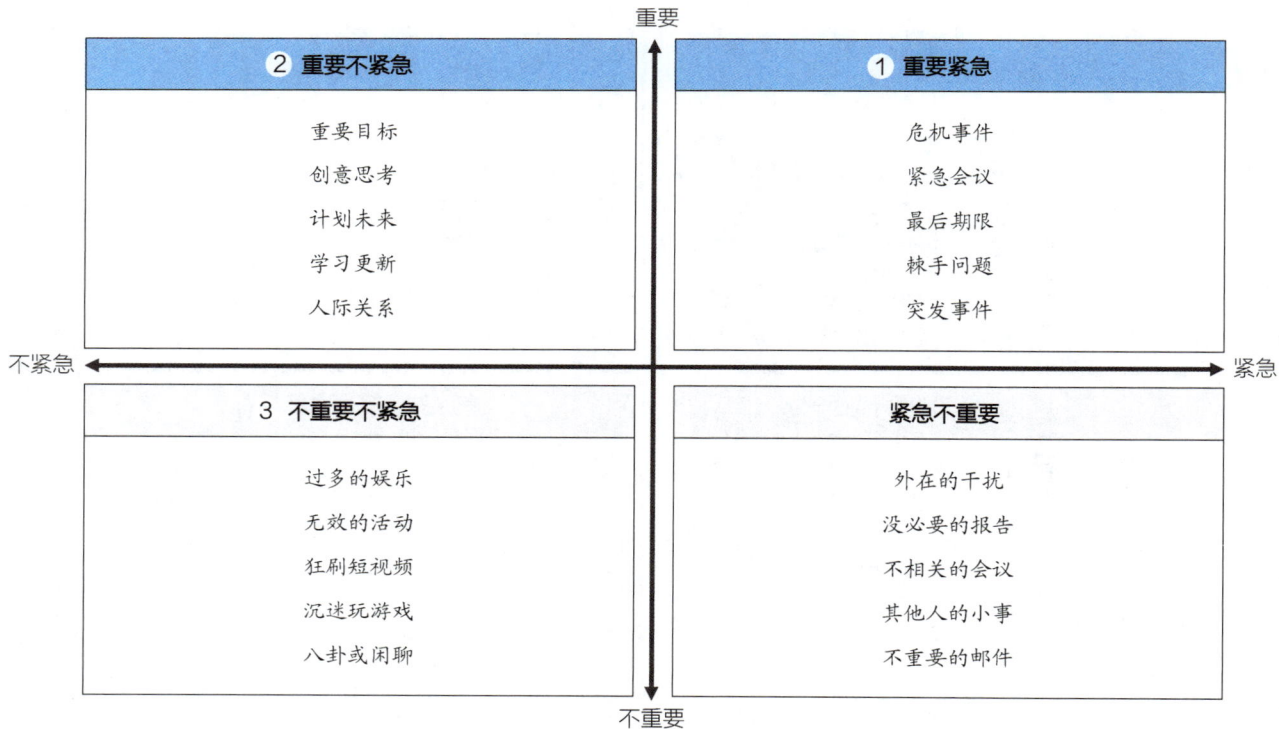

3.应用模板

重要

② 重要不紧急	① 重要紧急
重要目标	危机事件
创意思考	紧急会议
计划未来	最后期限
学习更新	棘手问题
人际关系	突发事件

不紧急 ←——————————→ 紧急

3 不重要不紧急	紧急不重要
过多的娱乐	外在的干扰
无效的活动	没必要的报告
狂刷短视频	不相关的会议
沉迷玩游戏	其他人的小事
八卦或闲聊	不重要的邮件

不重要

4. 使用方法

高效能人士总是避免陷入第三象限和第四象限事务中，因为不论是否紧急，这些事情都是不重要的。高效能人士的脑子里装的不是问题而是机会，他们的思维方式是预防型的，会通过花费更多时间处理第二象限事务来减少第一象限事务。

步骤①——重要紧急｜防患于未然： 有些人每天都在应付各种各样的问题，疲于奔命，像个消防员到处救火，甚至将90%的时间花在第一象限事务上，并宣扬自己的"劳苦功高"，进行自我感动。余下的时间，借助第三象限不重要不紧急的活动消遣来逃避现实，稍微放松一下。这个范围会越变越大，直到把自己淹没，这就像是冲浪一样，来了一个大问题，把你从冲浪板上打到水里，你好不容易重新爬上去，下一个浪又来了，于是你又重重地摔了下来。我们要学会合理分配时间和精力，努力减少这类任务的数量，通过提前规划和预防来降低它们的出现频率。

步骤②——重要不紧急｜优先处理： 第二象限的事务对我们的个人成长和职业发展具有深远的影响，把时间花在这里，可以提高我们的人际关系、工作表现和平衡感。因此，我们要花时间修好窗户而不是总在赶苍蝇。要在日程中留出时间块，专门用于处理重要不紧急的事项，这些时间块可以是每周或每月的固定时间，日拱一卒，必有所成。

步骤③——不重要｜勇于说不： 若要专注于要事，就得排除次要事务的牵绊，此时需要有说"不"的勇气。人各有志，各有优先要务。在紧急与重要之间，知道取舍。除了婉拒他人给予第四象限的紧急不重要的事情，任何一件事做得太多都会成为第三象限的人。例如，看部电影放松一下是健康的工作方式，但是如果忍不住连续看上十部，那就是浪费时间，而且会造成负罪感和消极心理。如果内心不够坚定，很难拒绝第三、第四象限事务的诱惑，只有有意识地检查日程，建立起要事第一的原则，才会拥有足够的独立意志拒绝。

4.4 赢在执行：作战——有结果的行动

1.产生背景

PDCA 循环由沃特·阿曼德·休哈特提出，经爱德华兹·戴明采纳和推广普及，所以又称戴明环，最初运用于全面质量管理，当今已广泛应用于执行管理、项目管理、绩效管理等各个领域。网上流传的执行 4R、PDSA、OPDCA 等模型都是 PDCA 的变形，PDCA 在制造业场景中有更多复杂的质量控制（quality control，QC）工具配合，本书主要聚焦团队管理场景，将其作为一个有效控制执行过程和工作质量的工具。

2.模型介绍

P（计划，plan）：从目标分解到行动计划，从战略到战术，是执行力的基础。

①明确目标：识别和分析当前的问题或机会，根据已有的信息和想法，设置团队的绩效目标（应符合 SMART 原则）。

②制订计划：采用 5W2H 原则拟定解决方案和行动计划，即为什么制定该措施（why），达到什么目标（what），由谁负责完成（who），在何处执行（where），什么时间完成（when），如何完成（how），花多大代价（how much）。

D（执行，do）：正式实施行动计划的环节，下属是执行的直接责任人，管理者负有监督和辅导职责。

③具体执行：根据计划推进工作，落实关键举措，拿到里程碑式的结果。高效的执行是组织完成目标的重要一环。

④沟通辅导：管理者并非放任不管，还要跟进过程，及时沟通协调和辅导下属。

C（检查，Check）："下属只做你检查的工作，不做你希望的工作。"IBM 的前 CEO 郭士纳一语道破检查的重要性。

⑤结果评估：检查验证执行的结果，要根据计划执行过程中的"控制点"去收集信息，评估与目标的差距。

⑥原因分析：进一步分析执行质量和差距原因，可以采用 5Why 分析法，从表象挖掘到深层原因。

A（处理，act）：对检查的结果进行处理，表示认可或否定。为了避免 A 与 D 的混淆，也有很多人将 A 解释为 adjust。

⑦纠正举措（短期）：失败的教训要加以总结，以免重现；未解决的问题制定纠正举措，放到下一个循环。

⑧预防机制（长期）：成功的经验要加以肯定，或者模式化，或者标准化，以适当推广，建立长期的预防机制。

值得注意的是，PDCA 并非单次执行，而是一种螺旋式上升的增长模式，不停地循环下去，并持续改进品质。

35 | PDCA循环模型
持续改进与不断学习

P 计划
plan
① 明确目标
② 制订计划

D 执行
do
③ 具体执行
④ 沟通辅导

C 检查
check
⑤ 结果评估
⑥ 原因分析

A 处理
act
⑦ 纠正举措（短期）
⑧ 预防机制（长期）

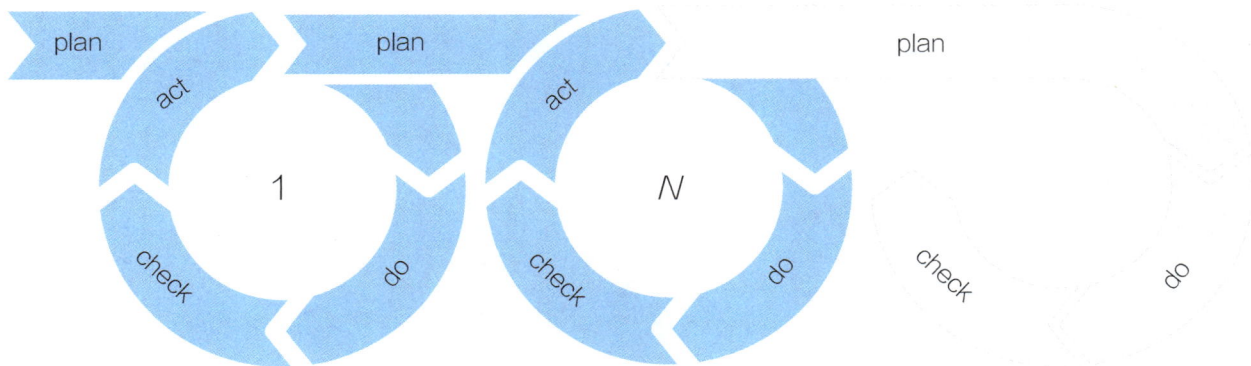

PDCA并非单次执行，而是一种螺旋式上升的增长模式，不停地循环下去，并持续改进品质。

适用场景：执行管理 品质改善 精益管理

3.应用模板

① P 计划	维度	why背景	what目标	how举措	who责任人	when时间	where范围	how much资源
	内容							
② D 执行	成员	成员1		成员2		成员3		......
	任务							
③ C 检查	进展 结果							
	原因 分析							
④ A 处理	纠正 举措							
	长期 机制							

4. 使用方法

在日常工作中，看起来天衣无缝的计划，执行时却往往赶不上变化。计划都是线条型的，一切顺利的话，可以迅速地向目标推进。一旦线条被"变化"剪断，后续的工作便无法再继续推进，这就需要用 PDCA 修复和改进。

步骤① ——P 计划阶段：作为执行的依据，一份精准的计划至关重要。管理者可以采用经典的 5W2H 思考框架，最重要的是根据前三节的内容，明确任务目标（what）和责任人（who）。在委派任务给责任人时，要同步任务的相关背景（why）、范围（where）和时间（when）要求，还要和责任人探讨关键举措和行动计划（how），并给予所需资源支持（how much）。

步骤② ——D 执行阶段：执行阶段要做好目标拆解和任务分工，每个执行人都有自己主要负责的任务，避免责任不清。管理者要根据不同成员的情况，采用不同的领导风格，监督执行过程，及时沟通辅导。

步骤③ ——C 检查阶段：设置规律性的问责机制，每个团队成员都就自己负责的任务，汇报进展和结果。管理者要评估执行结果与预定目标的差距，明确哪些地方做得好，哪些地方做得不好。面对执行过程中遇见的问题，可以采用 5Why 分析法、4M1E 法、鱼骨图法等引导团队一起讨论和分析原因。相互学习和促进成长才是检查的重点目标。

步骤④——A 处理阶段：总结的经验教训需要进一步应用，未解决的问题要制定纠正举措，放到下一个 PDCA 循环的计划里。成功的经验要进行标准化，形成工作规范加以推广，失败的教训要加以总结，建立长期的预防机制。

PDCA 循环的本质是高效做事的底层逻辑，其精髓可总结为一句话："在不断的总结和再总结中，完善管理和执行中的每一个环节。"它坚持的原则是"精益求精"，每个人是一个小循环，每个团队是一个中循环，整个企业是个大循环，大循环套中循环，中循环套小循环，环环转动，相互促进，阶梯式上升，从而创造更好的工作品质和更高的价值。

4.5 项目管理：大战——团队的重点工程

1.产生背景

当面对非例行运营实务，特别是团队关键绩效目标，企业通常采用项目的形式进行推进。项目不同于日常重复性事务，是为了创造独特的产品、服务和成果而进行的临时性的工作。项目管理就是将相关知识、技能、工具与技术应用到项目活动，以满足项目的要求，其本质是用最优的方法来实现组织的预期目标和收益。每一个新任管理者都应该了解项目管理体系。在华为公司，项目管理甚至被视为管理的细胞，并以项目管理为主线去培养后备管理干部。

2.模型介绍

不管是什么应用领域（如营销、会计或信息服务）或行业（如建筑、航天、电信），用于实现项目目标的管理过程都可以归纳为通用的五大项目管理过程组。

①启动过程组：使一个新项目或现有项目的一个新阶段获得正式授权的过程。

②规划过程组：明确项目范围，优化和修正目标，为

目标实现制定行动方案的过程。

③执行过程组：协调人员和资源，完成项目管理规划，以满足项目要求的过程。

④监控过程组：确保目标能够实现，跟踪、审查和调整项目进展与绩效，识别和启动必要的计划变更的过程。

⑤收尾过程组：让相关方认可项目的成果，完成或结束项目、阶段或合同所执行的过程。

在项目或阶段完成前，这五个过程组中的单个过程往往需要反复实施，过程迭代的次数因具体项目的需求而不同，故而称作过程组。过程组不同于项目阶段，项目阶段是一组具有逻辑关系的项目活动的集合，通常以一个或多个可交付成果的完成为结束，典型项目都会呈现开始项目、组织与准备、执行项目工作和结束项目的生命周期结构。项目阶段会受组织、行业、开发方法或所用技术的独特性质的影响，但每一个阶段可能需要使用所有的过程组，各过程组中的过程根据需要在每个阶段中重复，直到达成该阶段的完工标准。

36 | 项目管理过程模型
项目管理五大过程组

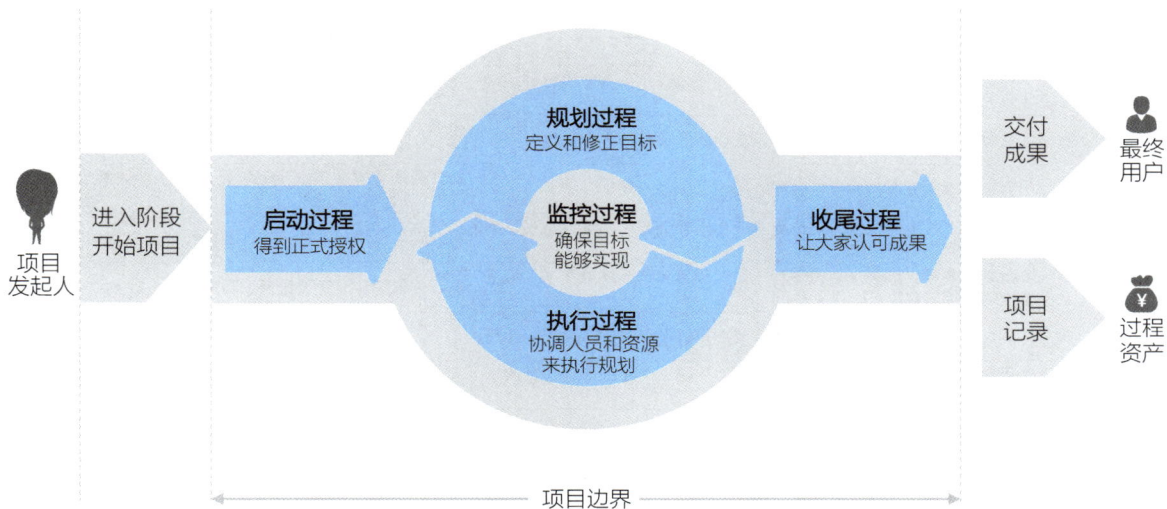

日 常 事 务

✓ 重复进行repetitive　　✓ 基本不变invariant

✓ 持续循环ongoing　　　✓ 维持运营operate

VS

项 目 管 理

✓ 暂时性temporary　　✓ 渐进性gradually

✓ 独特性unique　　　✓ 目标性objective

项目发起人

进入阶段
开始项目

启动过程
得到正式授权

规划过程
定义和修正目标

监控过程
确保目标
能够实现

执行过程
协调人员和资源
来执行规划

收尾过程
让大家认可成果

交付成果 → 最终用户

项目记录 → 过程资产

项目边界

适用场景：项目管理　项目过程　项目理解

4.5 项目管理：大战——团队的重点工程

1.产生背景

如今，项目管理被广泛应用于各个企业，管理者学习项目管理不必求全求多，但有很多代表性的项目管理技术比如关键路径法（CPM）、计划评审技术（PERT）、工作分解结构（WBS）等，可以现学现用到团队管理中，以提高执行效率和业绩产出。

2.模型介绍

在项目管理中，需要使用很多工具、技术等专业知识领域，每个知识领域都是项目管理中的一个特定主题，以及与该主题相关的一组过程。适用于绝大多数项目的知识领域，可以归纳为十大知识领域。

知识领域	内　　容	子　过　程
整合管理	为识别、定义、组合、统一和协调各项目管理过程组的各个过程和活动而开展的过程与活动	制定项目章程、编制项目管理规划、指导和管理项目执行、管理项目知识、监控项目工作、项目整体变更控制、结束项目或阶段
范围管理	确保项目做且只做所需的全部工作，以成功完成项目的各个过程	规划范围管理、收集需求、范围定义、建立WBS、确认范围、范围控制
进度管理	为管理项目按时完成所需的各个过程	规划进度管理、定义活动、活动排序、估算活动时间、制定进度计划、控制进度
成本管理	为使项目在批准的预算范围内完成而对成本进项规划、估算、融资、筹资、管理和控制的各个过程	规划成本管理、估算成本、制定预算、控制成本
质量管理	把组织的质量政策应用于规划、管理、控制项目和产品质量要求，以满足相关方的期望的过程	规划质量管理、管理质量、控制质量
资源管理	识别、获取和管理所需的资源以成功完成项目的各个过程	规划资源管理、估算活动资源、获取资源、建设和管理团队、控制资源
沟通管理	为确保项目信息及时且恰当地规划、收集、生成、发布、存储、检索、管理、控制、监督和最终处置所需的各个过程	规划沟通管理、管理沟通、监督沟通
风险管理	规划风险、识别风险、开展风险分析、规划风险应对、实施风险应对和监督风险的各个过程	规划风险管理、识别风险、风险定性分析、风险定量分析、规划与实施风险应对、监督风险
采购管理	从项目团队外部采购或获取所需产品、服务或者成果的各个过程	规划采购管理、实施采购、控制采购
相关方管理	识别影响项目或受项目影响的人员、团队或组织，分析相关方的期望及影响，制定合适的管理策略，有效调动相关方参与项目决策和执行	识别相关方、规划相关方参与、管理相关方参与、监督相关方参与

37 项目管理知识模型
项目管理十大知识领域

最优 **整合管理** 统筹协调各个知识领域

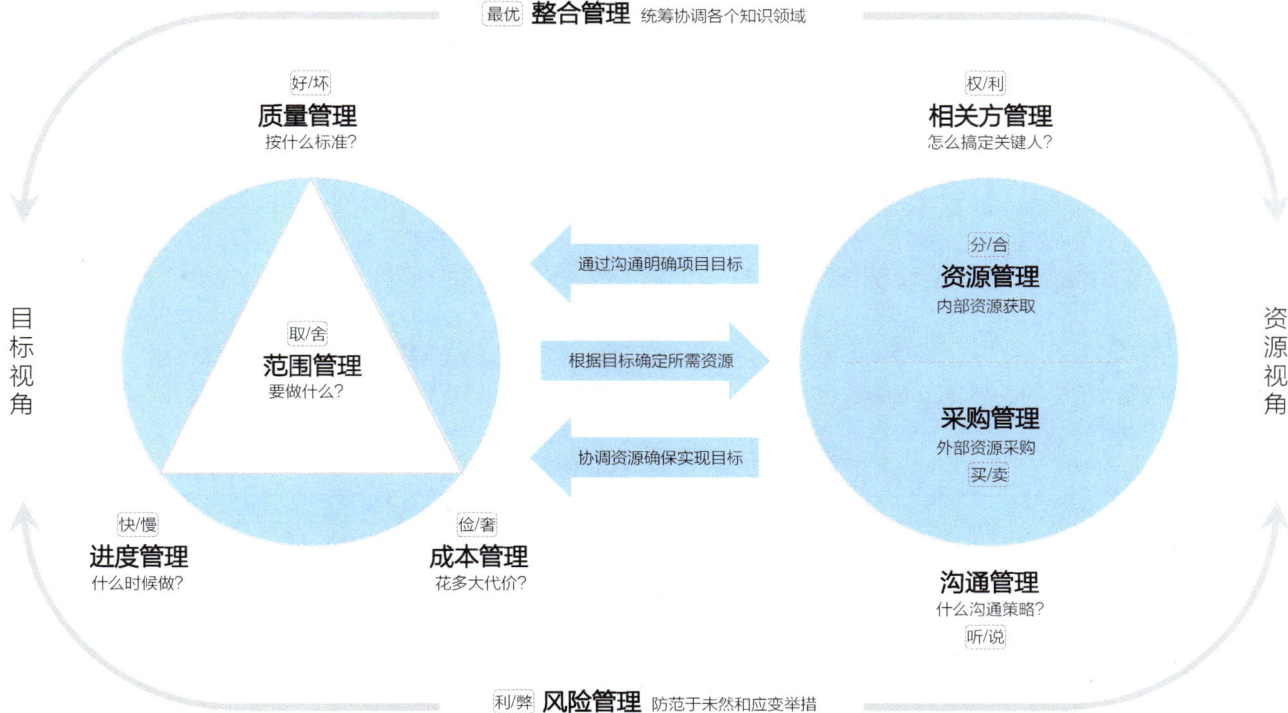

好/坏
质量管理
按什么标准?

权/利
相关方管理
怎么搞定关键人?

目标视角

取/舍
范围管理
要做什么?

通过沟通明确项目目标

根据目标确定所需资源

协调资源确保实现目标

分/合
资源管理
内部资源获取

采购管理
外部资源采购
买/卖

资源视角

快/慢
进度管理
什么时候做?

俭/奢
成本管理
花多大代价?

沟通管理
什么沟通策略?
听/说

利/弊 **风险管理** 防范于未然和应变举措

适用场景:项目知识体系 项目管理重点 项目全局视角

4.5 项目管理：大战——团队的重点工程

1.产生背景

在前面的岗位设定时，提到用RASCI来分配任务，那这些任务是如何科学分解的？项目范围管理中会用到工作分解结构（work breakdown structure，WBS），将项目可交付成果和项目工作分解成较小、更易于管理的组件。WBS最低层次的项目可交付成果称为工作包，工作包可以进一步分解为活动，以便安排进度、进行估算、开展监督与控制。

2.模型介绍

理解和使用WBS，简单从其字面意义上，就可以窥其底层逻辑和关键操作：

W= 工作（work）：工作通常指一项特定的活动、职责、

功能，或者某个较大任务的一部分或一个阶段的任务，以及通过努力、付出或运用技术生产或实现的事物。这里的工作是输出或可交付成果，即付出努力的成果，而非努力本身。

B= 分解（breakdown）：将工作划分成不同类别，并逐层分解成更简单且可执行的任务。分解原则可以参考金字塔原理的MECE(mutually exclusive collectively exhaustive)原则，即上下左右，相互独立，又完全穷尽。在实践中发现的典型WBS有七种，见下表，但在通常情况下，一个WBS会融合多种分解的类型。根据项目规模和复杂性，WBS可以分解为2~5层。

S= 结构（structure）：用确定的组织方式来安排事物。创建WBS的方法多种多样，常用的方法包括自上而下法、专家判断法、组织特定的指南和WBS模板。WBS结构有多种呈现方式，常见是组织架构图（逻辑树）、思维导图和提纲表格式。

分 解 类 型	关　注	子　过　程
行动导向型	基于行为的组件，如功能、流程、活动、任务或服务	项目管理、装配、卫生设备、电气安装
待办事项导向型	用迭代、增量或敏捷方法处理客户待办事项列表，这属于项目范围的一部分	史诗、用户故事、下一次的交付（待办事项列表的另一部分）
合同导向型	收集成本组件	任何可交付成果、产品、阶段、项目集或行动的WBS元素
可交付成果导向型	支持最终产品交付的任何组件	项目计划、项目预算
阶段导向型	基于阶段的组件	计划、分析、设计
产品导向型	最终产品的任何组件	导弹系统、自行车框架部分
项目集导向型	项目规划组件	项目A、项目B、系统X

38 | WBS工作分解结构模型
项目范围管理

工作
work
工作输出或
可交付成果

分解
breakdown
既相互独立
又完全穷尽

结构
structure
自上而下法
树状结构图

飞机系统3.0版

1 航空系统	2 支持设备	3 测试评估	4 数据	5 培训
1.1 发动机系统	2.1 组织层设备	3.1实体模型	4.1 技术指令	5.1 设备培训
1.2 通信系统	2.2 中间层设备	3.2运转测试	4.2 工程数据	5.2 设施培训
1.3 导航系统	2.3 站务层设备	3.3开发测试	4.3 安全数据	5.3 服务培训
1.4 消防系统	2.4 设施层设备	3.4综合评估	4.4 管理数据	5.4 管理培训

适用场景：项目管理　项目范围管理　项目任务分解

4.5 项目管理：大战——团队的重点工程

1.产生背景

WBS 元素不包含顺序或时间，这是项目进度管理的内容。排列活动顺序定义工作之间的逻辑顺序，以便在既定的所有项目制约因素下获得最高的效率。排序常常会用到紧前关系绘图法（precedence diagramming method，PDM），这是创建进度模型的一种技术，用节点表示活动，用箭头连接活动并展示一种或多种逻辑关系，以显示活动的实施顺序。活动类型分为紧前活动和紧后活动，紧前活动是在进度计划的逻辑路径中，排在非开始活动前面的活动；紧后活动是在进度计划的逻辑路径中，排在某个活动后面的活动。除了首尾两项，每项活动和每个里程碑都至少有一项紧前活动和一项紧后活动。

2.模型介绍

PDM 主要包括四种依赖关系或逻辑关系。

完成到开始（finish-start，FS）：只有紧前活动完成，紧后活动才能开始的逻辑关系。例如，只有完成装配 PC 硬件（紧前活动），才能开始在 PC 上安装操作系统（紧后活动）。

完成到完成（finish-finish，FF）：只有紧前活动完成，紧后活动才能完成的逻辑关系。例如，只有完成文件的编写（紧前活动），才能完成文件的编辑（紧后活动）。

开始到开始（start-start，SS）：只有紧前活动开始，紧后活动才能开始的逻辑关系。例如，开始地基浇灌（紧前活动）之后，才能开始混凝土的找平（紧后活动）。

开始到完成（start-finish，SF）：只有紧前活动开始，紧后活动才能完成的逻辑关系。例如，只有启动新的应付账款系统（紧前活动），才能关闭旧的应付账款系统（紧后活动）。

在实际工作中，完成到开始（FS）最常用，开始到完成（SF）比较少用。虽然两个活动之间可能会存在两种逻辑关系（例如 SS 和 SF），但不建议相同的活动之间存在多种关系，这样只会让项目管理逻辑混乱，反而降低了效率。

39 | PDM紧前关系模型
项目进度管理的活动排列技术

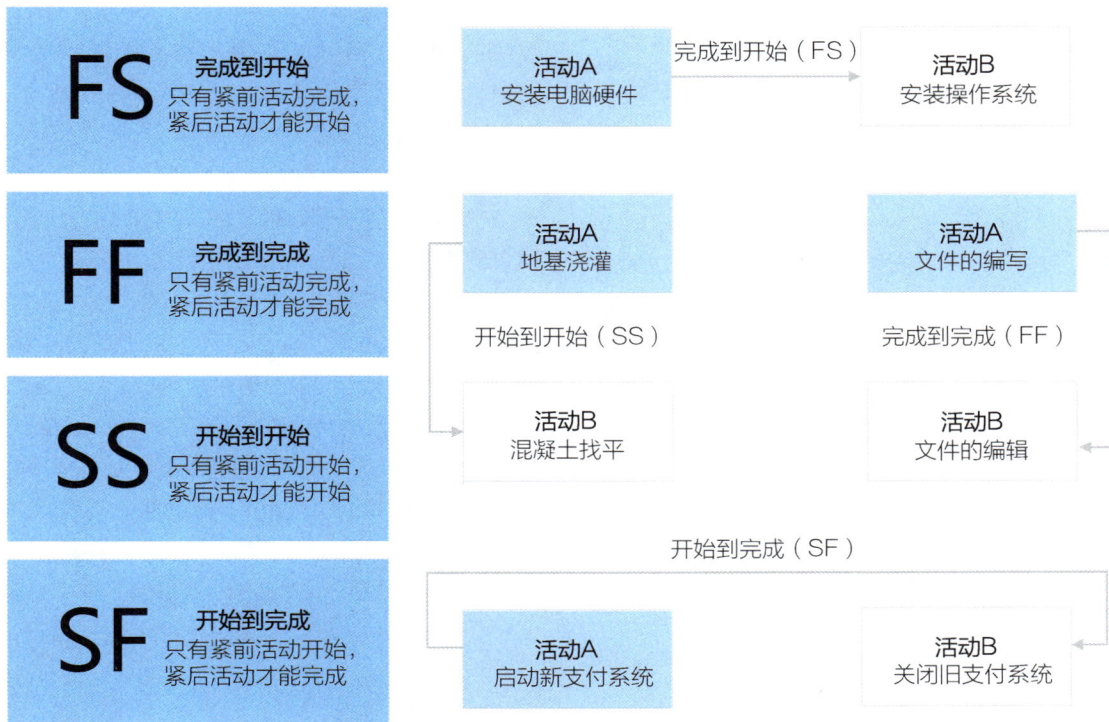

FS 完成到开始 只有紧前活动完成, 紧后活动才能开始	活动A 安装电脑硬件 　—完成到开始(FS)→　 活动B 安装操作系统
FF 完成到完成 只有紧前活动完成, 紧后活动才能完成	
SS 开始到开始 只有紧前活动开始, 紧后活动才能开始	
SF 开始到完成 只有紧前活动开始, 紧后活动才能完成	

活动A
地基浇灌

开始到开始(SS)

活动B
混凝土找平

活动A
文件的编写

完成到完成(FF)

活动B
文件的编辑

开始到完成(SF)

活动A
启动新支付系统

活动B
关闭旧支付系统

适用场景:项目管理　项目进度管理　项目活动关系

4.5 项目管理：大战——团队的重点工程

1.产生背景

　　基于 WBS 分解和 PDM 排序，进一步安排进度的基本方法是描绘相关任务和里程碑之间关系网络图，现在比较流行的网络方法有关键路径法（critical path method，CPM）和计划评审法（program evaluation and review technique，PERT）。两种技术差不多同一时间独立发展起来，两者内容也差不多，主要区别在于 CPM 假设每项活动的作业时间是确定值，重点在于成本控制；PERT 中作业时间是不确定的，用概率的方法估算时间，重点在于时间控制。PERT 更适合含有大量不确定因素的大规模开发研究项目；团队管理应用重点掌握比较简单实用的 CPM。

2.模型介绍

　　CPM 在不考虑任何资源限制的情况下，沿着项目进度网络路径进行顺推与逆推分析，计算出全部活动理论上的最早开始时间（earliest start）与最早结束时间（earliest finish）、活动持续时间（duration）、最晚开始时间（latest start）与最晚结束时间（latest finish）。在任何网络路径上，进度安排的弹性大小由最晚与最早日期间的正差值决定，该差值称为总浮动时间（total flow）。最长路径的总浮动时间最少，通常为零。关键路径是项目中时间最长的活动顺序，关键路径上的进度活动称为关键活动，决定着可能的项目最短工期。

　　关于关键路径法的计算总结如下：

　　·默认情况下，浮动时间为零的活动是关键活动，其周期决定了项目总工期；

　　·一系列贯穿项目始终的关键活动构成关键路径；

　　·关键路径在整个项目执行过程中是可能发生变化的；

　　·浮动时间大于 0 的活动称为非关键活动，它们是通过填补关键路径造成的资源需求缺口来平衡资源的；

　　·求最早时间（最早可能开始日期和最早可能完成日期），从起点开始，顺推计算，加法原则，取最大；

　　·求最迟时间（最迟开始时间和最迟完成时间），从终点开始，逆推计算，减法原则，取最小。

40 | **CPM关键路径模型**
项目进度管理的活动排列技术

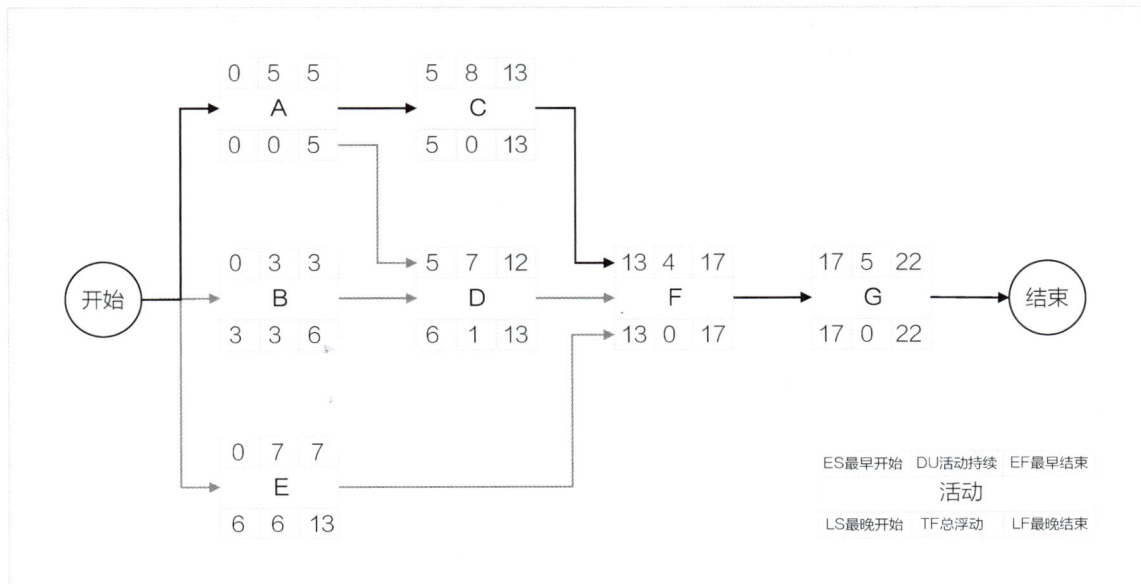

0	5	5		5	8	13
	A				C	
0	0	5		5	0	13

0	3	3		5	7	12		13	4	17		17	5	22
	B				D				F				G	
3	3	6		6	1	13		13	0	17		17	0	22

开始 · 结束

0	7	7
	E	
6	6	13

ES最早开始	DU活动持续	EF最早结束
	活动	
LS最晚开始	TF总浮动	LF最晚结束

关键路径 A— C—F— G= 5+8+4+5 **22**	A—D—F— G= 5+7+4+5 **21**	B—D—F—G= 3+7+4+5 **19**	E—F—G= 7+4+5 **16**

适用场景：项目管理　项目进度管理　项目路径设计

3.应用模板

①WBS	任务	②1W	2W	3W	4W	5W	6W	7W	8W	③责任人R	预算支持	衡量标准
网站设计规划	产品定义	■								李新哲		
	相关方批准		■							周延锋		
网站设计定义	需求调研	■	■							傅芳芳		
	概念设计			■						李化		
	结构设计				■	■				王鹏飞		
	创建BOM					■				李雪莹		
	资源采购				■					胡文钦		
网站设计建设	详细设计						■	■		林姗姗		
	组件开发							■		李阳		
	系统安装								■	张龙斌		
……	……				……					……		……

4. 使用方法

WBS 工作分解结构、PDM 紧前关系和 CPM 关键路径是三个强相关的项目管理技术，要结合应用到实际管理中。

步骤①——基于项目目标进行 WBS 分解： 首先，明确项目的目标，这样才能确定需要完成哪些任务。其次，基于目标利用 WBS 工作分解结构，将项目分解成一系列可操作的任务和活动。分解后还需要逐步界定任务的详细内容。一个完整的任务，应该具有明确的目标、可衡量的标准、所需的时间和资源，以及适用执行任务的责任人。

步骤②——PDM 排序和 CPM 估算： 一方面，要利用 PDM 厘清任务之间的依赖关系，对所有活动进行排序，确保在开始后续任务之前，前置任务已经完成。另一方面，根据任务的数量和复杂度，用 CPM 确定关键路径，估算完成每个任务和整个项目所需的时间。针对关键任务和活动，要重点优化，以缩短完成时间，有效降低项目成本。

步骤③——分配责任和监控进度： 根据任务计划和估算结果，为每个任务分配必要的责任和预算（参考 RASCI 责任分配模型），确保每个责任人都清楚自己的任务、时间节点和里程碑产出。在项目执行过程中，根据实际情况动态更新，并定期监控进度，以便及时调整计划和提供支持，确保项目的成功。

不管是使用 Excel 还是项目管理软件，呈现形式通常是甘特图（Gantt chart）。甘特图又称横道图、条状图，可以承载 WBS 工作分解结构、PDM 紧前关系和 CPM 关键路径三项内容，还能根据需求灵活添加人员、成本等管理要素。其背后涉及项目管理的多重要素，WBS 对应项目范围管理，PDM 和 CPM 对应项目进度管理，RASCI 对应项目资源管理，预算对应项目成本管理（可能还需要采购管理），衡量标准对应项目质量管理。管理者统筹团队完成任务和监控纠偏，某种意义上就是整合管理和风险管理。

4.5 项目管理：大战——团队的重点工程

1.产生背景

新任管理者在管理下属和推动工作时，容易犯的一个错误是，只是盯着下属或归因于下属能力问题，但在企业里往往影响项目成败的是其他相关方。项目相关方是指能够影响项目或会受项目影响的个人或组织，有些相关方影响项目工作或成果的能力有限，而有些相关方对项目及其成果有重大影响。所以，我们需要分析和识别相关方对项目的期望和影响，制定合适的管理策略，来有效调动相关方参与项目决策和执行，以获得项目的成功。

2.模型介绍

项目相关方管理最常用到的工具是权力－利益方格，基于相关方的职权级别（权力）、对项目成果的关心程度（利益）识别四大类相关方，并采用不同的策略进行相关方管理。

①高权力、高利益的相关方：要重点管理，充分考虑他们的利益和需求，以确保支持与合作。

②高权力、低利益的相关方：要努力做到让他们满意，咨询和尊重他们的意见，以获取支持和理解。

③低权力、高利益的相关方：这个群体影响力小，及时告知项目进展，可以让他们放心。

④低权力、低利益的相关方：这类群体占相当大的比重，原则上，尽量少占用时间和精力，保持监督即可。

再进一步管理相关方，根据相关方的需求、期望、利益和对项目的潜在影响，制定相关方参与项目的方法。这里还会使用相关方参与度评估矩阵，将相关方当前参与水平与期望参与水平进行比较，主要分为五种参与水平。

①不知晓型：不知道项目及其潜在影响。

②抵制型：知道项目及其潜在影响，但抵制项目工作或成果可能引发的任何变更。

③中立型：了解项目，但既不支持，也不反对。

④支持型：了解项目及其潜在影响，并且会支持项目工作及其成果（精神上支持）。

⑤领导型：了解项目及其潜在影响，而且积极参与，以确保项目取得成功（在行动上促进成功）。

41 | 权力利益方格模型
项目相关方管理

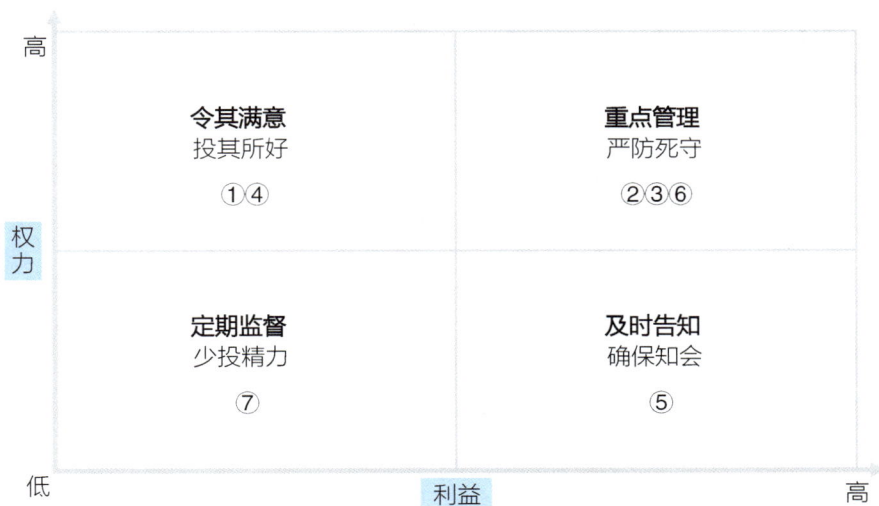

高

令其满意
投其所好

①④

重点管理
严防死守

②③⑥

权力

定期监督
少投精力

⑦

及时告知
确保知会

⑤

低　　　　　　　　　　利益　　　　　　　　　　高

某销售系统项目

① 事业群总经理李阳

② 销售部经理李雪莹

③ 技术部经理林姗姗

④ 行政部经理傅芳芳

⑤ 销售部员工陈正浩

⑥ 技术部员工张龙斌

⑦ 行政部员工李新哲

不知晓	抵制	中立	支持	领导
不知晓项目及其潜在影响	知晓项目及其潜在影响，抵制变更	知晓项目，既不支持也不反对	知晓项目及其潜在影响，支持变更	知晓项目及其潜在影响，积极参与，保证项目成功

适用场景：项目管理　项目相关方管理　项目权力－利益关系

3.应用模板

① 相关方	职位	权力/利益	② 管理策略	不知晓	抵制	中立	支持	领导
李阳	事业群总经理	高/低	令其满意	C			D	
李雪莹	销售部经理	高/高	重点管理		C		D	
林姗姗	技术部经理	高/高	重点管理			C	D	
傅芳芳	行政部经理	高/低	令其满意				C	D
陈正浩	销售部员工	低/高	及时告知		C		D	
张龙斌	技术部员工	高/高	重点管理			C	D	
李新哲	行政部员工	低/低	定期监督				C	D

4. 使用方法

项目相关方管理的关键是要分析获取相关方的期望，评估其影响力，制定策略来有效引导相关方支持和参与。

步骤①——识别和分析相关方：首先，要识别项目的内外部相关方，建立对各个相关方或相关方群体的适度关注。其次，要分析相关方的各类信息，例如在组织内的位置、在项目中的角色、与项目的利害关系、期望、态度，以及对项目信息的兴趣；复杂的项目相关方管理会有相关方登记册。这里我们重点利用权力－利益方格，识别相关方的职权级别（权力）和对项目成果的关心程度（利益），作为管理策略制定的主要依据。

步骤②——制定管理策略和引导参与：针对不同类型的相关方，我们要采取不同的管理策略，引导关键相关方有效参与决策和执行。在相关方参与度评估矩阵中，比较当前参与程度与计划参与程度（C/D），C(current)代表每个相关方当前参与水平，D(desire)是项目评估出来的，为确保项目成功必不可少的参与水平。复杂的项目相关方管理还会输出相关方参与计划，基于项目的需要，相关方参与计划可以是正式的，也可以是非正式的；可以是非常详细，也可以是高度概括的。但最确定的是，要积极采取行动与相关方进行沟通与协作，及时解决相关问题，以满足其需求和期望，维持或提升相关方参与活动的效率和效果。

项目管理本身就是一个虚拟的横向团队和业务管理，所以很多项目管理实践和经典工具不仅可以应用到项目，还能充分借鉴和应用于日常管理工作。由于本书只是聚焦与团队管理强相关的知识点，并没有介绍项目管理的所有知识，如果想要学习更详尽的项目管理知识，建议参考由美国项目管理协会专业编制、被界内奉为"项目管理圣经"的 PMBOK® 指南。所有管理工具和使用过程在书里可以界限分明和相互独立，但实践中它们会以书本无法全面详述的方式相互交叠和相互作用，再加上管理者的智慧，就能绽放出不一样的光芒。

4.6 绩效管理：战果——团队安身立命之本

1.产生背景

绩效一词源于英文单词 performance，一般指工作的效果和效率。绩效管理是职场中任何团队和个人都绕不开的话题，甚至是安身立命之本。大多数企业有自己的"绩效管理"体系，但实际上，只不过是"一次性绩效评价"。真正的绩效管理是由管理者驱动并贯穿全程的业务管理活动，是指识别、衡量以及开发个人和团队绩效，并且使这些绩效与组织的战略目标保持一致的持续性过程。

2.模型介绍

尽管不同公司的绩效管理工具有差异，但绩效管理本质都是在组织使命和文化价值观的指引下，承接愿景和战略的持续改进的管理系统。在该系统中，管理者要关注四个核心环节和五项关键决策。

绩效计划：管理者和员工依据组织的战略规划和工作计划，界定绩效标准，包含工作行为与结果。同时制订开发计划，明确关键职责、核心目标、工作任务、实施计划等，这个环节应该共同参并达成共识。

绩效执行：整个绩效周期中历时最长的环节，虽然下属对绩效执行负主要责任，但管理者也要承担两项重要工作：一是监控进度，观察和记录关键事件或绩效数据，另外，组织目标可能发生变化，需要更新当初制定的绩效。二是绩效辅导，持续向员工反馈绩效进展状况，强化员工的进步，提供绩效改善方面的指导、资源等强化管理支持。

绩效评价：除了管理者对员工进行评价，最重要的是让员工共同参与。现今互联网大厂都会把员工自评纳入绩效管理体系，员工自评不仅可以校准上级绩效评价结果的准确性，还能提高员工对绩效评价公平性的感知和满意度。

绩效反馈：管理者最后要与下属进行正式的绩效反馈面谈，内容既要回顾过去（绩效周期内的结果和行为），也要关注现在（根据绩效调整员工的薪酬和激励），还要展望未来（下一个绩效周期的新目标和计划）。

管理者在实施绩效管理的四个环节时，必须准确把握五项关键决策。评价内容主要在绩效计划环节中确定，主要包括绩效目标、绩效指标、目标值以及指标权重的制定等；评价主体、评价周期、评价方法在绩效计划制订的时候就应当明确，但是具体实施则在绩效评价环节；结果应用则主要体现在绩效反馈环节。

42 绩效管理系统模型
持续改进的绩效管理系统

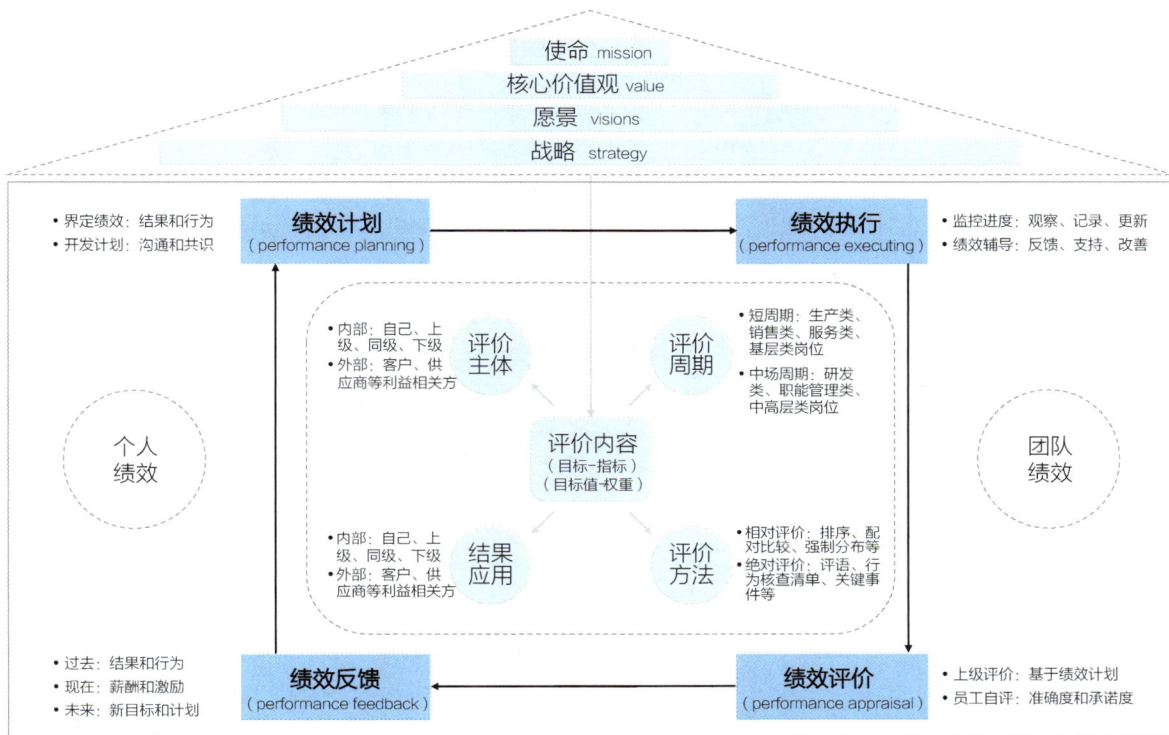

使命 mission

核心价值观 value

愿景 visions

战略 strategy

绩效计划
（performance planning）

绩效执行
（performance executing）

- 界定绩效：结果和行为
- 开发计划：沟通和共识

- 监控进度：观察、记录、更新
- 绩效辅导：反馈、支持、改善

个人
绩效

团队
绩效

评价
主体

评价
周期

- 内部：自己、上级、同级、下级
- 外部：客户、供应商等利益相关方

- 短周期：生产类、销售类、服务类、基层类岗位
- 中场周期：研发类、职能管理类、中高层类岗位

评价内容
（目标-指标）
（目标值-权重）

结果
应用

评价
方法

- 内部：自己、上级、同级、下级
- 外部：客户、供应商等利益相关方

- 相对评价：排序、配对比较、强制分布等
- 绝对评价：评语、行为核查清单、关键事件等

绩效反馈
（performance feedback）

绩效评价
（performance appraisal）

- 过去：结果和行为
- 现在：薪酬和激励
- 未来：新目标和计划

- 上级评价：基于绩效计划
- 员工自评：准确度和承诺度

适用场景：绩效系统框架 绩效管理流程 绩效管理逻辑

4.6 绩效管理：战果——团队安身立命之本

1.产生背景

在日常工作中，大家听到跟绩效相关的更多是 KPI（关键绩效指标）、OKR（目标与关键结果）、360 度反馈评价等各类工具。绩效管理工具源于并应用于管理实践，20 世纪 50 年代前，绩效管理理论或工具都限于表现性评价，之后学者们提出了目标管理、关键绩效指标、平衡计分卡等更系统的绩效管理体系。纵观其演变历程，它不断拓宽评价范围，从工作评价扩展到全面地考察企业；也不断增强经营

管理的功能，从绩效评价工具上升到承接组织战略的绩效管理体系。

2.模型介绍

绩效管理工具林林总总，其中以目标管理、关键绩效指标和平衡计分卡应用最普遍。国内使用 PBC（个人绩效承诺）相对小众，但在华为公司扎根已久。OKR 近些年随着互联网大厂的使用而兴起，有趣的是 OKR 和 360 度反馈评价都并非绩效管理工具，OKR 应该配合其他绩效工具共同使用，360 度反馈评价最初是服务于员工的发展，经字节跳动等公司改造后也用于绩效考评。

项目	目标管理MBO	关键绩效指标KPI	平衡计分卡BSC
时代	20世纪50年代	20世纪80年代	20世纪90年代
性质	管理思想和原则 重视工作与人的结合	指标分解的工具与方法 将战略与考核指标结合	集大成的理论体系 将战略管理和绩效管理有机结合
对象	个人	组织、群体、个人	组织、群体、个人
特征	员工参与管理 体现"我想做" 自我管理与自我控制	战略导向 指标的承接与分解 指标层层分解和支撑	战略导向 目标的共享与分享 承接与分解强调因果关系和平衡
关注点	管理、考核（关注结果）	考核、管理（关注结果）	管理、考核（关注过程和结果）
构成要素	目标、指标、目标值	战略、关键成功领域、关键绩效要素和指标	使命、核心价值观、愿景、战略 客户价值主张、四个层面目标、指标、目标值、行动方案
指标设计	根据组织目标 由上下级协商确定	根据组织战略 自上而下层层分解	在使命、核心价值观、愿景、战略、客户价值主张指导下，根据目标分层分别制定
指标类型	侧重定量指标	无前置和滞后指标之分，强调客观指标	有前置和滞后指标之分，有客观指标、主观判断指标之分
指标关系	指标之间基本独立，彼此没有联系	指标之间基本独立，彼此没有联系	目标的因果关系导致四个层面的指标之间有关联

43 绩效管理工具模型
绩效工具源于管理实践

经营管理的功能

由哈佛大学教授罗伯特·卡普兰和RSI公司总裁戴维·诺顿针对企业创建的，成为各种管理理论的集大成者。将企业的目标归结为财务、客户、内部业务管理流程和学习与成长四个基本方面，试图平衡财务与非财务、经营性与非经营性、行动导向与监督性措施间的关系，实现企业整体最优，使之保持与环境的动态协调与平衡。

平衡计分卡（BSC）
（the balanced scorecard）

由IBM创立的、基于战略目标的绩效管理系统，配套BLM业务领先模型使用。PBC包含业务目标(80%)、员工管理目标(20%)以及个人成长目标三个方面。PBC对应的承诺（结果评分）包括结果目标承诺（70%）、执行措施承诺（20%）、团队合作承诺（10%）

个人绩效承诺（PBC）
（personal business commitment）

KPI的核心思想是根据"二八"原则，认为抓住找到组织的关键成功领域，洞悉组织的关键绩效要素，有效管理组织的关键绩效指标，就能以少治多、以点带面，从而实现组织战略目标，进而打造持续的竞争优势。

关键绩效指标（KPI）
（key performance indicators）

目标与关键成果（OKR）
（objectives and key results）

由英特尔公司发明，后在互联网行业颇为流行。OKR并非用于绩效考核，而是目标牵引工具。OKR的内涵主要体现在紧密协作和聚焦价值创造，由O（目标）和KR（关键结果）组成。OKR能调动员工的主动性，有利于企业创新。

目标管理（MBO）
（management by objective）

由彼得·德鲁克提出，是一种以目标为导向，以成果为标准的管理方法。实施过程以计划目标—实施目标—评价—反馈为闭环，重视人的因素，强调目标管理和自我管理，由上下级讨论绩效目标，满足员工的自我实现需求。

表现性评价
（performance assessment）

360度反馈评价
（performance intercross valuation）

由英特尔公司提出，由员工自己、上级、同级、下级甚至客户等，从各个角度全方位反馈评价。360度反馈评价并不以绩效考核为导向，侧重帮助员工认清自身优劣势和促进成长。有些公司在将其进行改进后，和OKR结合用于绩效管理。

评价内容的范围

适用场景：绩效理论发展　绩效管理工具　绩效评价方法

4.6 绩效管理：战果——团队安身立命之本

1.产生背景

管理大师彼得·德鲁克在其1954年出版的《管理的实践》一书中提出了目标管理。目标管理是最重要、最有影响力的概念，从根本上说，绩效管理的核心其实就是管理企业经营目标，即目标管理。在没有系统的绩效管理工具之前，企业应用较多的就是MBO（目标管理），随着时代的变化和企业管理的发展，MBO不再作为一个独立的绩效管理工具存在，但它是所有绩效管理工具的源头。而目标设定原则、目标管理方法等诸多管理思想，已经广泛地应用、渗透于其他的绩效管理体系中，至今依旧熠熠生辉。其中以SMART目标管理模型最应该学习，因为不管哪种绩效管理体系，都会遵循此原则。

2.模型介绍

S：代表具体（specific），绩效指标必须清晰地界定要达成的行为标准，不能笼统含糊。例如"增强客户服务的意识"这个目标有太多具体做法，应该明确"降低3%的客户投诉率""客户订单处理时间提升至2小时"等具体的行为标准。

·M：代表可衡量（measurable），绩效指标必须有一个统一的、标准的、清晰的、可度量的标尺，衡量标准遵循"能量化的质化，不能量化的感化"。常常通过数量、质量、成本、时间、上级或客户评价衡量，如果仍不能衡量，将完成目标的工作进行流程化，通过流程化使目标可衡量。例如"给新员工进一步安排上岗培训"，这个目标既不明确也不容易衡量，应该界定"3月所有入职新员工参加某主题培训课程、培训后考核成绩大于80分才合格"等可衡量目标。

·A：代表可实现（attainable），绩效指标在付出努力的情况下可以实现，过高或过低都不好。目标设定要让员工参与、上下左右沟通，组织和个人就目标达成共识。可以制定出跳起来"摘桃"的目标，不能制定出跳起来"摘星星"的目标。

·R：代表相关性（relevant），绩效指标是与本职工作、工作的其他目标相关的，不能凭主观感觉和个人喜好。

·T：代表时限性（time-bound），绩效指标要根据目标的权重，拟定出完成目标的时间要求，定期检查项目的完成进度与变化情况。不能眉毛胡子一把抓，没分清工作任务的权重、事情的轻重缓急，最后竹篮打水一场空。

44 SMART目标管理模型
经典的目标设定原则

S	**M**	**A**	**R**	**T**
具体 specific	可衡量 measurable	可实现 attainable	相关性 relevant	时限性 time-bound

简易 simple	有意义 meaningful	可接受 acceptable	实际的 realistic	及时性 timely
重要 significant	有激励 motivational	可分配 assignable	有资源 resourced	可追踪 trackable
快速 speed	可管理 manageable	有雄心 ambitious	有报酬 rewarding	可评估 testable
……	……	……	……	……

适用场景：绩效目标管理　目标设定原则　绩效管理理念

4.6 绩效管理：战果——团队安身立命之本

1.产生背景

KPI 可能是很多职场人最不喜欢的制度之一，但职场没有"去 KPI 化"的乌托邦，工具本身没有对错，我们需要的是主动理解并科学地使用 KPI。KPI 是将组织战略目标经过层层分解而产生的、具有可操作性的、用以衡量组织战略实施效果的关键绩效指标体系。首先，要理解"K(key，关键)"，即遵循"二八"管理原则，一个企业在价值创造过程中，每个部门和每一位员工 80% 的工作任务是由 20%的关键行为完成的，绩效管理抓住这 20% 的关键，就抓住了主体。其次，要了解"PI(performance indicator，绩效指标)"，即为了显著提升绩效水平，需要完成哪些相关工作。

2.模型介绍

制定 KPI 的基本思路是先通过对组织战略的分析，洞悉组织的关键成功领域（key result areas，KRA），例如某制造企业有效驱动战略目标的关键成功领域是市场领先、技术创新、精益制造和低人力成本。然后对关键成功领域进行细化和定性描述，解析组织的关键绩效要素（key

performance factors，KPF），即制定关键绩效指标的依据，例如市场领先的关键绩效要素是高市场份额和销售渠道有效性。为了便于对这些关键绩效要素进行量化考核和分析，进一步细化和转变为关键绩效指标，例如高市场份额考核目标市场占有率和销售增长率指标。构建起关键绩效指标体系，驱动团队和个人的绩效管理，就能以少治多、以点带面，实现组织战略目标，进而打造持续的竞争优势。

在实际的 KPI 绩效管理系统中，通常以组织关键绩效指标、部门关键绩效指标和个人关键绩效指标为主体，其他分类方式为补充。组织层面的绩效指标都是 KPI，但在部门和个人的绩效指标中，KPI 并不是全部，还有很大一部分是一般绩效指标（performance indicators，PI），体现了部门职能和个人岗位职责。

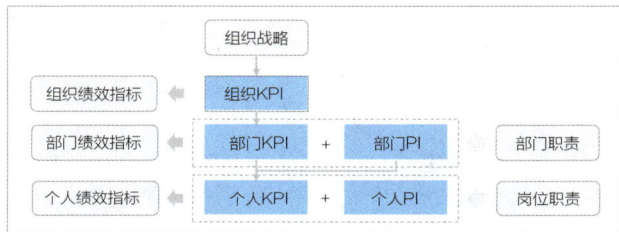

45 | KPI关键绩效指标模型

关键绩效指引成功

目标市场占有率
（KPI 1.1.1）

市场领先
（KRA 1）

KPI（关键绩效指标）
（key performance indicators）

KRA（关键成功领域）
（key result areas）

高市场份额
（KPF 1.1）

KRF（关键绩效要素）
（key performance factors）

销售增长率
（KPI 1.1.2）

KPI（关键绩效指标）
（key performance indicators）

销售计划完成率
（KPI 1.2.1）

销售渠道有效性
（KPF 1.2）

KPI（关键绩效指标）
（key performance indicators）

KRF（关键绩效要素）
（key performance factors）

生产良率
（KPI 2.1.1）

KPI（关键绩效指标）
（key performance indicators）

组织战略

质量控制
（KPF 2.1）

KRF（关键绩效要素）
（key performance factors）

原料批次通过率
（KPI 2.1.2）

KPI（关键绩效指标）
（key performance indicators）

精益制造
（KRA2）

KRA（关键成功领域）
（key result areas）

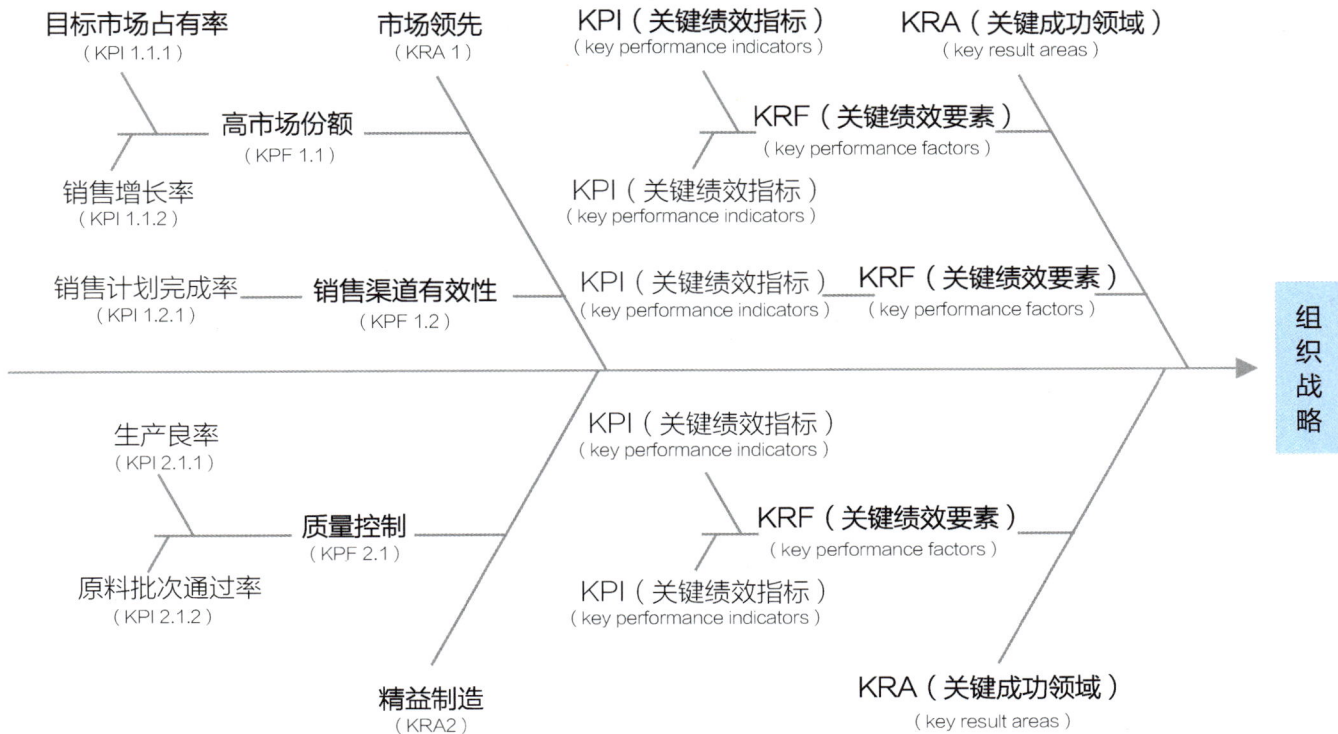

适用场景：关键绩效要素　关键绩效指标　战略目标分解

3.应用模板

①KRA	②KPF	③KPI	承接人	权重	目标值	挑战值	实际进展	评分
市场领先	高市场份额	目标市场占有率	李阳	5%	30%	40%		
		销售增长率	林姗姗	15%	15%	18%		
	销售渠道有效性	销售计划完成率	陈正浩	18%	95%	105%		
		货款回收率	李雪莹	8%	90%	100%		
技术创新	新产品开发	新品立项数	王鹏飞	10%	20	40		
		新品开发完成率	傅芳芳	25%	80%	95%		
	高国产化	国产化率	周延锋	30%	30%	40%		
		国产化费用节约率	叶勇	7%	15%	20%		
财务健康	资产管理	资产负债率	李新哲	6%	30%	20%		
		存货周转率	张龙斌	22%	4	7		
	利润增长	销售利润率	陈志文	20%	30%	40%		
		成本费用利润率	李化	10%	10%	20%		
……	……	……		……	……	……		

4. 使用方法

设计一个完整的基于关键绩效指标的绩效管理系统，通常至少需要三大关键步骤。

步骤①——洞悉关键成功领域（KRA）：根据现有战略目标，进行内部访谈和资料收集，然后通过鱼骨图分析法，和团队一起头脑风暴，对战略目标进行审视，剖析组织的竞争优势。找出团队所需的关键成功领域，要明确三个方面的问题：第一，组织为什么会取得成功，其成功靠的是什么；第二，在过去那些成功因素中，哪些因素能够使组织在未来持续获得成功，哪些因素会成为组织成功的障碍；第三，组织未来追求的目标是什么，未来成功的关键因素是什么。

步骤②——解析关键绩效要素（KRF）：基于关键成功领域的解析，进一步细化成描述性的工作要求，可以与团队共创和思考四个问题：第一，每个关键成功领域包含的内容是什么；第二，达成该领域成功的标准是什么；第三，达成该领域成功的关键措施和手段是什么；第四，如何确保在该领域持续获得成功。

步骤③——制定关键绩效指标（KPI）：明确关键绩效要素后，就要对相关要素的工作进行量化，制定关键绩效

指标。在这些定量指标中筛选出合适的指标，形成关键绩效指标库，作为整个组织进行绩效管理的依据。进而将组织关键绩效指标分解到各部门 KPI，加上源于流程、制度或部门职能的 PI，形成各部门的绩效指标。同理，个人 KPI 也源于对部门 KPI 的承接，将部门 KPI 进一步分解，所有 KPI 最终都需要有人来承担，才能贯彻执行组织战略，实现组织目标。

值得注意的是，KPI 对员工行为具有强引导作用。KPI 设置除了依旧遵循 SMART 原则外，一个岗位的 KPI 数量应该控制在 5~8 个，指标过少可能导致重要工作被忽略，指标过多则分散精力影响结果产出。每个指标在个人考核权重的设置区间一般为 5%~30%，权重过高不利于绩效评估平衡，还影响其他指标达成，权重过低则对评价结果影响力小，也无法突出工作重点。KPI 设置了一个必须达成的目标值，还可以增加一个力争的挑战值，进一步激发团队潜力。

4.6 绩效管理：战果——团队安身立命之本

1.产生背景

平衡计分卡（BSC）是美国哈佛大学商学院教授罗伯特·卡普兰和 RSI 公司总裁戴维·诺顿针对企业创建的组织绩效评价工具，《哈佛商业评论》将其评为 75 年来最具影响力的战略管理工具。在工业时代，传统的业绩管理只注重财务指标，尚且有效。但在信息社会里，组织必须通过在客户、供应商、员工、组织流程、技术和革新等方面的投资，获得持续发展的动力。所以，组织应从学习与成长、业务流程、客户和财务等方面持续改进自身业绩。

2.模型介绍

平衡计分卡主要是通过图、卡、表来实现战略的规划，其经历三代发展。广义的平衡计分卡是就理论体系而言的，包括战略地图和狭义的平衡计分卡。狭义的平衡计分卡是就管理工具而言的，它是与战略地图相并列的一种管理表格。战略地图是对组织战略要素之间因果关系的可视化表示方法，可以将其形象地比喻为一座四层楼房。

顶层：房顶部分是制定战略地图四个层面的基础和依据，由使命、核心价值观、愿景和战略构成，使命和核心价值观描述了组织长期奉行的核心理念，指引着愿景和战略

的形成，确定组织在特定期限内的发展蓝图和战略选择。

财务层：财务层回答的是我们如何满足股东期望的问题。财务绩效提供了组织成功的最终定义；财务战略描述了一个企业想要如何创造持续增长的股东价值，核心是两大财务战略，即财务层面的生产率提升战略和收入增长战略。

客户层：客户层回答的是我们如何满足目标客户需求的问题。它一方面衡量了客户成功的滞后指标，如客户满意度、客户保持率等；另一方面定义了目标细分客户的价值主张。客户价值主张是战略的核心，通常有四种客户价值主张，即总成本最低战略、产品领先战略、全面客户解决方案、系统锁定战略。

业务流程层：业务流程层回答的是我们必须做好哪些重点工作的问题。业务流程为客户创造并传递价值主张；内部流程业绩是客户和财务改进的领先指标。重点是运营管理、客户管理、创新、法规与社会四类创造价值的流程。

学习与成长层：学习与成长层回答的是我们必须在哪些无形资产上做好准备的问题。无形资产是持续创造的源泉，有三种重要的无形资产，即人力资本、信息资本、组织资本。该层面描述了如何将人力、信息技术和组织整合起来支持战略实施。

财务层和客户层界定了战略的绩效结果，业务流程层和学习与成长层则界定了达成预期绩效的战略性驱动因素。

46 | **BSC平衡计分卡模型**
实现战略指导的业绩评价

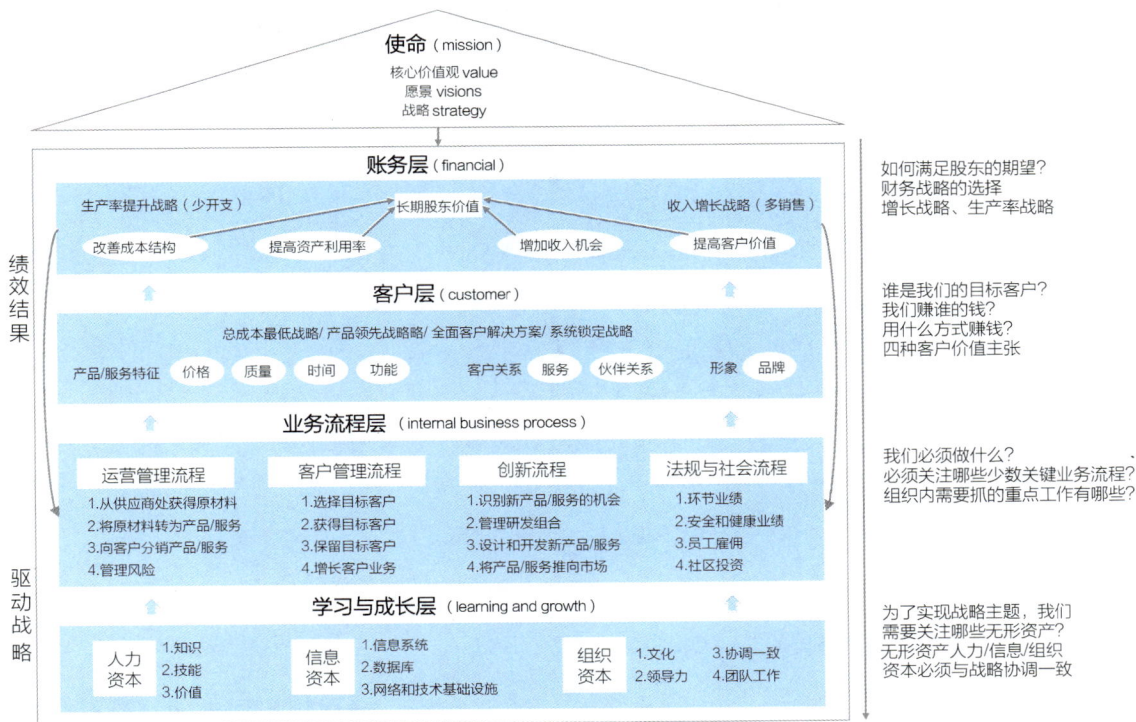

使命（mission）

核心价值观 value
愿景 visions
战略 strategy

账务层（financial）

如何满足股东的期望？
财务战略的选择
增长战略、生产率战略

生产率提升战略（少开支）　　　长期股东价值　　　收入增长战略（多销售）

| 改善成本结构 | 提高资产利用率 | 增加收入机会 | 提高客户价值 |

客户层（customer）

谁是我们的目标客户？
我们赚谁的钱？
用什么方式赚钱？
四种客户价值主张

总成本最低战略/ 产品领先战略/ 全面客户解决方案/ 系统锁定战略

| 产品/服务特征 | 价格 | 质量 | 时间 | 功能 | 客户关系 | 服务 | 伙伴关系 | 形象 | 品牌 |

业务流程层（internal business process）

我们必须做什么？
必须关注哪些少数关键业务流程？
组织内需要抓的重点工作有哪些？

运营管理流程	客户管理流程	创新流程	法规与社会流程
1.从供应商处获得原材料	1.选择目标客户	1.识别新产品/服务的机会	1.环节业绩
2.将原材料转为产品/服务	2.获得目标客户	2.管理研发组合	2.安全和健康业绩
3.向客户分销产品/服务	3.保留目标客户	3.设计和开发新产品/服务	3.员工雇佣
4.管理风险	4.增长客户业务	4.将产品/服务推向市场	4.社区投资

学习与成长层（learning and growth）

为了实现战略主题，我们
需要关注哪些无形资产？
无形资产人力/信息/组织
资本必须与战略协调一致

| 人力资本 | 1.知识 2.技能 3.价值 | 信息资本 | 1.信息系统 2.数据库 3.网络和技术基础设施 | 组织资本 | 1.文化 2.领导力 | 3.协调一致 4.团队工作 |

绩效结果

驱动战略

适用场景：组织发展策略　战略目标分解　关键绩效目标

3.应用模板

层面	①目标	②绩效指标	目标值	③行动方案	预算/元
财务	2024年实现利润8000万元	利润	8000万元	生产国产化项目	5 452 000
	2024年产品销售收入1.6亿元	销售收入	1.6亿元	新产品营销项目	923 000
	2024年股东价值增加1倍	净资产收益率	18.8%	降本增效项目	69 000
客户	2024年高端市场占有率达到60%	高端市场占有率	60%	大客户发开发项目	190 000
	2024年90%关键客户达到满意	关键客户满意度	90%	客户满意项目	50 000
	2024年大客户交付速度增加1倍	平均交货天数	7天	光速交付项目	66 000
业务流程	2024年订单需求100%得到满足	订单需求满足率	100%	生产设备改造项目	7 594 000
	2024年生产良率达到行业领先水平	生产良率	99.8%	ISO 9001国际体系认证	978 000
	因产品质量退货持续保持在1%以下	产品质量退货率	1%	产品交验优化和培训项目	87 000
学习与成长	2024年95%的关键岗位达标	上岗考核达标率	95%	关键岗位培训与考核项目	52 000
	2024年技术知识资本增加1倍	技术专利数	16分	技术专利之星项目	100 000
	员工敬业度持续保持行业平均水平	敬业度	92.5分	盖洛普敬业度咨询项目	80 000

4. 使用方法

狭义的平衡计分卡由财务、客户、业务流程、学习与成长四个层面构成，是将战略地图四个层面的目标转化为衡量指标和目标值，并制定行动方案和预算计划的管理工具。其底层逻辑包括两个方面：一是四个层面及其目标之间在纵向上的因果关系与战略地图是一致的；二是目标、指标、目标值、行动方案和预算之间具有横向推导关系。

步骤①——设置目标：目标是战略与绩效指标之间的桥梁，它说明了战略期望达成什么，即要想实现战略，组织在各层面中要做好哪些事情。目标比战略的内容具体，但比绩效指标抽象，设置原则还是 SMART。通过战略地图，在组织、部门和个人三个层面可将战略具体转化为一整套财务目标、客户目标、业务流程目标、学习与成长目标。财务层目标通常与获利能力有关，其衡量指标有营业收入、资本报酬率、经济增加值等，或者销售额的迅速提高或创造现金流量。客户最关心的不外乎时间、质量、性能、服务和成本，应围绕这五个方面树立清晰的客户层目标。业务流程层目标应以对客户满意度和实现财务目标影响最大的业务流程为核心，既包括短期的现有业务改善，又涉及长远的产品和服务革新。学习与成长层目标弥补实现前三层所需组织能力的差距，包含员工技能提升、信息系统完善、组织效率改善等。

步骤②——设计绩效指标和目标值：绩效指标用以衡量该目标的实现程度，应根据期望的绩效水平设置合理有挑战的目标值。财务层指标衡量的主要内容包括收入的增长、收入的结构、降低的成本、提高的生产率、资产的利用率和投资战略等。客户层指标衡量的主要内容包括市场份额、老客户挽留率、新客户获得率、顾客满意度、获得的利润率等。业务流程层指标专心衡量那些与股东和客户目标息息相关的流程，涉及企业的改良过程、经营过程和售后服务过程。学习与成长层指标衡量无形资本的提升情况，如员工满意度、员工保持率、员工上岗培训率等，以及这些指标的驱动因素。

步骤③——制定行动方案和预算：依据目标、绩效指标和目标值综合制定行动方案，行动方案说明了组织怎么做才能实现预定的战略目标，是有时间限制的、自主决定的项目或计划。制定行动方案时还要计算预算，即支持行动所需的人、财、物等资源。管理者必须对行动方案进行管理和评估，结合预算筛选出切实可行、投入产出比最优的行动方案。

4.6 绩效管理：战果——团队安身立命之本

1.产生背景

OKR 是由英特尔公司创始人安迪·葛洛夫改造 MBO 后创建的，目前已在知名互联网和高科技公司广泛使用，更适合知识型和创新型岗位。OKR 是一套严密的思考框架和持续的纪律要求，旨在确保员工紧密协作，把精力聚焦在能促进组织成长的、可衡量的贡献上。OKR 也是一套目标管理工具和方法，包括目标的制定、目标的沟通对齐、目标完成情况的跟踪等。简单来讲，分为 O（objective，目标）与 KR（Key Results，关键成果）两部分内容。

2.模型介绍

O（目标）：它主要回答关于选择的问题，即"我们想做什么"。O 应采用定性描述，既要有方向感，也要有力度。一个好的目标应当是简洁明了、鼓舞人心、能使团队形成共鸣的。具体有 6 项标准：①目标不是简单的文字堆砌，而应具备鼓舞人心的力量；②找到理想与现实的平衡点，努力跳起来可以"摘桃子"而非"摘星星"，可以实现；

③采用季度等固定周期时限，适应快速变化的节奏；④创建 OKR 时，确保在团队层级范围内是可控的；⑤目标应当源自战略，为团队贡献价值；⑥目标是定性的，应当以文字的形式来表述，用数字说话是 KR 所关注的内容。

KR（关键成果）：它主要回答关于判断的问题，即"我们如何知道达成目标"。KR 用于衡量达成的结果，天然地就应采用定量描述。一个好的关键成果描述是符合 SMART 原则的、通常 2~5 个 KR 就可以支持 1 个 O。具体也有 6 项标准：①与目标相反，KR 必须用数字说话；②要符合目标管理的 SMART 原则；③设定高挑战性目标，能带来更好的绩效和更高的工作满意度；④绝大多数应当由责任人自己创建，而非公司强制下发；⑤坚持进步原则，越是频繁地感知到进步，就越有创造性；⑥既要和领导团队实现上下对齐，也要和协同团队平行对齐，驱动正确的行为表现。

OKR 最大的优势，是它特别强调短周期执行，加快了项目进度和学习成长。但为了避免短视现象，OKR 应放在更大的战略框架中考虑，应把使命、愿景、战略转化为行动。另外，在不同层面部署 OKR，也要采取不同的管理方案。

47 | OKR目标与关键成果模型
聚焦核心目标和价值创造

使命 mission
我们为什么存在?
组织存在的价值、意义、社会责任和角色

愿景 vision
我们看到怎样的未来?
组织的未来状况、长期愿望和发展蓝图

战略 strategy
什么对总体成功最重要?
组织自上而下的各项整体性规划

目标 objective
我们想做什么?
聚焦近期要实现的重点目标

关键成果 key results
我们如何知道达成目标?
能支撑目标实现的关键成果

五种OKR部署方案

①仅在公司层级
· 清晰传递公司最高层的目标　· 展示了高管的承诺和责任

②仅业务单元/团队中试点
· 提供OKR概念的示范　· 展示速赢并吸引其他团队加入

③公司层面和业务单元/团队层面
· 更加雄心勃勃的方案　· 需要清晰的OKR部署说明

④全公司范围内都实施
· 能实现最大程度的对齐　· 管理挑战和风险大

⑤项目层面
· 平滑切入OKR的一个可行方案(备选)
· 强化项目管理的纪律

O 一个好的目标设置应当是简洁明了、鼓舞人心、能使团队形成共鸣的

objective 目标

鼓舞人心	可达成的	固定周期	团队可控	商业价值	定性描述
像最成功、公司历史上等	理想和现实平衡跳起来"摘桃子"	以季度为周期适应变化节奏	在相应层级内是可控的	应源于战略为团队贡献价值	以文字的形式而非数字的形式

定量描述	SMART	有挑战的	自主制定	进步原则	对齐一致	key results
与目标相反数字16就是定量	符合SMART原则	高挑战性目标激发成员思考	责任人自主创建而非强制下发	能频繁看到进度才能持续创造	要上下左右对齐团队协作很重要	关键结果

KR 一个好的关键成果描述是符合SMART原则的,2~5个KR就可以支持1个目标

适用场景:团队目标设定　关键成果达成　OKR 管理机制

3.应用模板

① O	② KR	责任人	③ KR实际进展	评分
用户增长团队: 突破公司有史以来 最大教师用户基数	一季度新增100万活跃教师用户	周延锋		
	一季度教师保留率从80%提升到95%	李新哲		
	一季度结束时当季新注册教师数突破10万	傅芳芳		
市场团队: 优化最合理的成本 交付最优质的标杆学区	一季度每个潜在客户整体市场成本降至200元	张龙斌		
	一季度10%的潜在客户挖掘后在4周内转为付费用户	叶勇		
	一季度交付4个营销成本低于2万元、 符合公司标杆要求8项指标的学区	陈志文		
销售代表 李雪莹: 构建销售流程2.0 使所在区域市占翻盘	二月归档和分析100个潜在客户的初始销售记录	/		
	一季度向50%潜在客户交付产品演示程序2.0	/		
	一季度将5%的潜在客户转化为付费新客	/		
产品设计师 林姗姗: 打造有史以来最易用 的核心产品用户界面	梳理和推进用户提出的需求特性 一季度在系统中可以实现80%以上	/		
	一季度关键客户对产品易用性的满意度 从上一年的6分至少提升到8.5分	/		
......	......	......		

4. 使用方法

为了更好地达成这些标准，下面提供 OKR 撰写的诊断工具，总结一些技巧和操作建议，以辅助管理者实操。

步　骤	诊　　断	建　　议
步骤① 撰写O	避免原地踏步	目标应当鼓舞人心并且能增加商业价值，和你的能力最大程度地匹配，避免比如"维持市场份额"的模糊表述
	用积极正向的语言	比起"改善饮食习惯，减少摄入垃圾食品"，"摄取健康食物"更能激发人去追求想要的食物
	从动词开始	每一个目标都应当以动词开始，体现一定的行动以及对期望方向的贡献。例如"客户忠诚度"就很含糊
	使用通俗易懂的语言	尽量避免采用缩写词，选择所有人都能明白的语言，可以带来很好的传播效应
	是否维持日常运转	如果这项答案选是，那目标有可能选错了，这些只是例行的事情
步骤② 撰写KR	只写关键项而非罗列	不能罗列全部事项，以表明你有多么辛苦。请把精力聚焦在那些能让目标取得实际进展的KR上
	基于结果而非任务	例如"给潜在用户发一封邮件"是任务，而"往渠道中增加25个合格机会"就是一个需要一定付出的KR
	用积极正向的语言	积极正向的信息会增强工作动机和承诺感，例如将"把错误比例降低至10%"换成"把精确度提升到90%"
	符合SMART原则	简洁明了的、可衡量的、可实现的、有相关性的、有时限的
	务必指定一个责任人	为了避免旁观者效应，团队KR要分配责任人
步骤③ OKR评分 （针对KR而 非O）	1分	结果远超预期，几乎不可能达成
	0.7分	这是我们希望能达到的程度，虽然很难但是可以达成
	0.3分	我们知道肯定能达成，只是需要很少的帮助或不需要帮助
	0分	说明没有任何进展

第 **5** 章

PART

育才 **人才培养与学习成长**

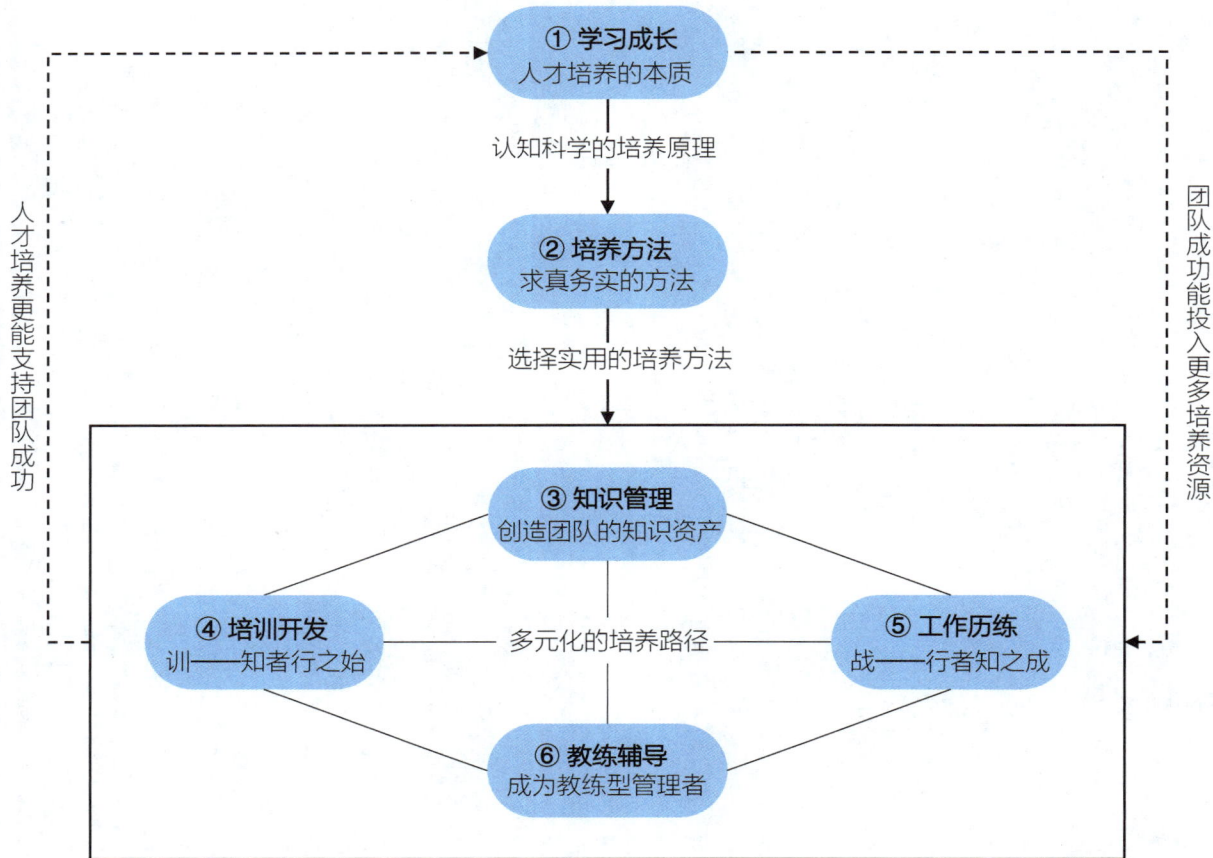

① 学习成长
人才培养的本质

认知科学的培养原理

② 培养方法
求真务实的方法

选择实用的培养方法

③ 知识管理
创造团队的知识资产

④ 培训开发
训——知者行之始

多元化的培养路径

⑤ 工作历练
战——行者知之成

⑥ 教练辅导
成为教练型管理者

人才培养更能支持团队成功

团队成功能投入更多培养资源

管理模块	学习重点	管理模型
5.1　学习成长	为了适应竞争环境和获得持续增长，管理者需要确保人才的持续更新，建设学习型组织，带领团队不断学习和成长	48.学习型组织模型 49.企业学习模型 50.人才培养的概念模型 51.学习与转化模型
5.2　培养方法	管理者需要掌握"求真务实"的人才培养方法，"求真"是指以实证研究的理论为基础，不能违背科学规律，合理地提升培养的信效度；"务实"是指以企业需求和管理实践为主旨，选择ROI最优的培养方案	52.成人学习模型 53.经验学习模型 54.反馈学习模型 55.70-20-10模型
5.3　知识管理	不管是支持业务改进还是人才培养，想要构建团队的知识资产，需要管理者善于用技术工具促进团队内的知识创造和协作管理，能基于业务分析和能力培养需求，不断积累和开发专业技能、业务经验等宝贵的无形资产	56.DIKW知识管理模型 57.ASECI知识创造模型 58.学习地图模型
5.4　培训开发	正式的培训开发是企业人才培养工作中研究最系统的一个领域，管理者需要理解培训的基本逻辑，了解培训的需求分析和目标制定、常见培训方法的选择标准以及培训效果的评估，以便更精准地选择培训方案	59.ISD教学系统设计模型 60.培训需求分析模型 61.ASK培训目标模型 62.传统的培训方法模型 63.基于新技术的培训方法模型 64.培训效果评估模型
5.5　工作历练	知者行之始，行者知之成。在工作中历练、学习、积累经验，不仅仅是学习成长的路径，也是人才培养成果的试金石。管理者对人才的培养应该做到"训战结合"，并融入人才盘点的用人策略中，实现育才和用才的双剑合璧	65.在职体验开发模型
5.6　教练辅导	人际学习是极其重要的育才手段，特别是管理者的辅导反馈，影响最大。不断挖掘员工的内在潜能，培养其自主责任感，让员工在管理者和团队的反馈中获得新的成长，形成一种业绩、员工和团队三赢的高绩效发展之路	66.高绩效教练模型 67.GROW教练模型 68.反馈模型 69.复盘模型 70.述职模型

5.1 学习成长：人才培养的本质

1.产生背景

前一章介绍的 BSC（平衡计分卡）将学习与成长列为企业最重要的四大战略层面之一，因为面对当今竞争激烈的市场，企业现有的技术和能力已无法确保其实现未来的业务目标，只有不断地学习与成长，才能获得持续增长的动力。团队组织的质量，主要取决于组织不断学习和创新的能力。那如何获取这个能力？答案就是建立学习型组织（learning organization）。

彼得·圣吉教授在《第五项修炼：学习型组织的艺术实践》中阐述了学习型组织的艺术与实践。学习型组织是指能够持续开发创造未来的能力的组织，英文原意并没有"型"的含义，而是指"不断学习的组织"。在其中，大家得以不断突破能力上限，创造真心向往的结果，培养全新、前瞻而开放的思考方式，全力实现共同的抱负，以及不断学习"如何共同学习"。学习型组织的工作核心基于五项终身的"学习修炼"。

2.模型介绍

自我超越：指个人学习和成长的修炼，是组织学习的基础。自我超越的修炼是通过学习扩展自身能力，从而获得最理想的结果，并且创造一种组织环境，促进组织成员的个人成长和发展，让他们追求自己的志向和目标。

心智模式：指存在于个人和群体中的描述、分析和处理问题的观点、方法，以及决策的依据和准则。心智模式的修炼是对自己头脑中的图像进行反思，并不断加以改进，使其变得更清晰，并看清它如何影响我们的行为和决定。

共同愿景：指整个组织中的个体内心的图景，是学习实践的焦点，也是其动力来源。共同愿景的修炼是集体成员共同勾勒出大家为之奋斗的未来图景，确定工作原则和指导性规范，从而在集体中建立起一种承诺奉献精神。

团队学习：这是一项集体修炼，是协同校正的过程，是开发团队能力的过程。团队学习的修炼是改变交谈和集体思考的技巧，从而能用可靠的方法，发展出超越团队成员个人才能总和的集体智慧和能力。

系统思考：这是第五项修炼，是一个观察系统整体的思考框架，将前四项修炼融为理论与实践的统一体，是学习型组织看待世界的基石。系统思考的修炼的实质是心灵的转变：看清各种相互关联的结构，而不是线性的因果链；看清各种变化的过程模式，而不是静态的"快照图像"。

48 | 学习型组织模型
组织的学习与成长

共同愿景的修炼是集体成员共同勾勒出大家为之奋斗的未来图景，确定工作原则和指导性规范，从而在集体中建立起一种承诺奉献精神

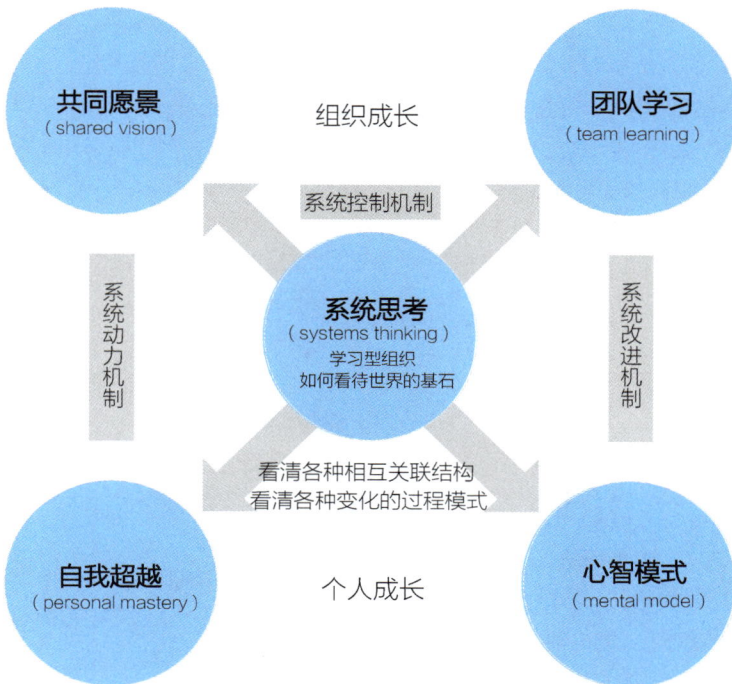

共同愿景
（shared vision）

组织成长

团队学习
（team learning）

团队学习的修炼是协同校正的过程，改变交谈和集体思考的技巧，从而用可靠的方法，发展出超越团队成员个人才能总和的集体智慧和能力

系统控制机制

系统动力机制

系统思考
（systems thinking）
学习型组织
如何看待世界的基石

系统改进机制

看清各种相互关联结构
看清各种变化的过程模式

自我超越的修炼是组织学习的基础，通过学习扩展自身能力，从而获得最理想的结果，追求自己的志向和目标

自我超越
（personal mastery）

个人成长

心智模式
（mental model）

心智模式的修炼是对自己头脑中的图像进行反思，并不断加以改进，使其变得更清晰，并看清它如何影响我们的行为和决定

适用场景：学习型组织建设　团队学习机制　个人修炼与成长

5.1 学习成长：人才培养的本质

1.产生背景

企业学习是指员工获取知识、技能和竞争力，培养态度、塑造行为习惯的行为。最常见的学习方式是培训，但仅以培训为由不足以得到企业高层在资金和其他方面的支持，企业内的学习要达到改进质量、提高效率和绩效、促进产品开发及留住关键人才的目的，员工的学习成果应有利于人力资本等企业无形资产的开发。人力资本是指知识、先进的技术、系统的理解和创新，以及提供优质产品或服务的动机，可以说是企业员工在工作中运用的知识、创新能力、生活阅历、精力及热情等要素之和，是企业难以模仿的独有资产，有利于提升竞争优势。

2.模型介绍

企业中的学习形式多种多样，但与团队人才培养强相关的主要有三类。第一类是正式学习，一般指企业策划和组织的正式培训与开发。培训借助正式的培训课程、项目及活动，来帮助员工掌握当前工作必备的知识、技能与行为。开发则侧重于提高员工胜任未来的职位和工作的能力，例如领导力开发、人才测评、工作历练、人际互动等开发活动或发展计划。随着培训越来越强调战略性，培训与开发的界限将日益模糊。

第二类是非正式学习。非正式学习是指由员工主动发起，不在正式学习场合进行，以行动为主、旨在实现发展的学习过程，这对企业开发人力资本同等重要。非正式学习由需求驱动，学习的形式多种多样，包括员工独自学习、与同事即时交流、社交媒体学习、非正式谈话、多人协作和分享、实践经验等。非正式学习和正式学习不是互相替代的，而是互相补充和促进的。

第三类是知识管理。知识管理是指设计和运用工具、流程、系统、结构和文化来促进知识的创造、共享和使用，从而提高公司绩效的过程。知识管理有利于促进非正式学习，比较典型的例子是 SOP（标准作业程序），互联网大厂在这方面走在前列，例如飞书文档、语雀等新一代云文档和知识管理工具，可以高效沉淀团队经验和知识资产，并进行内部分享和交流学习。

管理者在日常的团队学习中，不要局限于传统的培训，还可以通过开发、非正式学习和知识管理来实现。

49 | 企业学习模型
团队的学习与成长

正式培训与开发
formal training and development

企业策划和组织的培训与
开发项目、课程及相关活动

培训项目
面授课程
线下课程
开发计划
……

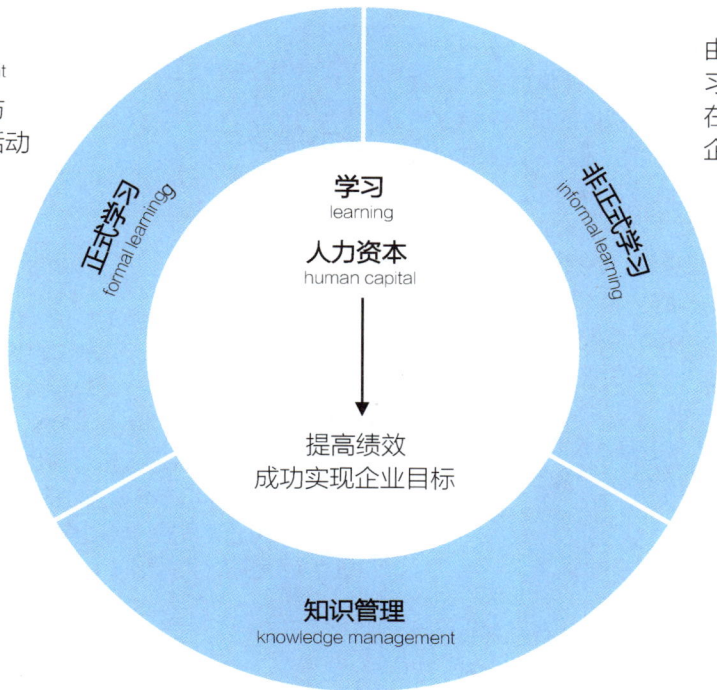

由员工主动发起，不在正式学
习场合进行，以行动为主、旨
在实现发展的学习过程，这对
企业开发人力资本同等重要

即时交流
社交学习
非正式谈话
协作分享
实践经验
……

正式学习
formal learning

非正式学习
informal learning

学习
learning

人力资本
human capital

提高绩效
成功实现企业目标

知识管理
knowledge management

设计和运用工具、流程、系统、结构和文化来促进知识的创造、共享和使用，从而提高公司绩效的过程

适用场景：企业学习系统　人力资本开发　团队学习管理

5.1 学习成长：人才培养的本质

1.产生背景

　　组织和个人都要学习和成长。从管理角度来说，彼得·德鲁克强调管理者要想作出卓有成效的贡献，除了直接成果，还要培养与开发明天所需要的人才。如果在成效中缺少任何一个方面，机构就会衰败甚至垮台。组织如果不能持续存在，就是失败。所以，一个组织必须今天准备明天的接班人，其人力资源必须更新，必须经常提高水准。一个组织如果仅能维持今天的视野、优点和成就，就一定会丧失适应力。组织能力成长的背后需要有源源不断的人才更新，管理者要一手抓人才的外部引进，一手抓人才的内部培养，两手抓，两手都要硬。企业的实际人才培养工作中，往往充斥着组织发展、人才发展、人才管理、人才培养、培训学习、学习发展等各类工作划分，需要先厘清各种基本概念。

2.模型介绍

　　组织发展：核心目的是让组织不断适应外部环境的变化，可持续地健康发展，释放人才和团队最大的潜能。侧重于组织能力的建设，主要帮助管理层整合和发展组织的核心能力，为实现战略目标提供保障。

　　人才发展：核心目的是为组织持续提供关键人才，帮助组织发挥长期优势。侧重于人才的管理，关注关键人才数量和人才队伍质量的提升，主要工作包括关键岗位人才的招募、识别、发展、管理和留任。招聘、薪酬、绩效一般会由相应模块的 HR 负责，所以主要剩下人才发展职能，有些公司的人才发展会独立存在，有些则会与组织发展或学习发展合并。

　　学习发展：对应传统的培训开发工作，更关注员工技能开发、行为改善和绩效提升，业务管理者一般比较熟悉。

　　人才培养：企业中衡量人才培养成功的标准，输出指标往往是人才质量，通常是一个员工的能力提升、胜任更高的岗位和创造出更多的价值。这部分是人才在职场评价体系里的"发展"，是比较明确的绩效优秀和职位晋升。但输入指标和培养过程是比较综合和复杂的，单纯的培训不等于人才培养，企业里通常意义上的人才培养，应该包含人才发展和学习发展工作，这也与人才的培养方式息息相关。还有一种评价方向是人才的"成长"，属于生命意义上的个人成长和心理发展，学习是人类主动获取成长最关键的方式。综上所述，人才培养的本质是一种学习与成长的过程。

50 | 人才培养的概念模型
个人的学习与成长

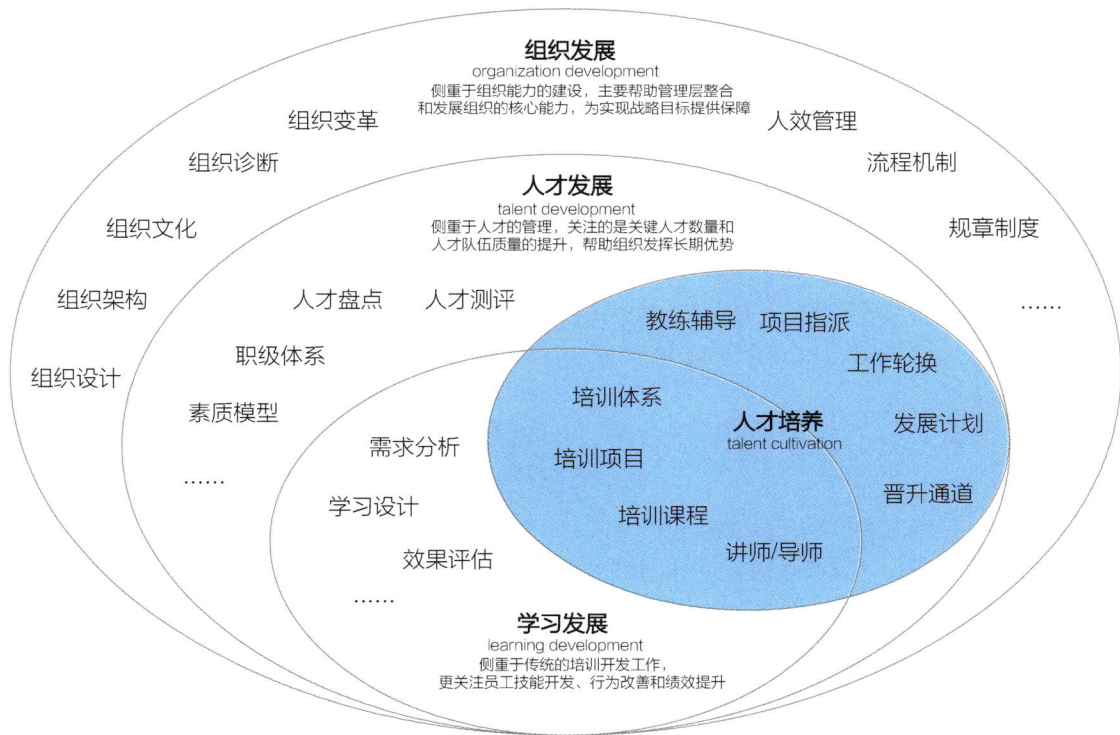

组织发展
organization development
侧重于组织能力的建设，主要帮助管理层整合
和发展组织的核心能力，为实现战略目标提供保障

组织变革　　　　　　　　　　　　　　　人效管理

组织诊断　　　　　　　　　　　　　　　流程机制

组织文化　　　　**人才发展**　　　　　　规章制度
　　　　　　　talent development
　　　　　侧重于人才的管理，关注的是关键人才数量和
组织架构　　人才队伍质量的提升，帮助组织发挥长期优势

组织设计　　人才盘点　人才测评　　　　　　　　……

　　　　　职级体系　　　　　教练辅导　项目指派

　　　素质模型　　　　　　　　　　　　工作轮换

　　　　　　需求分析　培训体系　**人才培养**　发展计划
　　　　　　　　　　　　　　talent cultivation
　　　　……　　学习设计　培训项目
　　　　　　　　　　　　　　　　　　晋升通道
　　　　　　效果评估　　培训课程

　　　　　　……　　　　　　讲师/导师

　　　　　　　　　学习发展
　　　　　　　　learning development
　　　　　　侧重于传统的培训开发工作，
　　　　更关注员工技能开发、行为改善和绩效提升

适用场景：组织发展　人才发展　学习发展

5.1 学习成长：人才培养的本质

1.产生背景

企业内的学习目的是绩效提升和人才培养，学习让人在能力上有相对持久的变化，包括知识、技能、态度、行为和素质上的变化，但这种变化并非自然成长的结果，学习有转化才有成长，需要保障员工高效学习和在工作中应用所学内容所必需的条件。雷蒙德·A.诺伊归纳了一个综合性的，清晰地展现了有效学习和转化的主要权变因素的企业员工学习管理框架，这个框架可以作为管理者进行团队学习管理的参考。

2.模型介绍

学习转化是指员工有效并持续将所学应用于工作中，包含学习成果的维持和泛化。维持是指随着时间的推移，还能保持记忆和继续使用所学内容的过程；泛化是指将所学应用到与学习情境中遇到的问题相同或相似的工作中的能力。学员的特点、学习设计及工作环境都影响学员是否有效学习和将所学应用到自己的工作中。

企业的学员都是成年人，有别于在学校里受正规教育的青少年。成人学习有独有的特点，学员的目标导向、成熟度和角色定位也极大地影响学习的设计。目标导向即学员所持有的目标，包含学习导向和绩效导向。学习导向是学员努力提高自己在某项任务上的能力或素质，关注如何学习，并把失误和错误当作学习的一部分；绩效导向关注任务绩效以及与其他人比较有更高的绩效水平，看重能力而不是学习，会试图避免犯错。不同人的目标导向会有所不同，并且自身的成熟度和角色定位也不同，管理者应该综合设计恰当的学习策略。

有效的学习转化离不开高质量的学习设计，设计的学习方法并非主观臆测，而是基于人类学习心理规律、科学实证研究和企业的学习实践，这样才可能事半功倍。关于这部分内容，我们会在下一节探讨求真务实的人才培养方法。

此外，要确保工作环境支持学习和转化，包括管理者和同事的支持与反馈、运用所学技能的机会和结果、公司的学习激励措施等。研究表明，学习转化氛围与管理者在培训学习后的管理行为和人际关系行为的积极变化密切相关。

51 学习与转化模型
学习有转化才有成长

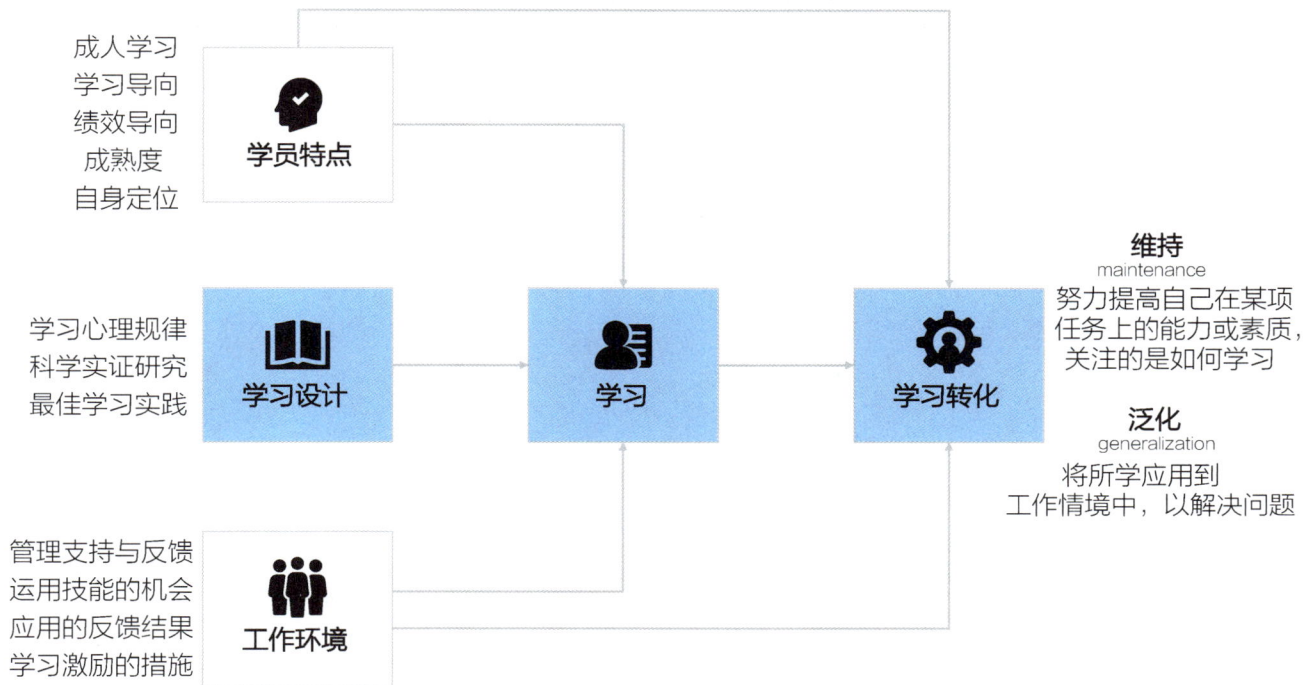

成人学习
学习导向
绩效导向
成熟度
自身定位

学员特点

学习心理规律
科学实证研究
最佳学习实践

学习设计

学习

学习转化

管理支持与反馈
运用技能的机会
应用的反馈结果
学习激励的措施

工作环境

维持
maintenance
努力提高自己在某项
任务上的能力或素质，
关注的是如何学习

泛化
generalization
将所学应用到
工作情境中，以解决问题

适用场景：团队学习设计 学习转化评估 学习管理支持

3.应用模板

① 人才类别	需求/特点	② 学习设计	工作环境	③ 学习转化效果	识别问题
新员工	团队融入 企业文化 应知应会	• 采用什么样的 学习方式 • 有哪些学习渠 道和资源 • 成员们的满意 度是什么水平 ……	• 团队支持度是 什么水平 • 学习氛围是否 积极 • 团队成员是否 有新技能的运 用机会 • 自身的支持方 式、参与行为 和反馈动作 ……	• 成员是否掌握胜任岗 位必需的知识、技能 和素质 • 团队的工作质量和创 新产出怎么样 • 新业务、新产品、新 流程等在团队中的执 行效率和效果如何 • 团队在培训与开发、 知识管理等工作上的 投入度如何 ……	
初阶员工	通用力 业务基础 流程工具				
中阶员工	专业力 业务技能 典型案例				
高阶员工	教导他人 难题攻关 创新突破				
继任者	领导力 管理基础 发展计划				

4. 使用方法

在深入探讨人才培养设计前，我们应该先审视当前团队学习与成长的方式和现状，以便后续优化学习管理方案。

步骤①——团队的人才分类和特点解析： 不同人群的培养需求和学习特点大有不同，例如，新员工学习重点是了解和融入团队，加强岗位适应和胜任能力，往往主动性比较强，需要学习的内容也比较确定。应根据团队的情况选择合适的人才分类逻辑，例如入职年限、招聘渠道、人才盘点结果等，并分析对应人群的需求和特点，将其作为团队学习管理的出发点。

步骤②——学习方式和工作环境支持度： 明确针对不同的人群细分，团队当前采用什么样的学习设计，大家都有哪些学习渠道和资源，成员们的满意度是什么水平。此外，应明确在学习的过程中，团队的工作环境的支持度是什么水平，学习氛围是否积极，成员是否有新技能的运用机会，特别是管理者自身的支持方式、参与行为和反馈动作。

步骤③——学习转化效果评估和问题识别： 关于不同人群的学习转化效果，管理者应该是团队里了解最全面的。通过日常工作表现和沟通互动，管理者可以评估：成员是否掌握胜任岗位必需的知识、技能和素质？团队的工作质量和创新产出怎么样？新业务、新产品、新流程等在团队中的执行效率和效果如何？团队在培训与开发、知识管理等工作上的投入度如何？团队学习和分享交流主要采取什么方式，频率怎么样？团队成员的学习热情和成长速度如何？

管理者应该认识到，学习与转化对有效培养人才的必要性至关重要，因此应从成员的日常学习和工作表现，关注学习转化效果，识别团队学习管理的问题。例如，员工没有或错误地将学习的内容应用到工作中，也许并非态度和能力问题，而是因为学习设计有误，或者是组织没有为他们提供应用机会或未能支持正确应用。通常认为，应该在员工培训学习结束后关注学习转化的观点是错误的，相反，学习转化在学习设计和日常工作中就该关注。要从团队管理层面去塑造积极的转化氛围和团队学习机制，助推团队学习和人才培养工作。

5.2 培养方法：求真务实的方法

1.产生背景

　　管理者需要掌握"求真务实"的人才培养方法，"求真"是指以科学实证研究的理论为基础，不能违背人类心理发展的规律，科学地提升培养的信效度；"务实"是指以企业需求和管理实践为主旨，选择 ROI 最合适的培养方案。

　　早期的心理学和教育学理论主要局限于青少年的学校教育学（pedagogy），马尔科姆·诺尔斯教授在 1968 年提出了成人教育学（andragogy）这样一个全新概念，意为"帮助成人学习的艺术和科学"。成人学习的主要特征是，课堂上的老师和学员是平等的，学员对学习的方式和时间有更多的控制权。诺尔斯提出了很多成人学习准则和理念，这些理念至今仍然影响着企业的学习发展管理和人力资源管理。

2.模型介绍

　　·学习背景和目标。成人需要知道为什么这些事情很重要，为什么要花时间学习。因此在进行学习设计时，应确保学员尽早了解培训的目的，了解这些信息或内容将如何影响他们，为什么他们应该关注，以及培训内容将如何带来改变。

　　·自我指导的需求。成人在进入学习情境时，往往带着一种自己是谁的独立自我意识，认为自己是自我指导、负责任的成人，不喜欢接受他人的命令。因此在进行学习设计时，帮助学员识别他们的需求并指导他们学习至关重要。

　　·固有经验的作用。成人能运用自己积累的人生经验来理解新知，这些经验是其后继学习的资源或障碍。因此，在进行学习设计时，应该设置小组学习，并在过程中以学员的经验为基础，充分运用这些来之不易的经验和知识。

　　·学习意愿和需要。成人的主动学习需要看到学习体验与自身需要之间的关联，这些需要与改变自我的社会角色密切相关。因此在进行学习设计时，帮助学员了解新知识将如何让他们更好地应对日常工作和生活，有助于提升其主动学习的意愿。

　　·以问题为中心。成人更务实，一般会带着问题去参加学习，愿意投入精力去学习能帮助他们解决问题或提升绩效的内容。因此在进行学习设计时，应该花时间了解学员在现实工作中遇见的问题，并根据这些需求开发和调整内容。

　　·内在动机的驱动。成人对内部动机（如工作满意度、兴趣、自尊和生活质量）产生的反应最大，当产生内在价值或带来个人收益的具体需求出现时，就更有动力学习。因此在进行学习设计时，应该将学习与内在动机联系起来。

52 成人学习模型
帮助成人学习的艺术和科学

学习背景和目标
andragogy 01

成人需要知道为什么这些事情
很重要，为什么要花时间学习

学习意愿和需要
andragogy 04

成人的主动学习需要看到学习体验与
自身需要之间的关联，这些需要与改
变自我的社会角色密切相关

自我指导的需求
andragogy 02

成人有独立的自我概念
能够指导自己的学习
不喜欢接受他人的命令

以问题为中心
andragogy 05

成人学习是以问题为中心的，
希望所学的内容能帮助
他们解决问题或提升绩效

固有经验的作用
andragogy 03

成人积累了丰富的人生经验，
这些经验是其后继学习的资源或障碍

内在动机的驱动
andragogy 06

成人对内部动机（如满意度、兴趣、
自尊和生活质量）产生的反应最大

适用场景：学习发展理论　成人学习特性　团队学习设计

5.2 培养方法：求真务实的方法

1.产生背景

职场学习讲究工作上见真章，从工作经验中学，"干中学，学中干"是否有科学道理？这就需要谈谈大卫·库伯的经验学习理论。大卫·库伯在总结了约翰·杜威、库尔特·勒温和让·皮亚杰经验学习模式的基础之上提出自己的经验学习模式，亦即经验学习圈理论。他认为，任何学习过程都应遵循由四个阶段构成的动态"学习圈"，这四个阶段为具体经验、反思观察、抽象概括和主动试验。

2.模型介绍

学习的起点或知识的获取首先来自人们的经验，这种经验可以是直接经验，也可以是间接经验。有了经验，下

一步便是进行反思，即对经验获取过程中的知识碎片进行回忆、整合等，把"有限的经验"进行归类和条理化。然后，有一定知识背景和概括能力的人，会对反思的结果从理论上进行系统化和理论化。最后一个阶段是行动，即对已获知识进行应用和巩固，检验是否真正"学以致用"。学习过程的底层逻辑有两个基本结构维度，第一个称为领悟维度，包括两个对立的掌握经验的模式：一是直接领悟具体经验；二是间接理解符号代表的经验。第二个称为改造维度，包括两种对立的经验改造模式：一是通过内在的反思；二是通过外在的行动。

库伯认为，每个人的内在性格、气质的差异性，以及生活、工作阅历、教育背景的差异性，导致了每个人学习风格的不一致，重视或忽视的学习阶段各不相同，形成了发散型、同化型、聚合型和调节型四种类型，在进行学习设计时应当考虑对方学习风格的差异。

类　型	主要学习阶段	特　征
发散型	具体经验、反思观察	善于产生想法，多角度审视环境，并且能够了解它们的意义和价值；对人、文化和艺术感兴趣
同化型	反思观察、抽象概括	善于归纳推理，创建理论模型，并且综合各种不同的观点形成统一的解释；注重想法和抽象的概念，较少关注人
聚合型	抽象概括、主动试验	善于决策，将想法应用于实践，并且善于假设、推理和归纳；偏好处理技术类的任务，而不是人际交往类的事务
调节型	主动试验、具体经验	善于制订计划，并且投身于新的试验；倾向于与人交往，但可能显得缺乏耐心并且急功近利

53 | 经验学习模型
知识的获取源于对经验的升华和理论化

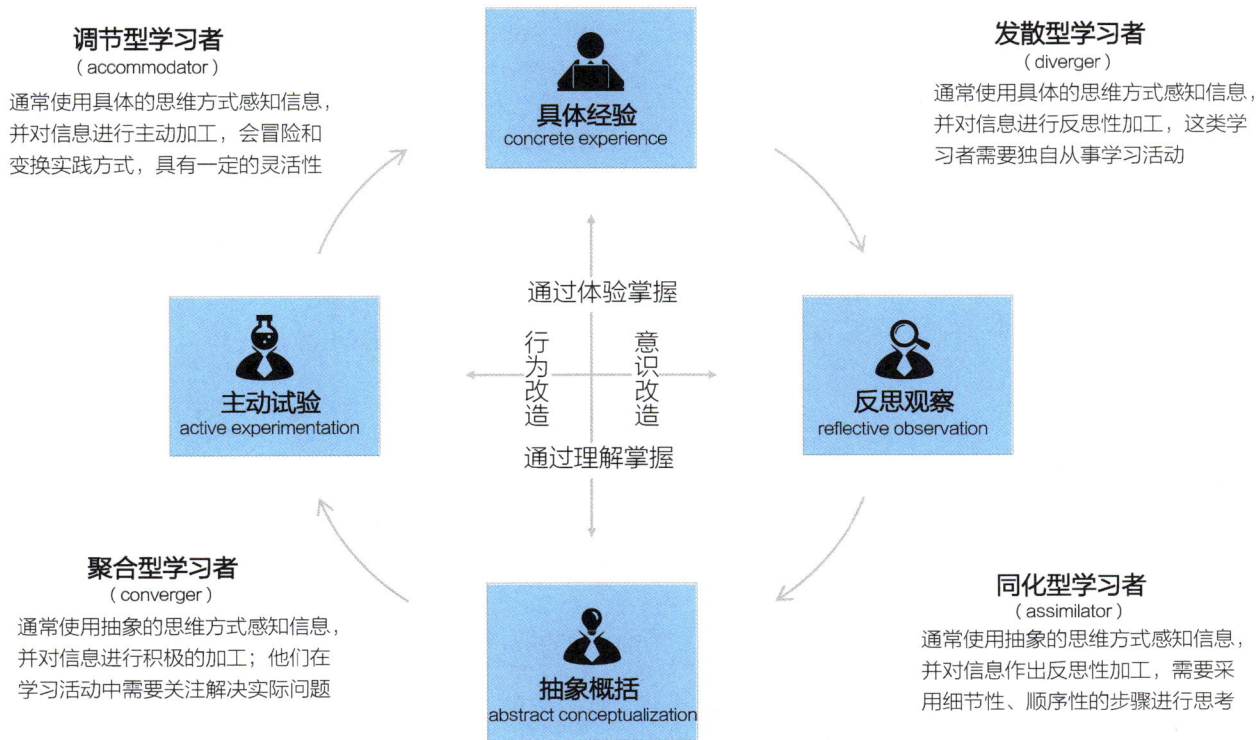

调节型学习者
（accommodator）
通常使用具体的思维方式感知信息，并对信息进行主动加工，会冒险和变换实践方式，具有一定的灵活性

发散型学习者
（diverger）
通常使用具体的思维方式感知信息，并对信息进行反思性加工，这类学习者需要独自从事学习活动

具体经验
concrete experience

反思观察
reflective observation

主动试验
active experimentation

通过体验掌握

行为改造　意识改造

通过理解掌握

聚合型学习者
（converger）
通常使用抽象的思维方式感知信息，并对信息进行积极的加工；他们在学习活动中需要关注解决实际问题

抽象概括
abstract conceptualization

同化型学习者
（assimilator）
通常使用抽象的思维方式感知信息，并对信息作出反思性加工，需要采用细节性、顺序性的步骤进行思考

适用场景：经验学习理论　体验式学习　行动学习

5.2 培养方法：求真务实的方法

1.产生背景

在职场的人际互动中，他人给予的反馈实际上是极其关键的学习成长机会，尤其是管理者给予员工的反馈。很多人对反馈缺乏科学认知，仅将反馈当作一种"他人的评价或偏见"，往往竖起防御心理，急于解释和纠正别人的"看法"。"可见的学习"理论创始人约翰·哈蒂教授将反馈视为学习最重要的因素，他的研究论文《反馈的力量》被广为引用，其对反馈的科学规律的一系列实证研究放在职场情境中，能帮助我们理解反馈的底层逻辑。

2.模型介绍

管理者经常说他们知道反馈是有用的，但他们提供有用反馈的频率却出奇地低，大多数情况下，反馈是泛泛而谈的赞美，常常只有寥寥数语，或者只在绩效反馈时例行告知。反馈的本质目的是缩小当前理解 / 表现与预期目标之间的差异，通过反馈改变员工的思维或行为，以改善学习效果，促进员工的能力提升和心智成长。反馈不应该被视为单向的传输模式，而应该被看作在管理者和员工之间进行双向传输和共同努力的模式。

管理者提供的反馈应该针对员工的三个主要问题：你要去哪里？你如何到达那里？下一步要去哪里？第一个问题是通过明确目标和成功标准来解决的，并且要不断提升挑战性。第二个问题应明确相对于目标而言，员工当下的表现水平如何，探讨缩小差距的策略。第三个问题探讨员工可采取的具体行动，以及需要的管理支持。

根据员工情况和具体需求，反馈可能是三种不同类型中的一种或多种。第一种是单回路的纠正性反馈：它与动作、行为和可见的效果或结果（好的 / 理想的或错误的 / 不理想的）相关联，员工可以借此说出它是对的还是错的以及应该是什么样子的，但从这类反馈中并不会学到太多。第二种是双回路的指导性反馈，这种反馈是关于如何执行任务的，告知员工什么是错的，以及该如何纠正并做得更好。第三种反馈是知识发展或认识论反馈，这被称作三回路反馈，也是最佳反馈类型，管理者可以鼓励员工思考什么人、何时以及如何完成任务。

扩展阅读　企业的人才培养和发展工作是由培训和成人学习领域演变而来的，建立在有关学习以及学习如何发生的众多理论基础之上，在过去 100 多年里，研究者、心理学家、执业者和思想领袖不断充实着这些理论。由于篇幅所限在此只介绍三个相关理论，欲了解更多人才学习发展的科学理论，请扫右边二维码扩展阅读。

54 | 反馈学习模型
反馈是为了学习和成长

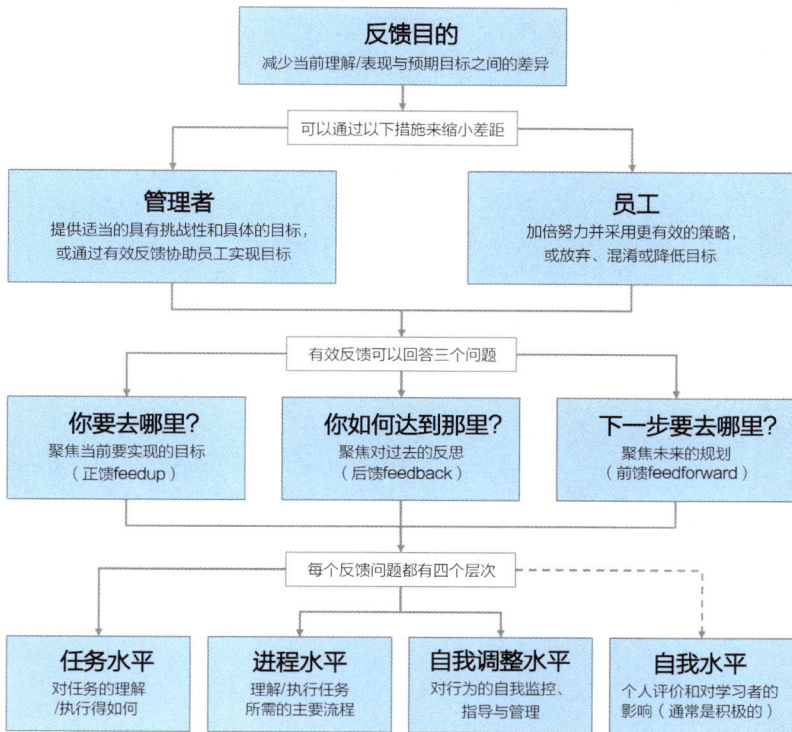

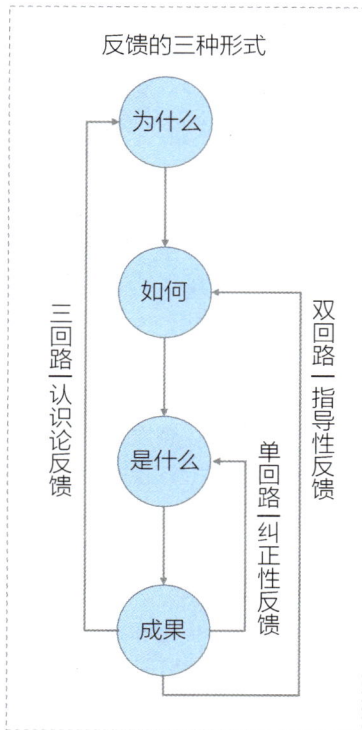

反馈目的
减少当前理解/表现与预期目标之间的差异

可以通过以下措施来缩小差距

管理者
提供适当的具有挑战性和具体的目标，
或通过有效反馈协助员工实现目标

员工
加倍努力并采用更有效的策略，
或放弃、混淆或降低目标

有效反馈可以回答三个问题

你要去哪里？
聚焦当前要实现的目标
（正馈feedup）

你如何达到那里？
聚焦对过去的反思
（后馈feedback）

下一步要去哪里？
聚焦未来的规划
（前馈feedforward）

每个反馈问题都有四个层次

任务水平
对任务的理解
/执行得如何

进程水平
理解/执行任务
所需的主要流程

自我调整水平
对行为的自我监控、
指导与管理

自我水平
个人评价和对学习者的
影响（通常是积极的）

反馈的三种形式

为什么

如何

是什么

成果

三回路—认识论反馈

双回路—指导性反馈

单回路—纠正性反馈

适用场景：反馈学习理论　绩效改进目标　有效反馈技巧

5.2 培养方法：求真务实的方法

1.产生背景

要探讨在企业中广泛应用的"务实"的人才培养和学习方法，不得不提到 70-20-10 模型（也有 721 原则等称呼）。该模型最初由创新领导力中心的罗伯特·艾兴格和迈克尔·隆巴多在 20 世纪 80 年代提出，这个研究原本是关注高层管理者如何管理和领导团队的，研究组采访了很多公司的高层，让他们反思有意义的学习与发展、能力的提升到底源于哪里，包括他们自己、他们团队及整个公司的学习。

有趣的是，后来渐渐地各公司学习专家都用这个模型来描述职场学习是如何发生的，但实际上没有实验性证据来支持这一个假设。即便如此，在现实中，这个模型仍具有极强的生命力，国内外衍生了泛在学习 3-33 模型、3E 学习模型、721 学习法则等诸多版本。可见存在即合理，而这也是"务实"的表现之一。也许对于其中的比例论证会存在争议，但不妨碍以此为新任管理者搭建一个简单易懂的人才培养方法的学习框架。

2.模型介绍

70% 的学习来自工作历练。前面说到了成人学习与学校教育不一样的特点，更关键的是，职场人士以工作为主，工作经验自然成为最重要的学习收获，并且具有最好的投资回报率和效果验证，受到众人的青睐。

20% 的学习来自人际互动。向导师、主管、同行等他人学习，或者自己以教代学向他人传道授业，都是人际学习的重要途径。人际学习显得尤为重要的一个原因在于，它可以有效促进内隐知识的获得。

10% 的学习来自正式培训。相比前两者"粗放"的学习，正式的培训与开发已经实践和沉淀了许多精细化的学习方法，这部分看似只占比 10%，但对于团队学习管理是最不可或缺的一部分，也是人才培养管理内容最丰富的一部分。

除此之外，不要忘记团队的知识管理。知识管理是业务运营流程和团队经验沉淀的重要工具，能有效促进以上三种学习。无论采用什么学习方法，学习内容的开发都离不开知识管理的支持。所以我们应先从知识管理切入讲解，理解学习内容的本质，并学会如何利用知识管理支持其他三种学习。

55 | 70-20-10模型
被广泛应用的职场学习模型

在岗经验 工作实践 问题解决……

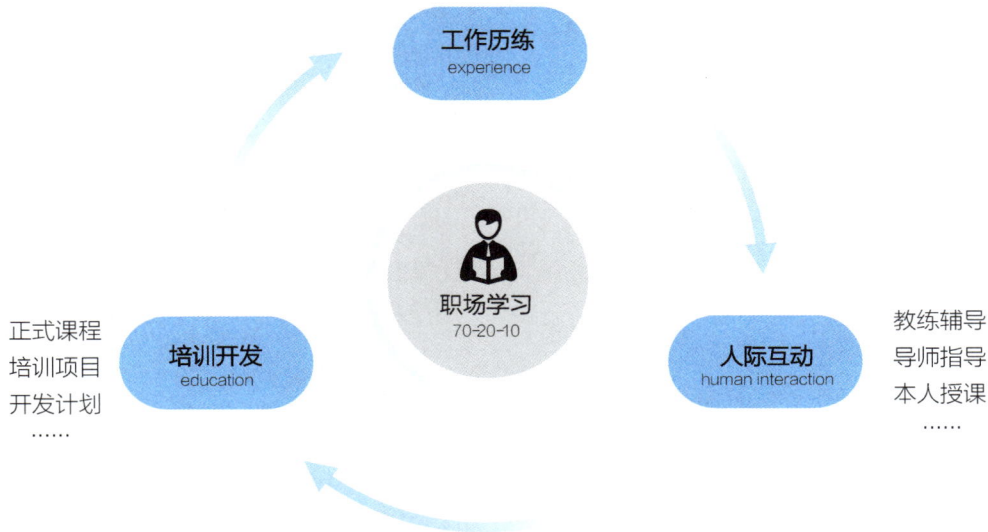

工作历练
experience

职场学习
70-20-10

培训开发
education

正式课程
培训项目
开发计划
……

人际互动
human interaction

教练辅导
导师指导
本人授课
……

知识管理 knowledge management
设计和运用工具、流程、系统、结构和文化来促进知识的创造、共享和使用，
从而提高公司绩效

适用场景：企业学习规划 团队学习方法 人才培养方式

5.3 知识管理：构建团队的知识资产

1.产生背景

在信息大爆炸的时代，组织对于有效管理信息和知识资产的需求，比以往任何时候都要强烈。知识管理作为一门独特的学科何其庞大，本书只是聚焦冰山一角的团队知识学习主题，期望帮助管理者达到两个小目标：第一，建立对知识和知识管理的基础认知；第二，利用轻量级知识协作工具，沉淀团队的业务经验，以及标准化岗位的应知应会，促进团队学习和知识资产积累。要"管理知识"，首先要区分知识管理的不同组成部分。

2.模型介绍

DIKW 模型就是一个被广泛应用的知识管理框架，这个模型可以追溯到英国诗人 T.S. 艾略特所写的诗《岩石》，经后世扩展出更详细更深层次的内容解释，本书主要借鉴刘润和 ATD 相关版本。DIKW 模型告诉我们，管理知识和认知学习要从物理世界中，挖掘出数据，粗炼出信息，精炼出知识，聚合为智慧。

数据（data）：数据是关于世界的事实，具体但缺乏条理，即原始素材和文档。数据没有情境，并且受直接体验或互动的限制。希劳夫（Thierauf）将数据定义为"对传统管理者影响最小的非结构化事实和数字"。

信息（information）：信息是经过情境化、分类和提炼的数据，即加工处理后有逻辑的数据，可以揭示特定时期的趋势或指出业务模式。阿克夫（Ackoff）认为，可以从带有"谁、什么、何处、何时以及多少"开头的问题答案中发现信息。

知识（knowledge）：知识具有由无数信息（知识点）及其关联关系所连接形成的网状形态，通常是框架化的经验，体现于文档和资料的描述中，也流转于组织机构的流程、处理和实践中，可以支持当下的行动，有利于完成任务。

智慧（wisdom）：智慧关心的是未来，具有预测的功能。智慧是对知识的应用，其内在表现为思维活动的激活，外在表现为推理决策的过程。知识的应用往往还会产生新知识，思维活动还会将新知识纳入已有的知识网络中。

从数据升级到智慧，需要关注两个维度：一是理解力，从数据搜索，吸收成信息，经过分析或行动转变成知识，再通过分享和互动升级为智慧；二是情景性，先通过数据采集、建立连接，组合为信息，形成一个整体的知识体系，再发展成可以统合综效的智慧。信息、知识是对过去已有数据的分析，智慧层面则是对未来有影响力的决策。

56 DIKW知识管理模型
数据、信息、知识和智慧

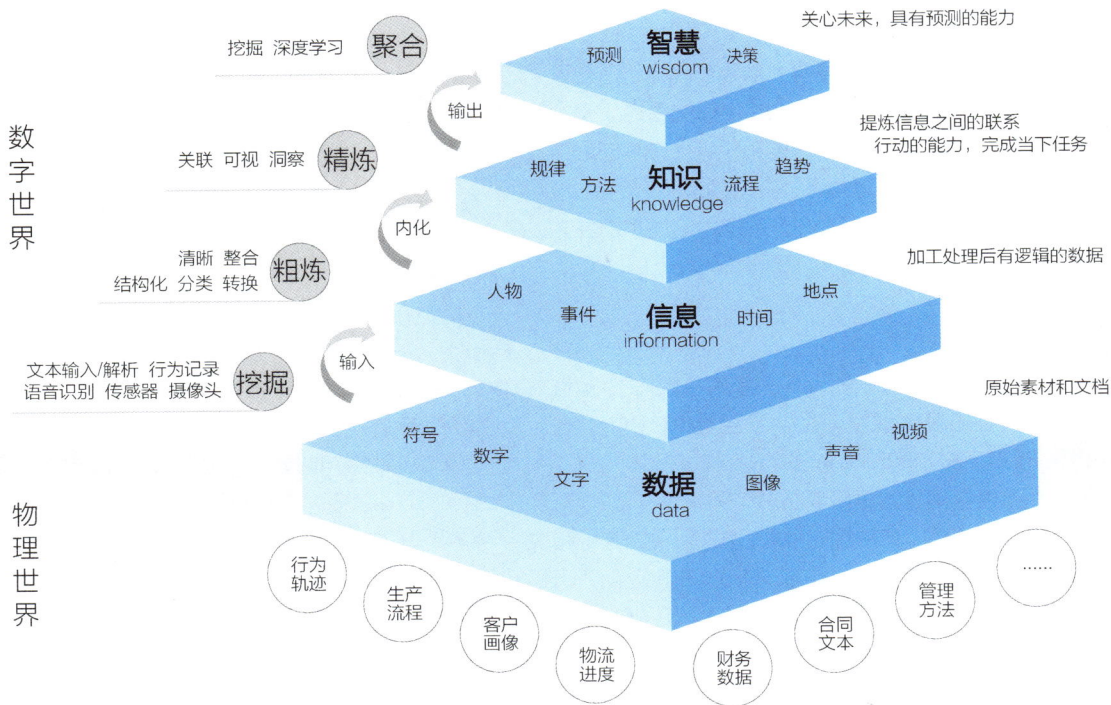

关心未来，具有预测的能力

挖掘 深度学习 聚合

智慧 wisdom
预测 决策

输出

提炼信息之间的联系
行动的能力，完成当下任务

关联 可视 洞察 精炼

知识 knowledge
规律 方法 流程 趋势

内化

加工处理后有逻辑的数据

清晰 整合
结构化 分类 转换 粗炼

信息 information
人物 事件 时间 地点

数字世界

文本输入/解析 行为记录
语音识别 传感器 摄像头 挖掘

输入

原始素材和文档

数据 data
符号 数字 文字 图像 声音 视频

物理世界

行为轨迹 生产流程 客户画像 物流进度 财务数据 合同文本 管理方法 ……

适用场景：知识管理 信息识别 数据分析

5.3 知识管理：构建团队的知识资产

1.产生背景

早在 20 世纪 60 年代初，彼得·德鲁克就提出了知识工作者和知识管理的概念。20 世纪 90 年代中后期，素有"知识创造理论之父"和"知识管理的拓荒者"之称的野中郁次郎进一步发展了知识管理体系，在《创造知识的企业》一书中，提出了组织知识创造理论，系统地论述了隐性知识与显性知识，还构建了 SECI 知识创造模型。

2.模型介绍

组织知识创造理论把客观的、用语言表达出来的、理性的知识称作"显性知识"，把主观的、从经验中获得的、有可能知道但无法用语言清晰陈述的知识称作"隐性知识"。显性知识包括参考指南、数据库或图书馆里的百科全书等，隐性知识包括行为技巧（如熟练的技能、直觉、诀窍等）和思维技巧（如看问题的角度、思维方式等）。在企业创新活动的过程中，隐性知识和显性知识互相作用和转化，知识转化的过程实际上就是四种知识创造模式的过程。

社会化（socialization）：个体通过共享经验把自己的隐性知识转化为他人的隐性知识，形成新的隐性知识。比如师带徒、头脑风暴等。面临的主要挑战：如何识别组织中的专家，如何沟通协作，如何总结和传递经验。

外显化（externalization）：个人与群体中成员的对话，把自己的隐性知识转化为大家都理解的显性知识，提出概念、假设等。比如书面总结经验、开发培训课程。面临的主要挑战：受限于知识量和视野，可能无法表达出显性知识。

组合化（combination）：个体把群体里的显性知识组合形成更复杂、系统的显性知识体系，建立理论模型。比如从多个来源收集和整理知识，获得新发现。面临的主要挑战：大量知识被独占或隐藏，或存在于不同介质中，难以被整合和搜索。

内隐化（internalization）：个体通过把模型运用到实践中去，将组织的显性知识转化为个人的隐性知识并持续积累。比如通过学习团队内的专业课程，来提升自己的专业能力。面临的主要挑战：信息量过大，缺乏指导。

SECI 模型并非循环一周就结束，它不停地运作，层次逐步提高，以更加广阔的视角获取更加深刻的知识。SECI 会在知识创造的"场"里，螺旋上升、不断循环，保持创造性与效率性的动态平衡，从根本上把知识升华到智慧的高度。

57 | SECI知识创造模型
显性知识与隐性知识的知识螺旋

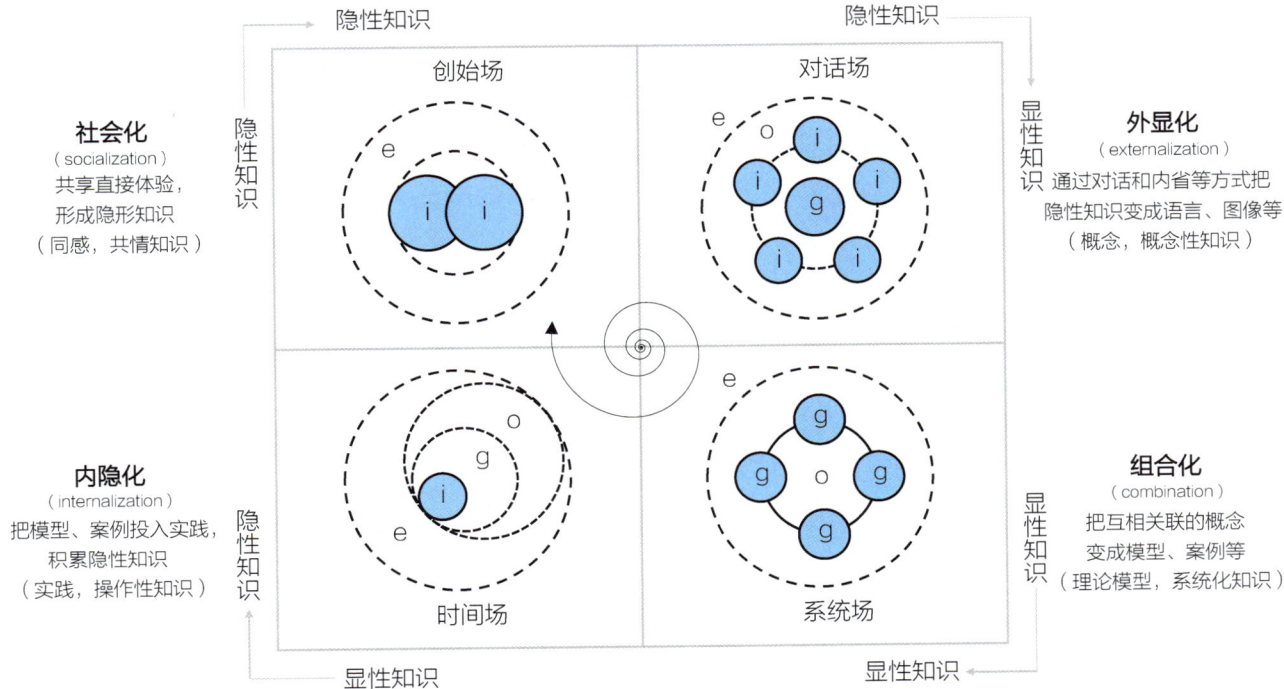

隐性知识   隐性知识

社会化
（socialization）
共享直接体验，
形成隐形知识
（同感，共情知识）

隐性知识 · 创始场 · 对话场 · 显性知识

外显化
（externalization）
通过对话和内省等方式把
隐性知识变成语言、图像等
（概念，概念性知识）

内隐化
（internalization）
把模型、案例投入实践，
积累隐性知识
（实践，操作性知识）

隐性知识 · 时间场 · 系统场 · 显性知识

组合化
（combination）
把互相关联的概念
变成模型、案例等
（理论模型，系统化知识）

显性知识   显性知识

个体（individual）、群体（group）、组织（organization）、环境（environment）
"场（Ba）"定义为知识被转移、分享、利用、创造时所处的情境，可以是单独的物质空间（例如办公室）、
虚拟空间（例如微信社群）或精神空间（例如共享的理念），也可以是三者的任何组合。

适用场景：知识类型　知识创造　知识学习

5.3 知识管理：构建团队的知识资产

1.产生背景

　　学习地图，也称学习路径图，是指以能力发展路径为主轴而设计的一系列学习活动，它整合了胜任力模型、职业发展路径和企业学习资源三大要素，为团队的学习发展提供导航系统。学习地图的底层逻辑是对知识地图的拓展应用，其原理在于，通过分析识别能力发展和知识结构的先后顺序，重新进行排列组合，使学习活动更具科学性和有效性。早在1993年，史蒂夫·罗森伯姆和GE公司（通用电气公司）在合作的学习地图实践中发现，新员工利用学习地图达到胜任工作标准的时间几乎缩短了30%~50%。学习地图简单易用，而且构建的过程也比较清晰明了。

2.模型介绍

　　岗位分析：这部分是前面章节岗位设定的内容，应根据团队分工情况，明晰岗位职责和工作任务，按不同的职业族和专业序列划分。通过岗位梳理，团队可以大大减少冗余重复的学习内容，降低学习地图规划的复杂度。

　　能力建模：这部分是前面章节胜任标准的内容，应构建一系列的胜任力模型，识别不同序列和职级所需的关键专业和管理技能，并进行不同职级的能力分层。许多公司在设置职级体系时，会有对应的能力模型和胜任要求。

　　内容设计：这是构建学习地图的核心阶段，应基于胜任力模型进行经验萃取、内部外学习资源整合和学习设计，并对学习内容进行分层分级，以匹配不同岗位和不同人群。这个阶段也是团队知识开发，将隐性知识外显化的过程。现代企业极少执行终身雇佣制，人员流动在所难免，将岗位经验和隐性知识沉淀下来，可有效避免因人离职而流失殆尽。

　　体系建立：将知识地图和学习资源组合成学习包，根据新员工、通用类、专业类、管理类等人群进行归类，并以新任、初级、中级、高级等标准进一步分级。纵向通道上，按照公司的职业发展路径形成相应的晋级学习包。横向通道上，依据岗位核心工作要点形成轮岗学习包。体系化的学习地图能清晰地告诉员工，在能力发展的每个阶段应该学习什么内容，努力的方向和目标是什么，晋级和轮岗应具备什么样的能力，从而有效促进团队学习效率，加速人才培养。

58 学习地图模型
学习发展的导航系统

岗位分析	能力建模	内容设计	体系建立

岗位分析

明晰组织架构和岗位设定

描述岗位职责和工作任务

划分职业族和专业序列

能力建模

能力识别		
	BEI（行为事件访谈法）	专家小组
	问卷调查	工作观察

能力分类		
	专业技能	管理技能
	通用技能	……

能力分级		
	初级	中级
	高级	……

内容设计

内容开发		
	经验萃取	学习设计
	资源整合	……

内容分类		
	专业类	管理类
	通用类	……

内容分级		
	A级	B级
	C级	……

体系建立

知识地图

专业知识A级	管理知识A级
专业知识B级	管理知识B级
专业知识N级	管理知识N级
通用类/新人类/应知应会类知识	

+

学习资源

课程资源	讲师资源
实施形式	……

团队分工	胜任标准	知识开发	学习地图

适用场景：学习地图设计　业务经验萃取　知识技能开发

3.应用模板

① 序列/岗位	职级	胜任力/任务	描　述	② 学习目标/要点	学习方法	学习资源
销售经理	初级 L5	沟通能力	熟悉商务报告撰写与演讲技巧	了解商务报告的格式规范、内容逻辑、呈现设计知识，以及演讲的技巧	培训课程	"商务报告与演讲技巧"培训课程
				掌握制作介绍产品的报告，并向客户推介产品亮点的技能	实操训练	分配导师、实地走访客户
			熟悉基本工作沟通交流的技能	……	……	……
			……	……	……	……
		……	……	……	……	……
……	……	……	……	……	……	……

4. 使用方法

学习地图秉承"用以致学"的原则，"以终为始"的学习理念，是将团队无形的知识资产显性化的一个工具。根据野中郁次郎的外显化原则，应掌握经验性知识进行显性化的关键——流程化、格式化、模板化，将提取的经验性知识通过工具进行模板化，并将其融入培训学习的内容中，使其完成工作的步骤和工具得到统一。业务管理者利用学习地图时以实用为主，不必拘泥于形式，但要重点做好整体规划，阐述清楚能力要求和学习框架。

步骤①——明确不同岗位的胜任力要求： 这是学习地图的基础。人力资源体系相对完善的公司，可以直接引用公司的专业序列和职级体系，小团队也可以直接采用岗位和通用职级。分级的底层逻辑可以参考德雷福斯技能获得模型，人的职业成长路径遵循"从初学者到专家"的发展规律，其发展过程分为初学者（新手）、高级初学者、胜任者、精通者、专家。不同级别匹配不同的胜任力要求，掌握相关知识和技能的广度和深度也有所不同。

步骤②——设计学习和匹配资源： 首先，要澄清学习目标和学习要点，如果胜任力描述比较符合 SMART 原则，可以直接作为学习目标。如果胜任力比较复杂，需要转化成可操作的学习目标，进而拆解成学习要点，明确此项胜任力要求掌握的知识和技能。其次，要明确想达成学习目标，掌握这些学习要点，可以采用什么学习方法，是正式的培训、人际学习还是工作历练。最后，要盘点和整合团队现有的学习资源，评估是否足够支持学习和能力培养。传统的培训课程虽然具有比较通用、系统化的学习内容，但需要一定的开发成本和人力支持，没有条件的团队可以采用 SOP（操作手册）或者师带徒方式。如果资源比较紧缺，可以边干边学，并委派团队骨干有计划地开发学习资源，逐步积累和沉淀。

除了基于胜任力的逻辑，缺乏胜任力体系建设的团队，也可以直接基于任务的逻辑。管理者基于团队目标将关键工作任务直接拆解，或采用团队共创形式群策群力，输出典型场景和关键任务流程，从而形成可以支撑业务的学习计划。

5.4 培训开发：训——知者行之始

1.产生背景

教学设计是有效学习的基本要素，ISD 教学系统设计（instructional system design）就是用于开发教学或学习体验的系统方法的统称，也可称为教学开发、课程开发、培训教学系统、学习体验设计或其他术语。ISD 的基本理念是，培训需要明确阐述训后学员必须达成的目标，以及如何评估他们的绩效，这样的学习才最有效果。ISD 要求采用系统方法，分析并选择最合适的策略、方法论和技术来最大限度地提升学习体验和知识转化程度。

无论是线下授课还是在线学习，任何培训活动或项目的基本设计原理都相同，只是术语和流程有些差异。佛罗里达州立大学教育技术中心于 1975 年为美军创建的ADDIE 模型就是最初的 ISD 框架，这个缩写代表创建培训和绩效支持工具的五个阶段：分析、设计、开发、实施和评估，目前大多数 ISD 模型是 ADDIE 的变体。

2.模型介绍

ADDIE 等 ISD 模型的最重要优点是利用教学系统快速高效地完成项目设计，但 ISD 并非一成不变、缺乏灵活性。业务管理者不需要像人才发展专业人士一样精通此道，可以将其进一步简化成培训前、培训中、培训后需要关注的管理和支持重点。

培训前： 核心关注"要学什么"的问题，做好学习目标的制定。发起培训需要投入成本，关键是要解决团队绩效的问题，也许这个问题的解决方案不是培训，如需要改善激励、重新设计流程，因此培训需求分析很重要。

培训中： 核心关注"如何去学"的问题，做好教学活动的实施。虽然很多公司有培训 HR 来设计和运营培训项目，但业务管理者也要了解培训与开发的具体方法，才可能判断所选择的培训方法是否正确，能否促进学习效果最大化。

培训后： 核心关注"学到什么"的问题，做好学习成效的测评。培训结束才是行动的开始，要评估培训成果以衡量培训过程是否有效达到了预期目标。实际上，从培训需求就开始评估，才能确定目标与成果的衡量尺度。

59 | ISD教学系统设计模型
最经典的教学设计方法论

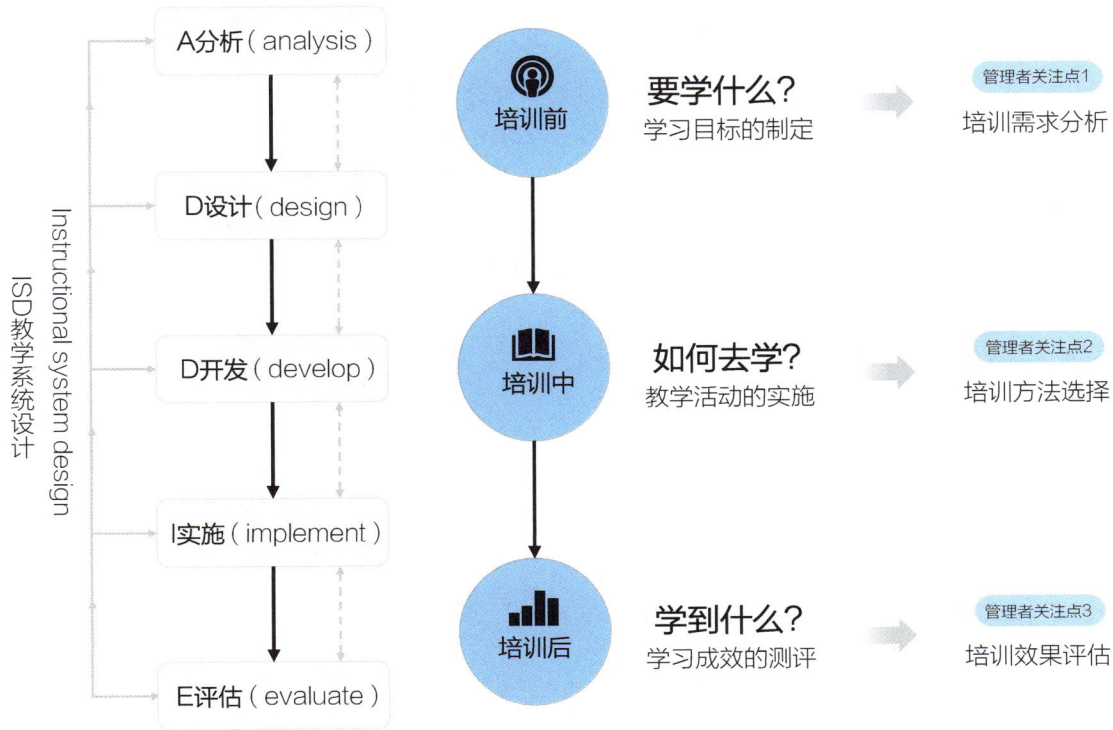

Instructional system design
ISD教学系统设计

A分析（analysis）

↓

D设计（design）

↓

D开发（develop）

↓

I实施（implement）

↓

E评估（evaluate）

培训前 —— 要学什么？
学习目标的制定
→ 管理者关注点1
培训需求分析

培训中 —— 如何去学？
教学活动的实施
→ 管理者关注点2
培训方法选择

培训后 —— 学到什么？
学习成效的测评
→ 管理者关注点3
培训效果评估

适用场景：培训教学设计　培训管理机制　培训开发过程

5.4 培训开发：训——知者行之始

1.产生背景

需求的确定通常作为 ISD 流程的第一步，培训需求的分析与评估可以参考 I.L. 戈德斯坦等三位学者研究的三层次分析模型，三层次包括组织分析、人员分析和任务分析。首先，在组织内部会存在许多压力点，包括绩效问题、新技术应用、内外部客户的培训要求等，都表明培训是必要的，但事情真的是这样的吗？只有知识的缺乏可以通过培训手段解决，其他压力点需要运用其他管理手段解决，所以要对组织、人员和任务进行全面分析。

2.模型介绍

组织分析： 回答"培训背景是什么"的问题，确认培训是否符合公司的战略导向，管理者、同事和学员是否支持培训活动，以及是否拥有培训资源。经营战略影响着培训的类型、频率和资源投入；管理者和员工的支持度影响学习动机、参与度和学习转化效果。当然，任务分析和人员分析的结果，也会影响组织对培训投入的决策。

人员分析： 回答"谁需要培训"的问题，这部分我们通常称为差距分析。需要培训一般是因为员工绩效差或未达到标准水平，反映在客户投诉、工作效率或工作事故上。另一个可能是工作内容有所变化，需要员工提高现有绩效水平或支持新任务达成。员工常见的影响绩效与学习的因素，包括个体特征（知识、技能、能力和态度）、工作输入（工作标准、工作条件和资源支持）、工作输出（绩效水平、对绩效和学习的期望）、工作结果（收益、奖励）和工作反馈（管理者的反馈意见）。

任务分析： 回答"需要哪些培训"的问题。任务分析的最终结果是对工作活动的详细描述，包括员工执行的任务和完成任务所需的知识、技能和能力。这部分就是前面说到的胜任力模型，可以将其作为培训与开发需求评估的参考。

培训需求评估的结果能为培训设计的大多数步骤提供重要的信息输入。在实际操作中，组织可以灵活调整需求调研的涉及人员和流程，选择使用最少的资源，采用产生最佳结果的评估方法，快速准确地实施需求评估。

60 | 培训需求分析模型
甄别真实的培训需求

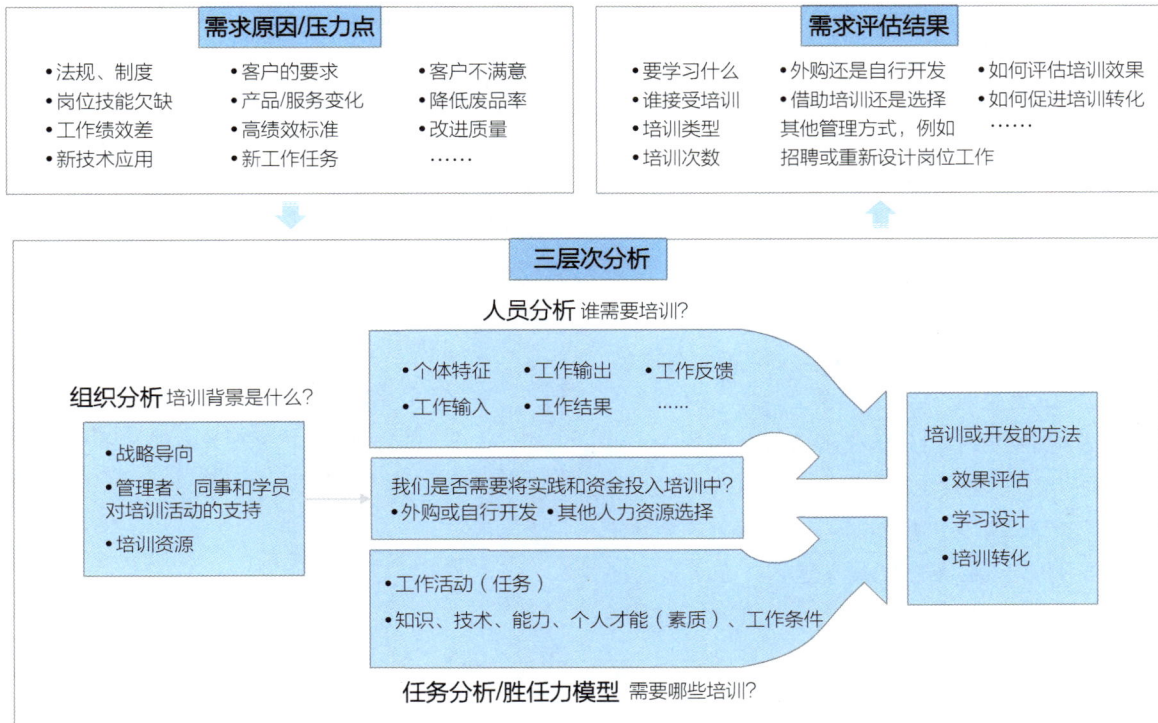

需求原因/压力点

- 法规、制度
- 岗位技能欠缺
- 工作绩效差
- 新技术应用

- 客户的要求
- 产品/服务变化
- 高绩效标准
- 新工作任务

- 客户不满意
- 降低废品率
- 改进质量
- ……

需求评估结果

- 要学习什么
- 谁接受培训
- 培训类型
- 培训次数

- 外购还是自行开发
- 借助培训还是选择其他管理方式，例如招聘或重新设计岗位工作

- 如何评估培训效果
- 如何促进培训转化
- ……

三层次分析

人员分析 谁需要培训?

- 个体特征
- 工作输入

- 工作输出
- 工作结果

- 工作反馈
- ……

组织分析 培训背景是什么?

- 战略导向
- 管理者、同事和学员对培训活动的支持
- 培训资源

我们是否需要将实践和资金投入培训中?
- 外购或自行开发 · 其他人力资源选择

- 工作活动（任务）
- 知识、技术、能力、个人才能（素质）、工作条件

任务分析/胜任力模型 需要哪些培训?

培训或开发的方法

- 效果评估
- 学习设计
- 培训转化

适用场景：培训需求分析　培训方案设计　培训目标设定

5.4 培训开发：训——知者行之始

1.产生背景

培训设计的第一步，就是使用需求评估结果来定义学习和陈述行为结果。尽管撰写目标和结果时都遵循相同的指导原则，但是两者之间存在一定的区别。很多培训项目就是将结果和目标混淆，导致执行时目标比较模糊。

结果：是期望个人达成的特定产出。它们对于组织期望通过学习而实现的改变是重要和必需的。结果与组织及学习如何、业务目标保持一致更密切相关，因此对于发起人、管理者和利益相关者来说，结果更有意义。

目标：是学员用于执行任务，继而带来结果的技能和知识。目标是从学员的角度定的，因此对他们更有意义。目标指出了学习或绩效解决方案的结果，即学员应该会做什么，所以需要了解培训目标的 ASK 模型。

2.模型介绍

ASK 培训目标模型由本杰明·布鲁姆的教育目标分类学理论演化而来，不管设置多高的人才培养和绩效提升目标，最终的培训执行目标都需要落到员工的三个方面：态度（attitude）、知识（knowledge）和技能（skill）。

态度：是员工的心态、理念、意识和动力，需要员工"发心"。工作中容易被忽略，管理者要通过沟通和激励持续影响，布置任务时要多讲讲为什么。例如成本意识、客户导向、团队合作的价值和意义等。

知识：是已经被科学验证过的经验和规律，不需要员工自行摸索，侧重于是什么，只需要员工"用脑"。可以通过培训和学习直接记忆，不断更新和储备行业、专业、业务等知识。例如业务流程知识、产品知识、心理学知识。

技能：需要员工"动手"，侧重于怎么做，是运用所学知识，通过练习才可以获得的专业技术和实操技能。就像骑自行车，不能只靠"学"，还得靠"习"，技能要通过工作和实战训练获得。例如 PPT 设计技能、人际交往技能、管理技能等。

61 ASK培训目标模型
回归基本的态度、知识和技能

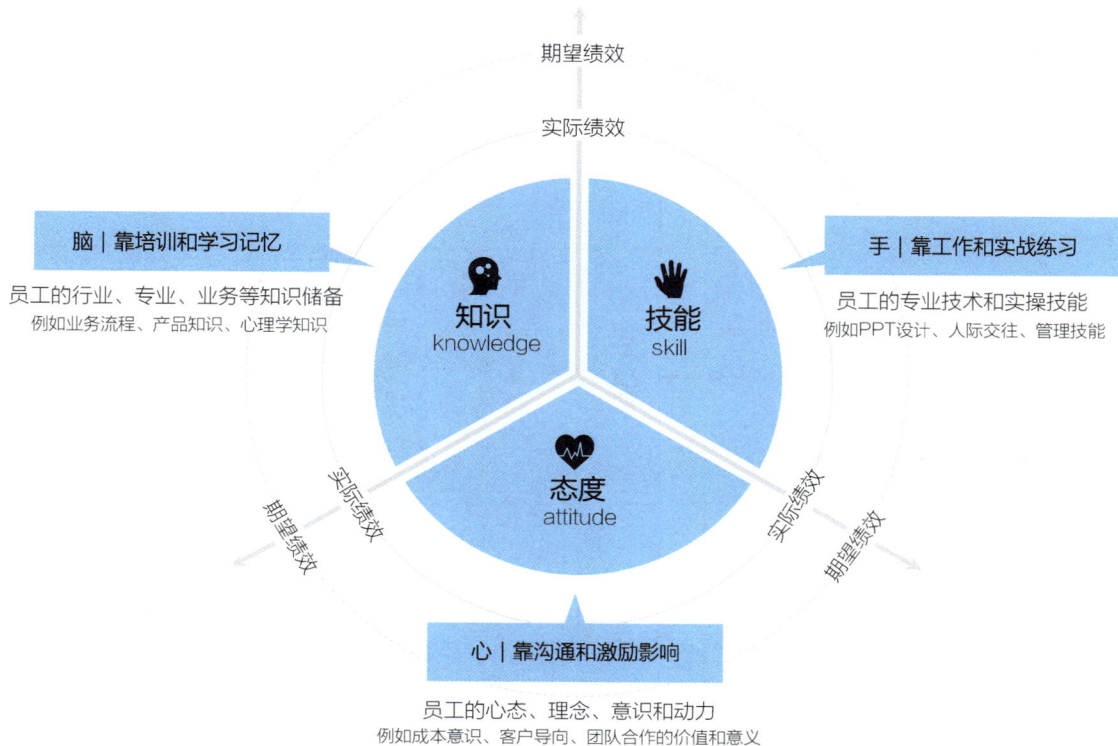

期望绩效

实际绩效

脑｜靠培训和学习记忆

员工的行业、专业、业务等知识储备
例如业务流程、产品知识、心理学知识

手｜靠工作和实战练习

员工的专业技术和实操技能
例如PPT设计、人际交往、管理技能

知识
knowledge

技能
skill

态度
attitude

实际绩效
期望绩效

实际绩效
期望绩效

心｜靠沟通和激励影响

员工的心态、理念、意识和动力
例如成本意识、客户导向、团队合作的价值和意义

适用场景：培训需求分析　培训方案设计　培训目标设定

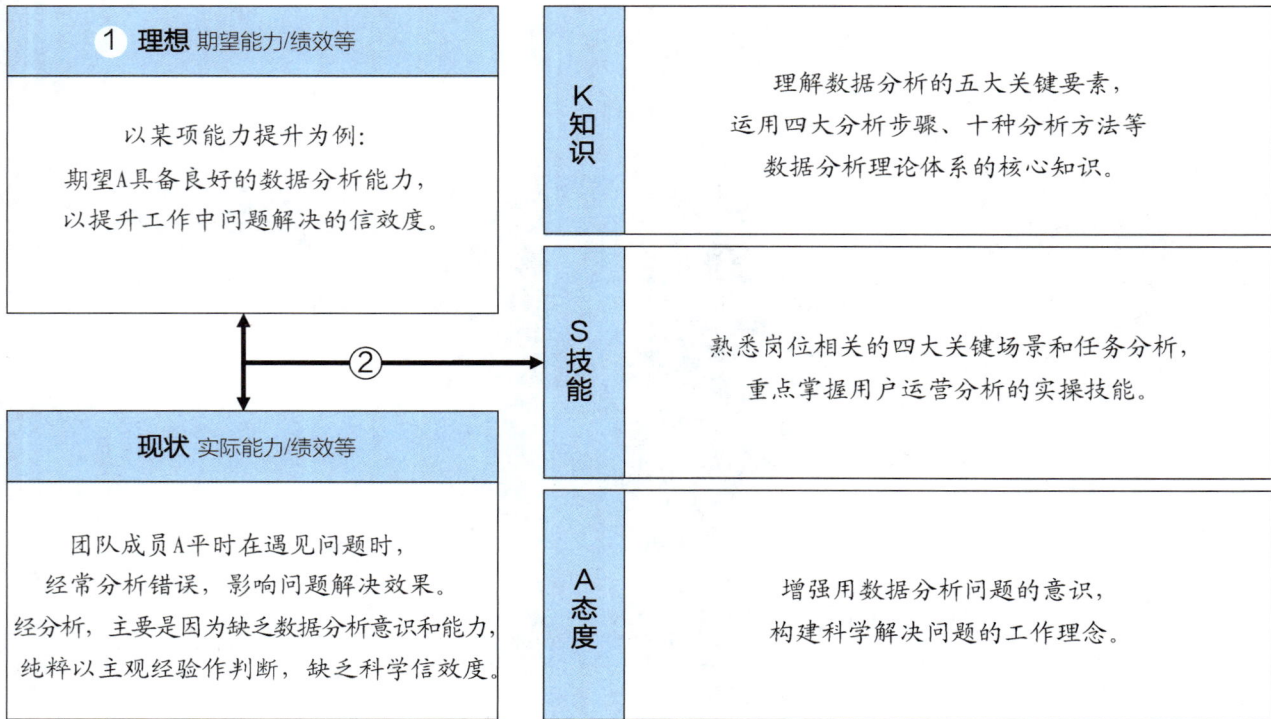

3.应用模板

① **理想** 期望能力/绩效等	
以某项能力提升为例: 期望A具备良好的数据分析能力, 以提升工作中问题解决的信效度。	**K 知识** — 理解数据分析的五大关键要素, 运用四大分析步骤、十种分析方法等 数据分析理论体系的核心知识。

② →

现状 实际能力/绩效等

团队成员A平时在遇见问题时,
经常分析错误,影响问题解决效果。
经分析,主要是因为缺乏数据分析意识和能力,
纯粹以主观经验作判断,缺乏科学信效度。

S 技能 — 熟悉岗位相关的四大关键场景和任务分析,
重点掌握用户运营分析的实操技能。

A 态度 — 增强用数据分析问题的意识,
构建科学解决问题的工作理念。

4. 使用方法

步骤①——梳理理想结果和现状： 根据前面的培训需求分析与评估的信息输入，先定义你所期望员工的能力 / 绩效等理想结果，可以罗列出所有想法，然后聚焦 1~3 条理想状态的关键项。最后据此梳理员工现有的能力 / 绩效等实际表现。

步骤②——分析差距和拆解目标： 对比理想和现状，两者之间的差距就是"问题"。可以运用 5Why 分析法，通过提问探究问题的根源，明确培训是不是解决问题的最佳方案。也可运用四格法，将动机、资源、培训、工作匹配度这四个不同的主题，放进四个正方形格子中。把可能造成问题的因素分别填入对应的格子，由此判断问题的出现是知识培训的原因，或者是资源、动机、工作匹配的原因。比如，员工知道怎么做好工作，但没有得到激励，就可以认为问题的根源不是缺乏培训。然而，如果员工不知道怎么做好工作，那可能就是因为缺少必要的培训。

接下来要进一步拆解 ASK 目标，依旧遵循 SMART 原则，对于如何定性描述目标达成程度，可以参考以下表格。

类型	A 态 度		S 技 能		K 知 识	
1级	关注	引起了对某些事物的注意	了解	了解基本步骤，运用简单的技能	知道	能识别和再现学过的知识
2级	增强	意识到某些事物的价值和重要性	熟悉	通过反复练习，能独立完成工作	理解	理解知识的内涵和意义
3级	构建	建立对某些事物的看法和理念	掌握	能自主准确完成一项技能或任务	应用	能在实际情境中运用知识
4级	树立	形成一种价值观的判断原则	精通	具备完成复杂技能或任务的能力	创造	举一反三，扩展和创造新知识

5.4 培训开发：训——知者行之始

1.产生背景

纵观三大类传统的培训方法，大多数需要培训者指导或参与，与学员进行线下面对面的教学互动。虽然是传统的方法，但这些培训方法没有过时，基于科学原理的设计依旧符合成人的学习规律，只是由于信息技术的发展，培训形式变得更加多样，传统的培训方法同样适用于网络学习、VR（虚拟现实）、移动学习等基于新技术的培训。同时，很多公司会综合使用传统培训方法和基于新技术的培训方法，使培训学习转化效果最大化。

2.模型介绍

第一类——演示法：演示法，顾名思义，就是讲师在课堂上进行演讲和展示，学员被动地接收信息，这些信息包括事实、过程和解决问题的方法。不论新技术如何发展，演示法在企业培训中依旧流行，因为人才是知识的创造者和拥有者。演示法可以分为讲授法和视听法，企业里的讲授法现今也总结了很多讲授技巧，还会和其他教学方法结合运用，并不呆板无趣，但比较考验讲师的功底。视听法通常会和讲授法结合在一起应用。

第二类——传递法：传递法也是培训者向学员传递知识和技能，但与演示法不一样的是，要求学员积极投入，并参与到学习互动中，培训者只为学员提供原则性的指导或参考意见，很大程度上要启发学员自主学习、掌握知识和技能。这类方法常见的有在岗培训、仿真模拟、案例研究、商业游戏、角色扮演和行为示范，这些方法比较适用于特定技能的开发、理解知识和技能如何应用于工作中、亲身体验任务完成的全过程或处理人际关系问题相关的培训。

第三类——团队建设法：团队建设法注重团队技能训练（如冲突解决与合作），以保证有效的团队合作，有助于提高工作小组或团队的效率和绩效水平。所有培训都包括对团队功能的感知、对信念的检验、讨论，以及计划的制定，以便将培训所学应用到实际工作中，提高团队凝聚力、协作度和战斗力。常见的有冒险性学习、团队培训和行动学习等经验学习法。团队建设法会融入多种培训方法，并且实践机会和反馈都不可少，例如运用讲授法传递沟通知识，运用角色扮演法训练沟通技能。

62 传统的培训方法模型
经典永流传的培训方法

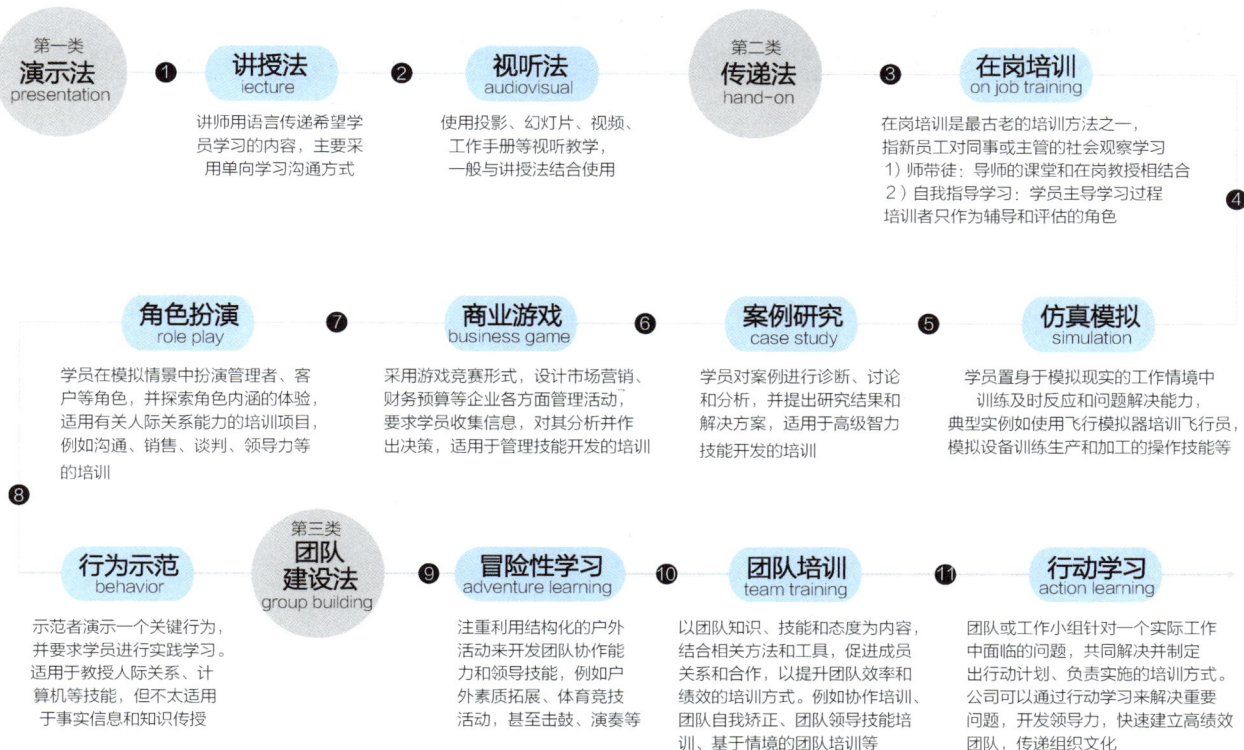

第一类 演示法 presentation

① 讲授法 iecture
讲师用语言传递希望学员学习的内容，主要采用单向学习沟通方式

② 视听法 audiovisual
使用投影、幻灯片、视频、工作手册等视听教学，一般与讲法结合使用

第二类 传递法 hand-on

③ 在岗培训 on job training
在岗培训是最古老的培训方法之一，指新员工对同事或主管的社会观察学习
1）师带徒：导师的课堂和在岗教授相结合
2）自我指导学习：学员主导学习过程
培训者只作为辅导和评估的角色 ④

⑦ 角色扮演 role play
学员在模拟情景中扮演管理者、客户等角色，并探索角色内涵的体验，适用有关人际关系能力的培训项目，例如沟通、销售、谈判、领导力等的培训

⑥ 商业游戏 business game
采用游戏竞赛形式，设计市场营销、财务预算等企业各方面管理活动，要求学员收集信息，对其分析并作出决策，适用于管理技能开发的培训

⑤ 案例研究 case study
学员对案例进行诊断、讨论和分析，并提出研究结果和解决方案，适用于高级智力技能开发的培训

仿真模拟 simulation
学员置身于模拟现实的工作情境中训练及时反应和问题解决能力，典型实例如使用飞行模拟器培训飞行员，模拟设备训练生产和加工的操作技能等

⑧

行为示范 behavior
示范者演示一个关键行为，并要求学员进行实践学习。适用于教授人际关系、计算机等技能，但不太适用于事实信息和知识传授

第三类 团队建设法 group building

⑨ 冒险性学习 adventure learning
注重利用结构化的户外活动来开发团队协作能力和领导技能，例如户外素质拓展、体育竞技活动，甚至击鼓、演奏等

⑩ 团队培训 team training
以团队知识、技能和态度为内容，结合相关方法和工具，促进成员关系和合作，以提升团队效率和绩效的培训方式。例如协作培训、团队自我矫正、团队领导技能培训、基于情境的团队培训等

⑪ 行动学习 action learning
团队或工作小组针对一个实际工作中面临的问题，共同解决并制定出行动计划、负责实施的培训方式。公司可以通过行动学习来解决重要问题，开发领导力，快速建立高绩效团队，传递组织文化

适用场景：培训方法选择　培训方案设计　培训效果评估

3.应用模板

项目	纬度	演 示 法		传 递 法					团队建设法			
		讲授法	视听法	在岗培训	仿真模拟	案例研究	商业游戏	角色扮演	行为示范	冒险性学习	团队培训	行动学习
① 学习 成果	语言信息	是	是	是	否	是	是	否	否	否	否	否
	智力技能	是	否	否	否	是	是	否	否	否	是	否
	认知策略	是	否	是	否	是	是	是	是	是	是	是
	态度	是	是	否	否	否	否	是	否	是	是	是
	运动技能	否	是	是	是	否	否	否	是	否	否	否
② 学习环境 和条件	明确的目标	中	低	高	高	中	高	中	高	中	高	高
	有意义 的内容	中	中	高	高	中	中	中	中	低	高	高
	实践	低	低	高	高	中	中	中	高	中	高	中
	反馈	低	低	高	高	中	高	中	高	中	中	高
	观察和与 他人互动	低	中	高	高	高	高	高	高	高	高	高
③ 学习成果 转化成本	开发成本	中	中	中	高	中	高	中	中	中	中	低
	管理成本	低	低	低	低	低	中	中	中	中	中	中
有效性	/	语言信息 比较高	中	结构化在岗 培训比较高	高	中	中	中	高	低	中	高

4. 使用方法

作为一个管理者，在育才工作中经常需要选择培训方法，面对大量的培训方法，也许会不知所措。所以，需要对各种培训方法进行比较。管理者可以遵循以下步骤，以相关维度进行评估和决策。

步骤①——明确期望培训产出的学习成果：学习成果可以参考加涅定义的五种学习成果，即语言信息、智力技能、认知策略、态度和运动技能，不同培训方法对其中一种或几种学习成果的影响效果不一样。选择哪种学习方法来进行学习不是最重要的，学习方法的选择需要以预期的学习成果与促进培训成果转化的特点为基础。

步骤②——创造学习环境和条件：要想正确运用培训方法，还需要创造适宜的学习环境和条件。为使学习行为发生，必须使学员理解培训目标，培训内容要有意义，还要提供实践机会，并给予反馈。另外，观察学习和与他人互动也是一种有效的学习途径。所以，需要从五个维度评估学习环境和条件能否支持培训方法的实施效果。

步骤③——评估学习成果转化成本和有效性：学习成果最终还是要应用到工作中，培训内容和培训环境与学员在工作中应用学习成果的情况越接近，越能低成本实现学习成果的转化。这里面有两个最重要的成本：第一类是开发成本，是指培训项目设计的成本，包括自主开发或外部采购的成本；第二类是管理成本，即每次使用培训方法时发生的成本，包括与培训者、讲师、咨询公司、教材、后勤等相关的成本。同时，还要综合考虑培训方法的有效性，可以参考理论研究和实践专家的建议，达到成本与有效性的最优化。

值得注意的是，大多数传递法能比演示法提供更好的学习环境和条件，更有利于学习成果的转化，也更有效。另外，各种培训方法的学习成果实践有相当大的交叉重叠，团队建设法既注重个人学习，又强调团队学习。

5.4 培训开发：训——知者行之始

1.产生背景

由于工作忙碌了，员工经常没空去参加培训班，小型企业通常不会对正式培训给予太多预算。随着新技术的发展，越来越多的企业认识到通过移动设备、社交媒体等方式进行培训，具有节约成本、定制培训等优势。2024年GE公司甚至卖掉了著名的现代企业大学的典范——克劳顿管理学院，并采用了更灵活的培训方式来替代旧有的模式。随着技术的不断迭代和发展，利用新技术进行培训和指导的方法越来越多。

2.模型介绍

第一代——基于PC和互联网技术：主要是第一代互联网技术，随着个人电脑的普及和Web技术的成熟，用户通过浏览网站和搜索信息来进行交互。应用到培训领域，最典型的就是基于计算机或网络的在线学习。在线学习打破了物理空间的限制，让学员可以进入数字化世界学习。通过网络直播或虚拟课堂的远程学习，受环境的变化和直播经济的发展而迅速崛起。另外，新兴的慕课（MOOC）是互联网时代教育的典型代表，作为大规模开放在线课程，强调分享和协作的互联网精神。

第二代——基于移动互联网技术：移动互联网是移动通信和互联网融合的产物，继承了移动的随时、随地、随身和互联网的开放、分享、互动等优势，强调用户生成内容和社交互动。人们可以通过智能手机、平板电脑等移动设备，使用各种移动互联网应用，轻松获取海量的信息。移动学习的盛行成为必然的趋势。学员可以通过便利的移动互联网，在社交媒体上与公司内外部人员相互沟通协作，自主进行非正式学习，所以社交情境学习也会越来越重要。

第三代——基于人工智能相关技术：人工智能时代，各类创新技术喷涌而出，到用户应用侧强调个性化和智能化。近些年典型代表的技术是元宇宙和AGI（通用人工智能），例如VR（虚拟现实）和AR（增强现实）技术让传统的游戏和仿真模拟培训方法有了质的飞跃，与大模型技术结合的智能教学系统未来甚至能替代真人培训者进行自适应培训设计。但受限于高昂的开发成本和技术成熟度，还需要进一步发展。

63 | 基于新技术的培训方法模型
经典培训方法的技术升级

PC和互联网技术
强调信息聚合和搜索

❶ **在线学习**
online learning

基于计算机或网络进行指导、传递培训内容，包含有关培训主题的光盘或视频。在线学习具有在线内容、可链接的资源、学员主导控制、电子/网络传递方式、可合作与分享等特征

❷ **远程学习**
distance learning

通过网络直播或虚拟课堂，为其他地方的学员提供在线培训，通常需要通信工具（如聊天室、在线讨论）的支持。远程学习受环境的影响和直播经济的发展迅速崛起

❸ **MOOC慕课**
massive openonline course

能大规模接纳学员并向互联网网民免费开放的在线学习方式。可以使用讲座视频或含有讨论组等在内的在线交互式课程，也可以有具体的开始和完成日期、测验、评估、考试等

社交媒体学习
social media

允许创建、更改用户生成的内容及创造互动交流的在线和移动技术，包括维基、博客、社交网络（如微信、QQ）、微分享（如微博、抖音、快手）和共享媒体（如B站、知乎、小红书）

❺ **移动学习**
mobile learning

随着移动互联网和智能设备的普及，通过便携式移动设备（如智能手机、平板电脑），人们可随时随地获取培训内容（如视频、PDF、课程、APP）。移动学习融合了网络学习和在线学习的潜在功能

❹ **移动互联网技术**
强调UGC和社交互动

人工智能相关技术
强调个性化和智能化

❻ **游戏和仿真模拟**
new game &simulation

3D仿真技术等计算机和软件新技术的发展，让传统的商业游戏和仿真模拟培训绽放光彩。游戏的娱乐性和仿真模拟的沉浸性，可以带来良好的学习体验和成果，甚至能创造虚拟世界和元宇宙。但实际实施中会受到开发成本和技术成熟度的限制

❼ **虚拟现实/增强现实**
virtual reality/augmented reality

基于扩展现实技术的游戏或仿真模拟是当前相对的应用。VR（虚拟现实）技术能够创建一种全虚拟环境，让人沉浸其中。AR（增强现实）技术能在现实世界的基础上，创建出虚拟的信息内容。高昂的开发成本注定未来还有很长的路要走

❽ **自适应学习/AI教学**
adaptive/artificial intelligence training

强调根据受训者的学习风格、能力、个性、绩效水平来制定适应性内容，这些适应性内容包括类别、难度、顺序、实操问题等。最基本的水平是由真人培训者根据学员情况对教学内容进行个性化调整，随着AI大模型技术的爆发，机器学习、聊天机器人、专家系统等智能教学系统有望突破，将有更大的想象空间

适用场景：培训方法选择 培训方案设计 培训效果评估

3.应用模板

项目	维度	PC和互联网技术				移动互联网技术		人工智能相关技术		
		在线学习 (只有计算机)	在线学习 (计算机+网络)	远程学习 (直播/虚拟课堂)	慕课	移动学习	社交媒体 学习	游戏和仿真模拟	VR/AR	自适应学习/AI教学
① 学习 成果	语言信息	是	是	是	是	是	是	是	是	是
	智力技能	是	是	是	是	是	否	是	是	是
	认知策略	是	是	是	是	否	是	是	是	是
	态度	否	可能	否	否	否	否	是	否	否
	运动技能	否	否	否	否	否	否	是	是	是
② 学习环境 和条件	明确的目标	高	高	高	高	高	中	高	高	高
	有意义的内容	高	高	中	中	中	中	高	高	高
	实践	高	高	低	中	低	中	高	中	高
	反馈	高	高	低	中	低	高	高	高	高
学习 互动	学员与内容	高	高	中	高	中	高	高	高	高
	学员与指导者	低	中	中	中	低	中	中	高	高
	学员之间	低	中	中	中	低	高	高	中	低
③ 学习成果 转化成本	开发成本	高	高	中	高	中	中	高	高	高
	管理成本	低	低	低	低	低	中	低	低	低
有效性	/	中	高	中	?	?	?	高	?	?

4. 使用方法

基于新技术的培训方法选择，可以遵循与传统培训方法一样的步骤和评估维度，但有不一样的侧重点。

步骤①——明确期望培训产出的学习成果： 基于新技术的培训和传统的培训的目标没有变化，依旧是取得最佳的学习效果，并且促进成果转化，提高学员个人或团队的能力和绩效。

步骤②——创造学习环境和条件： 无论采用何种培训方法，想要有效，必须创造积极的学习环境和条件，才能实现培训成果的转化。在线学习、远程学习等新方法的学习效果差，与面对面的课堂讲授效果差的原因通常是一样的，例如培训目标模糊、培训材料没有意义、培训后缺乏实践机会、管理者没有给予支持和反馈等。特别是在学习互动方面，可以通过技术手段把教学互动管理得更精细，包括学员与内容、学员与指导者、学员与学员之间的互动。

步骤③——评估学习成果转化成本和有效性： 在成本方面，基于新技术的培训方法表现出典型的"一高一低"趋势。开发成本非常高，主要用于购买硬件和软件、开发项目、项目部署等；但管理费用十分低，场地费用、差旅费用、培训费用等很少甚至不需要。需要注意的是，由于基于新技术的培训方法还处于发展状态，因此对于慕课、移动学习、社交媒体学习、虚拟现实/增强现实学习、自适应学习等的实证研究比较有限，只能根据专家的具体分析和判断来验证其有效性。

大部分基于新技术的培训方法有很多天然的优势，但其与传统的培训方法并非对立，而是传统的培训方法的传承和技术升级，很多公司会将两种方法相结合，取长补短。例如，翻转课堂将线上培训与线下指导结合在一起；在线学习、远程学习和慕课，是讲座法和角色扮演的技术性延伸；游戏和仿真模拟、自适应学习则是角色扮演、商业游戏、团队培训的延伸；移动学习和社交媒体最适合作为面对面指导的补充，社交媒体也是良好的知识管理工具，因为它们能促进工作文档、总结报告和个人互动（博客、微分享、共享媒体）的组合应用。

5.4 培训开发：训——知者行之始

1.产生背景

培训效果评估是指收集培训数据和成果以衡量培训过程是否有效、验证是否达到预期目标的过程。柯氏四级培训评估模型由威斯康星大学教授唐纳德·L.柯克帕特里克于1959年提出，是世界上应用最广泛的培训评估工具，在培训评估领域拥有难以撼动的地位。多年来，这一模型经过不断改进，还引入了监督和调整机制，覆盖了所有三级评估和一部分四级评估的流程和活动。其目的在于对第三级和四级评估过程中的各环节以及相应的评估方法和活动进行适当的监督和调整，找出增强培训给企业带来更大价值的机会区域。

2.模型介绍

评估层级	评估内涵	评估维度
第1级：反应	衡量学员对课程的满意度、投入度及与他们工作的相关度	• 参与度：学员积极参与并促进培训项目实施的程度，包括出勤率、投入度、兴趣度等 • 相关性：学员在工作岗位中应用培训所学的可能性 • 满意度：参训学员对培训的满意度
第2级：学习	学员在培训中的学习收获程度	• 知识：学员知道某些信息的程度，即"我知道" • 技能：学员知道如何做一些事情或完成某项任务的程度，即"我现在能做这事儿" • 态度：学员在多大程度上相信值得把所学运用到工作中，即"我相信值得在工作中这么做" • 信心：学员在多大程度上认为自己在工作中能够运用所学内容，即"我认为我能在工作中这么做" • 投入：学员在多大程度上打算把所学应用到工作中，即"我愿意尽力在工作中这么做"
第3级：行为	学员在多大程度上将培训所学应用到工作中	• 关键行为：对期望结果产生最大影响的一些具体行为 • 必要的驱动力：能够强化、监控、鼓励和奖励学员在工作中进行关键行为改变的流程和系统，包括工作辅导、教练、绩效激励、行动计划等 • 在岗培训：创建个人保持知识和技能的文化氛围
第4级：结果	由培训及后续强化措施所带来的期望的业务结果实现情况	• 领先指标：一个业务结果的过程性里程碑的观察和衡量，以显示关键行为正为实现期望结果而创造积极正面的影响作用，是第三级和第四级评估的联系纽带 • 期望的业务结果：例如销售额、成本、利润率、客户满意度等业务衡量指标

64 培训效果评估模型

被广泛应用的柯氏四级培训评估模型

第一级

反应评估
reaction
培训运营和学员满意程度

参与度
相关性
满意度

第二级

学习评估
learning
知识技能的学习获得程度

知识
技能
态度
信心
投入

监督和调整

监督　　　　　　　　　强化

第三级

行为评估
behavior
行为改变和工作应用程度

鼓励　　在岗培训　　奖励

第四级

结果评估
result
对业务目标和结果的影响

领先指标
期望的业务结果

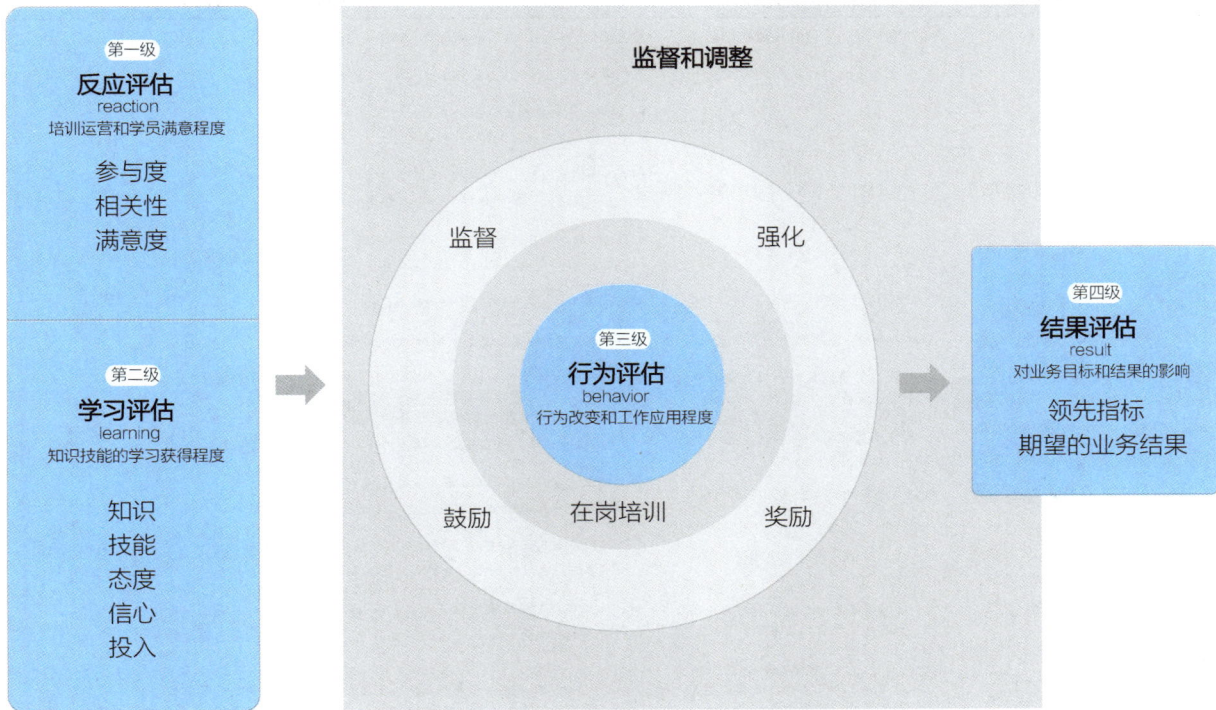

适用场景：培训效果评估　培训方案设计　培训应用转化

3.应用模板

评估层级	① 衡量指标	指标内涵	② 指标定量计算/定性分析
L1 反应	覆盖率	团队不同人群的培训参与度	覆盖率=培训人数/团队在职人数×100%
	人均学时	团队整体培训的广度和投入	人均学时=培训总时数/团队在职人数×100%
	满意度	参训学员对课程、讲师和运营评价	• 5分制：差—及格—一般—良好—优秀 • 百分制：评分大于4分的人数占比
	NPS净推荐值	学员的口碑认同和愿意推荐度	• NPS=（推荐人数/总样本数）×100%-（差评人数/总样本数）×100% • 分值：差评0～6分，中评7～8分，推荐9～10人
L2 学习	考试成绩	学员对于培训知识的掌握程度	• 考试分数：满分100分，60分以上为及格，80分以上为良好，90分以上为优秀 • 考试通过率=通过及格线人数/总人数×100%（注意难度和区分度）
	学习答辩	学员向管理者演示所学知识和技能	例如销售学员演练如何制作一份销售计划
L3 行为	应用计划完成率	培训后将所学应用到岗位的行动计划	应用计划完成率=实际完成事项/计划完成事项×100%
	关键行为检核	主管检核学员的技能和行为使用情况	例如经理和销售学员一起制定当季计划，并每周至少辅导和反馈1次
	行为改善率	在学员培训30天后，主管和本人对于所学应用和行为改善的评价	• 行为改善率=（大量改善+明显改善的学员数）/总学员数×100% • 分值：大量改善、明显改善、改善一些、很少改善、没有改善
L4 结果	业务影响度	培训对领先指标和业务结果影响程度	例如销售人员流动率降低10%、季度利润率提升8%，但培训与业务结果的相关性和促进程度比较难验证和量化
	投资回报率(ROI)	培训效果的货币价值	• ROI=培训成本投入/对销售额、成本、利润率、客户满意度等业务产出的影响×100% • 预估方法：通过控制组、趋势线、管理层、专家、现存数据和外部研究预估
	期望回报率(ROE)	培训所带来价值在多大程度上满足了利益相关方的期望	新柯氏四级评估提出采用收集数据，根据这些强有力的证据建起价值证据链；通过故事的方式显示培训带来的价值创造，就像律师在法庭上做总结陈词
	培训效用	用行为改变的效果衡量培训的经济贡献，继而推算未来员工服务产生的贡献（布罗格登效用估算方程式）	$U=N\times T\times dt\times SDy-c$，$U$=培训货币总价值；$N$=学员数；$T$=培训对绩效产生效果的持续时间（年数）；$dt$=参加培训和未参加培训员工的平均绩效水平之间的真实差异（标准差）；SDy=未参加培训员工群体工作绩效的标准差（美元）；c=每位员工的培训成本

4. 使用方法

步骤①——设计效果衡量指标：上文的模型中罗列了从团队学习管理角度的指标示例，可以供管理者直接参考。四个层级的评估指标其实都在试图回答四个问题。反应评估回答"他们喜欢培训吗"，学习评估回答"他们学到了什么"，行为评估回答"他们是否应用这些技能或行为"，结果评估回答"投资学习的回报是什么"。

步骤②——实施培训效果评估：评估的方法一般都是观察、问卷调查、访谈、焦点小组和文件（工作记录、历史数据等）。数据收集方法无非定量或定性：定量法采用硬数据，是客观、可衡量的，可以使用频率、百分比、比例或时间来表述，从数字角度衡量问题或机会，并用统计分析方法来验证假设；定性法则用软数据，通常是描述性分析，更倾向于无形、个人、主观的数据，包括观点、态度、假设、感受和价值观。数据可以通过焦点小组、访谈等方法收集，如观察者记录和调研反馈。

评估层级	衡量时间	衡量对象			衡量方式	
L1 反应	培训实施过程（一天结束时）培训结束时	·现场反应 ·培训流程 ·培训节奏	·内容与工作相关性 ·教学方法和工具 ·学习互动和体验	·讲师专业水平 ·讲师授课风格 ·培训环境	·调查问卷/调研 ·课堂上个别学员的回应	·跟进访谈 ·观察检查清单
L2 学习	培训开始前培训期间培训结束后	学习和学习程度 内容传授 学员的知识			·知识测验（笔试或问答） ·绩效测验、角色扮演、包含评估或反馈表的案例研究	·受监督的技能展示 ·检查清单 ·产品测试
L3 行为	培训完成后的几周到三个月	工作行为改变			·行动计划 ·学员和主管访谈 ·调研或调查问卷	·工作样本测试 ·绩效记录 ·绩效合同
L4 结果	培训结束后的三个月到一年	对组织产生的影响			·行动计划 ·访谈 ·调查问卷	·焦点小组 ·绩效记录 ·绩效合同

5.5 工作历练：战——行者知之成

1.产生背景

培训侧重于提升员工当前的工作技巧，开发则侧重于员工未来发展的正规教育、在职体验、人际互动及个性和能力测评等活动。尽管人员开发需要培训项目加以强化，但它主要还是依靠各种工作经验的积累。大多数人员开发还得通过在职体验来实现发展，在职体验是指员工在工作中面对各种任务、需求、难题、关系及其他事项的历练。需要利用在职体验进行人员开发的假设前提是员工被指派了挑战性任务。挑战性任务指员工的已有技能和工作经验与胜任工作所需技能之间不匹配的任务。为有效开展工作，员工必须学习新技能和知识，积累新经验。

2.模型介绍

当今，大多数通过在职体验进行的开发活动，都来自美国创新领导力中心（CCL）开展的一系列历练驱动的领导力开发研究。这种开发要求管理者去反思职业生涯中影响其管理方式的关键事件，并总结从这些历练中获得的经验教训。关键事件包括工作分配、人际互助或特殊形式的调动。一线员工也可以从下表所列形式的在职体验中有所收获和成长。

在 职 体 验	开 发 活 动	示　例
工作扩展	在当前岗位职责基础上，丰富职责或赋予新的职责，承担团队更多挑战性任务	培训助理在培训运营工作上，增加课程讲授的新职责
工作轮换和调动	两者都是工作的横向移动和岗位职责调整，在不同部门工作或在一个部门的不同岗位之间进行轮换	互联网大厂内部的"活水计划"，允许员工自主寻求工作轮换；调动则通常是组织的安排
晋升	提升到一个新的职位或职级，比以前的工作更有挑战性，并被赋予更多的责任和权力	职级从专员升为资深专员；职位从专业岗转为管理岗
降级	个人能力或绩效与当前职级或职位要求存在较大差距，需要降级或降职，责任和权力被削减	因为工作重大失误被降级（惩罚）；跨组织或专业平行降级（调动）
临时指派	有期限地承担新角色、项目工作、雇员交换、带薪休假等工作，到期后需要回到原来的工作岗位	委派为公司某一个重点项目的项目经理；宝洁和谷歌互换雇员的开发项目

65 在职体验开发模型

在工作中经历和修炼

利用在职体验开发的假设前提是员工被指派了挑战性任务。挑战性任务是指员工的已有技能和工作经验与胜任工作所需技能之间不匹配的任务。为有效开展工作，员工必须学习新技能和知识，积累新经验

挑战性任务
stretch assignment

3 晋升
promotion

提升到一个新的职位或职级，比以前的工作更有挑战性，并被赋予更多的责任和权力

在当前岗位职责基础上，丰富职责或赋予新的职责，承担团队更多挑战性任务

1 工作扩展
job enlargement

给予员工在公司不同部门工作的机会，或在一个部门的不同岗位进行轮换。通常是公司的内部招聘，员工个人申请工作轮换

2 工作轮换
job rotation

2 调动
transfer

公司根据业务或人才建设需求给员工安排一个不同的工作岗位。虽然公司也会与员工沟通接受调动，但通常都是组织侧发起的

在职体验
job experience

5 临时指派
temporary assignment

有期限地承担新角色、项目工作、雇员交换、带薪休假等工作，到期后需要回到原来的工作岗位

个人能力或绩效与当前职级或职位要求存在较大差距，需要进行降级或降职，责任和权力被削减

4 降级
downward move

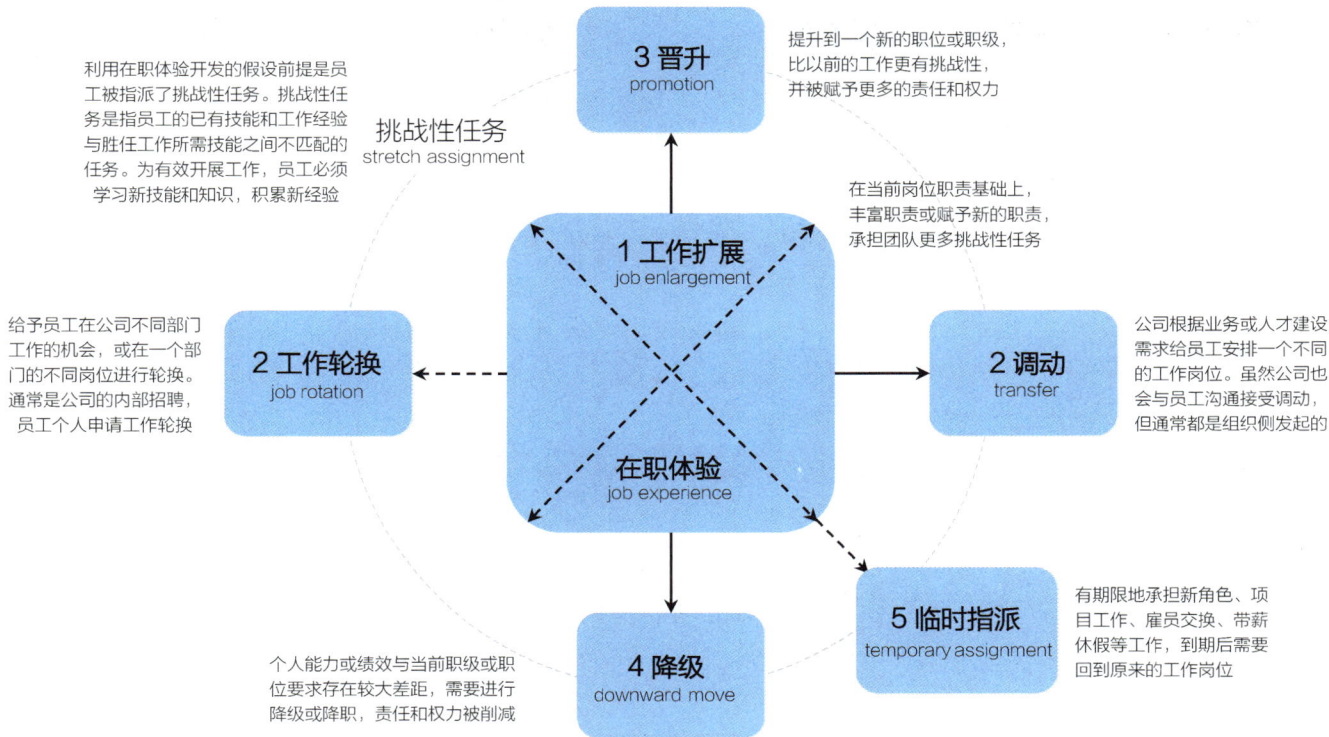

适用场景：在职体验开发　人才发展计划　团队轮岗管理

3.应用模板

团队成员	人才盘点结果	发展方向	开发需求和目标	开发计划
傅芳芳	④基本胜任 （中绩效，低潜力）	工作扩展	侧重于开发新能力，愿意留在当前的工作岗位，当前职位也能够提供技能开发的机会	
李阳	⑧绩效之星 （高绩效，中潜力）	工作轮换和调动	期待一个和当前工作有相似责任的新工作，但是需要新的技能，愿意了解新部门、组织、业务或职能	
林姗姗	⑨超级明星 （高绩效，高潜力）	晋升	乐于承担更多的责任，愿意对团队和项目负责，希望能影响公司的决定，取得更多的成就	
张龙斌	①未胜任者 （低绩效，低潜力）	降级	愿意尝试新工作或职业，需要获取新技能，希望减轻工作压力或平衡工作与生活，更喜欢以前的工作	
周延锋	⑤中坚力量 （中绩效，中潜力）	临时指派	对客户、产品、市场等问题有新的理解和看法，在新的工作环境中开发新技能，避免倦怠和缓解压力	
……	……	……	……	

4. 使用方法

步骤①——用才与育才相结合：倡导"知行合一"说的王守仁曾讲道：行者知之成，知者行之始。真知必须以实战来体现，不实战不足以谓之知。企业里的人才培养同样讲究"训战结合"，不仅要有培训学习，更要在实战中检验和发展人才。想做到训战结合，用才和育才不能分离，员工开发的计划，要依据团队的人才盘点结果和用人策略确定。

步骤②——制定员工发展计划：不同员工的发展方向会有所不同，但基本都是这五类在职体验，要明确开发需求和目标。

要制定具体的开发计划，企业中比较盛行的方式是 IDP 和 PIP。IDP 是指个人发展计划（individual development plan），主要针对高潜力人才，它是根据员工的兴趣、发展目标、优势专长和待提升能力制定的开发计划，有些公司会采用 70-20-10 模型系统全面覆盖，有些公司则重点利用在职体验。不管采用哪种 IDP 形式，从经验上来讲，一般同一发展周期内改进的发展项目不要超过 3 个，对发展项目越聚焦越好，过于复杂对于员工和管理者反而成为负担。PIP 是指绩效改进计划（performance improvement plan），主要针对持续业绩不达标的员工，是帮助员工改善绩效和提高能力的计划。但近些年 PIP 沦为有些公司解雇员工的证据，导致在职场中经常"谈 PIP 色变"。

发展方向	开发需求和目标
工作扩展	侧重于开发新能力，愿意留在当前的工作岗位，当前职位也能够提供技能开发的机会
工作轮换和调动	期待一个和当前工作有相似责任的新工作，但是需要新的技能，愿意了解新部门、组织、业务或职能
晋升	乐于承担更多的责任，愿意对团队和项目负责，希望能影响公司的决定，取得更多的成就
降级	愿意尝试新工作或职业，需要获取新技能，希望减轻工作压力或平衡工作与生活，更喜欢以前的工作
临时指派	对客户、产品、市场等问题有新的理解和看法，在新的工作环境中开发新技能，避免倦怠和缓解压力

5.6 教练辅导：成为教练型管理者

1.产生背景

除了培训学习和工作历练，人际互动也是极其重要的育才手段，特别是管理者对员工的教练辅导。对于绩效表现，很多人会采用"由外向内"的导师式辅导，认为表现＝潜能＋知识，表现不好就是缺乏知识，于是说教式地灌输知识。任何人都可以去读一本书或参加培训课程，但问题是如何从"知道"到"做到"。关于提升表现的另一种理念是"由内到外"，早在 1974 年，蒂莫西·高威就创造了一个简单的内心博弈方程式：表现（P）＝潜能（p）－干扰（i）。这就是教练的本质，教练用教练技术将人们的潜能释放出来，帮助人们达到最佳状态。

2.模型介绍

管理者就是员工最好的教练，约翰·惠特默称之为"高绩效教练"。"由内到外"式的教练往往教导员工专注于当下的行动，并从当下的体验中学习。管理者消除的干扰越多，员工学习得就越快。管理者不是直接帮助解决问题，而是帮助员工担起解决问题的责任。在探讨教练的实践方法前，我们需要先认识表现的本质。GROW 教练模型的创始人之一艾伦·范恩提出了一个提升人们表现的"K3F"模型。

K3F 模型提供了一种很好的了解、评估并改善表现的方式，它能用内在三要素（信念、热情、专注）帮助管理者和员工提升表现的积极方面：相信自己有能力学习和做好，有做事的精力和激情，关注那些对表现提升起关键作用的因素。我们生来都有信念、热情和专注。这三个要素对我们的表现至关重要，我们消除了阻碍这些内在天赋的干扰因素后，能更有效地利用知识要素，表现自然会提升。

K3F模型	作　　用	正　　面	反　　面
知识（knowledge）	代表车轮的轮框，是影响人们表现提升的关键，是另外三个代表支撑和驱动车轮的轮轴的要素	一些基本知识是必需的	例如，销售人员如果不懂任何的产品知识、不懂客户或对手，很难做好销售工作
信念（faith）	我们对自己和对别人的看法，信念可以驱动行动	相信自己的学习和适应能力	不安全感：害怕和自我怀疑
热情（fire）	我们的能量、激情、干劲和担当，做事的精神状态	激情、活力和承诺	冷漠感：冷淡、没兴趣、顺从
专注（focus）	我们关注的方面和关注的方式，是决定性要素	注意力、专心	不协调感：分心、易受干扰、表现不稳定

66 高绩效教练模型
在工作中经历和修炼

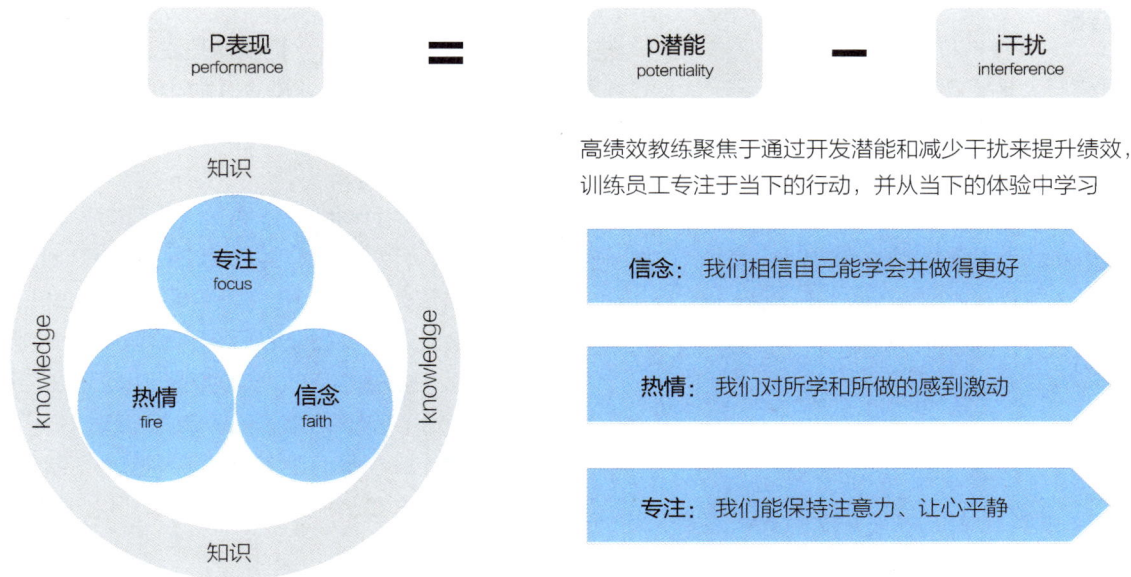

| P表现 performance | = | p潜能 potentiality | — | i干扰 interference |

高绩效教练聚焦于通过开发潜能和减少干扰来提升绩效，训练员工专注于当下的行动，并从当下的体验中学习

信念： 我们相信自己能学会并做得更好

热情： 我们对所学和所做的感到激动

专注： 我们能保持注意力、让心平静

知识

knowledge

专注 focus

热情 fire

信念 faith

knowledge

知识

- 信念：我们对自己和对别人的看法，信念可以驱动行动
- 热情：我们的能量、激情、干劲和担当，做事的精神状态
- 专注：我们关注的方面和关注的方式，是决定性的要素

我们生来都有信念、热情和专注，我们有能力重拾信念、重燃热情和重新专注。这三个要素对我们的表现至关重要，当消除了阻碍这些内在天赋的干扰因素后，表现自然会有所提升

适用场景：管理沟通　员工辅导　绩效反馈

5.6 教练辅导：成为教练型管理者

1.产生背景

管理者需要高绩效教练有两个原因：第一，通过教练方式和相互依赖的企业绩效文化能够挖掘出已有员工的内在潜能，实现自主责任感，形成一种业绩、员工和企业三赢的可持续高绩效发展之路。第二，可以通过学习、练习和身体力行的方式来提升自身的领导力。艾伦·范恩、约翰·惠特默以及格雷厄姆·亚历山大一起发展了被全球的高管教练公认为是进行教练对话的黄金定律——GROW 模型，总结了进行教练对话的核心流程。

2.模型介绍

每一种表现（或结果）都是有效的行动产生的，每一个行动都是精准的决策产生的。艾伦·范恩将决策、行动和结果三者之间的变化关系称为"决策速度"。GROW 模型可以减少干扰和澄清思路，把挑战分解为一系列可完成的任务，加快"决策速度"。GROW 教练技术释放了信念、热情和专注，让人们自如地运用已有的知识。

目标设定（goal）：首先专注在"目标"上，明确我们想实现或达到的目标，此时可以参考 SMART 原则定义目标和结果。

现状分析（reality）：其次把注意力放在"现状"上，明确我们面临的现状。澄清当前的状况，到目前为止所做的努力和得到的结果，识别出面临的阻碍，并重新评估自己的目标是否现实。

方案选择（options）：再次，重点关注"方案"，明确我们如何从现状到目标。可以通过头脑风暴想出各种能达成目标的方法。在这个过程中，不要做评判，视不同意见为学习，追求最多的数量。然后，评估这些方案，判断哪些方案可行，哪些方案能激发我们的信念（我们相信自己可以成功）和热情（我们对正在做的事情感到激动）。

行动计划（will）：最后专注于"行动"，综合判断哪些方案是最佳方案，并创建相应的行动计划，以推进目标的实现。

在 GROW 流程中，还要配套三项关键沟通技能：**有力提问**、**积极倾听**和**有效反馈**，才能事半功倍。

67 | GROW教练模型
激发潜能，提升绩效表现

G
目标设定
我们想做的事情

- 我想解决什么问题？
- 通过利用GROW模型，我想得到什么结果？（SMART目标是什么？）
- 如果我不采取行动，会有什么后果？

R
现状分析
我们面临的状况

- 现在的情况是怎样的？
- 我做了哪些努力？结果怎么样？
- 对我来说，障碍是什么？对别人呢？（如果别人与此事也相关的话）
- 别人会用什么方式来描述现状？
- 我的目标是否可行？

goal
reality
options
will

反馈

K3F
表现

提问　倾听

W
行动计划
我们采取的行动

- 哪些方案是我觉得不错并想采取行动的？
- 我该怎么做？
- 我的阻碍是什么？
- 我下一步该做什么？从什么时候开始？

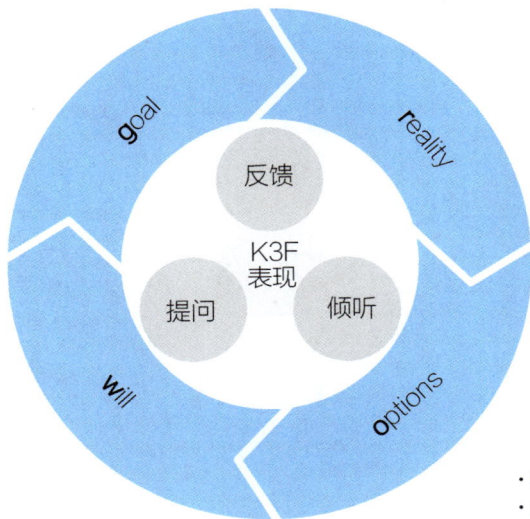

艾伦·范恩也将 "way forward" 作为GROW模型的第四步

O
方案选择
如何从现状到目标

- 我可以做什么来推进这个问题的解决？
- 如果别人加入，他们需要看到或听到什么，才能产生兴趣？
- 反思自己解决这个问题的过程，我该如何改进？
- 有没有哪些方案是我特别感兴趣，需要进一步深入思考的？
- 如果根据目前的这些方案开始行动，我该怎么做？

适用场景：教练辅导　绩效反馈　改进计划

3.应用模板

① 类型	1V1 突破型对话	1V1 参与型对话	团队 教 练

② 目标设定 (goal)	• 你想讨论什么话题?
	• 你想从这次讨论中得到什么?
	  (你的SMART目标是什么?)
	• 如果你达不到目标,会产生什么后果?
		• 解释你的目的
		  "我有一件事想请你帮忙? 我们现在可以谈谈吗? 如果现在不行,什么时间方便?"
		  "我的问题和我对……的看法有关。是不是可以现在谈谈呢?"
		• 分享你的意图
		  "我想告诉我的想法,也想了解你的想法。如果我理解得没错的话,我想和你一起改变些事情。如果我理解得不对,我想了解到底发生了什么事情。"
			• 我们要讨论什么议题?
			• 通过这次讨论,我们想得到什么结果?
			  (我们的SMART目标是什么?)
			• 如果我们达不到目标,会有什么后果?

现状分析 (reality)	• 简要地说说现在的情况。
	• 到目前为止,你做了哪些尝试?
	• 结果怎么样?
	• 对你来说,阻碍是什么? 对别人呢?
	  (如果别人也参与其中)
	• 目标是否实际可行?
		• 分享你的现状
		  "这是我的看法。"
		• 分享你的理解
		  "所以你的意思是……"
		  "你的感觉是……"
		  "我理解得对吗?"
			• 现在的情况是怎样的?
			• 到目前为止,我们做了哪些努力?
			• 现在的结果是怎样的?
			• 对我们来说,障碍是什么? 对别人呢?
			  (如果别人与此事也相关的话)
			• 我们的目标是否可行?

方案选择 (options)	• 如果你在条件完全成熟的世界,并且什么都可以做,你会做什么? • 如果你是别人,听到或看到什么,能引起你的关注?(如果别人也参与其中) • 如果你旁观这段对话,你有什么建议给自己? • 你对哪些想法感兴趣,想进一步了解? • 如果你要做,你打算怎么做?	• 说出选择 "我努力用对咱们双方都最积极的方法来解决问题,如果你没办法和我一起来解决这个问题,我别无选择,只好……"	• 如果我们可以不受限制地做任何事情,我们会做什么? • 如果别人加入,他们需要看到或听到什么,才能产生兴趣? • 反思我们解决这个问题的过程,我们该如何改进? • 有没有哪些方案是我们特别感兴趣,需要进一步深入思考的? • 如果根据目前的这些方案开始行动,我们该怎么做?

行动计划 (will/way forward)	• 这个方案足够吸引你采取行动吗?
	• 你打算怎么做?
	• 阻碍是什么? 你打算怎么克服阻碍?
	• 下一步干什么? 什么时候开始?
		• 如果对方同意参与……
		  推进对话,和对方一起解决问题。
		• 如果对方拒绝参与……
		  使用你提前准备好的应急方案。
			• 哪些方案是我们觉得不错并想采取行动的?
			• 我们该怎么做?
			• 我们面对的阻碍是什么?
			• 我们应该怎么克服?
			• 我们下一步该做什么? 从什么时候开始?

4. 使用方法

管理者该如何进行教练辅导？影响员工的最重要方式是对话，所以强有力的提问和积极倾听必不可少。

步骤①——识别对话的类型：开启对话的方式常常取决于执行者有没有意识到问题，以及他们通过对话解决问题的意愿。艾伦·范恩以参与对话的意愿、对问题的意识程度构建两维矩阵，并把对话分为两类。第一类，有对话意愿且有问题意识的对话，这是由员工开启和主导的，这种对话称为突破型对话（breakthrough conversion），因为对话的目的是帮助员工解决问题，实现突破。第二类，不管是缺乏对话意愿还是没意识到问题，对话是由管理者主动开启和主导的，称为参与型对话（engagement conversion），这种对话的目的是帮助员工意识到问题并愿意解决问题。在开始阶段，区分究竟是突破型对话还是参与型对话非常重要。区分的关键在于搞清楚谁一开始提出了问题。

步骤②——利用 GROW 模型来进行对话：不管是哪种对话，都要利用 GROW 模型来处理。在团队层面，GROW模型能够有效地把公司目标分解到销售、市场、客户服务和其他团队层面，来保证公司目标的实现。管理者用 GROW模型，可以在自己特定的工作职责内，澄清目标，弄清现状，找到方案并制订行动计划；可以和自己的团队一起解决绩效问题；可以改善团队成员的协作方式。艾伦·范恩和约翰·惠特默在各自的教练书中，都总结了一系列准备事项、提问、倾听等教练工具箱，管理者在应用实践时可以参考（详见本书附赠的电子文件 P70~P76）。

准备阶段	理清自己的思路	准备对话	进行对话	提供建议的问题
准备清单	·认清自己的问题 ·什么会引起执行者的关注？ ·如果你不能让执行者参与，你会做什么？	·把对话的各个目标记在心里 ·准备每个阶段合适的话术 ·预想执行者可能的反应	·反复澄清你的意图 ·运用每一阶段你准备的话术 ·展现同理心 ·反复寻求认可	当你帮助执行者消除干扰，并让其担起责任时，你可以问以下三个问题： ·哪些方面可管用？ ·你遇到了哪些阻碍？ ·下一次你会采用什么不同的处理方式？

5.6 教练辅导：成为教练型管理者

1.产生背景

除了 GROW 教练法，具体的反馈方法还有很多，例如 SBI 反馈法、ADISC 反馈法、OELS 反馈法、SBIR 反馈法、PPCO 反馈法、SAID 反馈法、STAR 反馈法等。STAR 反馈法比较好上手，与前面 STAR 行为面试法如出一辙，在此就不赘述。根据实践经验和效果评估，本书另外推荐两种简单实用的反馈方法。俞清和金慧英在《教练型管理者》一书中，将反馈称为"绩效表现的生命线"，如果说积极倾听是打开心扉、建立信任的技术，有力提问是激发思考、拓展思维的技术，那么有效反馈就是催化行动、强化意愿的技术。

2.模型介绍

管理者进行有效反馈时应该关注员工的"行为"以及行为产生的"结果"等客观表现，而不要试图揣测和评判对方的态度和动机。现实中所有的行为和结果用目标来衡量只有两种可能：一是行为正确而结果有效，需要给予激励性反馈；二是行为有误或者结果无效，需要给予建设性反馈。

激励性反馈：激励性反馈就是常说的表扬，这不仅可以激发员工的内在动力和提升员工的意愿度，还可以强化该行为的持续性。激励性反馈一定要通过具体的行为和事实描述表示认可，否则就变成了主观评判，缺乏可信度和真实感。另外，描述行为和事实可以为团队建立正确的示范和榜样。可以采用 AAA 反馈技术：描述行为和事实（act）；阐述影响或评价（actor）；表示欣赏和感谢（appreciation）。

建设性反馈：表扬即便没表扬好，至少对方不会生气，但批评可能会引起冲突。丘吉尔曾说："批评可能会让人不爽，但它是必要的。批评的作用就像身体内的疼痛一样，可以提醒我们注意身体不健康的状态。"建设性反馈应该对事不对人，聚焦具体事件或工作问题，提出正向要求和建议，对员工个人和团队才有真正的价值。可以采用 AID 反馈技术：描述行为和事实（act）；阐述影响及后果（impact）；指明期待的行为和结果（desired outcome）。

68 | 反馈模型
有效反馈能催化行动和强化意愿

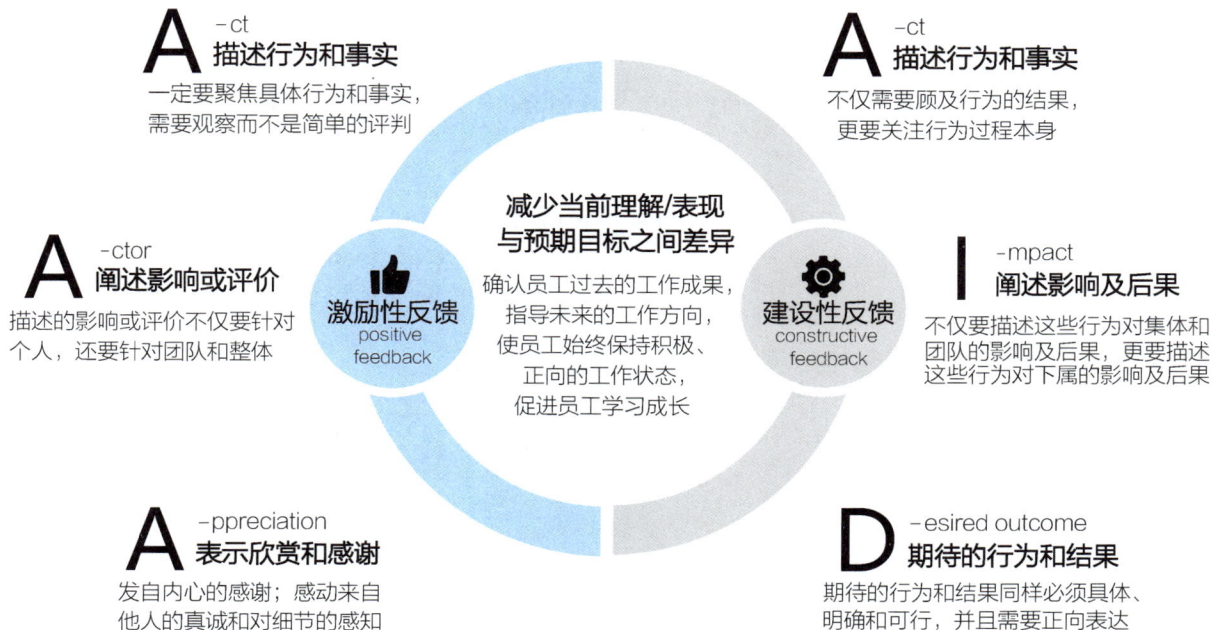

A -ct
描述行为和事实
一定要聚焦具体行为和事实，需要观察而不是简单的评判

A -ct
描述行为和事实
不仅需要顾及行为的结果，更要关注行为过程本身

A -ctor
阐述影响或评价
描述的影响或评价不仅要针对个人，还要针对团队和整体

减少当前理解/表现与预期目标之间差异

确认员工过去的工作成果，指导未来的工作方向，使员工始终保持积极、正向的工作状态，促进员工学习成长

激励性反馈
positive feedback

建设性反馈
constructive feedback

I -mpact
阐述影响及后果
不仅要描述这些行为对集体和团队的影响及后果，更要描述这些行为对下属的影响及后果

A -ppreciation
表示欣赏和感谢
发自内心的感谢；感动来自他人的真诚和对细节的感知

D -esired outcome
期待的行为和结果
期待的行为和结果同样必须具体、明确和可行，并且需要正向表达

适用场景：反馈辅导技巧　激励性反馈　建设性反馈

3.应用模板

类型	关键步骤	记 录
反馈事项	评判（意见）	"工作积极性差" "没有责任心" "没有团队协作" "没有思考能力、创新能力"
	观察（事实）	"他在上周出现问题，等到我提醒后才去解决" "工作交付时间比规定时间晚两周" "只做完自己的事情，就先下班了" "这次市场策划跟上次相似度达到90%"
激励性反馈	A: 描述行为和事实	"纪凡，上周一你主动向部门经理请教销售电话的话术，每天按时完成50个电话拜访，还按公司要求整理出有效客户的档案，并且详细备注了特定客户的需求以及你个人的建议"
	A: 阐述影响或评价	"这样的工作方式，不仅有助于你本人销售技能的提升，也为后续销售部门的其他同事上门拜访客户提供了有力的保障，为团队绩效目标的达成作出了卓越的贡献。我从中也能够感受你是特别有责任心的人"
	A: 表示欣赏和感谢	"你对工作认真负责的态度为其他新同事树立了榜样。我非常欣赏你，谢谢你做出的表率和贡献"
建设性反馈	A: 描述行为和事实	"小周，这周你一共迟到了4次，而且有两次是上午10点才到公司的，整整比公司的规定上班时间晚了1个小时。今天早上，你旁边的小金还替你接过5次电话"
	I: 阐述影响及后果	"这样不仅影响了小金的正常工作，还给客户留下了不专业的印象，更严重影响了你的工作进度"
	D: 期待的行为和结果	"所以，希望你从下周开始能提前10分钟来公司"

4. 使用方法

激励性反馈和建设性反馈这两种反馈形式并不复杂，很容易理解，难在如何熟练地进行运用，而这就需要时常练习、记录总结和自我反馈。

步骤①——区分评判（意见）和观察（事实）：印度哲学家吉杜·克里希那穆提说过："人类智慧的最高形式，就是不带评论的观察。"反馈的核心是观察，而不是评判。所以反馈的第一步在于区分观察和评判。观察是通过视觉准确反映对方的行为或客观事实；评判是针对对方的行为或事实进行主观评价和判断。管理者要把反馈的重点放在实际发生的语言、行为和结果的描述上，对观察到的事情进行客观的描述，而不是进行主观的揣测和评判，给人贴标签。比如，将"工作积极性差"改成"他在上周出现问题，等到我提醒后才去解决"，将"没有责任心"改成"工作交付时间比规定时间晚两周"。

步骤②——利用反馈技术进行激励性和建设性反馈：关于激励性反馈，有些管理者"羞于开口"，或者认为口头表扬只是耍嘴皮子，做做表面功夫而已，这是扭曲而错误的想法。赞美是激励员工塑造更好的自己的法宝，及时给予员工肯定和认可是激发员工内在动力、凝聚人心的

基础。

关于建设性反馈，典型的错误是采用"三明治"或"汉堡包"式的批评方法，即先表扬一下对方（最上面一层），接着把"难听"的话说出来（中间一层），最后赶紧安抚一下对方情绪（最下面一层）。但明眼人一听就知道重点是什么，反而适得其反。遇见问题和错误，坦诚而及时的反馈才是对员工和团队负责，真诚才是建设性反馈的底色。

激励性反馈和建设性反馈的数量配比，可以参考心理学家约翰·戈特曼提出的魔法比例 5∶1，即在稳定幸福的婚姻关系中，正面互动和负面互动在数量上的比例是五（或更多）比一。这个研究成果也适用于工作场合中的关系。理想的反馈互动，基于反馈双方间的互信、互通、互联，是能持久地给予人力量和安全感的。

5.6 教练辅导：成为教练型管理者

1.产生背景

反馈要实事求是，但简单反馈似乎过于笼统，那针对工作要如何深入反馈和帮助员工成长呢？采用复盘，可以与员工个人或团队针对具体项目或工作问题深度探讨和制定改善行动。复盘，棋类术语，指对局完毕后重新推演下棋步骤，以反思对局中招法的优劣与得失关键，总结经验教训以优化升级招法。简而言之，复盘就是"把做过的事情，再从头过一遍"。复盘"复演过去"，但不全等于总结，不仅要评估结果，还要关注过程，核心目的是从中学习，不犯同样的错误，更上一层楼。复盘也不全等于反思，不仅要提升思维认知，还需要有具体行动来"改进未来"。真正的复盘是一套"认知—行为—结果"的反馈和学习系统，我们可以借助GRAI复盘模型进行经验式学习。

2.模型介绍

回顾目标（goal）：明确项目或任务的核心目标。这是所有复盘的出发点，也是评估成果的基础。同时，了解目标产生的背景，可以正确理解预期的成果。还要回顾当初为了达到目标，所制定的任务或行动方案，方便后续加以对比。

评估结果（result）：对实际完成的结果进行评估，看是否达到了预设的目标。需要客观、公正地评价表现和结果，既不能过于苛刻，也不能过于宽松。需要对照目标和结果，找出差距或不足，以及超出预期的亮点。

原因分析（analysis）：主要从成功或失败的原因着手分析，包括主观和客观两方面。成功了，多想想客观原因；失败了，多找找主观原因。我们可以尝试用5Why分析法寻找根本原因。

规律洞察（insight）：根据分析的结果反思和总结经验教训，为以后类似的项目或问题提供更符合规律的参考。这一步非常重要，因为它能帮助我们从失败中学习，保留优势并避免在未来犯同样的错误。根据原因有针对性地制订具体的改进措施和行动计划必不可少，将经验学习转化为实际的能力和行动，才能实现持续的成长。

69 | 复盘模型
复演过去，改进未来

🎯 回顾目标
明确项目或任务目标，
了解目标产生的背景，
回顾任务和行动方案

⭐ 评估结果
评估结果是否达到目标，
找出存在的差距或超出预期的部分，
可以聚焦复盘的重点

目标
goal

结果
result

认知反馈
检视思维模式和信念

复盘
复演过去
改进未来

结果反馈
评估成果产出和指标

行为反馈
纠偏执行过程和动作

💡 规律洞察
反思和总结经验及规律，
保留优势和避免重复错误，
制订改善的行动计划

洞察
insight

分析
analysis

🔍 原因分析
回顾关键的步骤，
分析成功或失败的主客观原因，
能够挖掘复盘的深度

适用场景：项目反思　经验总结　改进计划

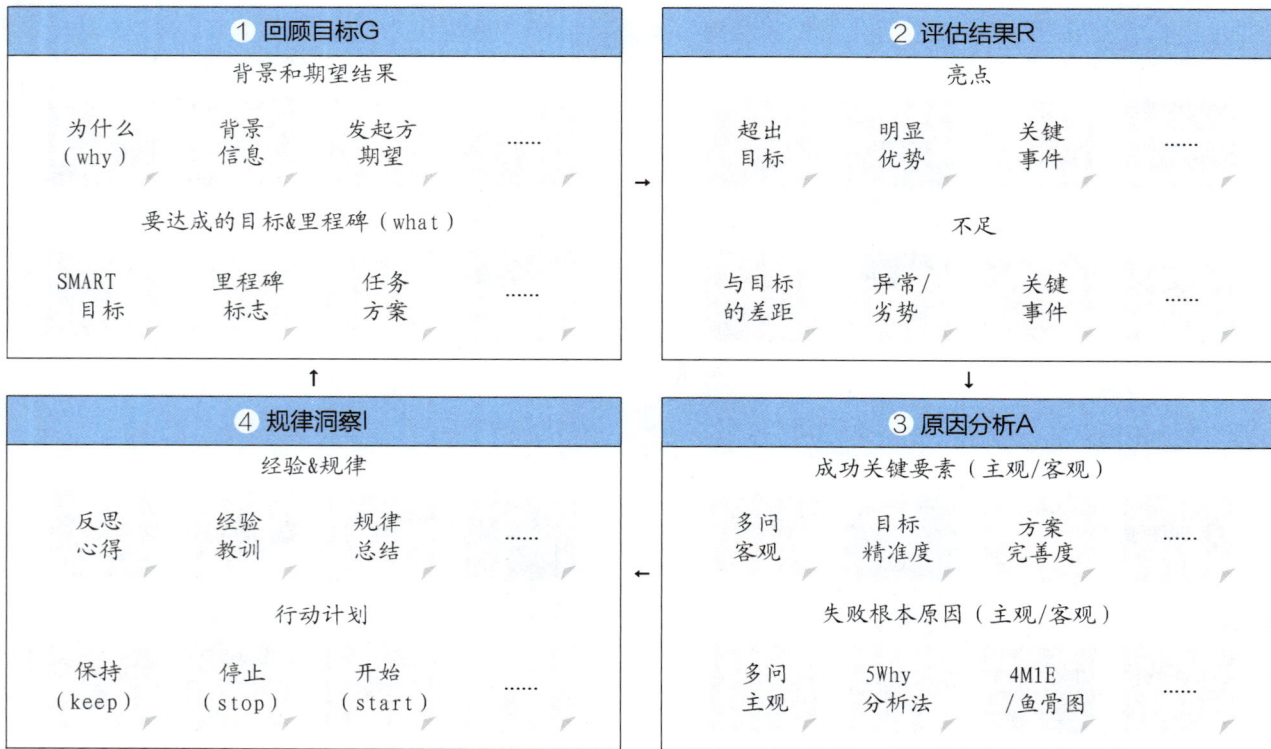

3.应用模板

① 回顾目标G			
背景和期望结果			
为什么 （why）	背景 信息	发起方 期望	……
要达成的目标&里程碑（what）			
SMART 目标	里程碑 标志	任务 方案	……

② 评估结果R			
亮点			
超出 目标	明显 优势	关键 事件	……
不足			
与目标 的差距	异常/ 劣势	关键 事件	……

④ 规律洞察I			
经验&规律			
反思 心得	经验 教训	规律 总结	……
行动计划			
保持 （keep）	停止 （stop）	开始 （start）	……

③ 原因分析A			
成功关键要素（主观/客观）			
多问 客观	目标 精准度	方案 完善度	……
失败根本原因（主观/客观）			
多问 主观	5Why 分析法	4M1E /鱼骨图	……

4. 使用方法

在实际工作中，需要实施复盘的场景通常有三个：一是小事及时复盘，事后快速回顾过程和敏捷调整改进，形式比较灵活；二是大事阶段性复盘，在大项目的执行过程中，定期检查原定目标和当前达成的结果，阶段性地对目标或策略进行调整；三是项目或战略结束后，利用GRAI模型的核心法则和四个步骤的操作要点进行全面复盘。

步骤①——回顾目标（goal）：了解背景和最初的预期结果（why），回顾要达成的目标和关键里程碑（what）。如果事前背景和目标不清楚，复盘时追补清楚，以便下一个步骤对照。同时将此问题计入行动计划，提高下次定目标的准确度。

步骤②——评估结果（result）：首先，要营造坦诚沟通、实事求是的氛围，不应指责、抱怨或推卸责任，要让参与者有安全感。其次，共同回顾过去，重现整个过程，厘清过去实际发生了哪些关键事件，以及关键事件是如何发生的。最后，找出成功之处（亮点）和可提升之处（不足），这其实是在定义问题，聚焦复盘的重点。

步骤③——原因分析（analysis）：对成功关键要素的剖析和对失败根本原因的分析同样重要。分析成功的关键因素时，多想想客观方面；分析失败的根本原因时，深挖主观方面，特别要注意先检视是否因为背景、目标设定明显有误才失败，否则原因分析可能围绕错误的目标展开。

步骤④——规律洞察（insight）：把分析所得的结论总结出来，并提炼为规律，以此作为自己和团队工作的一个参考和经验。需要注意的是，不能把一时一地的认识当作规律，规律也不是总结得越多越好，在一次复盘中，真正有价值的经验如果有两三个，那就很不错了。行动计划基本上包含三种类型的关键举措：第一类是优势或亮点，要继续保持；第二类是失败原因，要停止重复错误；第三类是改善举措，要行动起来。

5.6 教练辅导：成为教练型管理者

1.产生背景

述职自古有之，《左传·昭公五年》首次出现述职一词："小有述职，大有巡功。"《孟子·梁惠王下》也有记载："诸侯朝于天子曰述职，述职者，述所职也。"经过历朝历代的演变，述职现在通常指党政机关的干部考核述职。但本书讲的是互联网大厂的团队述职模式，是一种群体性反馈机制：与复盘不同，不仅谈事（工作），也谈人（团队）；与总结不同，不仅谈过去（过程和结果），也谈未来（方向和想法）；与汇报不同，不仅谈自己，也谈其他人。总之，团队述职是一种群策群力、自我剖析、相互反馈，以实现共同成长的反馈和对标学习机制。其中的原理可以用乔哈里视窗来理解。乔哈里也被称为"自我意识的发现一反馈模型"，是由乔瑟夫·勒夫和哈里·英格拉姆在20世纪50年代提出的理论。

2.模型介绍

视窗理论将人的内心世界比作一扇窗户，窗户分为四个区域：开放区、隐秘区、盲点区、潜能（未知）区，人的有效沟通和反馈就是这四个区域的有机融合。团队述职就是一个成员反馈和自我揭示的沟通大场域，不仅有述职者、团队成员和直接主管，还可以邀请隔级主管、内外部客户或上下游协同方等重要相关方。促进自我认知和成长，实现有效反馈的关键策略在于尽可能扩大述职者的开放区。

首先是自我剖析，缩小了隐秘区，述职者进行复盘总结和自察自省，不仅是对成果和个人的展示，也促进了团队成员间的认识和关系建立。其次是相互反馈，缩小了盲点区，述职者可以收集到不同人不同角度的激励性和建设性反馈、发现盲区和提升自我。最后是群策群力，缩小了潜能区。潜能区是前面说到的不易被发现的隐性素质，如角色定位、价值观、自我认知、动机和特质。应通过群体的力量来挖掘自己的潜能，突破和超越自我。

其他参与团队述职的相关方也会从中获得收益，团队成员可以互相了解、增进交流和对标学习，内外部客户或上下游协同方有助于横向反馈，增进合作关系。管理者可以了解团队成员阶段性工作和成长情况，给予辅导和支持。

70 述职模型
群体性反馈机制

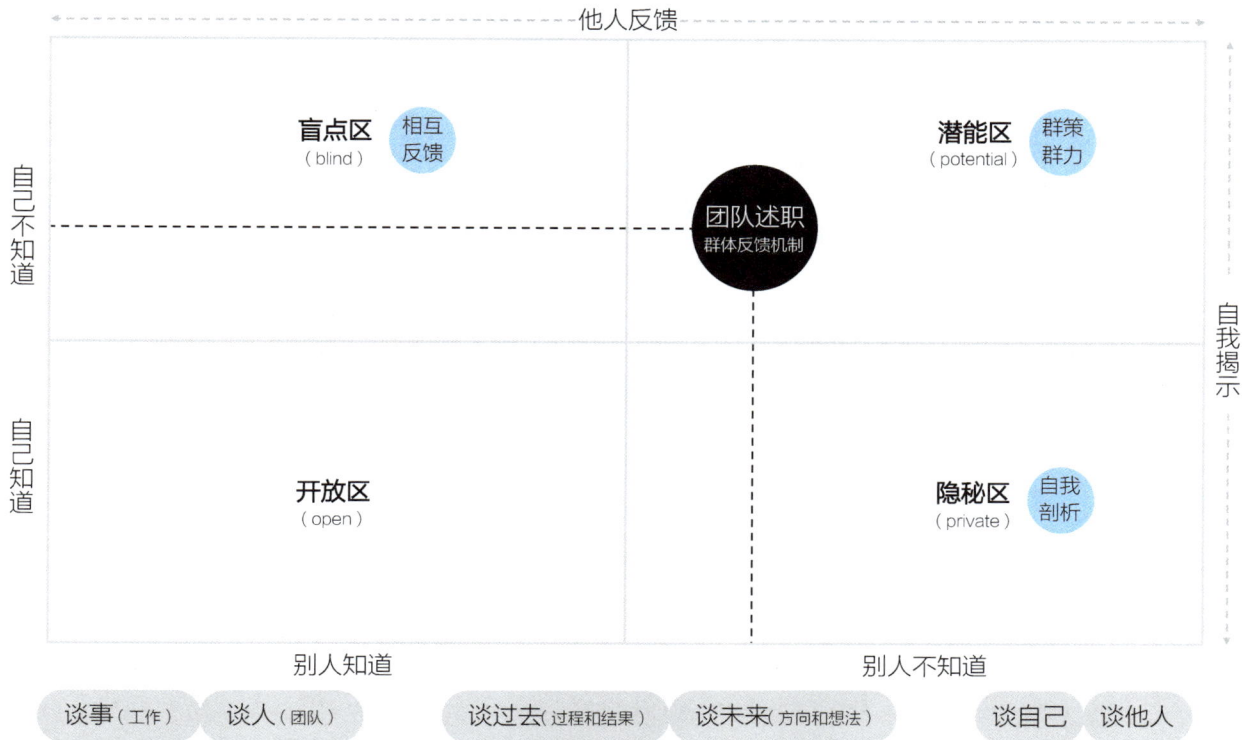

他人反馈

自己不知道

盲点区 相互反馈
（blind）

潜能区 群策群力
（potential）

团队述职
群体反馈机制

自我揭示

自己知道

开放区
（open）

隐秘区 自我剖析
（private）

别人知道

别人不知道

谈事（工作） 谈人（团队）　　谈过去（过程和结果） 谈未来（方向和想法）　　谈自己 谈他人

适用场景：阶段总结 团队交流 成果汇报

3.应用模板

述职步骤	对　　象	目　　的	内容要点
① 自我揭示	业务管理 （总结过去） 述职者	*外显化：隐性知识转为显性知识* *述职者将个人经验总结提炼成书面报告* **总结过去的逻辑结构：** • *以终为始：明确工作目标的精准度， 从大到小拆解，阐述"为什么做" 和"应该做什么"*	1.业务和团队认知（大）：外部环境、客户需求、业务情况、团队目标 2.工作目标和策略（中）：本阶段岗位核心目标、基于目标制定的关键策略 3.关键举措和成果（小）：重点项目、执行举措、关键成果 4.经验规律总结（事）：保持、停止、开始（参考复盘GRAI模型） 5.个人学习成长（人）：学习心得、成长收获、亮点和不足
	团队管理 （管理者） 述职者 （管理职位）	• *工作复盘：对事的阶段性复盘， 阐述"怎么做"和"做了什么"* • *学习成长：对人的反思和成长， 分享个人学习心得和成长收获， （这部分很多人会忽略或不愿坦诚展示）*	1.组织建设：组织设计、团队分工、组织氛围 2.人才管理：团队人才的选、用、育、留 3.领导力提升：工作理念、时间管理、领导技能（参考领导梯队模型）
	下个阶段 工作规划 （展望未来） 述职者	*展望未来的重点事项：* • *重点展示：展示重要的方向性和策略性 思考，不用着急分解具体举措* • *上下对齐：将重点方向和策略与主管、 协同方等沟通交流，确保相关方认可*	1.重点目标/策略：下一个阶段重要的方向和策略性思考 2.个人成长计划：针对过去一个阶段的总结和反思，以此为基础确定的提升行动
② 互动交流	参会人	*社会化：隐性知识转为隐性知识* *述职者与参会人互相交流内在经验*	1.参会人提问：就述职者展示的述职内容，深入挖掘和自由提问 2.述职者回答：重在展示背后的思考，与参会人充分交流和交换经验
③ 他人反馈	参会人	*内隐化：显性知识转为隐性知识* *述职者内化各个参会人给予的反馈*	1.参会人反馈：每个人都直接给予1~3个激励性反馈和建设性反馈 2.述职者记录：关键在于记录和反思，不需要回应，不要急着反驳

4. 使用方法

真正成功的述职应该是野中郁次郎所描述的组织知识创造过程，也就是一个能够让团队的个体对话彼此互动的"场"。

步骤①——自我揭示：述职者轮流展示自己的述职内容肯定是核心环节，是外显化的知识创造过程，将个人经验总结提炼成可见的书面知识。也许述职模板会有所不同，但底层逻辑都是在总结过去和展望未来。总结过去有三个基本点：一是以终为始，要明确工作目标的精准度，从大到小拆解目标，明确"为什么做"和"应该做什么"；二是工作复盘，即对事的阶段性成果和过程总结，阐述"怎么做"和"做了什么"。三是学习成长，即对人的反思和成长，分享个人学习心得和成长收获，这部分很多人可能会忽略或不愿坦诚展示，反而丧失难得的学习机会。

展望未来重点展示重要的方向性和策略性思考，不用着急分解具体举措。更关键的是借助述职将重点方向和策略与主管、协同方等人进行沟通交流，确保相关方认可。另外，针对管理职位的述职者，不仅要开发业务，更要管理团队，需要重点关注团队建设、人才梯队和个人领导力提升。

步骤②——互动交流：互动交流是一个社会化的知识创造过程，述职者与参会人互相交流内在经验。参会人就展示的述职内容，深入挖掘和自由提问。而述职者应该坦诚回答，重在展示回答背后的思考，与参会人充分交流和交换经验。

步骤③——他人反馈：他人反馈是一个内隐化的知识创造过程，述职者通过内化反馈提升自我认知。每个参会人都可以给予述职者 1~3 个激励性反馈和建设性反馈，可以通过不同视角给予述职者激励，消除其盲点。要特别注意的是，述职者主要在于记录反馈，不需要回应。述职者可以有自己的独立思考和判断，但一定要有开放的心态，因为这就是在其他人眼里的"自己"，要给自己一个"重新认识自己"的机会，不要以为对方"不了解自己"，急着反驳。

第**6**章 PART

留才 人才激励与团队凝聚

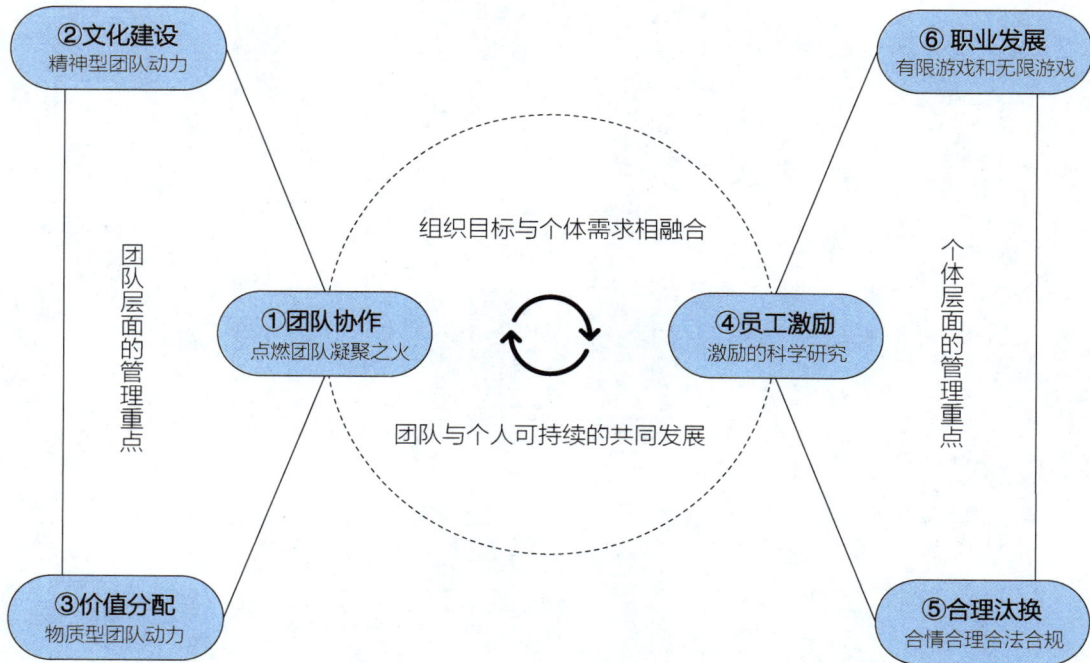

管理模块	学习重点	管理模型
6.1 团队协作	组织可见的战略、目标、政策、流程等智力系统备受关注，但隐藏的团队氛围、高效协作等动力系统也会极大影响员工工作表现。管理者首先要带领团队共同克服五个常见的协作障碍，点燃团队凝聚之火	71.组织行为的冰山模型 72.团队动力模型 73.团队协作模型
6.2 文化建设	没有团队之魂，团队犹如一盘散沙。管理者的一只手要主抓文化建设，构筑共同的团队愿景，树立共享的核心价值观，激发精神型团队动力	74.企业文化层次模型 75.使命-愿景-价值观模型 76.文化洋葱模型
6.3 价值分配	管理者的另一只手要抓价值分配，坚持与价值观相符的利益分配机制，形成创造价值、评价价值和分配价值的良性循环，激发物质型团队动力	77.价值要素模型 78.价值链管理模型
6.4 员工激励	激励员工的重要性不言而喻，但激励绝不是什么"画大饼"的旁门左道。卓有成效的管理者知道，并没有一种适用所有员工的激励方法，需要通过科学的研究成果，根据员工的个性需求设计合理有效的激励方案	79.员工激励模型 84.工作特征模型 80.需求层次模型 85.组织公平模型 81.双因素模型 86.期望模型 82.成就需求模型 87.激励整合模型 83.目标设定模型
6.5 合理汰换	管理者需要慎重地处理员工汰换问题，汰换不是目的，不仅要以人为本、客观分析，还要尊重员工、平等协商，更要坚持合规合法、好聚好散	88.汰换四合模型
6.6 职业发展	管理者应该与员工进行坦诚的、前瞻性的发展沟通，了解他们的职业需求和期望，甚至成为员工的职业生涯规划师，帮助员工理解职业选择和机遇，助力他们明确在每个不同阶段与通道的发展任务，与团队实现共同发展	89.职业分工模型 90.职业锚模型 91.职业发展阶段模型 92.无限游戏与成长思维模型 93.S型曲线成长模型

6.1 团队协作：点燃团队凝聚之火

1.产生背景

　　留才容易被简单地理解为保持团队绝对稳定，但要注意，应该让留下的人都合适。企业需要"能进能出、能上能下"以保持组织活力，并通过全面的激励措施来留人留心。这些措施包括物质激励措施和精神激励措施，涉及研究人在工作中的行为方式，需要用到组织篇中所讲到的组织行为学来确定，但理解组织行为并不是简单的事情，有两个非常突出的难点。

2.模型介绍

　　难点之一是组织行为涉及的很多问题并不是显而易见的。如果将组织比喻为海中冰山，会发现一个组织成功涉及很多条件，我们往往只能看到组织行为的一小部分，而看不到隐藏在水下的更大部分。考察组织时最明显看到的方面，比如战略、目标、政策、流程、技术、结构、指挥链及正式权威，更像是组织的"智力系统"，体现组织的"聪明"可衡量，具有客观性，能够用数据驱动，对群体功效和组织生产率影响较大，因此更容易被管理层关注。但是在这些表象下面，隐藏了管理者需要了解的同样会极大影响员工工作表现的非正式因素，例如团结信任的氛围、高涨的士气、高效的协作、优秀员工的低流失率、最少的办公室政治和混乱等。这些因素与组织的活力和健康息息相关，是组织的"动力系统"，有助于组织保持完整、协调一致，影响着群体凝聚力。智力系统也很重要，但只是实现成功的最低标准，也容易被复制，大部分组织拥有的知识、技能、信息等智力系统是绰绰有余的。动力系统则有助于组织建立长期竞争优势，影响着组织生存。一个组织的生存不仅取决于生产率，更取决于组织适应环境并持续发展的能力。一个有活力又健康的组织，会变得越来越聪明。因为在健康组织中工作的员工，从管理者开始，会更专注和相互学习，识别关键问题，并能够从错误或变化中快速恢复。他们更加齐心协力地解决问题，在正确的时间以正确的方式抓住机会，进行变革，以适应新业务。

　　难点之二是学习成本和应用难度，组织行为学主要源于社会学和心理学的研究成果，难以全面阐述和融会贯通。人类是复杂的，因此几乎没有简单而普适的原理能够广泛解释组织行为的规律。因此，本章严选更适合企业场景的组织行为学知识，聚焦团队管理中高频的管理动作，帮助管理者提升团队的活力和健康度。

71 | 组织行为的冰山模型
组织的智力系统与动力系统

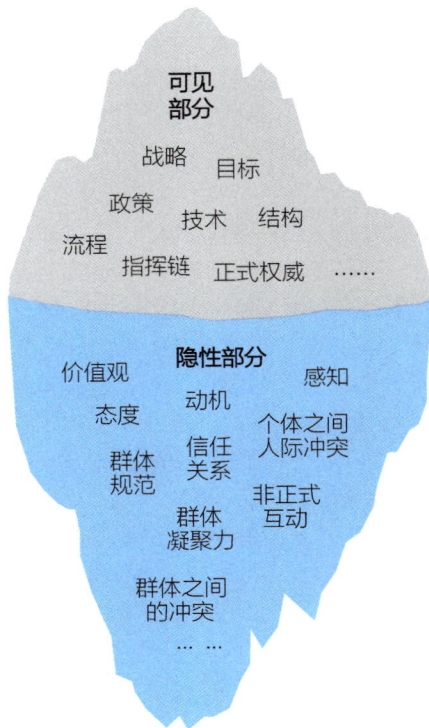

可见部分

战略 目标
政策 技术 结构
流程 指挥链 正式权威 ......

隐性部分

价值观 感知
动机
态度 个体之间
人际冲突
信任
关系
群体
规范 非正式
互动
群体
凝聚力
群体之间
的冲突
... ...

组织的"智力系统"

群体功效

组织生产率

代表组织的"聪明"

是实现成功的最低标准

可衡量、客观和数据驱动

可复制，大部分组织是绰绰有余的

组织的"动力系统"

群体凝聚力

组织生存

代表组织的"活力和健康"

建立可持续的长期竞争优势的动力

有助于组织保持完整、协调一致

例如团结信任的氛围、高涨的士气、
高效的协作、优秀员工的低流失率、
最少的办公室政治和混乱

适用场景：组织行为分析 组织管理建设 团队凝聚力提升

6.1 团队协作：点燃团队凝聚之火

1.产生背景

组织行为学对群体动力的理论研究包含群体的规范、发展途径、决策模式、群体凝聚力的形成等要素，群体行为互动激发出规范、角色、关系、凝聚、信任、创意、合作、发展等活力因素。进一步定义团队凝聚力，就是成员被团队和其他成员吸引的程度、愿意留在团队中的程度，以及愿意对团队目标或任务承担责任的程度，是团队发展水平的指标。高凝聚力团队成员表现的心理感受是对群体的认同感、归属感和力量感。影响凝聚力的因素涉及领导方式、群体目标、群体氛围、群体同质性和一致性以及外部环境等多个方面，让我们回到管理实践角度来聚焦重点。

2.模型介绍

正如彼得·德鲁克所说，我们社会的凝聚力和优势的发挥，有赖于知识工作者的心理需求和社会需求，能否与组织及工业社会的目标互相融合。知识工作者并不是不能安贫乐道，问题是知识工作者常常会厌烦、失意、消沉。用时髦的名词来说，就是他们会产生"疏离感"。事实上，我们既要通过组织的绩效来满足社会的需要，也要力求实现个人的成就，以满足员工的需要。一般而言，员工要辞掉的

不是公司，而是老板，这是一个不言而喻的真理。作为负责任的管理者，万不可把员工当作"工具人"，要成为组织目标与个人需求的桥梁和引导者。对组织而言，需要个人为其作出贡献；对个人而言，需要把组织当成实现人生目标的路径。凝聚团队和留住人才的初心，应是追寻荀子所说的"和则一，一则多力，多力则强，强则胜物"的境界，真正实现团队与个人可持续的共同发展。

基于这个出发点，我们"留才"的重点从团队层面：第一，要克服协作障碍，点燃团队凝聚力，重视对组织的贡献；第二，要一手抓文化建设，构筑共同的团队愿景，树立共享的核心价值观，激发精神型团队动力；第三，要一手抓价值分配，坚持与价值观相符的利益分配机制，激发物质型团队动力。在个体层面：第一，合理满足员工的需求和愿望，运用科学的激励手段进行人才激励与团队凝聚，而非用"洗脑""打鸡血"等旁门左道；第二，正确理解汰换管理，必须合情合理合法合规，给予员工充分的尊重和沟通协商；第三，指导员工的职业发展任务和前瞻性准备，实现与团队的共同成长，追寻更长远的无限游戏。正如哲学家尼采所说："所有的厌倦，都是因为停止了成长。"

72 团队动力模型
团队与个人可持续的发展动力

和则一，一则多力，
多力则强，强则胜物

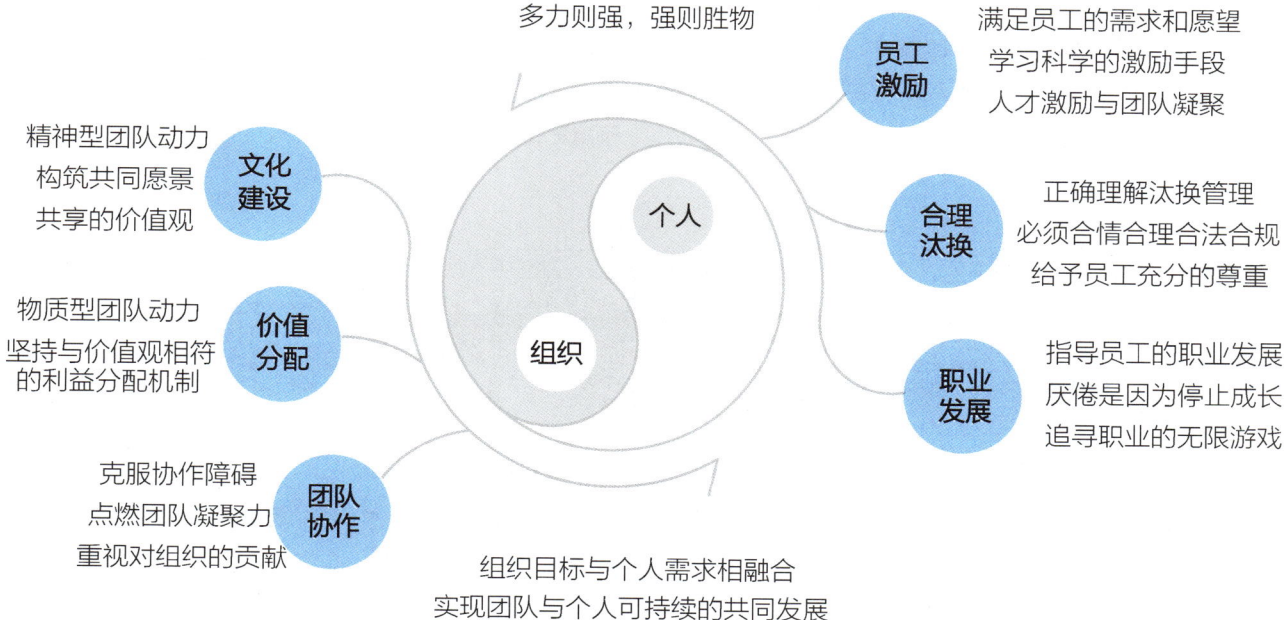

员工激励
满足员工的需求和愿望
学习科学的激励手段
人才激励与团队凝聚

文化建设
精神型团队动力
构筑共同愿景
共享的价值观

合理汰换
正确理解汰换管理
必须合情合理合法合规
给予员工充分的尊重

价值分配
物质型团队动力
坚持与价值观相符
的利益分配机制

个人

组织

职业发展
指导员工的职业发展
厌倦是因为停止成长
追寻职业的无限游戏

团队协作
克服协作障碍
点燃团队凝聚力
重视对组织的贡献

组织目标与个人需求相融合
实现团队与个人可持续的共同发展

适用场景：凝聚力提升　团队动力激发　发展计划制定

6.1 团队协作：点燃团队凝聚之火

1.产生背景

圆桌咨询公司创始人帕特里克·兰西奥尼的经典著作《团队协作者的五大障碍》畅销全球 20 多年，他指出，组织未能实现团队协作，是因为人们不知不觉地落入了五个天然存在且非常危险的陷阱和机能障碍，这五个障碍经常被误解为互不相干的问题，但实际上它们就像关联的链条，断了任何一个环节，都会让问题蔓延和协作恶化。

2.模型介绍

兰西奥尼提供了团队评估诊断工具，参见本书附赠的电子文件（P81~P82），帮助管理者衡量团队受这五个机能障碍的影响程度。最好让团队的所有成员都完成问卷，然后一起查看结果，讨论各自的差异，最终找出对团队有明确启发的线索。

协作障碍	①缺乏信任	②惧怕冲突	③欠缺投入	④逃避责任	⑤忽视结果
障碍解析	团队成员之间没有信任的基础。本质上，这源于人们不愿意在群体中表现出自己的脆弱。只有能够真诚地袒露错误和弱点的团队成员，才可能建立牢固的信任	无法建立团队信任将极具破坏作用，最大的隐患就是惧怕冲突。团队成员对开展毫无顾虑、充满激情的思想交锋无能为力，常常在讨论时拐弯抹角，发表意见时含糊谨慎	缺少健康的冲突直接导致欠缺投入。团队成员在公开讨论中充分表达自己的意见，点头也只是假装同意而已，极少会认同团队的决议，更谈不上承诺执行	由于缺乏真正的认同和承诺，养成了逃避责任的习惯。成员没有对明确的行动计划事先作出承诺，即使是负责任的人，也不愿意直接指出其他成员那些可能有损于团队的行为	缺少互相监督和问责的氛围，会制造滋生忽视结果的温床。当团队成员把个人利益，甚至所在部门的利益凌驾于团队利益之上时，团队目标总会被有意无意地忽略
障碍信号	·隐藏自己的弱点和错误 ·不愿请求别人帮助，也不愿给别人提出建设性的意见 ·不愿为别人提供职责之外的帮助 ·轻易对别人的用意和观点下结论而不去仔细思考 ·不愿承认和学习别人的技术和经验 ·浪费时间和精力去追求自己的特定目标 ·对别人抱有不满和怨恨 ·讨厌开会，找借口不参加集体活动	·团队会议非常枯燥 ·使用不正当手段在别人背后进行人身攻击 ·避免讨论容易引起争论的问题，而这些问题对于团队协作成功是非常必要的 ·不能正确处理团队成员之间的意见和建议 ·把时间和精力浪费在表面形式上	·团队的指令和主要工作任务模糊 ·由于不必要的拖延和过多的分析而错过商机 ·大家缺乏自信，惧怕失败 ·反复讨论，无法作出决定 ·团队成员对已经作出的决定反复提出质疑	·成员对于团队里工作表现突出的同事心怀怨恨 ·甘于平庸 ·缺乏明确的时间观念 ·把责任压在团队领导一个人身上	·无法取得进步 ·无法战胜竞争对手 ·失去得力的员工 ·鼓动团队成员注重个人职业前途和目标 ·很容易解体

73 团队协作模型
打造一个高效协同的团队

如果团队成员不能相互负责、督促，第五大障碍就有了赖以滋生的土壤。当团队成员把个人的需要（如个人利益、职业前途或能力认可）或甚至他们的分支部门的利益放在整个团队的共同利益之上时，就容易忽视结果

忽视结果
- 无法取得进步
- 无法战胜竞争对手
- 失去得力的员工
- 鼓动团队成员注重个人职业前途和目标
- 很容易解体

因为投入不够，且实际上并没有达成共识，团队成员就会逃避责任，这就是第四大障碍。由于没有在计划或行动上真正达成一致，所以即使最认真负责的人发现同事的行为有损集体利益，也会犹豫不决而不予指出

逃避责任
- 成员对于团队里工作表现突出的同事心怀怨恨
- 甘于平庸
- 缺乏明确的时间观念
- 把责任压在团队领导一个人身上

缺乏必要的争论之所以成为不利的问题，是因为它必然导致使团队协作面临第三大障碍：欠缺投入。团队成员如果不能切实投入，在热烈、公开的辩论中表达自己的意见，那么即使表面上在会议中达成一致，也很少能够真正统一意见，作出决策

欠缺投入
- 团队的指令和主要工作任务模糊
- 由于不必要的拖延和过多的分析而错过商机
- 大家缺乏自信，惧怕失败
- 反复讨论，无法作出决定
- 团队成员对已经作出的决定反复提出质疑

无法建立相互信任的危害极大，因为它为第二大障碍——惧怕冲突奠定了基础。缺乏信任的团队无法产生直接而激烈的思想交锋，取而代之的是毫无针对性的讨论以及无关痛痒的意见

惧怕冲突
- 团队会议非常枯燥
- 使用不正当手段在别人背后进行人身攻击
- 避免讨论引起争论的问题，但对于团队协作成功是非常必要的
- 不能正确处理团队成员之间的意见和建议
- 把时间和精力浪费在表面形式上

团队协作的第一大障碍是团队成员之间缺乏信任。该问题源于团队成员大都害怕成为别人攻击的对象。大家不愿意相互敞开心扉，承认自己的缺点和弱项，从而无法建立相互信任的基础

缺乏信任
- 隐藏自己的弱点和错误
- 不愿请求别人帮助，也不愿给别人提出建设性的意见
- 不愿提供职责之外的帮助
- 轻易对别人的用意和观点下结论而不去仔细思考
- 不愿承认和学习别人的技术和经验
- 浪费时间和精力去追求自己的特定目标
- 对别人抱有不满和怨恨
- 讨厌开会，找借口不参加集体活动

适用场景：信任关系建立 协作障碍消除 合作效果提升

3.应用模板

克服障碍	理想状态	应用思考
① 建立信任	• 承认自己的弱点和错误 • 主动寻求别人的帮助 • 欢迎别人对自己所负责的领域提出问题和给予关注 • 在工作可能出现问题时，相互提醒 • 愿意给别人提出意见和帮助 • 赞赏并且学习别人的技术和经验 • 把时间和精力花在解决实际问题上，而不是流于形式 • 必要时向别人道歉，或接受别人的道歉 • 珍惜集体会议或其他可以进行团队协作的机会	• 互相作自我介绍 • 成员工作效率讨论 • 个性及行为特点测试 • 360度反馈 • 体验式团队训练
② 拥抱冲突	• 召开活跃、有趣的会议 • 分析所有团队成员的意见 • 快速地解决实际问题 • 将形式主义控制在最小限度 • 把大家持不同意见的问题拿出来讨论	• 挖掘争论话题 • 相互提醒不要放弃有益的辩论 • 个性及行为特点测试 • 应用托马斯-基尔曼冲突管理模型
③ 作出承诺	• 制定明确的工作方向和工作重点 • 公平听取全体成员的意见 • 培养从失误中学习的能力 • 在竞争对手采取行动之前把握住机会 • 毫不犹豫，勇往直前 • 必要时果断地调整工作方向，不优柔寡断	• 统一口径 • 确定截止期限 • 分析意外和不利情况 • 共同参与决策 • 低风险激进法
④ 共担责任	• 确保让表现差的成员感到压力，使其尽快改进工作 • 发现潜在问题时毫无顾忌地向同事指出 • 尊重团队中以高标准要求工作的同事 • 免除绩效管理及改进计划这类过度形式主义的措施	• 公布工作目标和标准 • 定期回顾进展和成果 • 将个人奖励转为团队嘉奖
⑤ 关注成果	• 有得力的员工加入 • 不提倡注重个人表现 • 正确对待成功和失败 • 团队成员能够为团体利益牺牲个人利益 • 凝聚力强，不会轻易解体	• 公开团队成果和成功标准的声明 • 奖励有助于这些成果达成的行为或行动

4. 使用方法

凡事都有一体两面，面对团队协作的障碍，我们换一个积极的角度来理解，反过来后就是打造高效协同团队的步骤。

步骤①——建立信任：信任关系需要时间来建立和经营，它无法一蹴而就，通常需要团队成员有长期共事的经历，多次经受任务的挑战和信誉的考验，以及对彼此独特个性的深入了解。可以通过有针对性的方法加快这一进程，例如互相作自我介绍、成员工作效率讨论、个性及行为特点测试、360度反馈、体验式团队训练。

步骤②——拥抱冲突：首先要承认争论是有益的，管理者应该有效引导团队成员，对冲突的场景及其对团队协作的作用达成共识。除了单纯承认争论的价值，管理者可以通过几种方式来鼓励和促进积极的争论，例如挖掘争论话题、相互提醒不要放弃有益的辩论、个性及行为特点测试、托马斯－基尔曼冲突管理模型。

步骤③——作出承诺：管理者可以通过实施一系列行动来阐明观点和达成共识，避免掉入共识陷阱或确定性陷阱，帮助团队成员上下齐心、全力投入。例如统一口径、确定截止期限、分析意外和不利情况、共同参与决策、低风险激进法。

步骤④——共担责任：管理者可以运用一些简单有效的经典管理工具建立团队问责机制，确保成员不逃避责任。例如公布工作目标和标准、定期回顾进展和成果、将个人奖励转为团队嘉奖。

步骤⑤——关注成果：为了确保团队成员不会只盯着个人绩效而把重点放在团队成果上，管理者应该明确界定团队成果，并奖励为集体成就贡献力量的成员。例如公开团队成果和成功标准的声明、奖励有助于这些成果达成的行为或行动。

兰西奥尼的理论足够简单，也提供了相应的工具，然而真正实践起来极其困难，因为它需要高度的纪律性和持久性，而能够同时做到这两点的团队并不多。这就需要管理者投入精力，在日常工作中有意识地培养和训练团队。

6.2 文化建设：精神型团队动力

1.产生背景

文化和领导力是一个硬币的正反两面，因为在创建团队时，领导者创建了文化。一旦文化存在了，文化就开始决定领导力标准，决定谁能成为领导者。当一个组织中的文化元素变得不再有效，领导力的独特功能就体现在对文化的发展和变革管理上，以此来帮助组织在一个不断变化的环境中谋求生存。因此，企业文化理论之父埃德加·沙因认为领导所做的唯一真正重要的事情是创建和管理文化，领导独特的才能是他们理解和运用文化的能力。那文化是什么？最常见的观念就是将"文化"或称"氛围"视为工作场所带给人的感受，这种观念会使企业把重点放在员工敬业度和其他各种积极的策略上，力求能跻身"最佳工作场所"之列。沙因率先提出了关于文化本质的概念，将组织文化概念抽象化为："一种深层假设的模型——由特定群体在处理外部适应与内部整合问题的过程中发明、发现或发展出来的——由于运行效果好而被认可，并传授给组织新成员以作为理解、思考和感受相关问题的正确方式。"这个抽象概念不包括具体的行为，但具体的行为是由内在文化和外部环境共同作用而形成的。

2.模型介绍

沙因认为，理解企业文化内涵的更好方式，就是从不同的"层次"上，去探究什么是真正的文化。

第一层，人工饰物：文化最显性的初级层次，显示了文化创立的物质和社会环境。这个层次就是你在企业内部的所见、所闻与所感，即可见的结构、流程和制度，可观察到的行为。但这些人工饰物背后的意义很难被直接理解，必须与企业内部的人深入交谈，才能弄清它们真正的文化内涵，将对企业文化的理解引入更深的层次。

第二层，价值观念：每家企业都信奉特定的价值观念，包括企业的战略目标、经营哲学、价值观、行为准则和发展愿景，本质是企业的理念、抱负、原则、意识形态和合理化。这个层次强调的是"应该"，而不是"实际"。

第三层，深层假设：深层假设是价值观念和行为表现的根源，可能与组织倡导的价值观和原则一致，也可能并不一致。共同价值观念需要经过磨合，并持续发挥作用，才能逐渐深入人心，转变为信念和假设。深层假设是被视为理所当然的、未察觉的信念、思维和价值观，文化的本质就是组织成员共同习得的价值观念，文化基因就是共同的深层假设，组织成员对现实的观点和日常行为模式是以此为基础的。

74 企业文化层次模型
文化的本质是一种假设

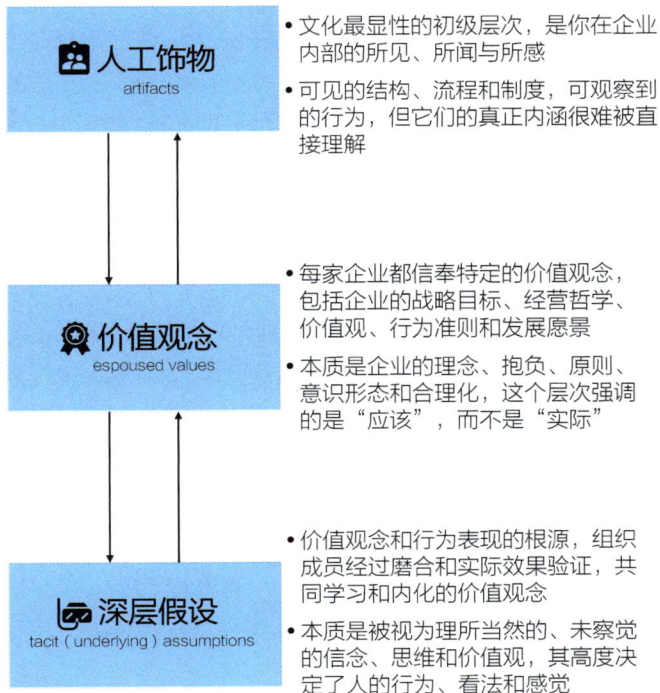

人工饰物
artifacts

- 文化最显性的初级层次，是你在企业内部的所见、所闻与所感
- 可见的结构、流程和制度，可观察到的行为，但它们的真正内涵很难被直接理解

价值观念
espoused values

- 每家企业都信奉特定的价值观念，包括企业的战略目标、经营哲学、价值观、行为准则和发展愿景
- 本质是企业的理念、抱负、原则、意识形态和合理化，这个层次强调的是"应该"，而不是"实际"

深层假设
tacit（underlying）assumptions

- 价值观念和行为表现的根源，组织成员经过磨合和实际效果验证，共同学习和内化的价值观念
- 本质是被视为理所当然的、未察觉的信念、思维和价值观，其高度决定了人的行为、看法和感觉

企业文化给管理者的启示

企业文化的深层性

沙因一再告诫人们，目前尚未找到可靠而又迅速地发现组织文化假设的方法。你如果视企业文化为一种表面假设，认为自己可以随意操纵或改变它，那么必定会失败。此外，文化对你的控制要多过你对文化的控制，因为文化让你的日常生活变得可预测和有意义。企业文化的核心内容往往是内隐、不可见的。员工很难向外人描述自己所在企业的文化究竟是什么。这就好比，如果鱼儿可以说话，它也很难告诉你水到底是什么。你要先了解是什么东西在起作用，并形成相应的信念和假设，这些内容会成为你的无意识部分，进而成为引导你行事、思考及感受的默认规范。

企业文化的广泛性

群体在环境中学会生存的过程中，会从其内部、外部关系的各个方面学习。一个人所持有的基本信念和文化假设塑造了其日常生活，包括怎样与上级打交道，怎样对待客户，个人在企业内如何实现发展，怎样获得成功，以及必须遵守哪些规则或规范等。因此，对企业文化的解读实际上是一项永无止境的工作。如果没有具体的方向或明确的理由驱动你理解所在组织的企业文化，你会发现这将是一个无休止的、充满挫折感的过程。

企业文化的复杂性

群体成员愿意坚持他们文化中的深层假设，因为文化让他们的生活变得可预测和有意义。人们不喜欢混乱、不确定的情境，并努力让生活变得稳定和正常。因此，任何可能的文化变革都会引发巨大的焦虑和对变革的抵制。如果你试图改变文化中的一些元素，必须清醒地认识到，你正在与所在组织的一些最稳定的部分打交道。

适用场景：团队文化建设　文化内涵理解　文化管理启示

6.2 文化建设：精神型团队动力

1.产生背景

沙因的理论有助于提高对文化本质的认知，此外还有一系列的文化变革等内容，但由于过于宏大和专业，普通团队管理者应用难度过高。我们采用更简单易用的文化模型，且不影响理论衔接，帮助管理者思考文化建设的具体举措。《基业长青》的作者吉姆·柯林斯说过：要成为高瞻远瞩、可以面对巨变、数十年繁荣发展的持久组织，第一步也是最重要的一点，就是明确核心理念，树立在任何情况下坚持不渝的坚定价值观。价值观是沙因文化层次模型的第二层，也是文化建设的起点，在企业实际应用中，不能单谈价值观，还要同使命和愿景进行"一键三连"。

2.模型介绍

使命：回答的是"我们为什么存在"的问题。公司创始人及企业家常常喜欢谈论使命，因为这是公司存在的价值。使命是一个组织长久存在的理由，是企业在经济社会发展中所应承担的角色和责任。使命也是团队成员之所以在一起的初心，通常是美好的和高尚的。使命可以跳脱时间的枷锁，引领战略方向和业务发展。

愿景：回答的是"我们去哪里"的问题。愿景即愿望的景象，是组织发展的理想状态和未来蓝图，是企业的长期奋斗目标和成功标准。愿景也是团队集体的期望，可以帮助员工了解公司未来的发展前景，明确共同努力的方向。愿景通常是一个明确的、富有挑战性又可实现的远景目标宣言，具有指引性和导向性，以及对未来的期望。

价值观：回答的是"我们主张什么"的问题，可以说明公司的核心价值理念，概括公司的个性和风格。价值观是共同信奉的价值判断标准，能够引导个人和团队的行为准则，是各类规章制度建立的基石。价值观还是实践使命、实现愿景的重要指引。使命和愿景是屋顶，决定了企业的高度，而价值观是地基，决定了房屋是否牢靠、经得起风吹雨打。

文化建设先抓好三样：使命、愿景、价值观。这三样一般在团队成立或战略初期就会明确，相对稳定，不会频繁更改。

75 | 使命–愿景–价值观模型
让团队志同而道合

- 我们聚在一起的初心
- 一个组织长久存在的理由
- 企业的社会角色和责任
- 不受时间范围的限制
- 引领战略制定的方向
- 业务的背后是使命

misson
使命
我们为什么存在

我们能让别人得到什么？

我们自己得到什么？

如何正确达到以上两个目标？

- 组织发展的理想状态和未来蓝图
- 企业长期奋斗目标和成功标准
- 集体期望和共同努力的方向
- 一个明确的、富有挑战性又可实现的远景目标宣言

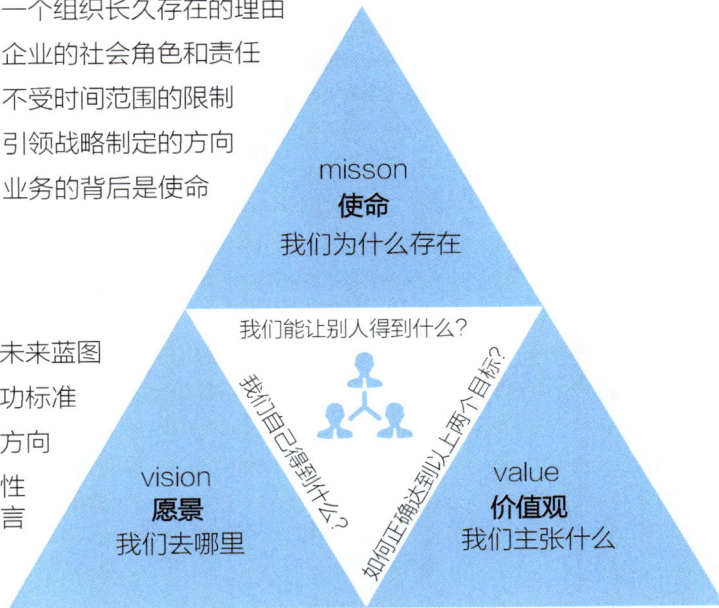

vision
愿景
我们去哪里

value
价值观
我们主张什么

- 说明公司的核心价值理念
- 概括公司的个性和风格
- 确定共同信奉的价值判断标准
- 引导个人和团队的行为准则
- 企业文化展开和建设的起点
- 各类规章制度建立的基石

适用场景：团队使命宣言　共同愿景塑造　价值观树立

3.应用模板

维　度	技　巧	思　考
① **使命** （misson）	• 我们是干什么的，以及为什么要干 • 能让别人得到什么，即相关方利益的综合体现 • 强调企业要为客户、社会做些什么，提供什么产品、服务或价值 • 使命可以定义组织并表明组织的追求 • 采用一句话就能叙述清楚，在表达上采用"为/使……""帮助……做什么""达成什么效果"	• 阿里巴巴的使命：让天下没有难做的生意 • 华为的使命和愿景：把数字世界带入每个人、每个家庭、每个组织，构建万物互联的智能世界 • 字节跳动的使命：激发创造，丰富生活 • 小米的使命：始终坚持做"感动人心、价格厚道"的好产品，让全球每个人都能享受科技带来的美好生活
② **愿景** （vision）	• 十年后要干成什么样，我们自己能得到什么 • 愿景包含强烈的情感色彩，是经过理性分析和审慎思考的结果，具有实现的可能性 • 愿景描述一幅积极正面的未来画面，通常侧重于组织在行业领域或市场上占领什么地位 • 市场、技术、观念、公众形象、员工关怀等要素，可以在使命、愿景和价值观间合理分配	• 腾讯的愿景及使命：用户为本，科技向善 • 阿里巴巴的愿景：追求成为一家活102年的好公司。我们的愿景是让客户相会、工作和生活在阿里巴巴 • 小米的愿景：和用户交朋友，做用户心中最酷的公司
③ **价值观** （value）	• 如何正确达到以上两个目标 • 表达了团队提倡什么，反对什么，是大家为人准则和处事信条 • 过去哪些价值观帮助团队成功，需要继续发扬 • 未来哪些价值观能帮助团队成功，需要新增 • 三五条足矣，每一条都要有释义和案例说明	• 腾讯的价值观：正直、进取、协作、创造 • 华为的价值观：以客户为中心、以奋斗为本、长期艰苦奋斗、坚持自我批判 • 字节跳动的价值观：始终创业、多元兼容、坦诚清晰、求真务实、敢为极致、共同成长 • 小米的价值观：真诚、热爱

4. 使用方法

沙因认为，要想理解更深层次的企业文化，必须用一种历史的视角来思考企业或团队。纵观企业的发展历史，究竟是创始人和关键领导者的哪些价值观、信仰和经营理念使组织走向了成功？大企业都有自己的使命、愿景和价值观，但不影响管理者在微观层次的细化解读和贯彻执行，小企业的团队更应该有自己的文化理念。

步骤①——使命： 使命要说清楚"我们是干什么的，以及为什么要干"。团队要干的事业应该是很有价值的，具有长远性，且激动人心，足以吸引同道中人。使命也要说清楚"能让别人得到什么"，一个精心构思的使命陈述必然是各利益相关方利益的综合体现，能够将企业与其他组织区别开来，强调企业要为客户、社会做些什么，提供什么产品、服务或价值。使命可以定义组织并表明组织的追求，采用一句话就能叙述清楚，在表达上可采用"为/使……""帮助……做什么""达成什么效果"的句式。

步骤②——愿景： 愿景要说清楚"十年后要干成什么样，我们自己能得到什么"，是员工发自内心的对未来的一种远期追求。愿景不能简单等同于愿望，愿景虽然也包含强烈的情感色彩，但它是经过理性分析和审慎思考的，具有实现的可能性。愿景描述一幅积极正面的未来画面，越清晰生动越好，能够激励团队，通常侧重于组织在行业领域或市场上占领什么地位。市场、技术、观念、公众形象、员工关怀等要素不一定都在使命里，可以在三者间合理分配。

步骤③——价值观： 价值观要说清楚"如何正确达到以上两个目标"，就是为实现使命和愿景，对团队成员的规则设定和行为要求。价值观表达了团队提倡什么、反对什么，是大家为人准则和处事信条。可以和团队一起讨论，过去哪些价值观帮助团队成功，值得继续发扬；未来哪些价值观能帮助团队成功，需要确定下来。价值观贵精不贵多，三五条足矣，每一条都要有释义和案例说明。团队还要树立价值观典型，用正面的和反面的事例来宣导和强化团队价值观。值得注意的是，有些公司的叫法（例如字节跳动的字节范、亚马逊的领导力原则）虽然不同，但本质上也是价值观。

6.2 文化建设：精神型团队动力

1.产生背景

使命、愿景和价值观虽然美好，但是如果没有落地，就成了空喊的口号，因此需要融入团队的日常工作中。跨文化比较研究创始人吉尔特·霍夫斯泰德为了让人们更好地理解文化，把民族文化比喻成洋葱，从外到内由象征物、英雄性格、礼仪、价值观四个同层次组成，后经其他学者进一步完善，并在企业实践发展成了一个应用版本，同时可以与企业形象识别系统(corporate identity system，CIS)结合使用，让团队的文化建设实现"内外兼修"。

2.模型介绍

理念层：理念层也叫精神层，是企业文化的内核和灵魂，反映了企业组织的信仰和追求，主要内容是前面讲到的使命、愿景、价值观，也包含其他独具特色的经营理念。精神文化是形成制度文化、行为文化和物质文化的思想基础。理念层对应 CIS 中的MI(理念识别)，企业形象设计要立足当前，放眼长远，始终遵循共同的价值准则和文化观念。

制度层 & 行为层：光靠想和喊口号不能解决价值问题，需要配套企业文化相关的制度流程、运作规范等，确保文化理念得到执行和纠偏。同时，制度会指导和影响行为，企业通常会组织与文化相关的各种活动、仪式等，通过管理者的以身作则和奖惩员工来强化集体行为。制度层和行为层可以对应 CIS 中的 BI(行为识别)，是文化理念的行为表现，对内是建立完善的组织制度、管理规范、职员教育、行为规范和福利制度；对外则是开展市场调查、进行产品开发，通过社会公益文化活动、公共关系、营销活动等方式来传达企业理念，以获得社会公众对企业识别认同的形式。

物质层：物质层也叫形象层，是组织文化在企业标志、吉祥物、企业产品、办公室风格、宣传海报等各种实物载体上的表现。如果前三层做好了，这一层自然而然就能达成。物质层对应 CIS 中的 VI(视觉识别)，是最容易被社会大众所接受的内容，可以通过企业标志、标准字体、标准色彩为核心展开的视觉传达体系，将企业理念、文化特质、服务内容、企业规范等抽象语意转换为具体符号，塑造出独特的企业形象。

76 | **文化洋葱模型**
以文化人

物质层—— 视觉识别（visual identity）

所见：企业产品、视觉形象设计……

行为层—— 行为识别（behavior identity）

所为：行为规范、团队处事信条……

制度层—— 行为识别（behavior identity）

所说：管理制度、运作流程规范……

理念层—— 理念识别（mind identity）

所想：使命、愿景、价值观……

美化于形　外化于行　固化于制　内化于心

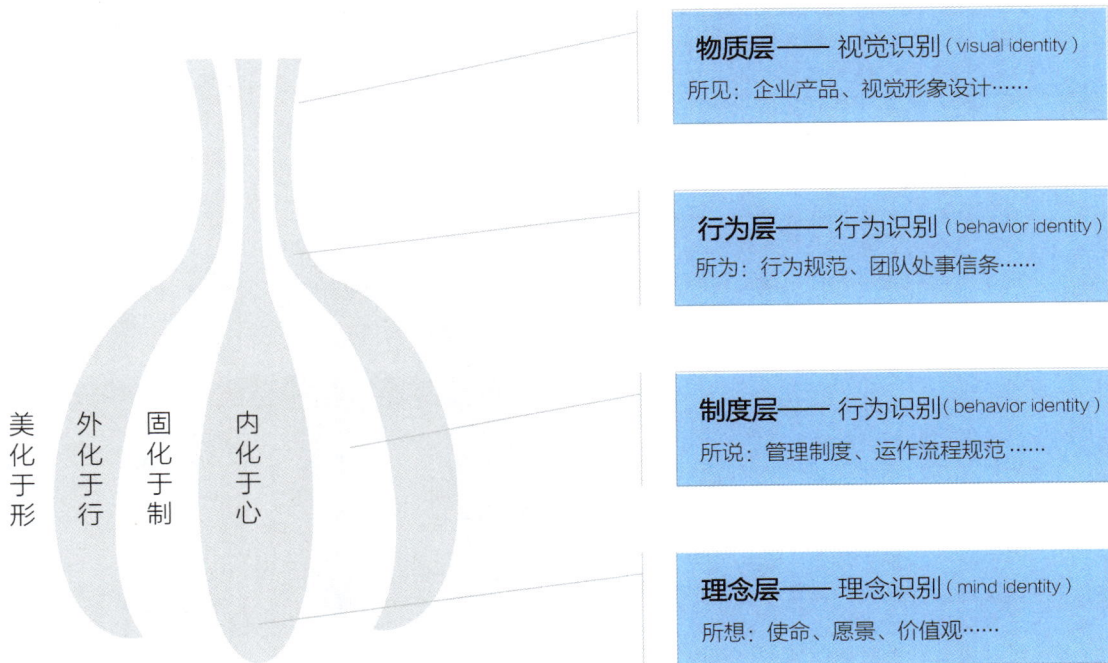

适用场景：文化建设机制　文化元素设计　文化活动运营

3.应用模板

维　度	技　巧	管理举措制定		
① **理念层** （内化于心）	•核心理念：使命、愿景、价值观等 •支撑理念：市场、客户、产品服务、技术研发、生产管理、供应链、质量管理、组织、人才、机制等 •根据团队实际情况和需求，聚焦重点理念，遵循7±2心理组块原则，不要超过9条，避免过于发散，得不偿失	合作 共赢	工程师 文化	……
② **制度层** （固化于制）	•决策与领导体系、业务流程、组织结构、招聘选拔、绩效考核、晋升与奖惩等规章制度 •除了业绩和能力评价，还要增加价值观评价 •价值观考评遵循STAR原则，需要用具体行动和案例评价	招聘 标准	价值观 考核	……
③ **行为层** （外化于行）	•各级管理者以身作则的领导行为 •优秀员工的标杆行为 •全体员工约定俗成的行为规范	荣誉 体系	激励 体系	……
④ **价值观** （美化于形）	•企业的产品服务等文化实物 •建筑物、会议室、环境布置等文化象征物 •故事传播、广告宣传、IP打造等文化符号 •庆典仪式、团队建设等文化氛围	案例 宣传	文化 活动	……

4. 使用方法

"文化"二字源于《周易》："刚柔交错，天文也。文明以止，人文也。观乎天文，以察时变；观乎人文，以化成天下。"在中国古代，"文化"本指"文治教化"，是与武力征伐相对而言的。"文化"的实质就是"人化"，团队文化建设就是将理想变为现实的创造过程，达到"内化于心，固化于制，外化于行，美化于形"的以文化人的境界。

步骤①——理念层：通常有核心理念和支撑理念两个维度。核心理念主要包括使命、愿景、价值观等整体信念和假设系统。支撑理念包括市场、客户、产品服务、技术研发、生产管理、供应链、质量管理、组织、人才、机制等维度。可以根据团队实际情况和需求聚焦重点理念，遵循 7±2 心理组块原则，不要超过 9 条，避免过于发散，得不偿失。

步骤②——制度层：包括决策与领导体系、业务流程、组织结构、招聘选拔、绩效考核、晋升与奖惩等规章制度，可以融入团队管理的方方面面。特别是在招聘选拔、绩效考核和晋升提拔时，除了业绩和能力评价，还要增加价值观评价。很多管理者担心价值观过于抽象，考核时可以遵循 STAR 原则，需要用具体行动和案例评价，而不是空泛的理解。

步骤③——行为层：制度是为了引导行为，但也不可能任何事情都有据可依。日常工作中需要各级管理者的领导行为、优秀员工的标杆行为以及全体员工的行为规范、礼仪习俗等多重行为模式的养成。因此，设置荣誉奖项和激励体系，不仅可以激励员工，而且可以激发比学赶帮超的热情。

步骤④——物质层：物质层的举措多种多样，也是日常工作中最多见的文化元素。例如，企业的产品服务等文化实物；建筑物、会议室布置等文化象征物；故事传播、广告宣传、IP 打造等文化符号；庆典仪式、团队建设等文化氛围。

世界上并不存在绝对正确或者最好的企业文化，唯有管理者发挥领导力，发展出的适合自己团队的独特文化。

6.3 价值分配：物质型团队动力

1.产生背景

激发物质型团队动力，要坚持与价值观相符的利益分配机制，中国企业界的标杆当属华为公司。很多人总结，华为发展得好，最值得学习的就是"分钱分得好"，这个"分钱"就属于价值分配的核心部分。任正非也曾反复强调："华为公司要解决生存问题，价值分配是个主要问题。"在此之前，有必要先了解华为价值分配思想和形式。

2.模型介绍

知本主义：华为崇尚知本主义，知本，简言之，知识即资本。在价值创造中，与传统经济学观点不同，华为规定了价值创造的四大要素并做了排序：劳动、知识、企业家和资本，强调知识和企业家在价值创造中的作用。在价值评价中，知识是指知识分子的高级、复杂且有创造性的劳动，创造的价值应是一般劳动的几倍。在价值分配上，华为创新性地进行知识资本化。股权不是按资本分配的，而是按知本分配的，并以制度化的规范确定了各类价值的分配。

价值要素：华为全员持股模式不是所有企业都可以学的，但其核心机制值得借鉴。华为把组织权力与经济利益这两大类价值内容，具体化成多种价值分配形式，可以通过价值要素矩阵来理解。

第一象限是使用权和所有权都属于员工个人的价值，由员工个人完全支配使用，基本形式是工资、奖金、安全退休金、医疗保障、红利等。这是公司为价值创造要素支付的报酬，体现了一种买卖交易关系，展现知识商品化的过程。

第二象限是所有权归个人而使用权归公司的价值，具体来说就是指股权，这是知识资本化。员工凭借其知识产生的贡献取得出资资格，通过出资成为股东，从而获得企业发展所带来的分红和增值的回报，实现知识的增值。

第三象限是所有权和使用权都归企业所有的价值，没法分配，这里暂不详解。

第四象限是所有权归公司而使用权归个人的价值，即组织权力，具体就是机会和职权两种形式。因为机会、职权最终归公司所有，个人可以在一定时期内拥有使用权，这叫作知识权力化，又是对知识的第三重分配了。

77 │ **价值要素模型**
知本主义的价值理论创新

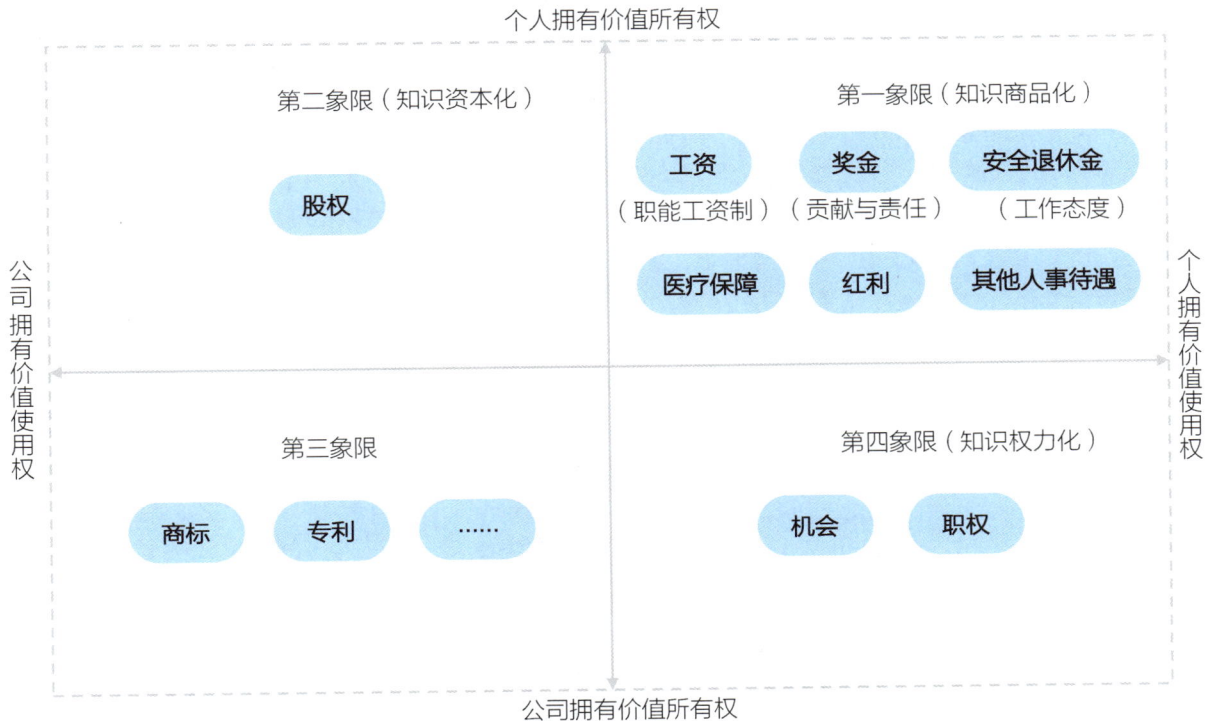

个人拥有价值所有权

第二象限（知识资本化）　　　　　　　第一象限（知识商品化）

股权

工资　　　奖金　　　安全退休金
（职能工资制）（贡献与责任）（工作态度）

医疗保障　　红利　　其他人事待遇

公司拥有价值使用权　　　　　　　　　　　　　　　　　个人拥有价值使用权

第三象限　　　　　　　　　　第四象限（知识权力化）

商标　　专利　　……　　　　　机会　　职权

公司拥有价值所有权

适用场景：价值分配形式　价值要素区分　分配管理理解

6.3 价值分配：物质型团队动力

1.产生背景

企业说到底是一个功利组织，靠全体员工的投入和工作成果的集合。全体员工的工作价值，在外部表现为企业的效益，在内部表现为企业的效率。华为人力资源管理体系的实质是围绕"价值链"来提升人的工作价值，管理框架和建设重点是全力创造价值、正确评价价值、合理分配价值，及其三个体系的有机结合、良性循环。《华为基本法》中的价值链管理理论，与"知本主义"理念，构建了华为管理的思想基石。

2.模型介绍

全力创造价值：第一，企业的价值创造理念，即企业为什么创造价值，也就是文化建设的问题。使命、愿景和价值观基本可以回答这个问题，文化如果深入人心，80%的管理动作可以取消。第二，谁创造了企业价值的问题，即确定个人在企业价值创造过程中的重要度和价值贡献度。华为明确了四个价值创造要素。

正确评价价值：第一，价值创造过程问题，即如何充分发挥员工的主观能动性，挖掘员工的潜力，持续提高其工作效率，以创造更多的价值。在人力资源管理体系中，这表现为绩效管理问题。第二，价值创造成果的评价问题，即对每一个员工创造的价值做出科学的评价。在人力资源管理体系中，这表现为绩效考核问题。

合理分配价值：第一，为价值创造提供回报的问题，即确定企业的薪酬战略和薪酬政策，要解决的是对什么样的成果和行为进行激励和回报，也就是回答"为什么发工资"这一原命题。第二，价值分配方式和水平问题，即选择合适的薪酬模式，明确以什么样的方式和什么样的水平回报和激励员工。企业需要依照价值创造理念和价值评价结果确定薪酬等级、薪酬结构（基本工资、短期回报、长期回报与福利的构成及变化）、薪酬水平、薪酬升降方式等，同时离不开企业价值创造理念、企业文化、薪酬战略和薪酬政策的指导。

78 | 价值链管理模型
价值创造、价值评价与价值分配

- 企业的价值创造理念：企业为什么创造价值，也就是文化建设的问题

- 谁创造了企业价值的问题：确定个人在价值创造过程中的重要度和价值贡献度

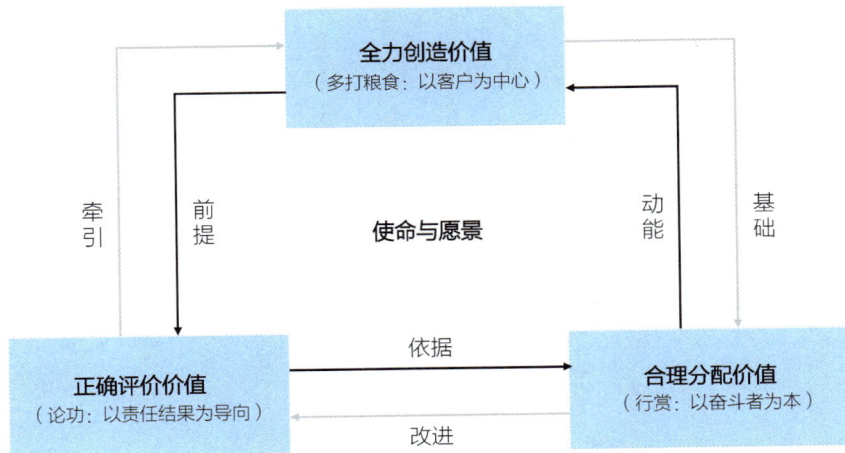

- 价值创造过程问题：如何充分发挥员工的主观能动性，挖掘员工的潜力，持续提高其工作效率，以创造更多的价值

- 价值创造成果的评价问题：对每一个员工创造的价值做出科学的评价

- 为价值创造提供回报的问题：确定企业的薪酬战略和薪酬政策，明确对什么样的成果和行为进行激励和回报

- 价值分配方式和水平问题：即选择合适的薪酬模式，明确以什么样的方式和什么样的水平回报和激励员工

适用场景：价值链管理　价值分配逻辑　工作价值提升

3.应用模板

价值链	华为对标学习（华为基本法）	管理应用思考
① 价值创造	• 我们认为，劳动、知识、企业家和资本创造了公司的全部价值。（价值创造） • 我们用转化为资本这种形式，使劳动、知识以及企业家的管理和风险的累积贡献得到体现和报偿；利用股权的安排，形成公司的中坚力量保持对公司的有效控制，使公司可持续成长。知识资本化与适应技术和社会变化的有活力的产权制度，是我们不断探索的方向。我们实行员工持股制度。一方面，普惠认同华为的模范员工，结成公司与员工的利益与命运共同体。另一方面，将不断地使最有责任心与才能的人进入公司的中坚层。（知识资本化）	• 为什么创造价值？团队的使命、愿景和价值观是什么？ • 如何提升对客户的产品或服务？如何多打粮食回来？ • 如何确定个人在价值创造过程中的重要度和价值贡献度？
② 价值评价	• 我们遵循价值规律，坚持实事求是，在公司内部引入外部市场压力和公平竞争机制，建立公正客观的价值评价体系并不断改进，以使价值分配制度基本合理。衡量价值分配合理性的最终标准，是公司的竞争力和成就，以及全体员工的士气和对公司的归属意识。（价值分配的合理性） • 华为员工考评体系的建立依据下述假设：华为绝大多数员工是愿意负责和愿意合作的，是高度自尊和有强烈成就欲望的。金无足赤，人无完人；优点突出的人往往缺点也很明显。工作态度和工作能力应当体现工作绩效改进上。失败铺就成功，但犯同样的错误是不应该的。员工未能达到考评标准要求，也有管理者的责任。员工的成绩就是管理者的成绩。（考评基础） • 建立客观公正的价值评价体系是华为人力资源管理的长期任务。员工和干部的考评，是按明确的目标和要求，对每个员工和干部的工作绩效、工作态度与工作能力的一种例行性的考核与评价。工作绩效的考评侧重在绩效的改进上，宜细不宜粗；工作态度和工作能力的考评侧重在长期表现上，宜粗不宜细。考评结果要建立记录，考评要素随公司不同时期的成长要求应有所侧重。在各层上下级主管之间要建立定期述职制度。各级主管与下属之间都必须实现良好的沟通，以加强相互的理解和信任。沟通将列入对各级主管的考评。员工和干部的考评实行纵横交互的全方位考评。同时，被考评者有申诉的权利。（考核与评价）	• 如何充分发挥员工的主观能动性，挖掘员工的潜力，持续地提高其工作效率，以创造更多的价值？ • 绩效管理怎么做？如绩效计划的制订、组织氛围的改善、员工素质的提高、任职资格体系的形成、管理风格的改善，以及沟通和培训学习体系的建设等 • 如何对每一个员工创造的价值做出科学的评价？绩效考核的内容和评价标准是什么？
③ 价值分配	• 华为可分配的价值，主要为组织权力和经济利益；其分配形式是机会、职权、工资、奖金、安全退休金、医疗保障、股权、红利，以及其他人事待遇。我们实行按劳分配与按资分配相结合的分配方式。（价值分配形式） • 效率优先，兼顾公平，可持续发展，是我们价值分配的基本原则。按劳分配的依据是能力、责任、贡献和工作态度。按劳分配要充分拉开差距，分配曲线要保持连续和不出现拐点。股权分配的依据是可持续性贡献，突出才能、品德和所承担的风险。股权分配要向核心层和中坚层倾斜，股权结构要保持动态合理性。按劳分配与按资分配的比例要适当，分配数量和分配比例的增减应以公司的可持续发展为原则。（价值分配原则）	• 采用什么薪酬战略和薪酬政策？对什么样的成果和行为进行激励和回报？ • 选择什么薪酬模式？以什么样的方式和什么样的水平回报和激励员工？如薪酬等级、薪酬结构（基本工资、短期回报、长期回报与福利的构成及变化）、薪酬水平、薪酬升降方式等

4. 使用方法

价值分配需要系统思考三个体系的问题，因为核心目的是用价值分配撬动更多的价值创造。管理者可以对标华为的管理思想（华为基本法），结合吴春波教授提供的每个体系的基本问题，思考自己团队的价值链管理应用。

步骤①——价值创造体系：主要内容就是前面讲到的价值创造的四个要素和知识资本化。别看《华为基本法》里就短短几句话，其实拥有深刻的内涵。正如有人在评价诺贝尔经济学奖获得者卢卡斯的合理预期理论时说，"道理很简单，却改变了经济世界"。它冲破了以往价值理论的束缚，首次公开承认知识与资本是公司价值创造的源泉，还消除了诸如"产权""所有制"等困惑。价值创造观是一种理念，但其能量是巨大的，它同样可以转变现实的生产力。

步骤②——价值评价体系：华为坚持责任结果导向的评价体系，核心价值观是对工作态度做出公正评价的准则；对每个员工提出明确的挑战性目标与任务，是对工作成果做出公正评价的依据；员工在本职工作结果中表现出的能力和潜力，是比学历更重要的评价能力的公正标准。工作绩效的考评侧重在绩效的改进上，宜细不宜粗；工作态度和工作能力的考评侧重在长期表现上，宜粗不宜细。在各层上下级主管之间要建立定期述职制度等沟通机制，以加强相互的理解和信任，沟通会列入对各级主管的考评。华为还会抓住关键事件逆向考事，二者相辅相成，平衡绩效考核中的结果贡献与过程贡献、责任与结果、度量与评价的三段重要关系。

步骤③——价值分配体系：华为的价值分配原则是效率优先，兼顾公平，可持续发展。采用按劳和按资分配相结合原则，按劳分配的依据是能力、责任、贡献和工作态度。按劳分配要充分拉开差距，分配曲线要保持连续和不出现拐点。股权分配的依据是可持续性贡献、突出才能、品德和所承担的风险。股权分配要向核心层和中坚层倾斜，股权结构要保持动态合理性。按劳分配与按资分配的比例是3：1，分配数量和分配比例的增减应以公司的可持续发展为原则。

6.4　员工激励：激励的科学研究

1.产生背景

关于激励员工，许多低效和缺乏经验的管理者会天真地认为，激励就是简单的"画大饼"或者"打鸡血"。成功的管理者会学习更多改善员工激励效果的科学方法，他们知道并没有一种适用所有问题的答案，想让员工尽最大努力去工作，就要选取能够满足员工需求和愿望的激励手段。所以，管理者需要通过科学的研究成果来理解和指导员工激励的工作。

2.模型介绍

"激励"（motivation）派生于"动机"（motive），而"动机"起源于拉丁语中的动词"movere"，表示"移动"，就是"让你移动、行动"。"动机"或"激励"代表着在工作时有一股内驱力，来源于需求、欲望或情绪，激发了员工的积极性和创造性。激励就是这样一个过程，让员工的工作受到持续的调动、引导，直到实现某个目标。这个定义包含了努力、方向和坚持三个要素，好比一辆汽车。努力要素是对强度或干劲的衡量，汽车需要保养和加油才能前进。但努力强度再高

也不一定产生工作业绩，除非汽车行驶方向与组织目标一致。最后，需要汽车坚持抵达目的地，不能半路抛锚。

管理者必须知道，对自己有用的激励，可能对他人效果甚微，因此激励员工是一个非常具有挑战性的管理活动，需要根据员工状况和资源条件进行设计。具体的激励技巧数不胜数，激励顾问艾德里安·高斯蒂克和切斯特·埃尔顿所著的《一天一根胡萝卜》，非常有趣地为管理者提供了365天的员工激励方案，每天一个小技巧，天天不重样。每一个管理者都可以发挥自己的创造力，摸索出各式各样的技巧。

但并不是说激励就毫无章法，而是需要理解个体的心理规律和激励的设计原理，来改善激励效果。所以，我们应先了解著名的经典激励理论，例如马斯洛的需求层次理论、赫茨伯格的双因素理论和麦克利兰的成就需求理论。然后，看看当前人们如何理解员工激励问题，例如目标设定理论、工作设计理论、组织公平理论和期望理论，它们都有相关实证研究。如果你学习并融会贯通了，那么在设计具体的激励举措时，可以更加得心应手。

79 | 员工激励模型
激发员工的积极性和创造性

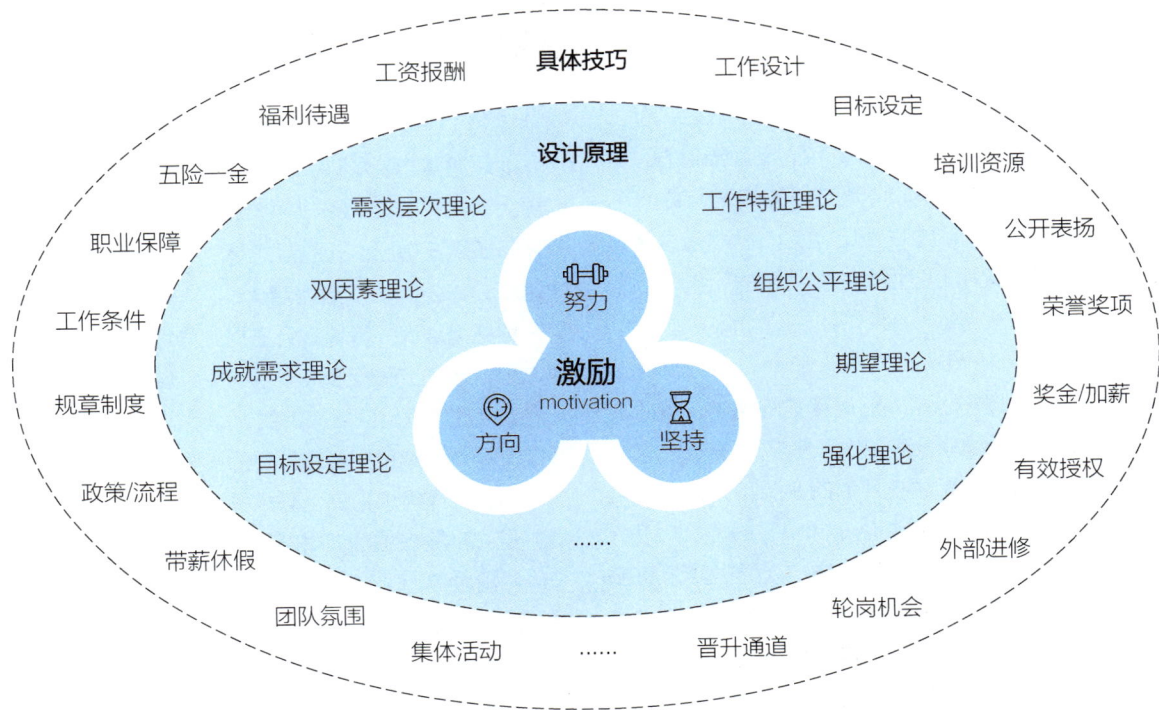

具体技巧

工资报酬　　　　工作设计

福利待遇　　　　　　　目标设定

五险一金　　　　　　　　培训资源

设计原理

职业保障　　需求层次理论　　工作特征理论　　公开表扬

工作条件　双因素理论　　　　组织公平理论　　荣誉奖项

成就需求理论　　**激励**　　期望理论　　奖金/加薪

努力

方向　motivation　坚持

规章制度　　　　　　　　有效授权

目标设定理论　　强化理论

政策/流程　　　　　　　　外部进修

......

带薪休假　　　　　　　　轮岗机会

团队氛围　　　　　　　晋升通道

集体活动　　......

适用场景：激励理论学习　激励底层逻辑　激励方法设计

6.4 员工激励：激励的科学研究

1.产生背景

人本主义心理学家亚伯拉罕·马斯洛 在 1943 年提出的需求层次理论可谓是最为著名的激励理论，直到现代，该理论在行为科学中依旧占有重要地位。马斯洛认为，五种需要是最基本的、与生俱来的，构成不同的等级或水平，并成为激励和指引个体行为的力量。后期，他将五层次模型扩大为八层次，但实际上旧版本传播得更为广泛。

2.模型介绍

①**生理需求**：生理需求是人们最基本的需求，包括食物、水、住所、睡眠、性以及其他生理需求。

②**安全需求**：人们总是寻求足够的资源和安全感，期望能免受伤害、免除恐惧和焦虑。

③**社会需求**：也叫归属与爱的需求，人们需要归属感和情感联系，包括友谊、爱情、被接纳、归属感等。

④**尊重需求**：个体需要良好的自尊和他人对自己的尊重，即包括内在的尊重和外在的尊重。

⑤**认知需求**：人们需要理解和掌握知识的需求，包括掌握语言、获取知识和学习新事物的渴求。

⑥**审美需求**：人们需要欣赏美的事物和良好的品位，包括了解艺术、音乐、文学和其他文化创意的渴望。

⑦**自我实现需求**：人们需要发展和实现自己的潜力，包括挑战、成长、意义深远的目标以及尝试新事物的追求。

⑧**超越需求**：人们超越自身的精神需要，追求更深刻和更大意义的存在，是一种社会和文化价值观的表现。

马斯洛还指出，人的需求是一层一层逐渐上升的，层次越低，力量越大，潜力越大。当一种需求得到满足后，另一种更高层次的需求就会占据主导地位。高层次需求出现之前，必须先满足低层次需求。但在某些特殊情况下，一些人会放弃满足低层次需要，而追求高层次需求的满足。低层次需求的满足主要是外在的，高层次需求的满足则是内在的。生理需求和安全需求关系到个体的生存，称为缺失需要；高层次的需求则关系到个体的发展，是生长需求。个体对需求的追求有所不同，并且满足需求也不是"全有或全无"的现象。

80 | 需求层次模型
人类与生俱来的需求

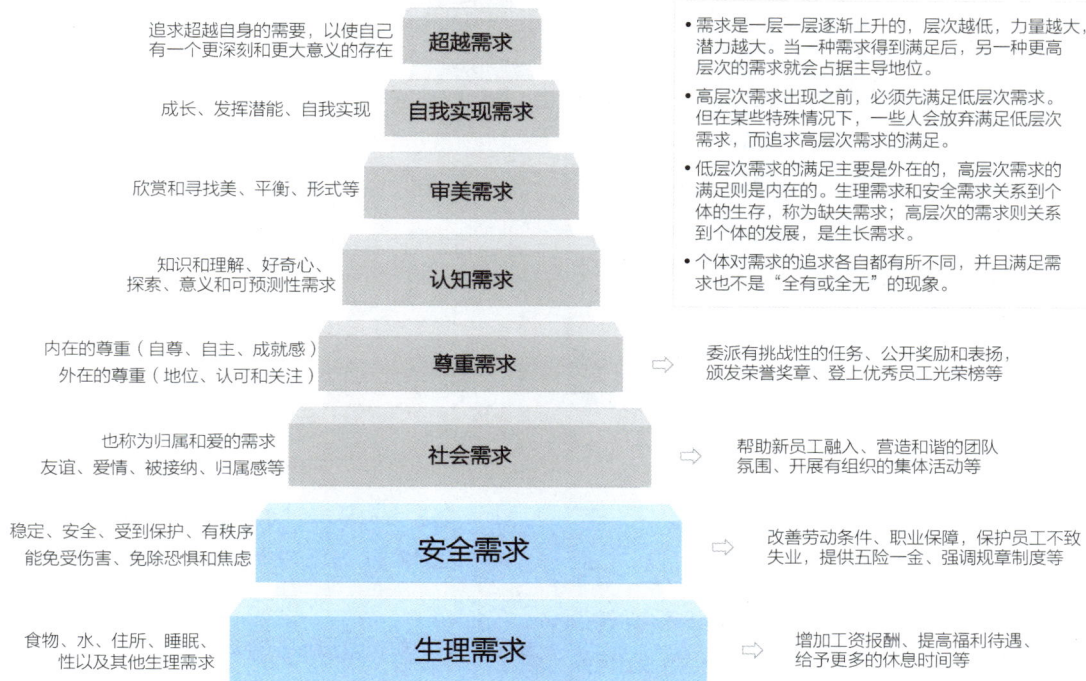

层次	名称	描述
追求超越自身的需要，以使自己有一个更深刻和更大意义的存在	**超越需求**	
成长、发挥潜能、自我实现	**自我实现需求**	
欣赏和寻找美、平衡、形式等	**审美需求**	
知识和理解、好奇心、探索、意义和可预测性需求	**认知需求**	
内在的尊重（自尊、自主、成就感）外在的尊重（地位、认可和关注）	**尊重需求**	委派有挑战性的任务、公开奖励和表扬、颁发荣誉奖章、登上优秀员工光荣榜等
也称为归属和爱的需求友谊、爱情、被接纳、归属感等	**社会需求**	帮助新员工融入、营造和谐的团队氛围、开展有组织的集体活动等
稳定、安全、受到保护、有秩序能免受伤害、免除恐惧和焦虑	**安全需求**	改善劳动条件、职业保障，保护员工不致失业，提供五险一金、强调规章制度等
食物、水、住所、睡眠、性以及其他生理需求	**生理需求**	增加工资报酬、提高福利待遇、给予更多的休息时间等

- 需求是一层一层逐渐上升的，层次越低，力量越大，潜力越大。当一种需求得到满足后，另一种更高层次的需求就会占据主导地位。
- 高层次需求出现之前，必须先满足低层次需求。但在某些特殊情况下，一些人会放弃满足低层次需求，而追求高层次需求的满足。
- 低层次需求的满足主要是外在的，高层次需求的满足则是内在的。生理需求和安全需求关系到个体的生存，称为缺失需求；高层次的需求则关系到个体的发展，是生长需求。
- 个体对需求的追求各自都有所不同，并且满足需求也不是"全有或全无"的现象。

适用场景：激励方案设计　激励分配逻辑　员工需求分析

6.4 员工激励：激励的科学研究

1.产生背景

研究激励理论的知名学者弗雷德里克·赫兹伯格从员工反应和工作因素视角，提出了双因素理论，亦称"激励—保健理论"。该理论研究的焦点是在什么情况下，员工对工作感觉满意，或者不满意。传统观念认为，满意的对立面是不满意，而赫兹伯格认为，需要重新看到工作满意的因素和工作不满意的因素，这两者是有差别的。消除工作中令人不满意的因素，并不会使员工对工作感到满意，只不过使员工对工作感到较少的不满意罢了。简而言之，满意的对立面是没有满意，不满意的对立面是没有不满意，影响员工绩效的主要因素分为保健因素和激励因素。

2.模型介绍

保健因素：造成员工不满意的因素，如公司政策、管理措施、监督、人际关系、工作条件、工资、福利等。保健因素不能得到满足，易使员工产生不满情绪、消极怠工；但保健因素得到一定程度改善以后，无论再如何努力都很难使员工感到满意。这些因素均属于工作环境和工作关系等外在因素，不能直接起到激励员工的作用，但有预防性。

激励因素：能让员工感到满意的因素，如成就、赏识、挑战性的工作、增加的工作责任、学习成长和发展机会等。激励因素的改善使员工感到满意，能够极大地激发员工工作的热情，提高其劳动生产效率；但激励因素即使管理者不给予其满意，往往也不会因此使员工感到不满意。这些因素均属于工作本身和工作内容等内在因素，可以影响员工的工作满意度并长期起到积极的作用，是员工工作动机的源泉。

总之，只有激励因素才能给人们带来满意感，而保健因素只能消除人们的不满意，但不会带来满意感。两者的实质区别在于"平等"与"公平"，凡是共同享有、共同承受、共同面对的就是平等因素，而与其工作职责目标紧密统一，必须按业绩分层次、分等级划分的就是公平因素。凡是平等的必然是保健的，必须给予其基本满足，但却永远难以完全满足；相反，凡是公平的必然是激励的，虽然是员工不会主动要求的，却是激励管理的关键。

81 | 双因素模型
激励与保健因素

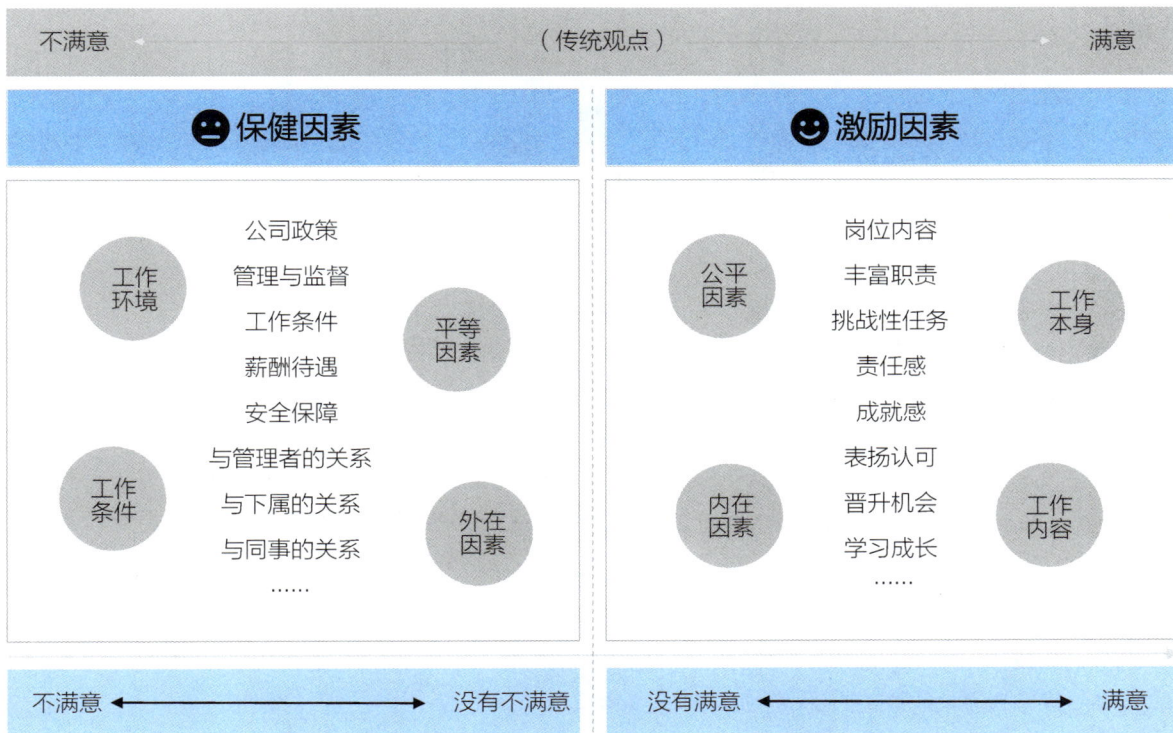

| 不满意 ← | （传统观点） | → 满意 |

☹ 保健因素

工作
环境

工作
条件

公司政策

管理与监督

工作条件

薪酬待遇

安全保障

与管理者的关系

与下属的关系

与同事的关系

……

平等
因素

外在
因素

不满意 ←——→ 没有不满意

☺ 激励因素

公平
因素

内在
因素

岗位内容

丰富职责

挑战性任务

责任感

成就感

表扬认可

晋升机会

学习成长

……

工作
本身

工作
内容

没有满意 ←——→ 满意

适用场景：激励方案设计　激励因素识别　激励效果提升

6.4 员工激励：激励的科学研究

1.产生背景

成就需求理论是由冰山模型创始人戴维·麦克利兰及其同事提出的。与马斯洛的需求层次相比，该理论没有关注严格的生存需求，更侧重于激励因素。他们认为，满足三种需求（不是固定的，有主次之分）是员工工作的主要动机。

2.模型介绍

权力需求： 权力需求更为人熟知的定义是对获得权力的需求，而麦克利兰他们将其定义为使他人按照自己希望的方式，而非他们本身的意愿行事的需求。权力需求较高的人倾向于影响和控制别人，喜欢对别人"发号施令"，注重争取地位和影响力。他们也会追求出色的成绩，但并不像高成就需求的人那样是为了个人的成就感，而是为了获得地位和权力。

归属需求： 建立友好密切的人际关系、寻求被他人喜爱和接纳的需求。高归属需求者渴望亲和，更倾向于与他人合作而不是竞争，希望彼此之间相互沟通与理解。他们对人际关系更为敏感，但一体两面，也更害怕影响关系和回避人际冲突。归属需求和权力需求与管理上的成功密切相关，最好的管理者往往权力需求很高，归属需求很低。

成就需求： 争取成功、追求卓越，根据设置好的目标实现目标，希望做得最好的需求。麦克利兰他们最关注的是成就需求，认为具有强烈成就需求的人渴望将事情做得更为完美，提高工作效率，获得更大的成功。他们追求的是在获得成就的过程中克服困难、解决难题、努力奋斗的乐趣，以及成功之后的个人成就感，不是最看重成功所带来的物质奖励。

成就需求在工作绩效上有很多启示：首先，高成就需求者喜欢能独立负责、可以获得信息反馈和中度冒险的工作环境，把员工置于这类工作情境中，也能培养和激发员工的成就需求。其次，高成就需求者会表现出更积极的情绪，往往在高风险的工作条件下表现得更好，例如当面销售、工作演练等。最后，高成就需求者并不一定是一名优秀的管理者，尤其在大企业里，原因是他们通常只对自己的成绩感兴趣，并不关心如何帮助别人去做好工作。

82 | 成就需求模型
激发工作动机的三种需求

- 争取成功、追求卓越，根据设置好的目标实现目标，希望做得最好的需求

- 具有强烈成就需求的人渴望将事情做得更为完美，提高工作效率，获得更大的成功

- 他们追求的是在获得成就的过程中克服困难、解决难题、努力奋斗的乐趣，以及成功之后的个人成就感，不是最看重成功所带来的物质奖励

- 高成就需求者喜欢能独立负责、可以获得信息反馈和中度冒险的工作环境，把员工置于这类工作情境中，也能培养和激发员工的成就需求

- 高成就需求者会表现出更积极的情绪，往往在高风险的工作条件下表现得更好，例如当面销售、工作演练等

- 高成就需求者并不一定是一名优秀的管理者，尤其在大企业里，原因是他们通常只对自己的成绩感兴趣，并不关心如何帮助别人去做好工作

need for achievement

★

成就需求
nAch

need for affiliation

need for power

- 使他人按照自己希望的方式，而非他们本身的意愿行事的需求

- 权力需求较高的人倾向于影响和控制别人，喜欢对别人"发号施令"，注重争取地位和影响力

- 他们也会追求出色的成绩，但并不像高成就需求的人那样是为了个人的成就感，而是为了获得地位和权力

♔

权力需求
nPow

👥

归属需求
nAff

- 建立友好密切的人际关系、寻求被喜爱和接纳的需求

- 高归属需求者渴望亲和，更倾向于与他人合作而不是竞争，希望彼此之间相互沟通与理解

- 他们对人际关系更为敏感，但一体两面，也更害怕影响关系和回避人际冲突

归属需求和权力需求与管理上的成功密切相关，最好的管理者往往权力需求很高，归属需求很低

适用场景：员工需求分析　激励因素识别　激励效果提升

287

6.4 员工激励：激励的科学研究

1.产生背景

埃德温·洛克教授在研究中发现，外在的刺激（如奖励、工作反馈、监督的压力）都是通过目标来影响动机的。目标能引导活动指向与目标有关的行为，使人们根据难度的大小来调整努力的程度，并影响行为的持续性。在一系列科学研究的基础上，他提出了目标设定理论，为了达到目标而工作的愿望是工作动机的主要源泉之一。

2.模型介绍

那么，目标设定理论究竟告诉了我们什么呢？首先，工作激励的主要来源是知道向着某个目标前进。设置具体而有挑战性的目标更具有优越性，这种目标比空泛的目标诸如"尽力而为"能产生更好的效果。

其次，员工有机会参与目标的设定，却不一定总会得到理想的结果。在一些情况下，管理者直接设定和下达目标才能产生良好的个人业绩。如果员工不愿意接受困难的挑战，让员工参与目标设定，可以提高目标的可接受性。

再次，如果员工能够经常得到反馈，会更好地完成目标，因为有助于确定当前进展和预期目标的差距。但是并非所有的反馈都有同等的效应，员工自发的反馈，比他人的反馈更有激励效果。

最后，有其他三个权变因素影响目标与绩效的关系：目标承诺、足够的自我效能和国家文化。目标设置理论的前提条件是个体对目标的承诺，当目标是公开的、个体有内在控制意愿，以及目标是自我设定的时，这种承诺最有可能发生。自我效能指的是个体对于自己能否完成任务的信念。自我效能感越高，个体越相信自己能够成功完成任务。此外，该理论契合北美文化特征，它假定员工具备相当的独立性（不热衷追求权力），管理者和员工会寻求具有挑战性的目标（不会躲避不确定性），无论管理者还是下属都十分看重工作绩效（高度自信）。

综上所述，目标设定理论的总体结论是，设定具体的有挑战性目标，对工作具有强有力的激励作用，并且在适当条件下，会导致更高的工作业绩。但是，并无证据表明目标与工作满意感的提高有关。

83 | 目标设定模型
目标引导行为

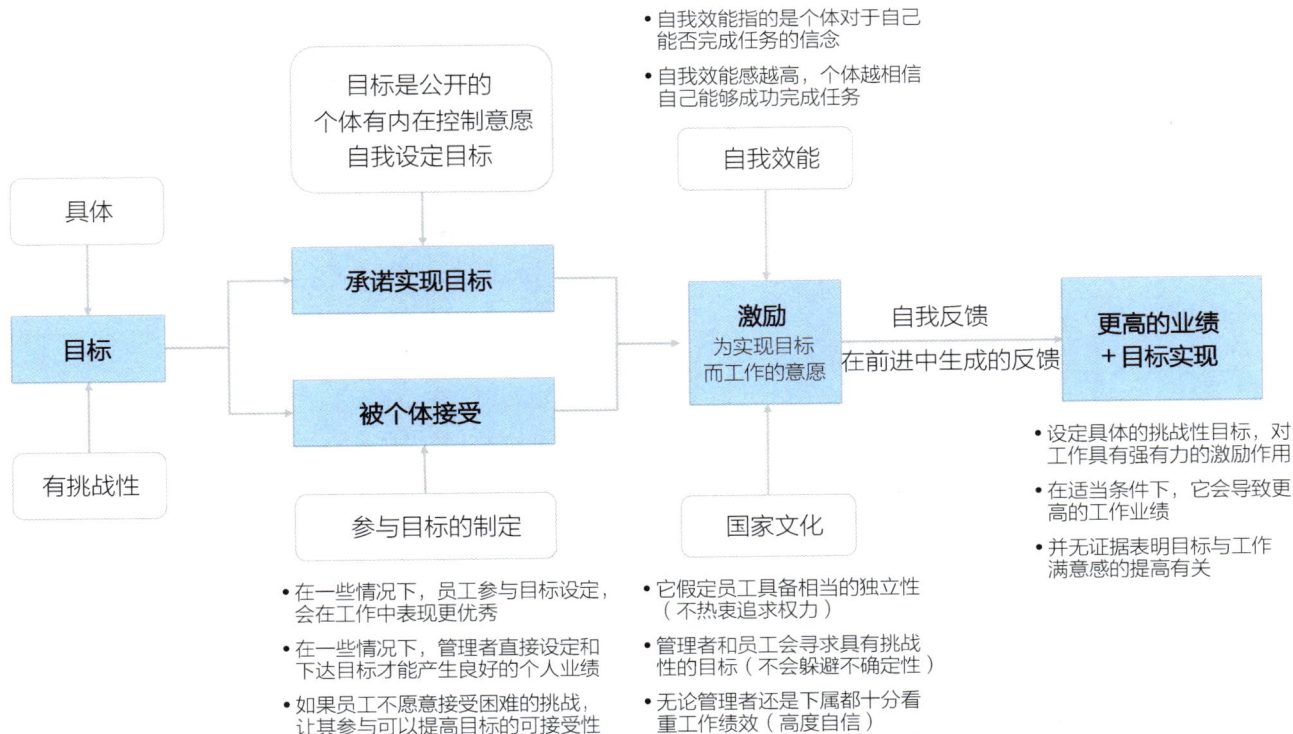

- 自我效能指的是个体对于自己能否完成任务的信念
- 自我效能感越高，个体越相信自己能够成功完成任务

目标是公开的
个体有内在控制意愿
自我设定目标

具体

目标

有挑战性

承诺实现目标

被个体接受

参与目标的制定

自我效能

激励
为实现目标而工作的意愿

国家文化

自我反馈
在前进中生成的反馈

更高的业绩
+ 目标实现

- 在一些情况下，员工参与目标设定，会在工作中表现更优秀

- 在一些情况下，管理者直接设定和下达目标才能产生良好的个人业绩

- 如果员工不愿意接受困难的挑战，让其参与可以提高目标的可接受性

- 它假定员工具备相当的独立性（不热衷追求权力）

- 管理者和员工会寻求具有挑战性的目标（不会躲避不确定性）

- 无论管理者还是下属都十分看重工作绩效（高度自信）

- 设定具体的挑战性目标，对工作具有强有力的激励作用

- 在适当条件下，它会导致更高的工作业绩

- 并无证据表明目标与工作满意感的提高有关

适用场景：工作目标设定　激励方案设计　激励效果提升

6.4 员工激励：激励的科学研究

1.产生背景

从双因素理论可以看出，工作本身就是最大的激励因素，那么管理者应该采用哪些方式来精心设计富有激励性的工作呢？由哈佛大学教授理查德·哈克曼和伊利诺依大学教授格瑞格·奥德姆提出的工作特征模型可以回答这个问题。该模型认为，任何工作都可以从五个核心工作维度进行设计和丰富。

2.模型介绍

①技能多样性：指一项工作的活动具有的多样性程度，要求员工使用各种技术和才能从事多种不同活动的程度。

②任务完整性：指一项工作要求的整体和可识别部分任务的完成度。

③任务重要性：指工作中要求完成的具有重要意义的任务的程度，即一项工作对其他人的工作或生活的影响程度。

④自主性：指工作在多大程度上允许自由、独立，以及在具体工作中任职者制定计划和执行计划时的自主范围。

⑤反馈：指任职者为从事职务所要求的工作活动，需要获得直接的、清晰的工作绩效信息的程度。

从激励角度来看，工作特征模型指出，当员工知道（通过反馈了解结果）他个人（通过自主性体验责任感）关注（通过技能多样性、任务完整性和任务重要性体验工作的意义）的任务完成得很好，他就会获得一种内在的激励。工作越是具备这三个条件，员工的激励、业绩和满意度就越高，而旷工和离职的概率越低。另外，工作维度与成果的联系会受员工成长需要的强度调节，低成长性的员工往往不会因为工作丰富性加强而提高业绩和满意度。

工作特征模型为管理者从事工作设计提供了具体的指导，可以通过合并工作任务、组建工作小组、加强客户联系、纵向拓展工作和开通反馈渠道，来改善工作的五个核心工作特征，进而提升工作本身的激励作用。

84 | 工作特征模型
工作本身的激励

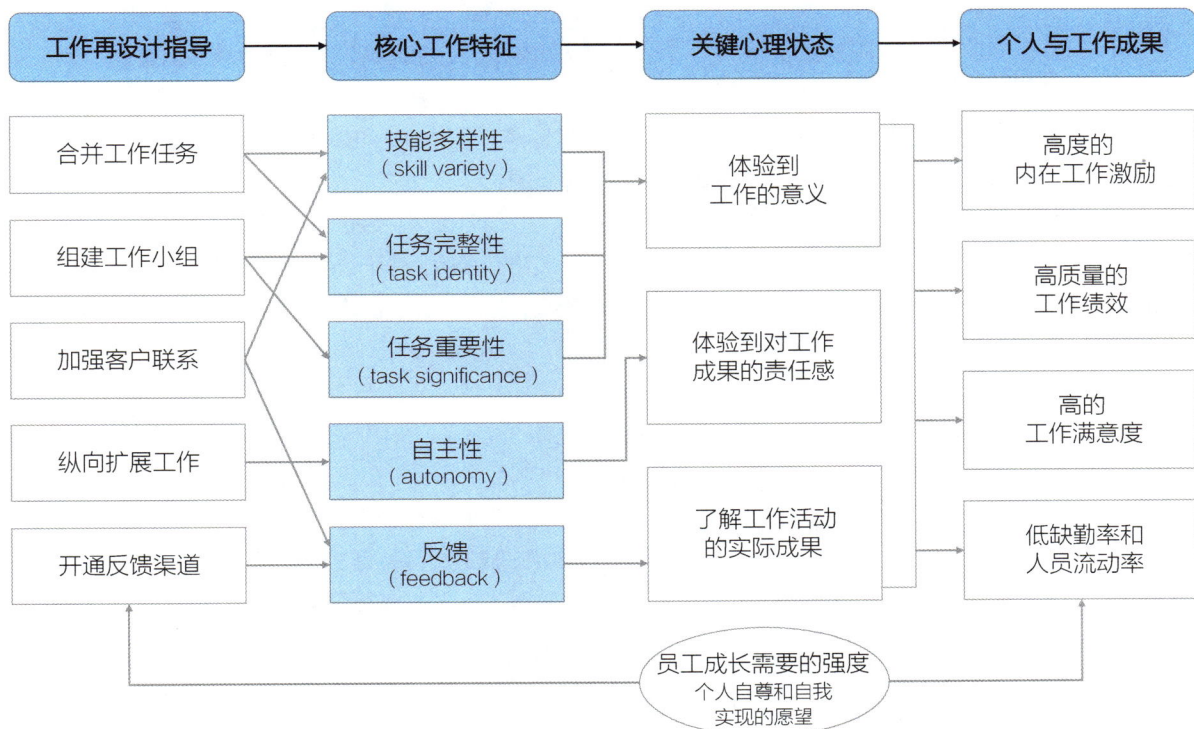

| 工作再设计指导 | → | 核心工作特征 | → | 关键心理状态 | → | 个人与工作成果 |

工作再设计指导
- 合并工作任务
- 组建工作小组
- 加强客户联系
- 纵向扩展工作
- 开通反馈渠道

核心工作特征
- 技能多样性（skill variety）
- 任务完整性（task identity）
- 任务重要性（task significance）
- 自主性（autonomy）
- 反馈（feedback）

关键心理状态
- 体验到工作的意义
- 体验到对工作成果的责任感
- 了解工作活动的实际成果

个人与工作成果
- 高度的内在工作激励
- 高质量的工作绩效
- 高的工作满意度
- 低缺勤率和人员流动率

员工成长需要的强度
个人自尊和自我实现的愿望

适用场景：工作岗位设定　激励因素识别　激励方案设计

6.4 员工激励：激励的科学研究

1.产生背景

由美国心理学家斯塔西·亚当斯于1965年提出的公平理论，主要研究工资报酬分配的合理性、公平性对员工工作积极性的影响。亚当斯认为，一个人不仅关心本人的投入与产出，还关心别人的投入与产出。也就是说，他不仅关心个人努力所得到的绝对报酬量，还关心与别人的报酬量之间的关系，即相对报酬量。在此基础上，他提出了一个公平关系的方程式：个人产出／个人投入＝他人产出／他人投入。如果员工认为自己的比率与比较对象的比率一致，就会感到公正，认为所处的环境是公平的。但是当员工感到不公平时，就会采取以下六种行为中的一种：改变自己的投入；改变自己的产出；歪曲对自我的认知；歪曲对他人的认知；选择其他参照对象；离开该领域。

2.模型介绍

公平理论为针对工作场所中组织公平研究提供了重要指导，组织公平主要关注员工看待管理者对待他们的方式。

①分配公平：关注员工对结果公平的感知，比如薪酬与认可。结果可以通过多种方式分配，当分配方式是公正的时，员工可能会认为得到的结果是公平的。员工在与他人比较时，似乎是通过理性和计算来衡量的，但员工体验到的公平，尤其是不公平，并不是靠机械的计算得来的，而是将产生的感觉和情绪作为基础，因而反应不是冷静、理智的。

②程序正义：关注员工对结果分配程序的公平性感知。相关研究表明，分配公平比程序正义对员工的满意度影响更大，程序正义会影响员工对组织的承诺、对管理者的信任，以及离职倾向。管理者应该公布分配决策的相关信息，始终如一地遵循公正的程序，避免偏见和道德问题，坚持一贯的做法，以提高员工对程序正义的认可。

③互动公平：员工还比较关注两种与他人互动过程中所受到的对待公平性。第一种是信息公平，管理者是否会向员工解释关键决策，同步组织中的重要事件。第二种是人际公平，在日常的交流互动中，员工是否受到尊重。

85 | 组织公平模型
公平，公平，还是公平

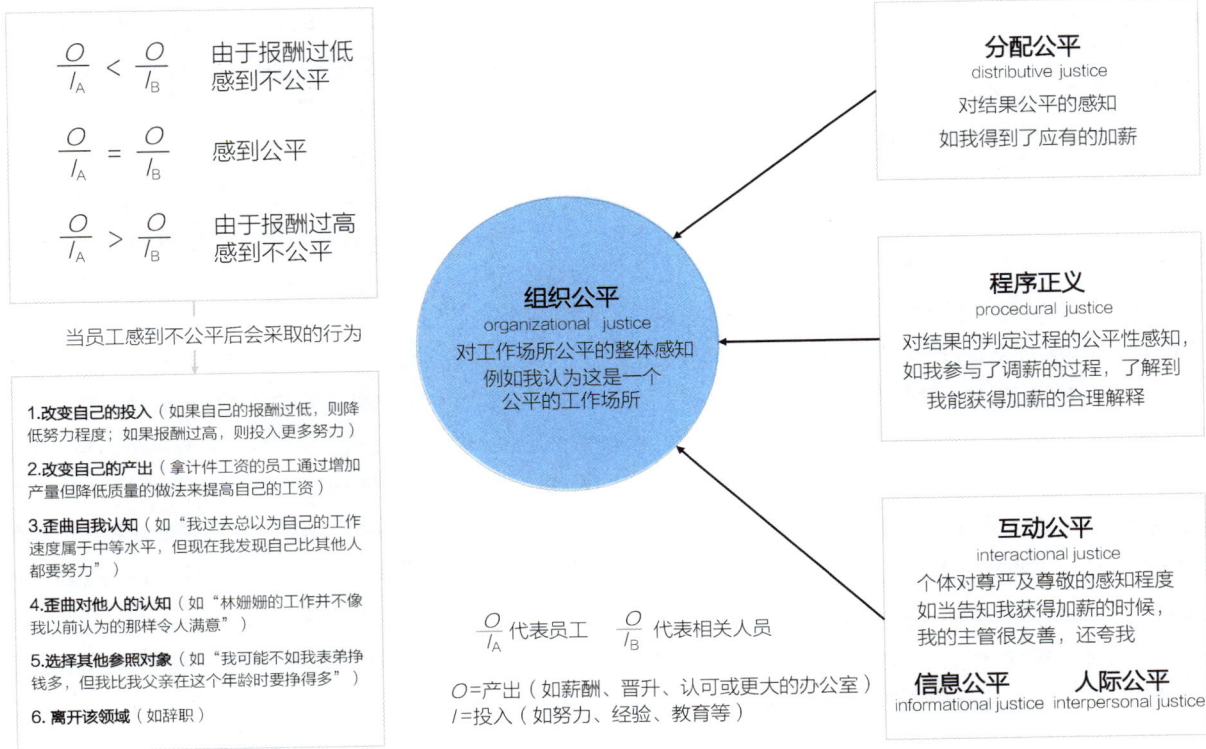

$$\frac{O}{I_A} < \frac{O}{I_B} \quad \text{由于报酬过低感到不公平}$$

$$\frac{O}{I_A} = \frac{O}{I_B} \quad \text{感到公平}$$

$$\frac{O}{I_A} > \frac{O}{I_B} \quad \text{由于报酬过高感到不公平}$$

当员工感到不公平后会采取的行为

1.改变自己的投入（如果自己的报酬过低，则降低努力程度；如果报酬过高，则投入更多努力）

2.改变自己的产出（拿计件工资的员工通过增加产量但降低质量的做法来提高自己的工资）

3.歪曲自我认知（如"我过去总以为自己的工作速度属于中等水平，但现在我发现自己比其他人都要努力"）

4.歪曲对他人的认知（如"林姗姗的工作并不像我以前认为的那样令人满意"）

5.选择其他参照对象（如"我可能不如我表弟挣钱多，但我比我父亲在这个年龄时要挣得多"）

6.离开该领域（如辞职）

组织公平
organizational justice
对工作场所公平的整体感知
例如我认为这是一个
公平的工作场所

$\frac{O}{I_A}$ 代表员工 $\frac{O}{I_B}$ 代表相关人员

O＝产出（如薪酬、晋升、认可或更大的办公室）
I＝投入（如努力、经验、教育等）

分配公平
distributive justice
对结果公平的感知
如我得到了应有的加薪

程序正义
procedural justice
对结果的判定过程的公平性感知，
如我参与了调薪的过程，了解到
我能获得加薪的合理解释

互动公平
interactional justice
个体对尊严及尊敬的感知程度
如当告知我获得加薪的时候，
我的主管很友善，还夸我

信息公平
informational justice

人际公平
interpersonal justice

适用场景：组织公平机制　激励效果分析　激励方案设计

6.4 员工激励：激励的科学研究

1.产生背景

现今对激励问题解释最全面的当属维克托·弗鲁姆在《工作与激励》中提出的期望理论，又称作"效价－手段－期望理论"。这个理论认为，人们想以某种特定方式行事的意愿强度（激励力量），取决于对某种特定结果及其吸引力（效价，即价值评价）的期望程度（期望值），可以用公式表示为：激励力量＝期望值×效价。当人们对某一行动成果的效价和期望值同时处于较高水平时，激励效果更大，所以管理者进行激励时要处理好这三方面的关系。

2.模型介绍

期望：努力－绩效关系，个体认为某种特定程度的努力实现某种绩效水平的可能性。

手段：绩效－报酬关系，个体相信某种特定的绩效水平能够获得理想报酬的程度。

效价：报酬－目标关系，组织报酬可以满足个人目标或需求的程度，以及这些潜在报酬对个体的吸引力。

期望理论有助于解释为什么许多员工对工作缺乏积极性，虽然这个理论看起来有些复杂，但其实并不难理解。我们不妨将这三方面的关系，转换为几个更易于理解的问题。如果员工的动机很强，通常会对这几个问题给出肯定的答案。

第一，如果我付出了最大努力，这一点是否在绩效评估中表现出来？ 很多员工的回答可能是否定的。一种可能是员工能力不足，无论如何努力都不能成为高绩效者。另一种可能是，某些组织侧重于评估非绩效因素，例如忠诚度或主动性。还有一种可能是，员工觉得管理者不喜欢自己，自己无论怎么样，都只能获得糟糕或者不公平的评价。

第二，如果我获得了良好的绩效评估，能否得到组织的报酬？ 除了绩效之外，组织往往还会考虑教育背景、工龄资历、团队合作、上司关系等因素确定薪酬水平，员工很可能认为绩效与奖励的相关性弱，从而降低动机水平。

第三，如果我得到了报酬，这种报酬对我是否具有吸引力？ 例如，员工想要加薪，实际上仅得到几句表扬。遗憾的是，企业中很多管理者可以支配的奖励和资源本来就很有限，无法差别化满足员工需求，影响激励效果。

86 | 期望模型
激励力量 = 期望值 × 效价

如果我付出了最大努力，这一点
是否在绩效评估中表现出来？

如果我得到了报酬，
这种报酬对我是否具有吸引力？

期望： 努力-绩效关系

效价： 报酬-目标关系

个体认为某种特定程度的努力
实现某种绩效水平的可能性

组织报酬可以满足个人目标或需求的程度，
以及这些潜在报酬对个体的吸引力

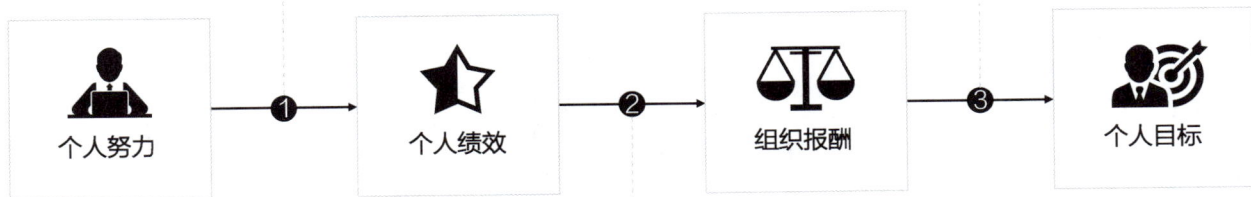

个人努力　①　→　个人绩效　②　→　组织报酬　③　→　个人目标

个体相信某种特定的绩效水平
能够获得理想报酬的程度

手段： 绩效-报酬关系

如果我获得了良好的绩效评估，
能否得到组织的报酬？

适用场景：员工期望管理　工作目标设定　激励方案设计

6.4 员工激励：激励的科学研究

1.产生背景

当代的各种激励理论，没有一种可以在所有情境下都行之有效，很多理论是相辅相成的，斯蒂芬·P.罗宾斯教授将它们整合起来，帮助我们厘清它们之间的相互关系。如果将它们融会贯通，管理者能更好地激励员工。

2.模型介绍

这个整合模型的基础是期望理论模型。首先，"个人努力"来自"个人目标"，这与目标设定理论一致，目标－努力链意在提醒目标对行为的指导作用。其次，期望理论认为，如果员工感知到努力－绩效、绩效－报酬、报酬－目标三段关系存在密切关联，他就会努力工作。但每一段关系又受到某些因素的影响，员工的绩效水平不仅取决于个人努力程度，还取决于个人能力水平，以及组织目标绩效评估系统的公平性和精准度。在绩效－报酬关系方面，如果员工感觉自己是由于绩效因素，而非资历、主管偏好等其他标准获得报酬，这段关系就会更紧密。最后的报酬－目标关系中，如果员工因为绩效而获得的报酬，能满足与个人目标一致的主导需求，他就会表现极高的动机水平和工作积极性。

该模型还包含了其他理论，考虑到成就需求、工作设计、强化，以及组织公平。就成就需求理论而言，高成就需求者受到的激励不来自组织的绩效评价或报酬，个人努力与个人目标之间有最直接的关系，只要从事的工作能产生个人责任感、评估风险程度和提供信息反馈，他们不关心努力－绩效、绩效－报酬以及报酬－目标之间的关系。

强化理论主要关注组织报酬对个人绩效的强化作用。如果管理者可以设计有效的报酬系统，员工认为这种奖励体系是对高工作绩效的回报，那么这个报酬系统会进一步鼓励持续的高绩效水平，形成正循环强化。另外，在公平理论中，员工会比较自己与他人所得来判断报酬是否满意，如果存在不公平，他们付出的努力程度自然会受到影响。

最后就是工作特征理论，工作设计会在两个方面影响激励效果。一方面，围绕五个核心维度设计的工作更容易产生较好的工作表现，因为员工受到工作本身的激励，会增强努力－绩效的关系。另一方面，良好的工作设计还得帮助员工精准把握工作重点，对于那些想更多控制自己工作的员工，提供了更多自主性和反馈性，有助于他们实现个人目标。

87 | 激励整合模型
激励理论的梦幻联动

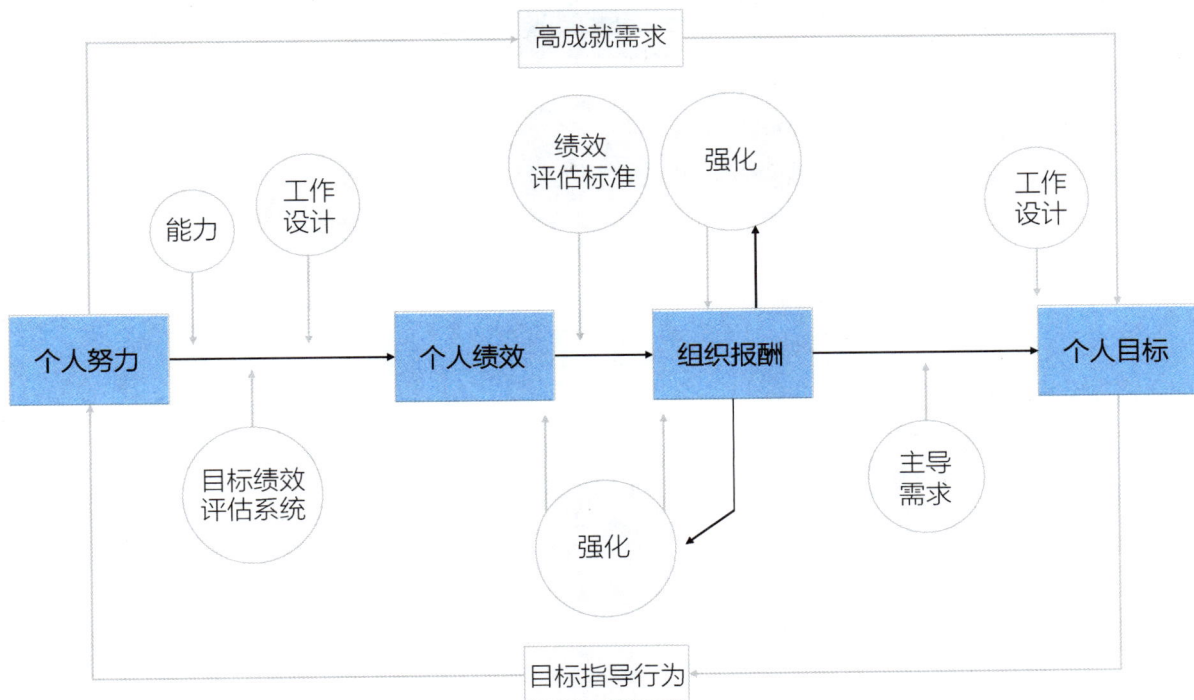

高成就需求

能力　　工作设计

绩效评估标准　　强化

工作设计

个人努力 → 个人绩效 → 组织报酬 → 个人目标

目标绩效评估系统

强化

主导需求

目标指导行为

适用场景：激励方案设计　激励方法整合　激励因素分析

3.应用模板

应 用 组 合	理 论 整 合	激励设计思考
① 经典激励理论整合	• 马斯洛的需求层次理论 • 赫兹伯格的双因素理论 • 哈克曼和奥德姆的工作特征理论	
② 现代激励理论整合	• 弗鲁姆的期望理论 • 洛克的目标设定理论 • 麦克利兰的成就需求理论 • 亚当斯的组织公平理论 • 经典的强化理论	
......	......	

4. 使用方法

有关激励的著作可能有千百本，专门讲述激励的文章也不可胜数，这些都足以证实激励对管理的有效性和重要性。从一系列的科学研究理论中，我们也明白了简单、放之四海皆准的激励准则是不存在的。也许你因为身处这个大公司而感到自豪，但并不能保证每个人都因此受到激励。或者，你很喜欢这个岗位的工作内容，但这并不意味每个人都是同样的想法。再者，公司免费的下午茶会让你感到开心，但再好的福利也不能阻止员工跳槽。有效的管理者在学习完激励原理，了解员工为什么会受到激励后，反而会更加深入了解团队成员的个体差异，整合这些科学理论，因地制宜地进行激励设计。

方法①——经典激励理论整合：比如，通常管理者会应用马斯洛的需求层次理论，特别是前四个层次的需求，罗列出许多激励举措。但有时候过多举措可能适得其反，这时候可以结合赫兹伯格的双因素理论，区分保健因素和激励因素。例如，对于薪酬福利和工作条件，满足了员工的需求，最终结果也只是"没有不满意"。想要更好地激励员工，可能还得回到工作本身和工作内容的设计上来，所以我们需要利用哈克曼和奥德姆工作特征理论优化工作设计。

方法②——现代激励理论整合：罗宾斯教授已经为我们清晰地展示了现代激励理论的整合逻辑，我们要做的是将其加以应用，转化成具体的管理行动。例如，运用目标和反馈，特别是高成就需求的员工，邀请他们参与目标设定，并给予反馈，这样的目标激励作用最强；将奖金与绩效练习起来，针对非绩效因素奖励，只会强化这些因素的重要性，进而误导员工的努力方向；检查和保持系统的公平性，让团队成员感知到报酬与他们对工作的投入相当，经验、能力、努力等付出程度能够解释他们在绩效或薪酬上的差异。

以上只是两个应用示范，想做一个有效的激励者，就要理解每一个个体的独特需求，然后发挥管理创新。

6.5 合理汰换：合情、合理、合规、合法

1.产生背景

　　员工汰换这个敏感话题，很多人会避而不谈，但它不会因为我们否认而消失，这是真实存在于各个企业中的管理问题。正所谓堵不如疏，汰换是手段而不是目的，新任管理者也未曾面临这样的挑战，一方面会感受到管理职责的压力，另一方面也会有鲜活的情感羁绊，因此从汰换理念、汰换原则和汰换流程上都需要有正确的引导。

2.模型介绍

　　合情：彼得·德鲁克说过："管理的本质是激发善意和潜能。"管理不只是管理事务，也会深深触及一些精神层面的问题——像人性的善与恶。管理者作为团队的第一责任人，享受"权"和"利"时，也应当担负起对团队和人真正的"责"，管理者的管理思想深刻影响每一个管理动作。管理所关心的是行动和应用，而成果正是对管理的考验。但管理绝不像人们普遍认为的那样，是一个人或者一个机构的成功学，管理向善才是管理的初心，管理也关心人，关注人的价值、人的成长与发展。在面对员工汰换时，首先，要坦诚相待、双向沟通和反馈，认真倾听员工的实际困难和真实状况，不能妄下论断，要慎之又慎，并给予必要的支持和帮助。其次，要以人为本，汰换只是最后的手段，人非圣贤，孰能无过，在此之前应该采用调岗、培训提升等方案，与员工共同面对问题。

　　合理：一方面必须实事求是，基于客观事实，分析是汰换员工还是汰换职位。业绩不佳的原因是多方面的，可能是人才错位，也可能是业务流程不合理，职位设计不当。另一方面，需要以身作则、奉公正己，管理者要检查自己是否管理到位，给员工明确的岗位职责和绩效目标，以口头或书面形式提出要求，有清晰的完成标准及完不成的影响和后果，并在过程中定期辅导反馈和记录。无理取闹的员工是极少数的，一切的问题应该先是管理问题。即便共同尝试其他可能性后，走到汰换这一步，整个过程也必须充分尊重员工、平等协商，既要平衡公司制度要求，也要满足员工的诉求，确保不影响员工未来的职业发展，做到好聚好散。

　　基于合情的汰换理念与合理的汰换原则，才能确保管理动作不变形。在汰换流程上，则必须程序正义、合规合法。

88 | 汰换四合模型
管理向善

- 坦诚相待、双向沟通和反馈，认真倾听员工的实际困难和真实状况，并给予支持和帮助

- 汰换不是目的，要以人为本，应该先采用调岗、培训提升等方案，与员工共同面对问题

人性化
管理思想

合情
管理向善

合理
客观公正

合规/合法
程序正义　有法可依

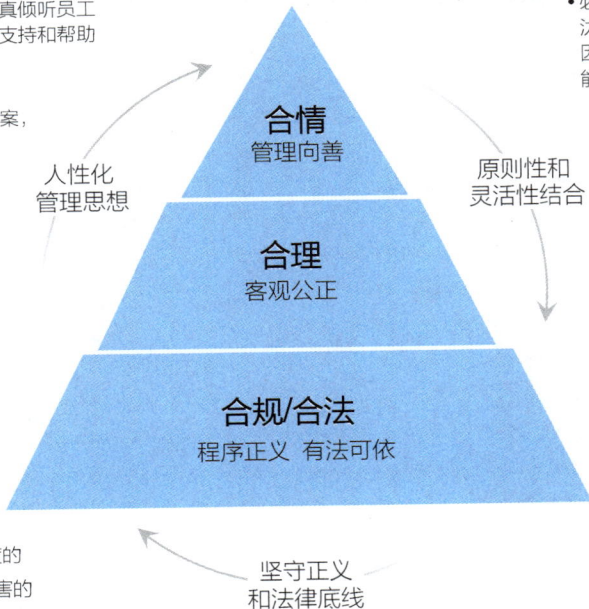

- 必须实事求是，基于客观事实，分析是汰换员工还是汰换职位。业绩不佳的原因是多方面的，可能是人才错位，也可能是业务流程不合理，职位设计不当

- 需要以身作则、奉公正己，管理者要检查自己是否管理到位，给员工明确的岗位职责和绩效目标，并在过程中做好辅导反馈和记录

原则性和
灵活性结合

需要汰换的对象：
严重违反公司规章制度的
给公司利益造成重大损害的
被依法追究刑事责任的
不能胜任工作的
*《中华人民共和国劳动合同法》第26条、第39条、第40条

坚守正义
和法律底线

不能汰换的对象：
女职工在"三期"的
职业病或因工负伤的
医疗期内的
其他特殊情况的
*《中华人民共和国劳动合同法》第42条

适用场景：汰换管理　管理沟通　劳动法学习

3.应用模板

汰换情形	《中华人民共和国劳动合同法》原文	管理解析
① 严重违反公司规章制度的	第三十九条 劳动者有下列情形之一的，用人单位可以解除劳动合同： （二）严重违反用人单位的规章制度的； （四）劳动者同时与其他用人单位建立劳动关系，对完成本单位的工作任务造成严重影响，或者经用人单位提出，拒不改正的； （五）因本法第二十六条第一款第一项规定的情形致使劳动合同无效的	规章制度包括公司内部劳动用工管理制度，但要符合法规，明确具体可执行，规章制度必须通过民主程序制定，并且已经向劳动者公示
给公司利益造成重大损害的	第三十九条 劳动者有下列情形之一的，用人单位可以解除劳动合同： （三）严重失职，营私舞弊，给用人单位的利益造成重大损害的	造成重大的损害，包括经济效益和社会效益（名誉、形象等），公司内部管理制度也要有明确的规定
被依法追究刑事责任的	第三十九条 劳动者有下列情形之一的，用人单位可以解除劳动合同： （六）被依法追究刑事责任的	理论上包括主刑、附加刑及司法机关免予刑事处罚的、被人民检察院免予起诉的情形，但不包含公检法机关采取刑事强制措施（如拘留、监视居住、取保候审阶段），一切必须以司法机关的法律文书为准
不能胜任工作的	第三十九条 劳动者有下列情形之一的，用人单位可以解除劳动合同： （一）在试用期间被证明不符合录用条件的； 第四十条 有下列情形之一的，用人单位提前三十日以书面形式通知劳动者本人或者额外支付劳动者一个月工资后，可以解除劳动合同： （二）劳动者不能胜任工作，经过培训或者调整工作岗位，仍不能胜任工作的	鉴定不胜任需要明确胜任与不胜任标准，必须公开透明地让员工知晓公司的考核标准、方式、后果等，而非管理者事后追溯。对员工考核的核心是围绕其岗位职责进行的，而不是其他与工作无关的评价。并且管理者负有辅导职责，要对员工进行培训提升或者调整工作岗位
② 不能汰换	第四十二条 劳动者有下列情形之一的，用人单位不得依照本法第四十条、第四十一条的规定解除劳动合同： （一）从事接触职业病危害作业的劳动者未进行离岗前职业健康检查，或者疑似职业病病人在诊断或者医学观察期间的； （二）在本单位患职业病或者因工负伤并被确认丧失或者部分丧失劳动能力的； （三）患病或者非因工负伤，在规定的医疗期内的； （四）女职工在孕期、产期、哺乳期的； （五）在本单位连续工作满十五年，且距法定退休年龄不足五年的； （六）法律、行政法规规定的其他情形	最常见的是女职工在"三期"的、职业病或因工负伤的和医疗期内的，管理者应该以员工安全健康为第一原则，将该岗位工作调整给其他成员
③ 违法汰换	第八十七条 用人单位违反本法规定解除或者终止劳动合同的，应当依照本法第四十七条规定的经济补偿标准的二倍向劳动者支付赔偿金	往往出现辞退事实依据不充分、辞退法律依据不准确、辞退操作程序不合法等情形，公司需要承担法律后果

4.使用方法

在员工汰换管理的执行流程上，需要严格遵循程序正义的原则，坚守正义和法律底线，不容触碰红线。

步骤①——需要汰换的情形：主要依据《中华人民共和国劳动合同法》第二十六条、第三十九条、第四十条的规定，最常见的情形有四种。第一种，严重违反公司规章制度的情形，规章制度包括公司内部劳动用工管理制度，但要符合法规，明确具体可执行，规章制度必须通过民主程序制定，并且已经向劳动者公示。第二种，给公司利益造成重大损害的情形，一般是严重失职或营私舞弊造成重大负面效益，包括经济效益和社会效益（名誉、形象等），公司内部管理制度也要有明确的规定。第三种，被依法追究刑事责任的情形，理论上包括主刑、附加刑及司法机关免予刑事处罚的、被人民检察院免予起诉的情形，但不包含公检法机关采取刑事强制措施（如拘留、监视居住、取保候审阶段），一切以司法机关的法律文书为准。第四种，是最需要关注的不能胜任工作的情形。鉴定不胜任需要明确胜任与不胜任标准，必须公开透明地让员工知晓公司的考核标准、方式、后果等，而非管理者事后追溯。对员工考核的核心是围绕其岗位职责进行的，而不是其他与工作无关的评价。

并且管理者负有辅导职责，要对员工进行培训提升或者调整工作岗位。

步骤②——不能汰换的情形：《中华人民共和国劳动合同法》第四十二条规定范围内的情形是不允许解除劳动合同的，最常见的是女职工在"三期"的、职业病或因工负伤的和医疗期内的，管理者应该以员工安全健康为第一原则，对该岗位的工作进行调整。

步骤③——违法汰换的后果：如果出现辞退事实依据不充分、辞退法律依据不准确、辞退操作程序不合法等情形，根据《中华人民共和国劳动合同法》第八十七条的规定：用人单位违反本法规定解除或者终止劳动合同的，应当依照本法第四十七条规定的经济补偿标准的二倍向劳动者支付赔偿金。公司不仅要承担法律后果，还会产生企业名誉损害等不可估量的损失。

6.6 职业发展：有限游戏和无限游戏

1.产生背景

谈职业发展前，先了解一下职业内涵和时代变化。职业是社会劳动大分工的必然产物，反映了社会与生产力的发展。社会分工是职业划分的基础和依据，职业是指人们在社会生活中为了获取劳动报酬，满足社会联系和自我实现而进行的可持续的活动方式。美国社会学家塞尔兹认为，职业范畴的构成包括三个条件，即技术性、经济性和社会性。随着互联网时代的来临，技术、经济和社会发展日新月异，职业环境变化越来越快，在企业里的不确定性就更强。我们需要认识社会分工与职业发展的逻辑，黄有璨在《非线性成长》中指出的国家社会分工与生产回报体系（略有修改），可以帮助我们厘清职业环境中各种因素的关系，而这些因素往往影响我们的职业分工方式以及职业成长路径。

2.模型介绍

在社会分工与生产回报体系中，各类职业分工是最表层的外显部分，到底会出现哪些职业，哪些职业可能会发生更替或消亡，却是由其他层级来决定的。最底层的社会基本结构与制度的变化影响最大，例如一个新政策的产生或新制度的确立，可能会催生许多新的组织和行业，也会使许多原有的组织和行业消亡。这些组织就构成了整个体系的中层结构，商业组织与大家息息相关，主要按行业形成产业链和企业组织，从事生产经营活动，容纳了千千万万的打工人、无数的职业岗位。而在这个大体系的旁边，技术发展与革新是非常重要的影响因素，特别是互联网技术，以大语言模型为代表的通用人工智能技术，也可能掀起一波新浪潮。这些要素合起来其实就是PEST宏观环境分析模型，每一部分的变化都会引发职业市场的一系列变化，导致许多职业的升级、更替或消亡。

我们作为个体从事某种职业进行生产活动，基本目的往往是进入更好的社会圈层，利用这个体系获得更高的物质回报和精神激励。但绝大多数人早期往往迫于生计而工作，缺乏长线思考，并且"家里也没有矿"，能凭借的只有"知识资本"。不管是员工，还是管理者，都应该从"绝对被动"转向"非常主动"的职业状态，设计职业生涯的最好时间就是十年前和现在，每个人都应慷慨地投资自己，让自己在下一轮的职业震荡期，拥有最大的选择自由。

89 | 职业分工模型
职业发展的底层逻辑

社会分工与生产回报体系

🎯 个体从事某种职业的基本目的：
进入更好的社会圈层，获得更高的物质回报和精神激励

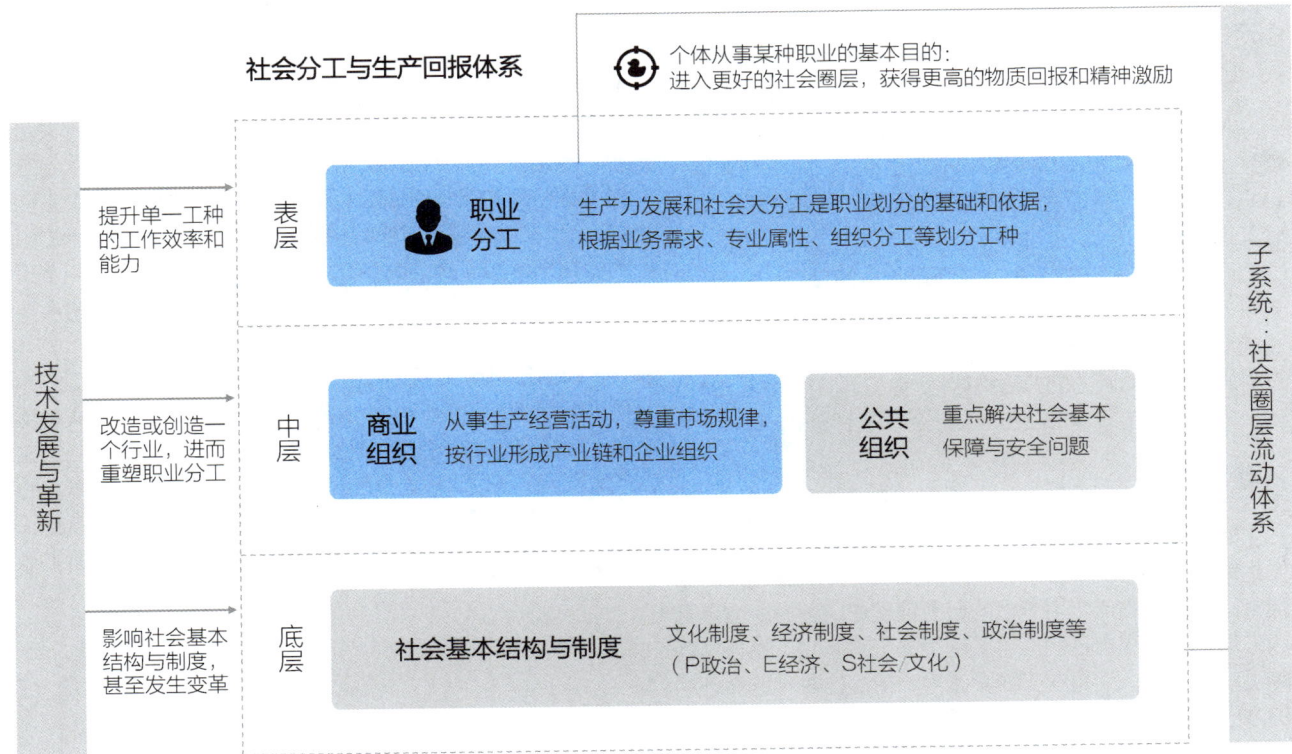

技术发展与革新

提升单一工种的工作效率和能力

表层

👔 **职业分工**　生产力发展和社会大分工是职业划分的基础和依据，根据业务需求、专业属性、组织分工等划分工种

改造或创造一个行业，进而重塑职业分工

中层

商业组织　从事生产经营活动，尊重市场规律，按行业形成产业链和企业组织

公共组织　重点解决社会基本保障与安全问题

影响社会基本结构与制度，甚至发生变革

底层

社会基本结构与制度　文化制度、经济制度、社会制度、政治制度等（P政治、E经济、S社会/文化）

子系统·社会圈层流动体系

适用场景：职业发展规划　职业工种选择　发展逻辑理解

6.6 职业发展：有限游戏和无限游戏

1.产生背景

我们经常会谈职业选择、职业规划、职业发展等概念，那到底是在讨论什么呢？这些可以统称为职业生涯管理，最早于 20 世纪初以职业指导的形式出现。20 世纪 60 年代以来，职业生涯管理理论和实践获得蓬勃发展。职业生涯管理理论可以分为职业选择（静态）与职业发展（动态）两个方面：职业选择主要分析人职匹配，以弗兰克·帕森斯的人职匹配理论、约翰·霍兰德的职业兴趣理论、埃德加·施恩的职业锚理论为代表；职业发展则研究职业生涯的发展过程，比较有影响力的有唐纳德·萨柏的五阶段理论、埃德加·施恩的九阶段理论和金斯伯格的三阶段理论。

2.模型介绍

面对现代风云变幻的职场环境，很多经典理论仅能作为扩展学习，我们更应关注简单实用的企业职业发展的最佳实践。这里重点学习施恩的职业锚理论，因为职业锚是人们选择和发展自己职业时所围绕的中心，它不是根据各种测试得出的，而是在工作实践中，依据自身和已被证明的才干、动机、需要和价值观，现实地选择和准确地进行职业定位。你试着扪心自问："假设你的职业不得不选择，无论如何都不会放弃的至关重要的东西或价值观是什么？"

职业锚理论认为，个人职业发展是一个持续不断的探索过程。在这一过程中，每个人都根据自己的天资、能力、动机、需要、态度和价值观等慢慢形成较为明晰的与职业有关的自我概念。职业锚是自我意向的一个习得部分，是个人进入早期工作情境后，由习得的实际工作经验所决定的，与在经验中自省的动机、价值观、才干相符，达到自我满足和补偿的一种稳定的职业定位。职业锚强调个人能力、动机和价值观三方面的相互作用与整合。现在流行的职业规划培训和工具，或多或少有一些职业锚的影子，个人能力、动机（兴趣）和价值观是职场人士选择职业的重要依据。

职业锚是个人同工作环境互动的产物，在实际工作中是不断调整的。随着一个人对自己越来越了解，这个人就越来越明显地形成一个占主要地位的职业锚，当然，职业锚在职业发展的不同阶段也会产生动态变化。施恩归纳了常见的八种职业锚类型，管理者可以通过对员工个人职业锚的认定（本书附有职业锚测评工具），有针对性地进行职业生涯管理。

90 | 职业锚模型
能力×动机×价值观

"假设你的职业不得不做出选择，无论如何都
不会放弃的至关重要的东西或价值观是什么？"

专业型
technical/functional competence

追求技术/职能领域的成长和技能应用
喜欢直面来自专业领域的挑战

管理型
general managerial competence

追求并致力于工作晋升，倾心于全面管理，
有成为管理者的强烈动机，愿意承担较大责任

自主型
autonomy independence

追求能施展个人能力的工作环境，最大限度
地摆脱组织的限制和制约，更热爱自由与独立

稳定型
security stability

追求工作中的安全与稳定感，对可以预测的
未来感到放松，为平常的稳定感而安心

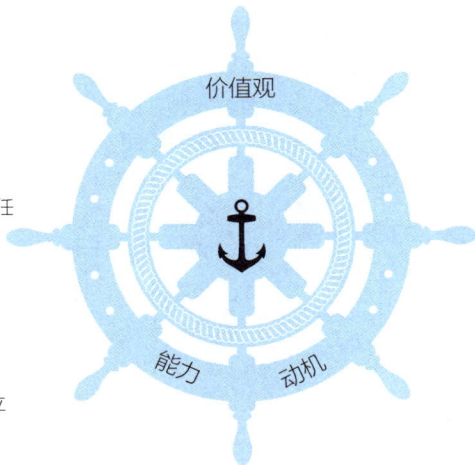

创业型
entrepreneurial creativity

敢冒风险、不惧障碍，更希望凭能力去创造
属于自己的公司/产品/服务并向世界宣告

服务型
service dedication to a cause

希望职业能够体现个人价值观，关注工作带来的
价值而不在意是否能发挥自己的才能或能力

挑战型
pure challenge

喜欢解决有难度的问题、战胜强硬的对手等，挑战
新奇、变化和困难是他们职业的终极目标

生活型
life style

希望将生活的各个主要方面整合为一个整体，
追求将个人、家庭和职业的需要相结合与平衡

价值观

能力　　动机

职业锚就是人们选择和发展自己的职业时所围绕
的中心，不是根据各种测试得出的，而是在工作实
践中，依据自身和已被证明的才干、动机、需要
和价值观，现实地选择和准确地进行职业定位。

适用场景：职业发展规划　职业价值观　职业选择因素

6.6 职业发展：有限游戏和无限游戏

1.产生背景

戴维·尤里奇等人在《领导力密码》中把培训接班人作为五大领导力密码之一，指出领导者都应该承担人力资本开发角色，需要回答这个问题："谁可以留下来，成为组织的下一代？"领导者应该与员工进行坦诚的、具有前瞻性的发展沟通，了解他们的职业需求和期望，成为员工的职业生涯规划师。但领导者往往不会与员工交流他们的职业和表现，原因有很多，比如领导者不想提升员工对特定工作的期望，抑或不想谈论自己不可控的事情。因此，尤里奇他们开发了职业发展阶段模型，帮助领导者更好指导员工的职业发展，理解职业选择和机遇，聚焦每个不同的阶段与通道，员工被期望履行的任务，他们构成的关系，以及要做的心理调整。

2.模型介绍

第一阶段：员工依赖他人，由上级分派项目中的一部分任务，并在主管、导师或资深员工的指导下学习和工作。在这个阶段，员工受到资深专业人士的密切监督指导，领导者期望员工心甘情愿地从事团队中的日常工作和例行事务。

第二阶段：员工展现出自己的能力，能作为独立的个体作出贡献。他们深入研究某个问题或技术领域，承担起项目、流程或客户相关的任务，并通过个人工作影响组织，来开发更多内在和外在资源，在工作中取得成功。

第三阶段：无论是从技术通道还是从管理通道而言，员工都在自己的领域作出显著的专业贡献，开始从专业扩展到其他方面。通过想法和信息来激励他人，以团队管理者、导师或理念领导者的角色帮助他人发展。

第四阶段：只有很少的员工能进入这一阶段。员工能为组织提供方向指导，通过正式或非正式的权力影响决策和战略制定。他们可能代表了公司形象，能够领导其他员工，并协调外部利益相关者。尽管很多组织并不需要第四个阶段的技术人员，但对技术有着强烈需求的组织，可能为公司抓住新兴技术的机遇，创造显著的竞争优势。

该模型能够帮助领导者评估员工当前所处的阶段，以及进入下一个阶段所需做出的努力，还能检查不同阶段的人才梯队建设漏洞。其价值在于，能够帮助员工认识到，自己对组织贡献的类型和水平是可以进行内在权衡的。

91 | 职业发展阶段模型
成为员工的职业生涯规划师

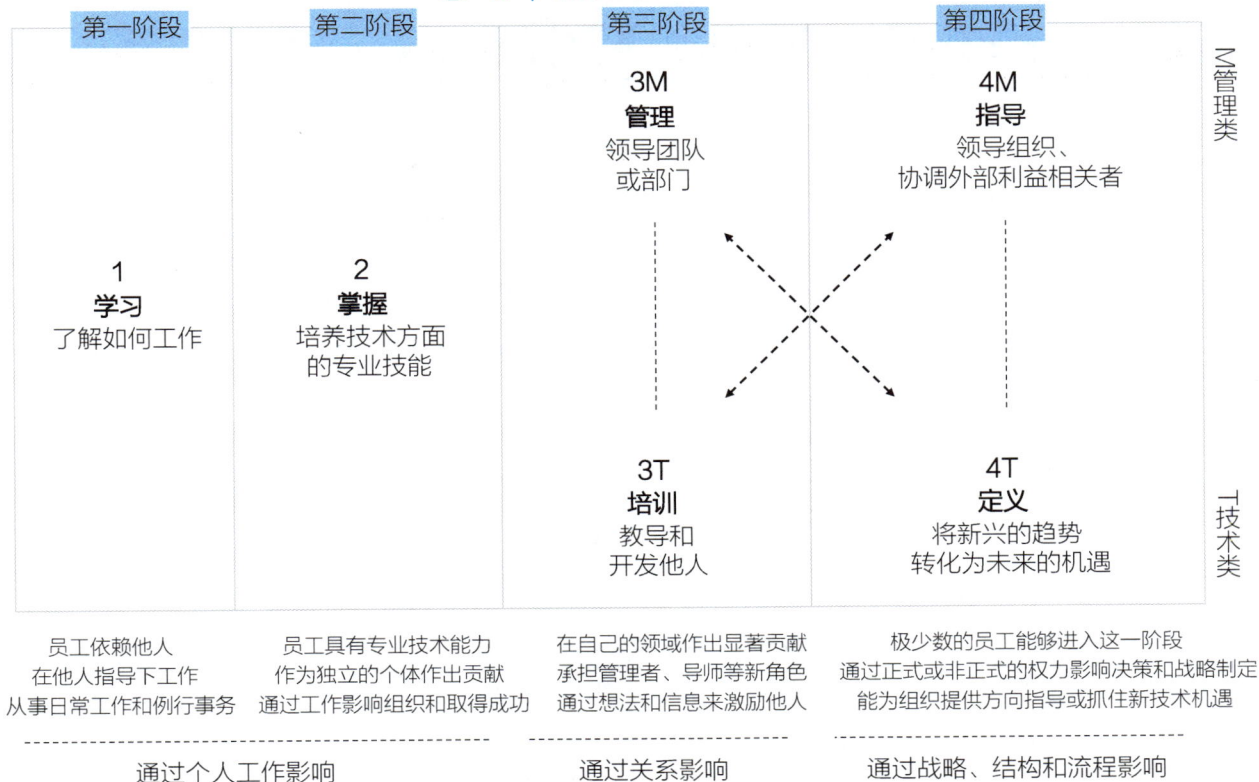

| 第一阶段 | 第二阶段 | 第三阶段 | 第四阶段 | M管理类 |

3M
管理
领导团队
或部门

4M
指导
领导组织、
协调外部利益相关者

1
学习
了解如何工作

2
掌握
培养技术方面
的专业技能

3T
培训
教导和
开发他人

4T
定义
将新兴的趋势
转化为未来的机遇

T技术类

员工依赖他人
在他人指导下工作
从事日常工作和例行事务

员工具有专业技术能力
作为独立的个体作出贡献
通过工作影响组织和取得成功

在自己的领域作出显著贡献
承担管理者、导师等新角色
通过想法和信息来激励他人

极少数的员工能够进入这一阶段
通过正式或非正式的权力影响决策和战略制定
能为组织提供方向指导或抓住新技术机遇

通过个人工作影响

通过关系影响

通过战略、结构和流程影响

适用场景：职业发展规划　发展目标设定　职业因素选择

3.应用模板

员工	职业锚	发展阶段	发展反馈	发展计划
	专业型	阶段1：学习	激励性反馈	聚焦、务实
	管理型	阶段2：掌握	建设性反馈	70%工作历练
	自主型	阶段3M：管理		20%人际互动
	稳定型	阶段3T：培训		
				10%培训开发
	创业型	阶段4M：指导		
		阶段4T：定义		
	服务型			
		岗位分工和定位		
	挑战型	绩效表现和能力		
		未来的发展潜力		
	生活型			

4. 使用方法

想要成为员工的职业生涯规划师，管理者需要真正关心员工，关注他们的成长与发展，在日常工作和管理沟通中，愿意成人达己，深入了解员工的个性化需求和特质，让每个员工按照个人长处和潜能，成长为更好和更有能力的人。

步骤①——关注员工的人职匹配： 想帮助员工认识到自己的职业发展，管理者需要先了解员工的职业选择倾向，这时候就可以借助职业锚确定员工最重要的职业价值观。一方面，利用本书附赠电子文件中（P89~P91）的职业锚和职业兴趣类型测评工具，为职业发展沟通提供数据参考和决策依据。另一方面，最重要的是，依靠管理者与员工的沟通和日常工作的观察，综合评估员工的需要、才干、动机和价值观与当前岗位的匹配程度。

步骤②——诊断员工的发展阶段： 可以直接应用团队人才盘点结果，从员工的岗位分工和定位、绩效表现和能力，以及未来的发展潜力，评估员工处于哪个职业发展阶段和通道。同时，管理者应该对员工的发展情况有比较全面的了解，可以给予员工激励性反馈和建设性反馈，让员工了解自己与当前阶段期望的差距，明确是想进入下一阶段或进入另一个通道，还是想继续留在当前位置，做高价值的员工。如果员工能够与时俱进，不断更新自己所在领域的成果，持续提升个人影响力和对团队的贡献，那么除了第一个阶段外，他在职业生涯的任何一个阶段都是有价值的。

步骤③——与员工共同制定发展计划： 职业发展沟通除了可以提升员工对自己的认知，更重要的是需要将规划的想法，转化为员工个人的行动计划。特别注意的是，很多家长式管理者容易"单方面为员工好"，像委派任务一样委派给优秀员工一堆发展计划，这样实际上无法取得预期效果，反而成为员工的负担。职业发展计划应该与员工共同探讨，并且应以员工为主导，管理者只是作为教练角色。个人发展计划在一个周期里的目标，必须聚焦、务实，绝不能求多求全。开发方式则应该多样化，可以参考 70-20-10 模型，管理者在此过程中给予反馈、辅导和管理支持。

6.6 职业发展：有限游戏和无限游戏

1.产生背景

针对员工的职业生涯规划和指导，传统的管理角度是希望员工在企业规划好的路径里晋升，确保优秀员工留在公司，这无可厚非。如果不受限于当下的团队或某一家企业，就可以以更广阔的人生和哲学视角，去探讨关于职业发展和自我实现的定义，核心关注员工以及管理者的人生成长和"自我"的追寻。

2.模型介绍

哲学家詹姆斯·卡斯在《有限与无限游戏》中提出了一个哲学家眼中的竞技世界，认为世界上存在有限游戏和无限游戏。有限游戏是在边界和规则的限制内进行的竞争性活动，以取胜为目的，充满了剧本，有明确的开始和结束，角色、情节和结局已经设定好，像演戏似的。相比之下，无限游戏追求的是游戏的延续而非输赢，玩的就是边界，更加具有传奇色彩，没有明确的开始和结束，不被现有的规则和观念束缚，对未来保持开放，探索各种可能性。两者代表了不同的工作态度和思维模式，一次次的职业晋升只是有限游戏，工作的目的不只是养家糊口，不是打发时间，

工作是创造可能性的过程，它是生活在这个工作当中的。

无独有偶，心理学家卡罗尔·德韦克在对成功进行数十年研究后，发现了思维模式的力量。她在《终身成长》中表明，我们获得的成功并不是由能力和天赋决定的，更受到我们在追求目标的过程中展现的思维模式的影响。她介绍了两种思维模式：固定型与成长型，它们体现了应对成功与失败、成绩与挑战时的两种基本心态。只有用正确的思维模式看待问题，才能更好地达成人生和职业目标。我们也许应该重新审视现有的工作方式和价值观，重新定义职业发展和成功，改变游戏的边界，拥抱不确定性，用成长型思维发挥个人的力量和智慧，探索自己的人生答案和无限游戏。

92 | 无限游戏与成长思维模型
用成长型思维玩无限游戏

- 目的：竞争性，以取胜为目的
- 玩家：寻求权力，获得头衔，参与者必须具有一定资格
- 规则：在边界内玩，具有一个确定的开始和结束，拥有特定的赢家，规则的存在就是为了保证游戏正常进行并能够结束（像辩论的规则，是让别人的讲话终结的方式）
- 内容：剧本化，角色、情节和结局已经设定好，像演戏似的
- 性质：工具性、操作性

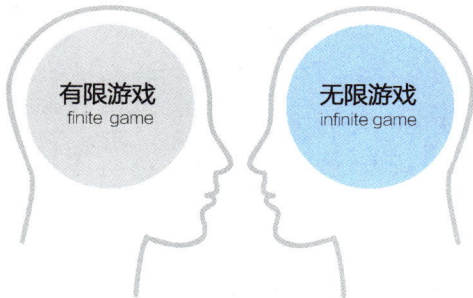

有限游戏 finite game

无限游戏 infinite game

- 目的：探索性，以延续游戏为目的
- 玩家：本自具足，独一无二，任何人都可以自由参与
- 规则：玩的就是边界，既没有明确的开始和结束，也没有赢家，它的目的在于将更多的人带到游戏本身中来，从而让游戏永远进行下去（像对话语言的语法，是让对话继续下去的方式）
- 内容：传奇化，令所有剧本作废，对未来保持开放，追求各种可能性
- 性质：操作性、情感性等全面作用

我的聪明才智决定了一切
我希望你表扬我很聪明
我擅长某些事，不擅长另外一些事
我不想尝试我可能不擅长的东西
如果我失败了，我就无地自容
别人批评我，是不了解或误解我
如果别人成功了，他会威胁到我
……

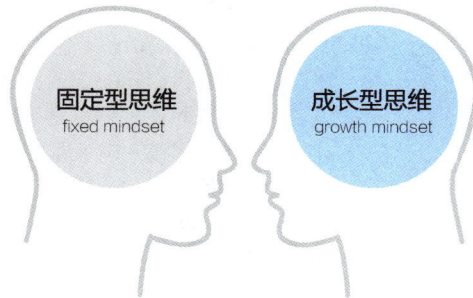

固定型思维 fixed mindset

成长型思维 growth mindset

我的态度和汗水决定了一切
我希望你表扬我很努力
我可以学会任何我想学的东西
我想要挑战自己，尝试更多可能性
当我失败时，会得到很多东西
别人批评我，我能从反馈中学习改进
如果别人成功了，我会受别人的启发
……

智力是固定不变的，产生一种让自己表现得更聪明的欲望，因此很早停滞，无法取得自己本来有潜力取得的成功

智力是可以提高的，产生了更强烈的学习欲望，因此保持终身学习和不断成长，持续改善后可以取得更高的成就

适用场景：职业发展规划 发展目标设定 职业发展理念

6.6 职业发展：有限游戏和无限游戏

1.产生背景

相信数学专业或者读过欧洲管理思想大师查尔斯·汉迪的《第二曲线：跨越"S型曲线"的二次增长》的人对S型曲线不会陌生。汉迪认为，S型曲线可以应用到我们人类的一切，包括生命、组织和企业，政府、帝国和联盟，以及各种技术、商业模式和职业：最开始是摸索投入期，各种尝试和投入。在接下来的快速成长期，当投入高于产出时，曲线向下；当产出比投入多时，随着产出的正常增长，曲线会持续向上。但到某个时刻进入成熟衰退期，曲线将不可避免地达到巅峰并开始下降，这种下降通常可以被延迟，但不可逆转。一切事物的发展都逃不开S型曲线，唯一的变数仅仅是曲线的长度。

2.模型介绍

汉迪在2021年出版了姐妹篇《成长第二曲线：跨越S型曲线持续成长》。个人的职业发展与企业发展轨迹也类似S型曲线，人生是马拉松，不是短跑比赛，重在参与和坚持，而非竞赛和输赢。每个人都应慷慨地投资自己，赛道的规划和赛道的转换就变得特别重要，在第一曲线达到巅峰之前，找到驱动二次腾飞的第二曲线。

改变的发生从全新的视角开始，职场人士需要2~3年的窗口期，努力绘制出一条"S型曲线"，并且逐步探索成长的第二曲线，跨过成长曲线之间"非连续性"的鸿沟。这个成长曲线可以有好几种角度定义，例如黄有璨认为成长的第一曲线是技能曲线，成为Top 20%的选手；第二曲线是商业认知/系统思考，依靠某种技能成为一个业内顶级的、位于Top 3%~5%的专家，或成为优秀的商业操盘手。

近些年还比较流行的π型人才、斜杠青年、互联网创客等现象，都在强调不要依靠单一技能、职业和生活方式。成长的第二曲线要追寻内心的声音，坚守长期主义，关注个人的成长和独一无二的人生意义。正如斯坦福大学近几年备受欢迎的课程"人生设计课"中所说的，人生并不存在唯一的最优解，也不可能被完美规划。与"坚持初心，寻觅最适合自己的选项，做出重大抉择，一举把事情做成"的传统职业规划思路不同，你应该学习设计师那样，不要一味"思考"未来而是主动去创造未来，利用设计思维模式，保持好奇心，重新定义问题，找到尽可能多的人生原型设计，集中精力选择一个进行大胆尝试，为未来创造更多的可能性。

93 | S型曲线成长模型
跨越S型曲线的奥德赛计划

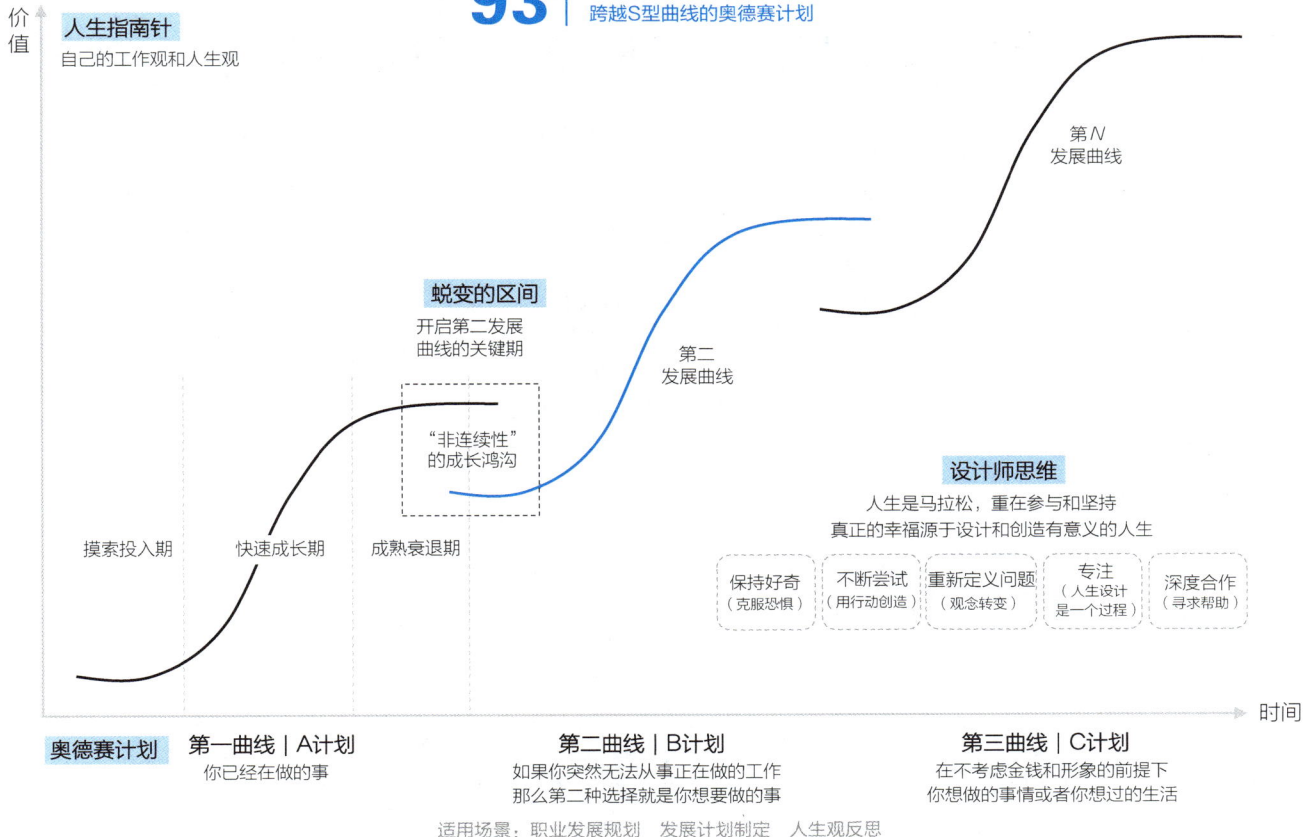

价值

人生指南针
自己的工作观和人生观

第N
发展曲线

蜕变的区间

开启第二发展
曲线的关键期

第二
发展曲线

"非连续性"
的成长鸿沟

设计师思维

人生是马拉松，重在参与和坚持
真正的幸福源于设计和创造有意义的人生

| 保持好奇
(克服恐惧) | 不断尝试
(用行动创造) | 重新定义问题
(观念转变) | 专注
(人生设计
是一个过程) | 深度合作
(寻求帮助) |

摸索投入期　　　快速成长期　　　成熟衰退期

时间

奥德赛计划

第一曲线｜A计划
你已经在做的事

第二曲线｜B计划
如果你突然无法从事正在做的工作
那么第二种选择就是你想要做的事

第三曲线｜C计划
在不考虑金钱和形象的前提下
你想做的事情或者你想过的生活

适用场景：职业发展规划　发展计划制定　人生观反思

3.应用模板

设 计 练 习	练 习 步 骤	问 题 思 考
① 创建人生的指南针 【思维误区】 我应该知道前进的目标。 【重新定义】 我不可能一直知道自己前进的目标，但是我清楚自己的方向是否正确。	1.写一小段工作观反思，大约需要30分钟，250字左右，不要超过一页纸。（工作观应该解决的关键问题是"工作是什么"以及"工作对你来说意味着什么"）	为什么工作？工作为了什么？工作意味着什么？工作与个人、他人以及社会有什么关联？好工作或者所谓有价值的工作是什么？工作和金钱有什么关系？一个人的经历、成长、成就感和工作有什么关系？ ……
	2.写一小段人生观反思，大约需要30分钟，250字左右，不要超过一页纸。（关键在于，任何重要的、具有决定性的价值观和想法都可以为你理解生活提供依据，人生观就是在为你确定所谓的人生最重要的事）	我为什么在这里？生活的意义或目的是什么？个人和他人之间有什么关系？家庭、国家和周围世界的融合点在哪里？什么是善？什么是恶？是否存在更高级的力量？如果存在，这将对你的生活产生什么影响？在生活中，快乐、悲伤、公平、不公平、爱、和平以及冲突的作用是什么？……
	3.多读几遍你的工作观和人生观，然后回答这三个的问题。（请尽量回答所有问题，记录下你两种观点中一致的地方，在"你是谁""你信仰什么""你在做什么"三个方面保持一致性，这就将是你人生的指南针！）	• 你的工作观和人生观之间是否存在互补的地方？ • 这两种观念存在哪些冲突？ • 这两种观念的一方对另一方有促进作用吗？如果有，是怎样促进的？
② 制订奥德赛计划 【思维误区】 我需要找到最佳的生活方式，然后制订计划，实现它。 【重新定义】 有无数美好的生活和计划等着我，我可以自主选择，打造我的人生路。	1.利用本书附赠电子文件（P98～P99）所提供的表格模板，制订三个可供选择的5年计划。	一个直观的/图解形式的时间明细表，包括私人的、与工作无关的事情。例如，你是否想结婚？你想参加培训而后在健身大赛中取得胜利吗？你希望学习通过意念掰弯汤勺吗？
	2.为每个计划拟定一个标题，并根据每个计划的内容提出三个问题。	优秀的设计师会通过提问进行测试，发现新想法。在每一个时间明细表中，你可以尝试各种不同的可能性，多了解自己和周围的世界。在这三个人生计划中，你想测试并探索哪些事情？
	3.完成仪表盘上的内容评估——就计划所需的物力、喜爱程度、自信心以及一致性进行评估。	• 物力（你拥有客观资源吗？例如时间、金钱、人脉等实现计划所必需的资源） • 喜欢程度（你对这三个计划的态度如何？迫切、缺少热情还是满怀热情？） • 自信心（你相信自己一定会实现计划，还是不确定？） • 一致性（这些计划本身有意义吗？它们与你及你的工作观和人生观是否一致？）
	4.和他人、小组成员或你的人生设计团队分享你的计划，听取他们的反馈和想法，帮助你进一步扩展，思考每个计划是如何激发你的活力的。	请他们倾听时，最好遵循以下原则：不要批评、评论或者提建议。要注意提问的方法，"再告诉我一些关于……"的提问方式不错，可以让你持续得到他人的支持。如果你实在找不到一组人分享，那么可以自己读，把它录音下来。然后去听录音，不要把自己当作听众或局外人。听完后看看有什么想对自己说的，再记录下来。

4. 使用方法

在比尔·博内特和戴夫·伊万斯的《斯坦福大学人生设计课》一书，提供了很多简单易用的人生设计工具，在此先引用其中两个工具来激发思考，一起来畅想人生的可能性。

步骤①——创建人生的指南针： 我们总是在为工作生活而焦虑，我们分析环境和推测未来。但是，担忧、分析和推测并不是最好的发现工具，只会产生莫名其妙的失落感及困惑感。面对百年未遇之大变局，我们没必要现在就对自己的整个人生负责，无须向外求，而是先内观，为当下的生活创建一个独一无二的指南针即可，由此应明确工作观和人生观。工作观让我们知道工作对自己来说意味着什么（工作的目的和原因），人生观是对世界以及世界如何运行的看法。只需要做两个简单的练习，找到自己的人生指南针，就不会偏离正确的航线。任何时候，当要改变现状、追求新目标，或者对自己的工作感到困惑时，都有必要检查一下自己的指南针，为自己要走的路进行定位。

步骤②——制订奥德赛计划： 在工作中我们会遇到各个年龄段的人。我们发现，人们（不管年龄、教育背景或者事业情况）经常犯一个错误，以为必须找到一种"最好的方法"帮助他们拥有幸福成功的人生，否则就是在"将就"。但是，事实并非如此——我们都拥有足够的精力、天赋以及兴趣，可以过上自己想要的生活，每种生活都可以是真诚的、有趣的，而且可以创造出价值。在设计人生时，最有效的一个方法就是设计多种人生计划。博内特他们建议，写出未来5年的三个不同版本的人生计划，并称之为"奥德赛计划"（荷马史诗中的奥德赛，隐喻漫长人生如一场探险，未知风险和好运并存）。第一种选择——你已经在做的事，它也许是你当前已有生活的延展，也可能是头脑中已酝酿很久的好主意。第二种选择——如果你突然无法从事正在做的工作（第一种选择），那么就做你想要做的事。第三种选择——在不考虑金钱和形象的前提下，你想做的事情或者你想过的生活。只要你做了计划，就已经获得了三种完全不同的、完全可以维持生活的工作机会，你唯一可能犯的错误就是什么也不做。

| 后记 |

团队管理模型的内核是关注人的价值和成长

在彼得·德鲁克纪念馆入门处，最显眼的地方立有一块牌，上面节选了他的《不连续的时代》中的一段话："在一个由多元的组织所构成的社会中，使我们的各种组织机构负责任地、独立自治地、高绩效地运作，是自由和尊严的唯一保障。有绩效的、负责任的管理是对抗和替代极权专制的唯一选择。"这段话概括这位大师的毕生工作对我们这个世界的意义。德鲁克创建的现代管理学始终贯穿着一条抵制极权专制、捍卫个人自由和尊严的直线。用德鲁克自己的话来概括，就是他把管理学当作一门真正的"博雅技艺"（liberal art）来看待。

在本书开头，我们重点引用了"技艺"（art），因为本书的重点内容都是在践行"管理即实行和应用"的理念。但最后我想引用"博雅"（liberal）作为结语，因为管理关切的是知识的根本、自我认知、智慧和领导力。彼得·德鲁克管理学院创办人邵明路对此有过解读："管理学并不像人们普遍认为的那样，是一个人或者一个机构的成功学。它不是旨在让一家企业赚钱，在生产效率方面达到最优，也不是旨在让一家非营利机构赢得道德上的美誉。它旨在让我们每个人都生存在其中的人类社会和人类社群（社区）更健康，使人们较少受到伤害和痛苦。让每个工作者，按照他与生俱来的善意和潜能，自由地选择他自己愿意在这个社会或社区中所承担的责任；自由地发挥才智去创造出对别人有用的价值，从而履行这样的责任；并且在这样一个创造性工作的过程中，成长为更好和更有能力的人。这就是德鲁克先生定义和期待的，管理作为一门'自由技艺'，或者叫'博雅管理'，它的真正的含义。"

管理的方法论不胜枚举，但管理的对象——人始终是最核心的要素。人是目的，而不是手段。作为真正的管理者，不管采用什么方法，或者走到哪个阶段，都应该明白自己与其他千千万万人一样，都是做自己应做的工作。尽管人性是不完美的，人的工作能力也是参差不齐的，但是人生而平等，都有自己的价值和创造力，都应该被尊敬，而且应该被鼓励去创造。用来帮助团队管理的诸多模型只是一种工具，但不能把人当工具，其内核是关注人的价值和成长。在这样一个不连续的时代，不管经济社会和商业环境如何变化，今天的组织，永远是由平凡人来做不平凡的事业，管理的本质就是激发潜能和善意，这正是卓有成效的管理者所应自勉的目标和不忘的初心。

参考文献